HERODOTUS
II

LCL 118

HERODOTUS

BOOKS III–IV

WITH AN ENGLISH TRANSLATION BY

A. D. GODLEY

HARVARD UNIVERSITY PRESS

CAMBRIDGE, MASSACHUSETTS

LONDON, ENGLAND

First published 1921
Reprinted 1928
Revised and reprinted 1938
Reprinted 1950, 1957, 1963, 1971, 1982, 1995

ISBN 0-674-99131-1

Printed in Great Britain by St Edmundsbury Press Ltd,
Bury St Edmunds, Suffolk, on acid-free paper.
Bound by Hunter & Foulis Ltd, Edinburgh, Scotland.

CONTENTS

INTRODUCTION TO BOOKS III AND IV

HERODOTUS' narrative in the Third Book of his history is extremely discursive and episodic. It may be briefly summarised as follows:—

Chapters 1 to 38 deal in the main with Cambyses. They relate the Persian invasion and conquest of Egypt, Cambyses' abortive expedition against the Ethiopians, and the sacrilegious and cruel acts of the last part of his reign. The section 38–60 begins with an account of Polycrates of Samos, and his relations with Amasis of Egypt, and continues with a narrative of Polycrates' war against his banished subjects. The fact that these latter were aided not only by Spartans but by Corinthians serves to introduce the story of the domestic feuds of Periander, despot of Corinth. Chapter 61 resumes the story of Cambyses; the Magian usurpation of the Persian throne, Cambyses' death, the counterplot against and ultimate overthrow of the pseudo-Smerdis and his brother by seven Persian conspirators, and the accession of Darius—all this is narrated with much picturesque and dramatic detail in twenty-eight chapters (61–88). Then follows a list of Darius' tributary provinces (88–97), supplemented by various unconnected details relating to Arabia and India (98–117). The next thirty-two chapters (118–149) narrate various events in the early part of Darius' reign: the fate of Polycrates of Samos; the insolence and death of his murderer Oroetes; how Democedes, a Samian physician, rose to power at the Persian court and was sent with a Persian commission to reconnoitre Greek coasts; how Polycrates' brother Syloson regained with Persian help the sovereignty of Samos. Lastly, chapters 150–160 describe the revolt and second capture of Babylon.

Book IV begins with the intention of describing Darius' invasion of Scythia, and the subject of more than two-thirds of the book is Scythian geography and history. Chapters 1–15 deal with the legendary origin of the Scythians; 16–31, with the population of the country and the climate of the far north; this leads to a disquisition on the Hyperboreans and their alleged commerce with the Aegean (32–36), and (37–45) a parenthetic section, showing the relation to each other of Europe, Asia, and Libya. The story of a circumnavigation of Libya forms part of this section. Chapters 46–58 enumerate the rivers of Scythia, and 59–82 describe its manners and customs.

Darius' passage of the Hellespont and the Danube is

narrated in chapters 83–98. Chapters 99–117 are once more parenthetic, describing first the general outline of Scythia, and next giving some details as to neighbouring tribes, with the story of the Amazons. From 118 to 144 Herodotus professes to relate the movements of the Persian and Scythian armies, till Darius returns to the Danube and thence to Asia again.

The Libyan part of the book begins at 145. Twenty-three chapters (145–167) give the history of Cyrene, its colonisation from Greece and the fortunes of its rulers till the time of Darius, when it was brought into contact with Persia by the appeal of its exiled queen Pheretime to the Persian governor of Egypt, who sent an army to recover Cyrene for her. The thirty-two following chapters (168–199) are a detailed description of Libya: 168–180, the Libyan seaboard from Egypt to the Tritonian lake; 181–190, the sandy ridge inland stretching (according to Herodotus) from Thebes in Egypt to the Atlas; 191–199, in the main, Libya west of the "Tritonian lake." At chapter 200 the story of Pheretime is resumed and the capture of Barce described. The book ends with the death of Pheretime and the disastrous return to Egypt of her Persian allies.

The above brief abstract shows that Book IV, at least, is full of geography and ethnology. It is, I believe, generally held that Herodotus himself visited the Cyrenaica and the northern coasts of the Black Sea, where the Greek commercial centre was the "port of the Borysthenites," later called Olbia; but there is no real evidence for or against such visits. The point is not very important. If he did not actually go to Cyrene or Olbia he must at least have had opportunities of conversing with Greeks resident in those places. These, the only informants whose language he could understand, no doubt supplied him with more or less veracious descriptions of the "hinterlands" of their cities; and possibly there may have been some documentary evidence—records left by former travellers. Whatever Herodotus' authorities—and they must have been highly miscellaneous—they take him farther and farther afield, to the extreme limits of knowledge or report.

As Herodotus in description or speculation approaches what he supposes to be the farthest confines of north and south, it is natural that he should also place on record his conception of the geography of the world—a matter in which he professes himself to be in advance of the ideas current in his time. There were already, it would appear, maps in those days. According to Herodotus, they divided the world into three equal parts—Europe, Asia, Libya; the whole surrounded by the "Ocean," which was still apparently imagined, as in Homer, to be a "river" into which ships could sail from the sea known to the Greeks. Possibly, as has been suggested by moderns, this idea of an encircling river may have originated in the fact that to north, south, and east great rivers ran in the farthest lands known to Greeks: the Nile in the south (and if it could be made to run partly from west to east, so much the better for the belief that it was a boundary), the Danube in the north, the Euphrates in the east; in the west, of course, the untravelled waters outside the "Pillars of Hercules" fitted into the scheme. But whether the legend of an encircling stream had a rational basis or not, Herodotus will have none of it. The Greeks, he says, believe the world to be surrounded by the Ocean; but they cannot prove it. The thing, to him, is ridiculous; as is also the neat tripartite division of the world into three continents of equal extent. His own scheme is different. Taking the highlands of Persia as a base, he makes Asia a peninsula stretching westward, and Libya another great peninsula south-westward; northward and alongside of the two is the vast tract called Europe. This latter, in his view, is beyond comparison bigger than either Asia or Libya; its length from east to west is at least equal to the length of the other two together; and while there are at least traditions of the circumnavigation of Libya, and some knowledge of seas to the south and east of Asia, Europe stretches to the north in tracts of illimitable distance, the very absence of any tale of a northern boundary tending in itself to prove enormous extent.   The lands north and south of the Mediterranean have each its great river; and Herodotus has already in the Second Book endeavoured to show that there is a kind of correspondence between the Nile and the Danube.   He, too, like the geographers with whom he disagrees, is obsessed, in the absence of knowledge, by a desire for symmetry.   The Nile, he is convinced, flows for a long way across the country of the Ethiopians from west to east before it makes a bend to the north and flows thus through Egypt.   So the Danube, too, rises in the far west of Europe, in the country of "Pyrene"; and as the Nile eventually turns and flows northward, so the Danube, after running for a long way eastward, makes an abrupt turn southward to flow into the Black Sea.   Thus the Mediterranean countries, southern Europe and northern Africa, are made to lie within what the two rivers—their mouths being regarded as roughly "opposite" to each other, in the same longitude—make into a sort of interrupted parallelogram.

Such is the scheme of the world with which Herodotus incidentally presents us.   But his real concern in the Fourth Book is with the geography of Libya and Scythia—northern Africa and southern Russia; in both cases the description is germane to his narrative, its motive being, in each, a Persian expedition into the country.

Critics of the *Odyssey* have sometimes been at

INTRODUCTION TO BOOKS III AND IV

pains to distinguish its "inner" from its "outer"
geography—the inner true and real, the outer a
world of mere invention and fairy tale. There is
no such distinction really; Greeks do not invent
fairy tales; there are simply varying degrees of
certitude. Greek geographical knowledge contem-
poraneous with the composition of the *Odyssey* being
presumably confined within very narrow limits, the
frontiers of the known are soon passed, and the poet
launches out into a realm not of invention, but of
reality dimly and imperfectly apprehended—a world
of hearsay and travellers' tales, no doubt adorned
in the Homeric poem with the colours of poetry.
Homer is giving the best that he knows of current
information—not greatly troubled in his notices of
remote countries by inconsistencies, as when he
describes Egypt once as a four or five days' sail from
Crete, yet again as a country so distant that even a
bird will take more than a year to reach it. Hero-
dotus' method is as human and natural as Homer's.
Starting, of course, from a very much wider extent
of geographical knowledge, he passes from what he
has seen to what he knows at first hand from
Cyrenaean or Borysthenite evidence; thence into
more distant regions, about which his informants
have been told; and so on, the accuracy of his
statements obviously diminishing (and not guaran-
teed by himself) as the distance increases, till at
last in farthest north—farthest, that is, with the

possible exception of "Hyperboreans," about whom nobody knows anything—he is in the country of the griffins who guard gold and pursue the one-eyed Arimaspian; and in the south, among the men who have no heads, and whose eyes are in their breasts.

It happens sometimes that the stories which have reached Herodotus from very distant lands and seas, and which he duly reports without necessarily stating his belief in them, do in truth rest on a basis of actual fact. Thus one of the strongest arguments for the truth of the story of a circumnavigation of Libya is the detail, mentioned but not believed by Herodotus, that the sailors, when sailing west at the extreme limit of their voyage, saw the sun on their right hand. Thus also the story of Hyperborean communication with Delos is entirely in harmony with ascertained fact. Whatever be the meaning of "Hyperborean," a term much discussed by the learned (Herodotus certainly understands the name to mean "living beyond the north wind"), the people so named must be located in northern Europe; and the Delos story, however imaginative in its details, does at least illustrate the known existence of trade routes linking the northern parts of our continent with the Aegean. To such an extent Herodotus' tales of the uttermost parts of the earth are informative. But with such exceptions, as one would naturally expect, it is true that as a

general rule the farther from home Herodotus is
the farther also he is from reality.

It follows from this that in proportion as Hero-
dotus' narrative of events is distant from the Greek
world and his possible sources of information, so
much the more is it full, for us, of geographical
difficulties. It is probable that, as he tells us,
"Scythians" did at some time or other invade the
Black Sea coasts and dispossess an earlier population
of "Cimmerians," whom, perhaps, they pursued into
Asia. The bare fact may be so; but Herodotus'
description of the way in which it happened cannot
be reconciled with the truths of geography. The
whole story is confused; the Cimmerians could
not have fled along the coast of the Black Sea, as
stated by Herodotus; it would, apparently, have
been a physical impossibility. In such cases the
severer school of critics were sometimes tempted to
dismiss an entire narrative as a parcel of lies. More
charitable, moderns sometimes do their best to bring
the historian's detailed story into some sort of har-
mony with the map, by emendation of the text or
otherwise. But if the former method was unjust,
the latter is wasted labour. There is surely but one
conclusion to draw, and a very obvious one: that
Herodotus was misinformed as to geographical con-
ditions. Ignorance lies at the root of the matter.
Herodotus had not the geographical equipment for
describing the movements of tribes on the north

coast of the Black Sea, any more than our best authorities of sixty years ago had for describing tribal wanderings in Central Africa.

Even worse difficulties would confront the enterprising critic who should attempt to deal with Darius' marchings and counter-marchings in Scythia as matter for serious investigation. Herodotus' story is, with regard to its details of time, plainly incredible; a great army could not conceivably have covered anything like the alleged distance in the alleged time. It must, apparently, be confessed that there are moments when the Father of History is *supra geographiam*—guilty of disregarding it when he did, as appears from other parts of the Fourth Book, know something of Scythian distances. The disregard may be explained, if not excused. Herodotus is seldom proof against the attractions of a Moral Tale. Given an unwieldy army of invaders, *vis consili expers,* and those invaders the natural enemies of Hellas,—and given also the known evasive tactics of Scythian warfare,—there was obviously a strong temptation to make a picturesque narrative, in which overweening power should be tricked, baffled, and eventually saved only by a hair's breadth from utter destruction at a supremely dramatic moment. So strong, we may suppose, was the temptation that Herodotus put from him considerations of time and distance, in the probably not unjustified expectation that his Greek readers or

hearers would not trouble themselves much about
such details. In short, it must be confessed that
Herodotus' reputation as a serious historian must
rest on other foundations than his account of Darius'
Scythian campaign.[1]

Herodotus' list of the tribute-paying divisions of
the Persian Empire is not a geographical document.
Obviously it is drawn from some such source as the
three extant inscriptions (at Behistun, Persepolis, and
Naksh-i-Rustam) in which Darius enumerated the
constituent parts of his empire; but it differs from
these in that the numerical order of the units
is not determined by their local position. It has
indeed geographical importance in so far as the
grouping of tribes for purposes of taxation naturally
implies their local vicinity; but it is in no sense a
description of the various units under Darius' rule;
nor can we even infer that these districts and groups
of districts are in all cases separate "satrapies" or
governorships. That, apparently, is precluded by
the occasional association of countries which could
not have formed a single governorship, for instance,
the Parthians, Chorasmians, Sogdi, and Arii, who
compose the sixteenth district; while the Bactrians
and Sacae, belonging here to separate tax-paying

---

[1] For a detailed discussion of the various problems sug-
gested by Book IV the reader is referred to the long and
elaborate Introduction to Dr. Macan's edition of Herodotus,
Books IV, V, VI.

units, appear in other passages in Herodotus as subjects of a single satrapy. What the historian gives us in Book III is simply a statistical list of Darius' revenues and the sources from which they were drawn.

HERODOTUS

BOOK III

ΗΡΟΔΟΤΟΥ ΙΣΤΟΡΙΑΙ

Γ

1. Ἐπὶ τοῦτον δὴ τὸν Ἄμασιν Καμβύσης ὁ Κύρου ἐστρατεύετο, ἄγων καὶ ἄλλους τῶν ἦρχε καὶ Ἑλλήνων Ἴωνάς τε καὶ Αἰολέας, δι' αἰτίην τοιήνδε. πέμψας Καμβύσης ἐς Αἴγυπτον κήρυκα αἴτεε Ἄμασιν θυγατέρα, αἴτεε δὲ ἐκ βουλῆς ἀνδρὸς Αἰγυπτίου, ὃς μεμφόμενος Ἄμασιν ἔπρηξε ταῦτα ὅτι μιν ἐξ ἁπάντων τῶν ἐν Αἰγύπτῳ ἰητρῶν ἀποσπάσας ἀπὸ γυναικός τε καὶ τέκνων ἔκδοτον ἐποίησε ἐς Πέρσας, ὅτε Κῦρος πέμψας παρὰ Ἄμασιν αἴτεε ἰητρὸν ὀφθαλμῶν ὃς εἴη ἄριστος τῶν ἐν Αἰγύπτῳ. ταῦτα δὴ ἐπιμεμφόμενος ὁ Αἰγύπτιος ἐνῆγε τῇ συμβουλῇ κελεύων αἰτέειν τὸν Καμβύσεα Ἄμασιν θυγατέρα, ἵνα ἢ δοὺς ἀνιῷτο ἢ μὴ δοὺς Καμβύσῃ ἀπέχθοιτο. ὁ δὲ Ἄμασις τῇ δυνάμι τῶν Περσέων ἀχθόμενος καὶ ἀρρωδέων οὐκ εἶχε οὔτε δοῦναι οὔτε ἀρνήσασθαι· εὖ γὰρ ἠπίστατο ὅτι οὐκ ὡς γυναῖκά μιν ἔμελλε Καμβύσης ἕξειν ἀλλ' ὡς παλλακήν. ταῦτα δὴ ἐκλογιζόμενος ἐποίησε τάδε. ἦν Ἀπρίεω τοῦ προτέρου βασιλέος θυγάτηρ κάρτα μεγάλη τε καὶ εὐειδὴς μούνη τοῦ οἴκου λελειμμένη, οὔνομα δέ οἱ

2

HERODOTUS

BOOK III

1. IT was against this Amasis that Cambyses led
an army of his subjects, Ionian and Aeolian Greeks
among them.[1] This was his reason: Cambyses sent
a herald to Egypt asking Amasis for his daughter;
and this he did by the counsel of a certain Egyptian,
who devised it by reason of a grudge that he bore
against Amasis, because when Cyrus sent to Amasis
asking for the best eye-doctor in Egypt the king had
chosen this man out of all the Egyptian physicians
and sent him perforce to Persia away from his wife
and children. With this grudge in mind he moved
Cambyses by his counsel to ask Amasis for his
daughter, that Amasis might be grieved if he gave her,
or Cambyses' enemy if he refused her.   So Amasis was
sorely afraid of the power of Persia, and could neither
give his daughter nor deny her; for he knew well
that Cambyses would make her not his queen but his
mistress.   Reasoning thus he bethought him of a
very tall and fair damsel called Nitetis, daughter of
the former king Apries, and all that was left of that

---

[1] The received date is 525 B.C.

ἦν Νίτητις· ταύτην δὴ τὴν παῖδα ὁ Ἄμασις
κοσμήσας ἐσθῆτί τε καὶ χρυσῷ ἀποπέμπει ἐς
Πέρσας ὡς ἑωυτοῦ θυγατέρα. μετὰ δὲ χρόνον ὥς
μιν ἠσπάζετο πατρόθεν ὀνομάζων, λέγει πρὸς
αὐτὸν ἡ παῖς "Ὦ βασιλεῦ, διαβεβλημένος ὑπὸ
Ἀμάσιος οὐ μανθάνεις. ὃς ἐμὲ σοὶ κόσμῳ ἀσκή-
σας ἀπέπεμψε ὡς ἑωυτοῦ θυγατέρα διδούς, ἐοῦσαν
τῇ ἀληθείῃ Ἀπρίεω, τὸν ἐκεῖνος ἐόντα ἑωυτοῦ
δεσπότεα μετ' Αἰγυπτίων ἐπαναστὰς ἐφόνευσε."
τοῦτο δὴ τὸ ἔπος καὶ αὕτη ἡ αἰτίη ἐγγενομένη
ἤγαγε Καμβύσεα τὸν Κύρου μεγάλως θυμωθέντα
ἐπ' Αἴγυπτον.
2. Οὕτω μέν νυν λέγουσι Πέρσαι. Αἰγύπτιοι
δὲ οἰκειοῦνται Καμβύσεα, φάμενοί μιν ἐκ ταύτης
δὴ τῆς Ἀπρίεω θυγατρὸς γενέσθαι· Κῦρον γὰρ
εἶναι τὸν πέμψαντα παρὰ Ἄμασιν ἐπὶ τὴν θυγα-
τέρα, ἀλλ' οὐ Καμβύσεα. λέγοντες δὲ ταῦτα οὐκ
ὀρθῶς λέγουσι. οὐ μὲν οὐδὲ λέληθε αὐτούς (εἰ
γὰρ τινές καὶ ἄλλοι, τὰ Περσέων νόμιμα ἐπιστέ-
αται καὶ Αἰγύπτιοι) ὅτι πρῶτα μὲν νόθον οὔ σφι
νόμος ἐστὶ βασιλεῦσαι γνησίου παρεόντος, αὖτις
δὲ ὅτι Κασσανδάνης τῆς Φαρνάσπεω θυγατρὸς ἦν
παῖς Καμβύσης, ἀνδρὸς Ἀχαιμενίδεω, ἀλλ' οὐκ ἐκ
τῆς Αἰγυπτίης. ἀλλὰ παρατράπουσι τὸν λόγον
προσποιεύμενοι τῇ Κύρου οἰκίῃ συγγενέες εἶναι.
3. Καὶ ταῦτα μὲν ὧδε ἔχει. λέγεται δὲ καὶ
ὅδε λόγος, ἐμοὶ μὲν οὐ πιθανός, ὡς τῶν Περσίδων
γυναικῶν ἐσελθοῦσά τις παρὰ τὰς Κύρου γυναῖκας,
ὡς εἶδε τῇ Κασσανδάνῃ παρεστεῶτα τέκνα εὐειδέα
τε καὶ μεγάλα, πολλῷ ἐχρᾶτο τῷ ἐπαίνῳ ὑπερθω-
μάζουσα, ἡ δὲ Κασσανδάνη ἐοῦσα τοῦ Κύρου γυνὴ
εἶπε τάδε. "Τοιῶνδε μέντοι ἐμὲ παίδων μητέρα

4

family; Amasis decked her out with raiment and golden ornaments and sent her to the Persians as if she were his own daughter. But after a while, the king greeting her as the daughter of Amasis, the damsel said, "King, you know not how Amasis has deceived you: he decked me out with ornaments and sent me to you to pass for his own daughter; but I am in truth the daughter of his master Apries, whom he and other Egyptians rebelled against and slew." It was these words and this reason that prevailed with Cambyses to lead him in great anger against Egypt.

2. This is the Persian story. But the Egyptians claim Cambyses for their own; they say that he was the son of this daughter of Apries, and that it was Cyrus, not Cambyses, who sent to Amasis for his daughter. But this tale is false. Nay, they are well aware (for the Egyptians have a truer knowledge than any man of the Persian laws) firstly, that no bastard may be king of Persia if there be a son born in lawful wedlock; and secondly, that Cambyses was born not of the Egyptian woman but of Cassandane, daughter of Pharnaspes, an Achaemenid. But they so twist the story because they would claim kinship with the house of Cyrus.

3. So much for this matter. There is another tale too, which I do not believe :—that a certain Persian lady came to visit Cyrus' wives, and greatly praised and admired the fair and tall children who stood by Cassandane. Then Cassandane, Cyrus' wife, said, "Ay, yet though I be the mother of such children

HERODOTUS

ἐοῦσαν Κῦρος ἐν ἀτιμίῃ ἔχει, τὴν δὲ ἀπ' Αἰγύπτου
ἐπίκτητον ἐν τιμῇ τίθεται." τὴν μὲν ἀχθομένην
τῇ Νιτήτι εἰπεῖν ταῦτα, τῶν δέ οἱ παίδων τὸν
πρεσβύτερον εἰπεῖν Καμβύσεα "Τοιγάρ τοι ὦ
μῆτερ, ἐπεὰν ἐγὼ γένωμαι ἀνήρ, Αἰγύπτου τὰ μὲν
ἄνω κάτω θήσω, τὰ δὲ κάτω ἄνω." ταῦτα εἰπεῖν
αὐτὸν ἔτεα ὡς δέκα κου γεγονότα, καὶ τὰς γυναῖκας
ἐν θώματι γενέσθαι· τὸν δὲ διαμνημονεύοντα οὕτω
δή, ἐπείτε ἀνδρώθη καὶ ἔσχε τὴν βασιληίην, ποιή-
σασθαι τὴν ἐπ' Αἴγυπτον στρατηίην.

4. Συνήνεικε δὲ καὶ ἄλλο τι τοιόνδε πρῆγμα
γενέσθαι ἐς τὴν ἐπιστράτευσιν ταύτην. ἦν τῶν
ἐπικούρων Ἀμάσιος ἀνὴρ γένος μὲν Ἁλικαρνησ-
σεύς, οὔνομα δέ οἱ Φάνης, καὶ γνώμην ἱκανὸς καὶ
τὰ πολεμικὰ ἄλκιμος. οὗτος ὁ Φάνης μεμφόμενός
κού τι Ἀμάσι ἐκδιδρήσκει πλοίῳ ἐξ Αἰγύπτου,
βουλόμενος Καμβύσῃ ἐλθεῖν ἐς λόγους. οἷα δὲ
ἐόντα αὐτὸν ἐν τοῖσι ἐπικούροισι λόγου οὐ σμικροῦ
ἐπιστάμενόν τε τὰ περὶ Αἴγυπτον ἀτρεκέστατα,
μεταδιώκει ὁ Ἄμασις σπουδὴν ποιεύμενος ἑλεῖν,
μεταδιώκει δὲ τῶν εὐνούχων τὸν πιστότατον ἀπο-
στείλας τριήρεϊ κατ' αὐτόν, ὃς αἱρέει μιν ἐν Λυκίῃ,
ἑλὼν δὲ οὐκ ἀνήγαγε ἐς Αἴγυπτον· σοφίῃ γάρ
μιν περιῆλθε ὁ Φάνης· καταμεθύσας γὰρ τοὺς
φυλάκους ἀπαλλάσσετο ἐς Πέρσας. ὁρμημένῳ
δὲ στρατεύεσθαι Καμβύσῃ ἐπ' Αἴγυπτον καὶ ἀπο-
ρέοντι τὴν ἔλασιν, ὅκως τὴν ἄνυδρον διεκπερᾷ,
ἐπελθὼν φράζει μὲν καὶ τὰ ἄλλα τὰ Ἀμάσιος
πρήγματα, ἐξηγέεται δὲ καὶ τὴν ἔλασιν, ὧδε παραι-
νέων, πέμψαντα παρὰ τὸν Ἀραβίων βασιλέα
δέεσθαι τὴν διέξοδόν οἱ ἀσφαλέα παρασχεῖν.

5. Μούνῃ δὲ ταύτῃ εἰσὶ φανεραὶ ἐσβολαὶ ἐς

6

Cyrus dishonours me and honours this newcomer from Egypt." So she spoke in her bitterness against Nitetis; and Cambyses, the eldest of her sons, said, " Then, mother, when I am grown a man, I will turn all Egypt upside down." When he said this he was about ten years old, and the women marvelled at him; but he kept it in mind, and it was thus that when he grew up and became king, he made the expedition against Egypt.

4. It chanced also that another thing befell tending to this expedition. There was among Amasis' foreign soldiers one Phanes, a Halicarnassian by birth, a man of sufficient judgment and valiant in war. This Phanes had some grudge against Amasis, and fled from Egypt on shipboard that he might have an audience of Cambyses. Seeing that he was a man much esteemed among the foreign soldiery and had an exact knowledge of all Egyptian matters, Amasis was zealous to take him, and sent a trireme with the trustiest of his eunuchs to pursue him. This eunuch caught him in Lycia but never brought him back to Egypt; for Phanes was too clever for him, and made his guards drunk and so escaped to Persia. There he found Cambyses prepared to set forth against Egypt, but in doubt as to his march, how he should cross the waterless desert; so Phanes showed him what was Amasis' condition and how he should march; as to this, he counselled Cambyses to send and ask the king of the Arabians for a safe passage.

5. Now the only manifest way of entry into Egypt

HERODOTUS

Αἴγυπτον. ἀπὸ γὰρ Φοινίκης μέχρι οὔρων τῶν Καδύτιος πόλιος ἐστὶ Σύρων τῶν Παλαιστίνων καλεομένων· ἀπὸ δὲ Καδύτιος ἐούσης πόλιος, ὡς ἐμοὶ δοκέει, Σαρδίων οὐ πολλῷ ἐλάσσονος, ἀπὸ ταύτης τὰ ἐμπόρια τὰ ἐπὶ θαλάσσης μέχρι Ἰηνύσου πόλιος ἐστὶ τοῦ Ἀραβίου, ἀπὸ δὲ Ἰηνύσου αὖτις Σύρων μέχρι Σερβωνίδος λίμνης, παρ᾽ ἣν δὴ τὸ Κάσιον ὄρος τείνει ἐς θάλασσαν· ἀπὸ δὲ Σερβωνίδος λίμνης, ἐν τῇ δὴ λόγος τὸν Τυφῶ κεκρύφθαι, ἀπὸ ταύτης ἤδη Αἴγυπτος. τὸ δὴ μεταξὺ Ἰηνύσου πόλιος καὶ Κασίου τε ὄρεος καὶ τῆς Σερβωνίδος λίμνης, ἐὸν τοῦτο οὐκ ὀλίγον χωρίον ἀλλὰ ὅσον τε ἐπὶ τρεῖς ἡμέρας ὁδόν, ἄνυδρον ἐστὶ δεινῶς.

6. Τὸ δὲ ὀλίγοι τῶν ἐς Αἴγυπτον ναυτιλλομένων ἐννενώκασι, τοῦτο ἔρχομαι φράσων. ἐς Αἴγυπτον ἐκ τῆς Ἑλλάδος πάσης καὶ πρὸς ἐκ Φοινίκης κέραμος ἐσάγεται πλήρης οἴνου δὶς τοῦ ἔτεος ἑκάστου, καὶ ἓν κεράμιον οἰνηρὸν ἀριθμῷ κεινὸν οὐκ ἔστι ὡς λόγῳ εἰπεῖν ἰδέσθαι. κοῦ δῆτα, εἴποι τις ἄν, ταῦτα ἀναισιμοῦται; ἐγὼ καὶ τοῦτο φράσω. δεῖ τὸν μὲν δήμαρχον ἕκαστον ἐκ τῆς ἑωυτοῦ πόλιος συλλέξαντα πάντα τὸν κέραμον ἄγειν ἐς Μέμφιν, τοὺς δὲ ἐκ Μέμφιος ἐς ταῦτα δὴ τὰ ἄνυδρα τῆς Συρίης κομίζειν πλήσαντας ὕδατος. οὕτω ὁ ἐπιφοιτέων κέραμος καὶ ἐξαιρεόμενος ἐν Αἰγύπτῳ ἐπὶ τὸν παλαιὸν κομίζεται ἐς Συρίην.

7. Οὕτω μέν νυν Πέρσαι εἰσὶ οἱ τὴν ἐσβολὴν ταύτην παρασκευάσαντες ἐς Αἴγυπτον, κατὰ δὴ

8

is this. The road runs from Phoenice as far as the borders of the city of Cadytis,[1] which belongs to the Syrians of Palestine, as it is called. From Cadytis (which, as I judge, is a city not much smaller than Sardis) to the city of Ienysus the seaports belong to the Arabians; then they are Syrian again from Ienysus as far as the Serbonian marsh, beside which the Casian promontory stretches seawards; from this Serbonian marsh, where Typho,[2] it is said, was hidden, the country is Egypt. Now between Ienysus and the Casian mountain and the Serbonian marsh there lies a wide territory for as much as three days' journey, wondrous waterless.

6. I will now tell of a thing that but few of those who sail to Egypt have perceived. Earthen jars full of wine are brought into Egypt twice a year from all Greece and Phoenice besides : yet one might safely say there is not a single empty wine jar anywhere in the country. What then (one may ask) becomes of them? This too I will tell. Each governor of a district must gather in all the earthen pots from his own township and take them to Memphis, and the people of Memphis must fill them with water and carry them to those waterless lands of Syria; so the earthen pottery that is brought to Egypt and unloaded or emptied there is carried to Syria to join the stock that has already been taken there.

7. Now as soon as the Persians took possession of Egypt, it was they who thus provided for the entry

---

[1] Probably Gaza.

[2] Hot winds and volcanic agency were attributed by Greek mythology to Typhon, cast down from heaven by Zeus and "buried" in hot or volcanic regions. Typhon came to be identified with the Egyptian god Set; and the legend grew that he was buried in the Serbonian marsh.

HERODOTUS

τὰ εἰρημένα σάξαντες ὕδατι, ἐπείτε τάχιστα παρέλαβον Αἴγυπτον. τότε δὲ οὐκ ἐόντος κω ὕδατος ἑτοίμου, Καμβύσης πυθόμενος τοῦ Ἀλικαρνησσέος ξείνου, πέμψας παρὰ τὸν Ἀράβιον ἀγγέλους καὶ δεηθεὶς τῆς ἀσφαλείης ἔτυχε, πίστις δούς τε καὶ δεξάμενος παρ' αὐτοῦ.

8. Σέβονται δὲ Ἀράβιοι πίστις ἀνθρώπων ὅμοια τοῖσι μάλιστα, ποιεῦνται δὲ αὐτὰς τρόπῳ τοιῷδε· τῶν βουλομένων τὰ πιστὰ ποιέεσθαι ἄλλος ἀνήρ, ἀμφοτέρων αὐτῶν ἐν μέσῳ ἑστεώς, λίθῳ ὀξέι τὸ ἔσω τῶν χειρῶν παρὰ τοὺς δακτύλους τοὺς μεγάλους ἐπιτάμνει τῶν ποιευμένων τὰς πίστις, καὶ ἔπειτα λαβὼν ἐκ τοῦ ἱματίου ἑκατέρου κροκύδα ἀλείφει τῷ αἵματι ἐν μέσῳ κειμένους λίθους ἑπτά· τοῦτο δὲ ποιέων ἐπικαλέει τε τὸν Διόνυσον καὶ τὴν Οὐρανίην. ἐπιτελέσαντος δὲ τούτου ταῦτα, ὁ τὰς πίστις ποιησάμενος τοῖσι φίλοισι παρεγγυᾷ τὸν ξεῖνον ἢ καὶ τὸν ἀστόν, ἢν πρὸς ἀστὸν ποιέηται· οἱ δὲ φίλοι καὶ αὐτοὶ τὰς πίστις δικαιεῦσι σέβεσθαι. Διόνυσον δὲ θεῶν μοῦνον καὶ τὴν Οὐρανίην ἡγέονται εἶναι, καὶ τῶν τριχῶν τὴν κουρὴν κείρεσθαι φασὶ κατά περ αὐτὸν τὸν Διόνυσον κεκάρθαι· κείρονται δὲ περιτρόχαλα, ὑποξυρῶντες τοὺς κροτάφους. ὀνομάζουσι δὲ τὸν μὲν Διόνυσον Ὀροτάλτ, τὴν δὲ Οὐρανίην Ἀλιλάτ.

9. Ἐπεὶ ὦν τὴν πίστιν τοῖσι ἀγγέλοισι τοῖσι παρὰ Καμβύσεω ἀπιγμένοισι ἐποιήσατο ὁ Ἀράβιος, ἐμηχανᾶτο τοιάδε· ἀσκοὺς καμήλων πλήσας ὕδατος ἐπέσαξε ἐπὶ τὰς ζωὰς τῶν καμήλων πάσας, τοῦτο δὲ ποιήσας ἤλασε ἐς τὴν ἄνυδρον καὶ ὑπέμενε ἐνθαῦτα τὸν Καμβύσεω στρατόν. οὗτος μὲν ὁ πιθανώτερος τῶν λόγων εἴρηται, δεῖ δὲ καὶ

10

into that country, filling pots with water as I have said. But at this time there was as yet no ready supply of water; wherefore Cambyses, hearing what was said by the stranger from Halicarnassus, sent messengers to the Arabian and asked and obtained safe conduct, giving and receiving from him pledges.

8. There are no men who respect pledges more than the Arabians. This is the manner of their giving them :—a man stands between the two parties that would give security, and cuts with a sharp stone the palms of the hands of the parties, by the thumb; then he takes a piece of wood from the cloak of each and smears with the blood seven stones that lie between them, calling the while on Dionysus and the Heavenly Aphrodite; and when he has fully done this, he that gives the security commends to his friends the stranger (or his countryman if the party be such), and his friends hold themselves bound to honour the pledge. They deem none other to be gods save Dionysus and the Heavenly Aphrodite; and they say that the cropping of their hair is like the cropping of the hair of Dionysus, cutting it round the head and shaving the temples. They call Dionysus, Orotalt; and Aphrodite, Alilat.[1]

9. Having then pledged himself to the messengers who had come from Cambyses, the Arabian planned and did as I shall show: he filled camel-skins with water and loaded all his live camels with these; which done, he drove them into the waterless land and there awaited Cambyses' army. This is the most credible of the stories told; but I must relate the

---

[1] According to Movers, Orotalt is "the fire of God," *ôrath êl*, and Alilat the feminine of *hêlêl*, "morning star"; but a simpler interpretation is Al Ilat = the goddess.

τὸν ἧσσον πιθανόν, ἐπεί γε δὴ λέγεται, ῥηθῆναι.
ποταμός ἐστι μέγας ἐν τῇ Ἀραβίῃ τῷ οὔνομα
Κόρυς, ἐκδιδοῖ δὲ οὗτος ἐς τὴν Ἐρυθρὴν καλεο-
μένην θάλασσαν· ἀπὸ τούτου δὴ ὦν τοῦ ποταμοῦ
λέγεται τὸν βασιλέα τῶν Ἀραβίων, ῥαψάμενον
τῶν ὠμοβοέων καὶ τῶν ἄλλων δερμάτων ὀχετὸν
μήκεϊ ἐξικνεύμενον ἐς τὴν ἄνυδρον, ἀγαγεῖν διὰ δὴ
τούτων τὸ ὕδωρ, ἐν δὲ τῇ ἀνύδρῳ μεγάλας δεξα-
μενὰς ὀρύξασθαι, ἵνα δεκόμεναι τὸ ὕδωρ σῴζωσι.
ὁδὸς δ' ἐστὶ δυώδεκα ἡμερέων ἀπὸ τοῦ ποταμοῦ
ἐς ταύτην τὴν ἄνυδρον. ἄγειν δέ μιν δι' ὀχετῶν
τριῶν ἐς τριξὰ χωρία.

10. Ἐν δὲ τῷ Πηλουσίῳ καλεομένῳ στόματι
τοῦ Νείλου ἐστρατοπεδεύετο Ψαμμήνιτος ὁ Ἀμά-
σιος παῖς ὑπομένων Καμβύσεα. Ἄμασιν γὰρ οὐ
κατέλαβε ζῶντα Καμβύσης ἐλάσας ἐπ' Αἴγυπτον,
ἀλλὰ βασιλεύσας ὁ Ἄμασις τέσσερα καὶ τεσ-
σεράκοντα ἔτεα ἀπέθανε, ἐν τοῖσι οὐδέν οἱ μέγα
ἀνάρσιον πρῆγμα συνηνείχθη· ἀποθανὼν δὲ καὶ
ταριχευθεὶς ἐτάφη ἐν τῇσι ταφῇσι ἐν τῷ ἱρῷ, τὰς
αὐτὸς οἰκοδομήσατο. ἐπὶ Ψαμμηνίτου δὲ τοῦ
Ἀμάσιος βασιλεύοντος Αἰγύπτου φάσμα Αἰγυπ-
τίοισι μέγιστον δὴ ἐγένετο· ὕσθησαν γὰρ Θῆβαι
αἱ Αἰγύπτιαι, οὔτε πρότερον οὐδαμὰ ὑσθεῖσαι
οὔτε ὕστερον τὸ μέχρι ἐμεῦ, ὡς λέγουσι αὐτοὶ
Θηβαῖοι· οὐ γὰρ δὴ ὕεται τὰ ἄνω τῆς Αἰγύπτου
τὸ παράπαν· ἀλλὰ καὶ τότε ὕσθησαν αἱ Θῆβαι
ψακάδι.

11. Οἱ δὲ Πέρσαι ἐπείτε διεξελάσαντες τὴν
ἄνυδρον ἵζοντο πέλας τῶν Αἰγυπτίων ὡς συμβα-
λέοντες, ἐνθαῦτα οἱ ἐπίκουροι οἱ τοῦ Αἰγυπτίου,
ἐόντες ἄνδρες Ἕλληνές τε καὶ Κᾶρες, μεμφόμενοι

less credible tale also, since they tell it. There is a great river in Arabia called Corys, issuing into the sea called Red. From this river (it is said) the king of the Arabians carried water by a duct of sewn ox-hides and other hides of a length sufficient to reach to the dry country; and he had great tanks dug in that country to receive and keep the water. It is a twelve days' journey from the river to that desert. By three ducts (they say) he led the water to three several places.

10. Psammenitus, son of Amasis, was encamped by the mouth of the Nile called Pelusian, awaiting Cambyses. For when Cambyses marched against Egypt he found Amasis no longer alive; he had died after reigning forty-four years, in which no great misfortune had befallen him; and being dead he was embalmed and laid in the burial-place built for himself in the temple. While his son Psammenitus was king of Egypt, the people saw a most wonderful sight, namely, rain at Thebes of Egypt, where, as the Thebans themselves say, there had never been rain before, nor since to my lifetime; for indeed there is no rain at all in the upper parts of Egypt; but at that time a drizzle of rain fell at Thebes.[1]

11. Now the Persians having crossed the waterless country and encamped near the Egyptians with intent to give battle, the foreign soldiery of the Egyptian, Greeks and Carians, devised a plan to punish Phanes,

[1] In modern times there is sometimes a little rain at Thebes (Luxor); very little and very seldom.

13

τῷ Φάνῃ ὅτι στρατὸν ἤγαγε ἐπ᾽ Αἴγυπτον ἀλλό-
θροον, μηχανῶνται πρῆγμα ἐς αὐτὸν τοιόνδε.
ἦσαν τῷ Φάνῃ παῖδες ἐν Αἰγύπτῳ καταλελειμ-
μένοι· τοὺς ἀγαγόντες ἐς τὸ στρατόπεδον καὶ ἐς
ὄψιν τοῦ πατρὸς κρητῆρα ἐν μέσῳ ἔστησαν ἀμ-
φοτέρων τῶν στρατοπέδων, μετὰ δὲ ἀγινέοντες
κατὰ ἕνα ἕκαστον τῶν παίδων ἔσφαζον ἐς τὸν
κρητῆρα· διὰ πάντων δὲ διεξελθόντες τῶν παίδων
οἶνόν τε καὶ ὕδωρ ἐσεφόρεον ἐς αὐτόν, ἐμπιόντες
δὲ τοῦ αἵματος πάντες οἱ ἐπίκουροι οὕτω δὴ
συνέβαλον. μάχης δὲ γενομένης καρτερῆς καὶ
πεσόντων ἐξ ἀμφοτέρων τῶν στρατοπέδων πλήθεϊ
πολλῶν ἐτράποντο οἱ Αἰγύπτιοι.

12. Θῶμα δὲ μέγα εἶδον πυθόμενος παρὰ τῶν
ἐπιχωρίων· τῶν γὰρ ὀστέων περικεχυμένων χωρὶς
ἑκατέρων τῶν ἐν τῇ μάχῃ ταύτῃ πεσόντων (χωρὶς
μὲν γὰρ τῶν Περσέων ἔκέετο τὰ ὀστέα, ὡς ἐχω-
ρίσθη κατ᾽ ἀρχάς, ἑτέρωθι δὲ τῶν Αἰγυπτίων), αἱ
μὲν τῶν Περσέων κεφαλαί εἰσι ἀσθενέες οὕτω
ὥστε, εἰ θέλεις ψήφῳ μούνῃ βαλεῖν, διατετρανέεις,
αἱ δὲ τῶν Αἰγυπτίων οὕτω δή τι ἰσχυραί, μόγις
ἂν λίθῳ παίσας διαρρήξειας. αἴτιον δὲ τούτου
τόδε ἔλεγον, καὶ ἐμέ γ᾽ εὐπετέως ἔπειθον, ὅτι
Αἰγύπτιοι μὲν αὐτίκα ἀπὸ παιδίων ἀρξάμενοι
ξυρῶνται τὰς κεφαλὰς καὶ πρὸς τὸν ἥλιον παχύ-
νεται τὸ ὀστέον. τὠυτὸ δὲ τοῦτο καὶ τοῦ μὴ
φαλακροῦσθαι αἴτιον ἐστί· Αἰγυπτίων γὰρ ἄν τις
ἐλαχίστους ἴδοιτο φαλακροὺς πάντων ἀνθρώπων.
τούτοισι μὲν δὴ τοῦτο ἐστὶ αἴτιον ἰσχυρὰς φορέειν
τὰς κεφαλάς, τοῖσι δὲ Πέρσῃσι ὅτι ἀσθενέας
φορέουσι τὰς κεφαλὰς αἴτιον τόδε· σκιητροφέουσι
ἐξ ἀρχῆς πίλους τιάρας φορέοντες. ταῦτα μέν

14

being wroth with him for leading a stranger army into Egypt. Phanes had left sons in Egypt; these they brought to the camp, into their father's sight, and set a great bowl between the two armies; then they brought the sons one by one and cut their throats over the bowl. When all the sons were killed, they poured into the bowl wine and water, and the foreign soldiery drank of this and thereafter gave battle. The fight waxed hard, and many of both armies fell; but at length the Egyptians were routed.

12. I saw there a strange thing, of which the people of the country had told me. The bones of those slain on either side in this fight lying scattered separately (for the Persian bones lay in one place and the Egyptian in another, where the armies had first separately stood), the skulls of the Persians are so brittle that if you throw no more than a pebble it will pierce them, but the Egyptian skulls are so strong that a blow of a stone will hardly break them. And this, the people said (which for my own part I readily believed), is the reason of it: the Egyptians shave their heads from childhood, and the bone thickens by exposure to the sun. This also is the reason why they do not grow bald; for nowhere can one see so few bald heads as in Egypt. Their skulls then are strong for this reason; and the cause of the Persian skulls being weak is that they shelter their heads through their lives with the felt hats (called tiaras) which they wear. Such is the truth of this matter. I saw

νυν τοιαῦτα· εἶδον δὲ καὶ ἄλλα ὅμοια τούτοισι ἐν
Παπρήμι τῶν ἅμα Ἀχαιμένεϊ τῷ Δαρείου διαφθα-
ρέντων ὑπὸ Ἰνάρω τοῦ Λίβυος.

13. Οἱ δὲ Αἰγύπτιοι ἐκ τῆς μάχης ὡς ἐτρά-
ποντο, ἔφευγον οὐδενὶ κόσμῳ· κατειληθέντων δὲ
ἐς Μέμφιν, ἔπεμπε ἀνὰ ποταμὸν Καμβύσης νέα
Μυτιληναίην κήρυκα ἄγουσαν ἄνδρα Πέρσην, ἐς
ὁμολογίην προκαλεόμενος Αἰγυπτίους. οἳ δὲ
ἐπείτε τὴν νέα εἶδον ἐσελθοῦσαν ἐς τὴν Μέμφιν,
ἐκχυθέντες ἁλέες ἐκ τοῦ τείχεος τήν τε νέα διέ-
φθειραν καὶ τοὺς ἄνδρας κρεουργηδὸν διασπάσαν-
τες ἐφόρεον ἐς τὸ τεῖχος. καὶ Αἰγύπτιοι μὲν μετὰ
τοῦτο πολιορκεύμενοι χρόνῳ παρέστησαν, οἱ δὲ
προσεχέες Λίβυες δείσαντες τὰ περὶ τὴν Αἴγυπτον
γεγονότα παρέδοσαν σφέας αὐτοὺς ἀμαχητὶ καὶ
φόρον τε ἐτάξαντο καὶ δῶρα ἔπεμπον. ὣς δὲ οἱ
Κυρηναῖοι καὶ Βαρκαῖοι, δείσαντες ὁμοίως καὶ οἱ
Λίβυες, τοιαῦτα ἐποίησαν. Καμβύσης δὲ τὰ μὲν
παρὰ Λιβύων ἐλθόντα δῶρα φιλοφρόνως ἐδέξατο·
τὰ δὲ παρὰ Κυρηναίων ἀπικόμενα μεμφθείς, ὡς
ἐμοὶ δοκέει, ὅτι ἦν ὀλίγα· ἔπεμψαν γὰρ δὴ πεν-
τακοσίας μνέας ἀργυρίου οἱ Κυρηναῖοι· ταύτας
δρασσόμενος αὐτοχειρίη διέσπειρε τῇ στρατιῇ.

14. Ἡμέρῃ δὲ δεκάτῃ ἀπ' ἧς παρέλαβε τὸ
τεῖχος τὸ ἐν Μέμφι Καμβύσης, κατίσας ἐς τὸ
προάστειον ἐπὶ λύμῃ τὸν βασιλέα τῶν Αἰγυπτίων
Ψαμμήνιτον, βασιλεύσαντα μῆνας ἕξ, τοῦτον
κατίσας σὺν ἄλλοισι Αἰγυπτίοισι διεπειρᾶτο
αὐτοῦ τῆς ψυχῆς ποιέων τοιάδε· στείλας αὐτοῦ
τὴν θυγατέρα ἐσθῆτι δουλdηίῃ ἐξέπεμπε ἐπ' ὕδωρ
ἔχουσαν ὑδρήιον, συνέπεμπε δὲ καὶ ἄλλας παρ-
θένους ἀπολέξας ἀνδρῶν τῶν πρώτων, ὁμοίως

too the skulls of those Persians at Papremis who
were slain with Darius' son Achaemenes by Inaros
the Libyan, and they were like the others.

13. After their rout in the battle the Egyptians
fled in disorder; and they being driven into Memphis,
Cambyses sent a Persian herald up the river in a ship
of Mytilene to invite them to an agreement. But
when they saw the ship coming to Memphis, they
sallied out all together from their walls, destroyed
the ship, tore the crew asunder (like butchers) and
carried them within the walls. So the Egyptians
were besieged, and after a good while yielded; but
the neighbouring Libyans, affrighted by what had
happened in Egypt, surrendered unresisting, laying
tribute on themselves and sending gifts; and so too,
affrighted like the Libyans, did the people of Cyrene
and Barca. Cambyses received in all kindness the
gifts of the Libyans; but he seized what came from
Cyrene and scattered it with his own hands among
his army. This he did, as I think, to mark his dis-
pleasure at the littleness of the gift; for the Cyre-
naeans had sent five hundred silver minae.

14. On the tenth day after the surrender of the
walled city of Memphis, Cambyses took Psammenitus
king of Egypt, who had reigned for six months, and
set him down in the outer part of the city with other
Egyptians, to do him despite; having so done he
made trial of Psammenitus' spirit, as I shall show.
He dressed the king's daughter in slave's attire and
sent her with a vessel to fetch water, in company
with other maidens dressed as she was, chosen from

ἐσταλμένας τῇ τοῦ βασιλέος. ὡς δὲ βοῇ τε καὶ
κλαυθμῷ παρῇσαν αἱ παρθένοι παρὰ τοὺς πατέ-
ρας, οἱ μὲν ἄλλοι πάντες ἀντεβόων τε καὶ
ἀντέκλαιον ὁρῶντες τὰ τέκνα κεκακωμένα, ὁ δὲ
Ψαμμήνιτος προϊδὼν καὶ μαθὼν ἔκυψε ἐς τὴν
γῆν. παρελθουσέων δὲ τῶν ὑδροφόρων, δεύτερά
οἱ τὸν παῖδα ἔπεμπε μετ' ἄλλων Αἰγυπτίων δισ-
χιλίων τὴν αὐτὴν ἡλικίην ἐχόντων, τούς τε
αὐχένας κάλῳ δεδεμένους καὶ τὰ στόματα ἐγκε-
χαλινωμένους· ἤγοντο δὲ ποινὴν τίσοντες Μυτι-
ληναίων τοῖσι ἐν Μέμφι ἀπολομένοισι σὺν τῇ
νηΐ. ταῦτα γὰρ ἐδίκασαν οἱ βασιλήιοι δικασταί,
ὑπὲρ ἀνδρὸς ἑκάστου δέκα Αἰγυπτίων τῶν πρώτων
ἀνταπόλλυσθαι. ὁ δὲ ἰδὼν παρεξιόντας καὶ μα-
θὼν τὸν παῖδα ἡγεόμενον ἐπὶ θάνατον, τῶν ἄλλων
Αἰγυπτίων τῶν περικατημένων αὐτὸν κλαιόντων
καὶ δεινὰ ποιεύντων, τὠυτὸ ἐποίησε τὸ καὶ ἐπὶ τῇ
θυγατρί. παρελθόντων δὲ καὶ τούτων, συνήνεικε
ὥστε τῶν συμποτέων οἱ ἄνδρα ἀπηλικέστερον,
ἐκπεπτωκότα ἐκ τῶν ἐόντων ἔχοντά τε οὐδὲν εἰ
μὴ ὅσα πτωχὸς καὶ προσαιτέοντα τὴν στρατιήν,
παριέναι Ψαμμήνιτόν τε τὸν Ἀμάσιος καὶ τοὺς
ἐν τῷ προαστείῳ κατημένους Αἰγυπτίων. ὁ δὲ
Ψαμμήνιτος ὡς εἶδε, ἀνακλαύσας μέγα καὶ καλέ-
σας ὀνομαστὶ τὸν ἑταῖρον ἐπλήξατο τὴν κεφαλήν.
ἦσαν δ' ἄρα αὐτοῦ φύλακοι, οἳ τὸ ποιεύμενον πᾶν
ἐξ ἐκείνου ἐπ' ἑκάστῃ ἐξόδῳ Καμβύσῃ ἐσήμαινον.
θωμάσας δὲ ὁ Καμβύσης τὰ ποιεύμενα, πέμψας
ἄγγελον εἰρώτα αὐτὸν λέγων τάδε. "Δεσπότης
σε Καμβύσης, Ψαμμήνιτε, εἰρωτᾷ δι' ὅ τι δὴ τὴν
μὲν θυγατέρα ὁρέων κεκακωμένην καὶ τὸν παῖδα
ἐπὶ θάνατον στείχοντα οὔτε ἀνέβωσας οὔτε ἀπέ-

18

the families of the chief men. So when the damsels
passed before their fathers crying and lamenting, all
the rest answered with like cries and weeping, seeing
their children's evil case ; but Psammenitus, having
seen with his own eyes and learnt all, bowed himself
to the ground. When the water-carriers had passed
by, Cambyses next made Psammenitus' son to pass him
with two thousand Egyptians of like age besides, all
with ropes bound round their necks and bits in their
mouths; who were led forth to make atonement for
those Mytilenaeans who had perished with their ship
at Memphis ; for such was the judgment of the royal
judges, that every man's death be paid for by the
slaying of ten noble Egyptians. When Psammenitus
saw them pass by and perceived that his son was led
out to die, and all the Egyptians who sat with him
wept and showed their affliction, he did as he had
done at the sight of his daughter. When these too
had gone by, it chanced that there was one of his
boon companions, a man past his prime, that had lost
all his possessions, and had but what a poor man
might have, and begged of the army ; this man now
passed before Psammenitus son of Amasis and the
Egyptians who sat in the outer part of the city.
When Psammenitus saw him, he broke into loud
weeping, smiting his head and calling on his com-
panion by name. Now there were men set to watch
Psammenitus, who told Cambyses all that he did
as each went forth. Marvelling at what the king
did, Cambyses made this inquiry of him by a
messenger : " Psammenitus, Cambyses my master
asks of you why, seeing your daughter mishandled
and your son going to his death, you neither cried

κλαύσας, τὸν δὲ πτωχὸν οὐδὲν σοὶ προσήκοντα,
ὡς ἄλλων πυνθάνεται, ἐτίμησας." ὃ μὲν δὴ ταῦτα
ἐπειρώτα, ὃ δ' ἀμείβετο τοῖσιδε. "Ὦ παῖ Κύρου,
τὰ μὲν οἰκήια ἦν μέζω κακὰ ἢ ὥστε ἀνακλαίειν,
τὸ δὲ τοῦ ἑταίρου πένθος ἄξιον ἦν δακρύων, ὃς ἐκ
πολλῶν τε καὶ εὐδαιμόνων ἐκπεσὼν ἐς πτωχηίην
ἀπῖκται ἐπὶ γήραος οὐδῷ." καὶ ταῦτα ὡς¹ ἀπε-
νειχθέντα ὑπὸ τούτου εὖ δοκέειν σφι εἰρῆσθαι, ὡς
[δὲ] λέγεται ὑπ' Αἰγυπτίων, δακρύειν μὲν Κροῖσον
(ἐτετεύχεε γὰρ καὶ οὗτος ἐπισπόμενος Καμβύσῃ
ἐπ' Αἴγυπτον), δακρύειν δὲ Περσέων τοὺς παρ-
εόντας· αὐτῷ τε Καμβύσῃ ἐσελθεῖν οἶκτόν τινά,
καὶ αὐτίκα κελεύειν τόν τέ οἱ παῖδα ἐκ τῶν ἀπολ-
λυμένων σώζειν καὶ αὐτὸν ἐκ τοῦ προαστείου
ἀναστήσαντας ἄγειν παρ' ἑωυτόν.

15. Τὸν μὲν δὴ παῖδα εὗρον αὐτοῦ οἱ μετιόντες
οὐκέτι περιεόντα ἀλλὰ πρῶτον κατακοπέντα, αὐτὸν
δὲ Ψαμμήνιτον ἀναστήσαντες ἦγον παρὰ Καμ-
βύσεα· ἔνθα τοῦ λοιποῦ διαιτᾶτο ἔχων οὐδὲν
βίαιον. εἰ δὲ καὶ ἠπιστήθη μὴ πολυπρηγμονέειν,
ἀπέλαβε ἂν Αἴγυπτον ὥστε ἐπιτροπεύειν αὐτῆς,
ἐπεὶ τιμᾶν ἐώθασι Πέρσαι τῶν βασιλέων τοὺς
παῖδας· τῶν, εἰ καὶ σφέων ἀπεστέωσι, ὅμως τοῖσί γε
παισὶ αὐτῶν ἀποδιδοῦσι τὴν ἀρχήν. πολλοῖσι μέν
νυν καὶ ἄλλοισι ἐστὶ σταθμώσασθαι ὅτι τοῦτο οὕτω
νενομίκασι ποιέειν, ἐν δὲ καὶ τῷ τε Ἰνάρω παιδὶ
Θαννύρᾳ, ὃς ἀπέλαβε τήν οἱ ὁ πατὴρ εἶχε ἀρχήν,
καὶ τῷ Ἀμυρταίου Παυσίρι· καὶ γὰρ οὗτος ἀπέ-
λαβε τὴν τοῦ πατρὸς ἀρχήν. καίτοι Ἰνάρω γε
καὶ Ἀμυρταίου οὐδαμοί κω Πέρσας κακὰ πλέω

────────────

¹ Probably δέ below should be omitted; otherwise the
sentence cannot be translated.

aloud nor wept, yet did this honour to the poor man, who (as Cambyses learns from others) is none of your kin?" So the messenger inquired. Psammenitus answered: "Son of Cyrus, my private grief was too great for weeping; but the misfortune of my companion called for tears—one that has lost wealth and good fortune and now on the threshold of old age is come to beggary." When the messenger so reported, and Cambyses and his court, it is said, found the answer good, then, as the Egyptians tell, Croesus wept (for it chanced that he too had come with Cambyses to Egypt) and so did the Persians that were there; Cambyses himself felt somewhat of pity, and forthwith he bade that Psammenitus' son be saved alive out of those that were to be slain, and that Psammenitus himself be taken from the outer part of the city and brought before him.

15. As for the son, those that went for him found that he was no longer living, but had been the first to be hewn down; but they brought Psammenitus away and led him to Cambyses; and there he lived, and no violence was done him for the rest of his life. And had he but been wise enough to mind his own business, he would have so far won back Egypt as to be governor of it; for the Persians are wont to honour king's sons; even though kings revolt from them, yet they give back to their sons the sovereign power. There are many instances showing that it is their custom so to do, and notably the giving back of his father's sovereign power to Thannyras son of Inaros, and also to Pausiris son of Amyrtaeus; yet none ever did the Persians more harm than Inaros

ἐργάσαντο. νῦν δὲ μηχανώμενος κακὰ ὁ Ψαμ-
μήνιτος ἔλαβε τὸν μισθόν· ἀπιστὰς γὰρ Αἰγυπ-
τίους ἤλω· ἐπείτε δὲ ἐπάιστος ἐγένετο ὑπὸ Καμ-
βύσεω, αἷμα ταύρου πιὼν ἀπέθανε παραχρῆμα.
οὕτω δὴ οὗτος ἐτελεύτησε.

16. Καμβύσης δὲ ἐκ Μέμφιος ἀπίκετο ἐς Σάιν
πόλιν, βουλόμενος ποιῆσαι τὰ δὴ καὶ ἐποίησε.
ἐπείτε γὰρ ἐσῆλθε ἐς τὰ τοῦ Ἀμάσιος οἰκία,
αὐτίκα ἐκέλευε ἐκ τῆς ταφῆς τὸν Ἀμάσιος νέκυν
ἐκφέρειν ἔξω· ὡς δὲ ταῦτα ἐπιτελέα ἐγένετο, μα-
στιγοῦν ἐκέλευε καὶ τὰς τρίχας ἀποτίλλειν καὶ
κεντοῦν τε καὶ τἆλλα πάντα λυμαίνεσθαι. ἐπείτε
δὲ καὶ ταῦτα ἔκαμον ποιεῦντες (ὁ γὰρ δὴ νεκρὸς
ἅτε τεταριχευμένος ἀντεῖχέ τε καὶ οὐδὲν διεχέετο),
ἐκέλευσέ μιν ὁ Καμβύσης κατακαῦσαι, ἐντελλό-
μενος οὐκ ὅσια· Πέρσαι γὰρ θεὸν νομίζουσι εἶναι
πῦρ. τὸ ὦν κατακαίειν γε τοὺς νεκροὺς οὐδαμῶς
ἐν νόμῳ οὐδετέροισι ἐστί, Πέρσῃσι μὲν δι᾽ ὅ περ
εἴρηται, θεῷ οὐ δίκαιον εἶναι λέγοντες νέμειν
νεκρὸν ἀνθρώπου· Αἰγυπτίοισι δὲ νενόμισται πῦρ
θηρίον εἶναι ἔμψυχον, πάντα δὲ αὐτὸ κατεσθίειν
τά περ ἂν λάβῃ, πλησθὲν δὲ αὐτὸ τῆς βορῆς συν-
αποθνήσκειν τῷ κατεσθιομένῳ. οὔκων θηρίοισι
νόμος οὐδαμῶς σφι ἐστὶ τὸν νέκυν διδόναι, καὶ
διὰ ταῦτα ταριχεύουσι, ἵνα μὴ κείμενος ὑπὸ
εὐλέων καταβρωθῇ. οὕτω οὐδετέροισι νομιζόμενα
ἐνετέλλετο ποιέειν ὁ Καμβύσης. ὡς μέντοι Αἰ-
γύπτιοι λέγουσι, οὐκ Ἄμασις ἦν ὁ ταῦτα παθών,
ἀλλὰ ἄλλος τις τῶν Αἰγυπτίων ἔχων τὴν αὐτὴν
ἡλικίην Ἀμάσι, τῷ λυμαινόμενοι Πέρσαι ἐδόκεον
Ἀμάσι λυμαίνεσθαι. λέγουσι γὰρ ὡς πυθόμενος
ἐκ μαντηίου ὁ Ἄμασις τὰ περὶ ἑωυτὸν ἀποθανόντα

and Amyrtaeus.[1]   But as it was, Psammenitus plotted evil and got his reward ; for he was caught raising a revolt among the Egyptians ; and when this came to Cambyses' ears, Psammenitus drank bulls' blood[2] and forthwith died.   Such was his end.

16. From Memphis Cambyses went to the city Sais, desiring to do that which indeed he did.   Entering the house of Amasis, straightway he bade carry Amasis' body out from its place of burial ; and when this was accomplished, he gave command to scourge it and pull out the hair and pierce it with goads, and do it despite in all other ways.   When they were weary of doing this (for the body, being embalmed, remained whole and did not fall to pieces), Cambyses commanded to burn it, a sacrilegious command ; for the Persians hold fire to be a god ; therefore neither nation deems it right to burn the dead, the Persians for the reason assigned, as they say it is wrong to give the dead body of a man to a god ; while the Egyptians believe fire to be a living beast that devours all that it catches, and when sated with its meal dies together with that whereon it feeds.   Now it is by no means their custom to give the dead to beasts ; and this is why they embalm the corpse, that it may not lie and be eaten of worms.   Thus Cambyses commanded the doing of a thing contrary to the custom of both peoples. Howbeit, as the Egyptians say, it was not Amasis to whom this was done, but another Egyptian of a like stature, whom the Persians despitefully used thinking that they so treated Amasis.   For their story is that Amasis learnt from an oracle what was to be

[1] The revolt of the Egyptians Inaros and Amyrtaeus against the Persian governor lasted from 460 to 455 B.C.
[2] The blood was supposed to coagulate and choke the drinker.   (How and Wells, *ad loc.*)

μέλλοντα γίνεσθαι, οὕτω δὴ ἀκεόμενος τὰ ἐπιφερό-
μενα τὸν μὲν ἄνθρωπον τοῦτον τὸν μαστιγωθέντα
ἀποθανόντα ἔθαψε ἐπὶ τῆσι θύρῃσι ἐντὸς τῆς
ἑωυτοῦ θήκης, ἑωυτὸν δὲ ἐνετείλατο τῷ παιδὶ ἐν
μυχῷ τῆς θήκης ὡς μάλιστα θεῖναι. αἱ μέν νυν
ἐκ τοῦ Ἀμάσιος ἐντολαὶ αὗται αἱ ἐς τὴν ταφήν
τε καὶ τὸν ἄνθρωπον ἔχουσαι οὔ μοι δοκέουσι
ἀρχὴν γενέσθαι, ἄλλως δ' αὐτὰ Αἰγύπτιοι σεμνοῦν.
17. Μετὰ δὲ ταῦτα ὁ Καμβύσης ἐβουλεύσατο
τριφασίας στρατηίας, ἐπί τε Καρχηδονίους καὶ
ἐπὶ Ἀμμωνίους καὶ ἐπὶ τοὺς μακροβίους Αἰθίο-
πας, οἰκημένους δὲ Λιβύης ἐπὶ τῇ νοτίῃ θαλάσσῃ·
βουλευομένῳ δέ οἱ ἔδοξε ἐπὶ μὲν Καρχηδονίους
τὸν ναυτικὸν στρατὸν ἀποστέλλειν, ἐπὶ δὲ Ἀμ-
μωνίους τοῦ πεζοῦ ἀποκρίναντα, ἐπὶ δὲ τοὺς
Αἰθίοπας κατόπτας πρῶτον, ὀψομένους τε τὴν ἐν
τούτοισι τοῖσι Αἰθίοψι λεγομένην εἶναι ἡλίου
τράπεζαν εἰ ἔστι ἀληθέως, καὶ πρὸς ταύτῃ τὰ
ἄλλα κατοψομένους, δῶρα δὲ τῷ λόγῳ φέροντας
τῷ βασιλέι αὐτῶν.
18. Ἡ δὲ τράπεζα τοῦ ἡλίου τοιήδε τις λέγεται
εἶναι. λειμὼν ἐστὶ ἐν τῷ προαστείῳ ἐπίπλεος
κρεῶν ἑφθῶν πάντων τῶν τετραπόδων, ἐς τὸν τὰς
μὲν νύκτας ἐπιτηδεύοντας τιθέναι τὰ κρέα τοὺς ἐν
τέλεϊ ἑκάστοτε ἐόντας τῶν ἀστῶν, τὰς δὲ ἡμέρας
δαίνυσθαι προσιόντα τὸν βουλόμενον. φάναι δὲ
τοὺς ἐπιχωρίους ταῦτα τὴν γῆν αὐτὴν ἀναδιδόναι
ἑκάστοτε.
19. Ἡ μὲν δὴ τράπεζα τοῦ ἡλίου καλεομένη
λέγεται εἶναι τοιήδε. Καμβύσῃ δὲ ὡς ἔδοξε πέμ-
πειν τοὺς κατασκόπους, αὐτίκα μετεπέμπετο ἐξ
Ἐλεφαντίνης πόλιος τῶν Ἰχθυοφάγων ἀνδρῶν

done to him after his death, and so to avert this doom buried this man, him that was scourged, at his death by the door within his own vault, and commanded his son that he himself should be laid in the farthest corner of the vault. I think that these commands of Amasis, respecting the burial-place and the man, were never given at all, and that the Egyptians but please themselves with a lying tale.

17. After this Cambyses planned three expeditions, against the Carchedonians,[1] and against the Ammonians, and against the "long-lived"[2] Ethiopians, who dwelt on the Libyan coast of the southern sea. Taking counsel, he resolved to send his fleet against the Carchedonians and a part of his land army against the Ammonians; to Ethiopia he would send first spies, to see what truth there were in the story of a Table of the Sun in that country, and to spy out all else besides, under the pretext of bearing gifts for the Ethiopian king.

18. Now this is said to be the fashion of the Table of the Sun.[3] There is a meadow outside the city, filled with the boiled flesh of all four-footed things ; here during the night the men of authority among the townsmen are careful to set out the meat, and all day he that wishes comes and feasts thereon. These meats, say the people of the country, are ever produced by the earth of itself.

19. Such is the story of the Sun's Table. When Cambyses was resolved to send the spies, he sent straightway to fetch from the city Elephantine those of the Fish-eaters who understood

---

[1] Carthaginians.   [2] cp. beginning of ch. 23.
[3] This story may be an indication of offerings made to the dead, or of a region of great fertility. In Homer the gods are fabled to feast with the Ethiopians.

τοὺς ἐπισταμένους τὴν Αἰθιοπίδα γλῶσσαν. ἐν
ᾧ δὲ τούτους μετήισαν, ἐν τούτῳ ἐκέλευε ἐπὶ τὴν
Καρχηδόνα πλέειν τὸν ναυτικὸν στρατόν. Φοί-
νικες δὲ οὐκ ἔφασαν ποιήσειν ταῦτα· ὁρκίοισι
γὰρ μεγάλοισι ἐνδεδέσθαι, καὶ οὐκ ἂν ποιέειν
ὅσια ἐπὶ τοὺς παῖδας τοὺς ἑωυτῶν στρατευόμενοι.
Φοινίκων δὲ οὐ βουλομένων οἱ λοιποὶ οὐκ ἀξιό-
μαχοι ἐγίνοντο. Καρχηδόνιοι μέν νυν οὕτω δου-
λοσύνην διέφυγον πρὸς Περσέων· Καμβύσης γὰρ
βίην οὐκ ἐδικαίου προσφέρειν Φοίνιξι, ὅτι σφέας
τε αὐτοὺς ἐδεδώκεσαν Πέρσῃσι καὶ πᾶς ἐκ Φοινί-
κων ἤρτητο ὁ ναυτικὸς στρατός. δόντες δὲ καὶ
Κύπριοι σφέας αὐτοὺς Πέρσῃσι ἐστρατεύοντο ἐπ᾽
Αἴγυπτον.
   20. Ἐπείτε δὲ τῷ Καμβύσῃ ἐκ τῆς Ἐλεφαν-
τίνης ἀπίκοντο οἱ Ἰχθυοφάγοι, ἔπεμπε αὐτοὺς ἐς
τοὺς Αἰθίοπας ἐντειλάμενος τὰ λέγειν χρῆν καὶ
δῶρα φέροντας πορφύρεόν τε εἷμα καὶ χρύσεον
στρεπτὸν περιαυχένιόν καὶ ψέλια καὶ μύρου
ἀλάβαστρον καὶ φοινικηίου οἴνου κάδον. οἱ δὲ
Αἰθίοπες οὗτοι, ἐς τοὺς ἀπέπεμπε ὁ Καμβύσης,
λέγονται εἶναι μέγιστοι καὶ κάλλιστοι ἀνθρώπων
πάντων. νόμοισι δὲ καὶ ἄλλοισι χρᾶσθαι αὐτοὺς
κεχωρισμένοισι τῶν ἄλλων ἀνθρώπων καὶ δὴ καὶ
κατὰ τὴν βασιληίην τοιῷδε· τὸν ἂν τῶν ἀστῶν
κρίνωσι μέγιστόν τε εἶναι καὶ κατὰ τὸ μέγαθος
ἔχειν τὴν ἰσχύν, τοῦτον ἀξιοῦσι βασιλεύειν.
   21. Ἐς τούτους δὴ ὦν τοὺς ἄνδρας ὡς ἀπίκοντο
οἱ Ἰχθυοφάγοι, διδόντες τὰ δῶρα τῷ βασιλέι
αὐτῶν ἔλεγον τάδε. " Βασιλεὺς ὁ Περσέων Καμ-
βύσης, βουλόμενος φίλος καὶ ξεῖνός τοι γενέσθαι,
ἡμέας τε ἀπέπεμψε ἐς λόγους τοι ἐλθεῖν κελεύων,

the Ethiopian language. While they were seeking
these men, he bade his fleet sail against Carchedon.
But the Phoenicians would not consent; for they
were bound, they said, by a strict treaty, and could
not righteously attack their own sons; and the
Phoenicians being unwilling, the rest were of no
account as fighters. Thus the Carchedonians escaped
being enslaved by the Persians; for Cambyses would
not use force with the Phoenicians, seeing that they
had willingly surrendered to the Persians, and the
whole fleet drew its strength from them. The
Cyprians too had come of their own accord to aid
the Persians against Egypt.

20. When the Fish-eaters came from Elephantine
at Cambyses' message, he sent them to Ethiopia,
charged with what they should say, and bearing gifts,
to wit, a purple cloak and a twisted gold necklace
and armlets and an alabaster box of incense and an
earthenware jar of palm wine. These Ethiopians, to
whom Cambyses sent them, are said to be the tallest
and fairest of all men. Their way of choosing kings is
different from that of all others, as (it is said) are all
their laws; they deem worthy to be their king that
townsman whom they judge to be tallest and to have
strength proportioned to his stature.

21. These were the men to whom the Fish-eaters
came, offering gifts and delivering this message to
their king: "Cambyses king of Persia, desiring to
be your friend and guest, sends us with command
to address ourselves to you; and he offers you such

HERODOTUS

καὶ δῶρα ταῦτά τοι διδοῖ τοῖσι καὶ αὐτὸς μάλιστα
ἥδεται χρεώμενος." ὁ δὲ Αἰθίοψ μαθὼν ὅτι κα-
τόπται ἥκοιεν, λέγει πρὸς αὐτοὺς τοιάδε. "Οὔτε
ὁ Περσέων βασιλεὺς δῶρα ὑμέας ἔπεμψε φέροντας
προτιμῶν πολλοῦ ἐμοὶ ξεῖνος γενέσθαι, οὔτε ὑμεῖς
λέγετε ἀληθέα (ἥκετε γὰρ κατόπται τῆς ἐμῆς
ἀρχῆς), οὔτε ἐκεῖνος ἀνήρ ἐστι δίκαιος. εἰ γὰρ
ἦν δίκαιος, οὔτ' ἂν ἐπεθύμησε χώρης ἄλλης ἢ τῆς
ἑωυτοῦ, οὔτ' ἂν ἐς δουλοσύνην ἀνθρώπους ἦγε ὑπ'
ὧν μηδὲν ἠδίκηται. νῦν δὲ αὐτῷ τόξον τόδε δι-
δόντες τάδε ἔπεα λέγετε. 'Βασιλεὺς ὁ Αἰθιόπων
συμβουλεύει τῷ Περσέων βασιλέι, ἐπεὰν οὕτω
εὐπετέως ἕλκωσι τὰ τόξα Πέρσαι ἐόντα μεγάθεϊ
τοσαῦτα, τότε ἐπ' Αἰθίοπας τοὺς μακροβίους
πλήθεϊ ὑπερβαλλόμενον στρατεύεσθαι· μέχρι δὲ
τούτου θεοῖσι εἰδέναι χάριν, οἳ οὐκ ἐπὶ νόον τρά-
πουσι Αἰθιόπων παισὶ γῆν ἄλλην προσκτᾶσθαι
τῇ ἑωυτῶν.'"
  22. Ταῦτα δὲ εἴπας καὶ ἀνεὶς τὸ τόξον παρέ-
δωκε τοῖσι ἥκουσι. λαβὼν δὲ τὸ εἶμα τὸ πορ-
φύρεον εἰρώτα ὅ τι εἴη καὶ ὅκως πεποιημένον·
εἰπόντων δὲ τῶν Ἰχθυοφάγων τὴν ἀληθείην περὶ
τῆς πορφύρης καὶ τῆς βαφῆς, δολεροὺς μὲν τοὺς
ἀνθρώπους ἔφη εἶναι, δολερὰ δὲ αὐτῶν τὰ εἵματα.
δεύτερα δὲ τὸν χρυσὸν εἰρώτα τὸν στρεπτὸν τὸν
περιαυχένιον καὶ τὰ ψέλια· ἐξηγεομένων δὲ τῶν
Ἰχθυοφάγων τὸν κόσμον αὐτοῦ, γελάσας ὁ βα-
σιλεὺς καὶ νομίσας εἶναι σφέα πέδας εἶπε ὡς παρ'
ἑωυτοῖσι εἰσὶ ῥωμαλεώτεραι τουτέων πέδαι. τρί-
τον δὲ εἰρώτα τὸ μύρον· εἰπόντων δὲ τῆς ποιήσιος
πέρι καὶ ἀλείψιος, τὸν αὐτὸν λόγον τὸν καὶ περὶ
τοῦ εἵματος εἶπε. ὡς δὲ ἐς τὸν οἶνον ἀπίκετο καὶ

28

gifts as he himself chiefly delights to use." But the
Ethiopian, perceiving that they had come as spies,
spoke thus to them: "It is not because he sets great
store by my friendship that the Persian King sends
you with gifts, nor do you speak the truth (for you
have come to spy out my dominions), nor is your
king a righteous man; for were he such, he would
not have coveted any country other than his own,
nor would he now try to enslave men who have done
him no wrong. Now, give him this bow, and this
message: 'The King of the Ethiopians counsels the
King of the Persians, when the Persians can draw a
bow of this greatness as easily as I do, then to bring
overwhelming odds to attack the long-lived Ethio-
pians; but till then, to thank the gods who put it
not in the minds of the sons of the Ethiopians to win
more territory than they have.'"

22. So speaking he unstrung the bow and gave it
to the men who had come. Then, taking the purple
cloak, he asked what it was and how it was made;
and when the Fish-eaters told him the truth about
the purple and the way of dyeing, he said that both
the men and their garments were full of guile. Next
he inquired about the twisted gold necklace and the
bracelets; and when the Fish-eaters told him how
they were made, the king smiled, and, thinking
them to be fetters, said: "We have stronger chains
than these." Thirdly he inquired about the incense;
and when they told him of the making and the apply-
ing of it, he made the same reply as about the cloak.
But when he came to the wine and asked about the

ἐπύθετο αὐτοῦ τὴν ποίησιν, ὑπερησθεὶς τῷ πόματι
ἐπείρετο ὅ τι τε σιτέεται ὁ βασιλεὺς καὶ χρόνον
ὁκόσον μακρότατον ἀνὴρ Πέρσης ζώει. οἳ δὲ
σιτέεσθαι μὲν τὸν ἄρτον εἶπον, ἐξηγησάμενοι τῶν
πυρῶν τὴν φύσιν, ὀγδώκοντα δὲ ἔτεα ζόης πλή-
ρωμα ἀνδρὶ μακρότατον προκέεσθαι. πρὸς ταῦτα
ὁ Αἰθίοψ ἔφη οὐδὲν θωμάζειν εἰ σιτεόμενοι κόπρον
ἔτεα ὀλίγα ζώουσι· οὐδὲ γὰρ ἂν τοσαῦτα δύνασθαι
ζώειν σφέας, εἰ μὴ τῷ πόματι ἀνέφερον, φράζων
τοῖσι Ἰχθυοφάγοισι τὸν οἶνον· τούτῳ γὰρ ἑωυτοὺς
ὑπὸ Περσέων ἑσσοῦσθαι.

23. Ἀντειρομένων δὲ τὸν βασιλέα τῶν Ἰχθυο-
φάγων τῆς ζόης καὶ διαίτης πέρι, ἔτεα μὲν ἐς
εἴκοσι καὶ ἑκατὸν τοὺς πολλοὺς αὐτῶν ἀπικνέε-
σθαι, ὑπερβάλλειν δέ τινας καὶ ταῦτα, σίτησιν δὲ
εἶναι κρέα τε ἑφθὰ καὶ πόμα γάλα. θῶμα δὲ
ποιευμένων τῶν κατασκόπων περὶ τῶν ἐτέων, ἐπὶ
κρήνην σφι ἡγήσασθαι, ἀπ' ἧς λουόμενοι λιπαρώ-
τεροι ἐγίνοντο, κατά περ εἰ ἐλαίου εἴη· ὄζειν δὲ
ἀπ' αὐτῆς ὡς εἰ ἴων. ἀσθενὲς δὲ τὸ ὕδωρ τῆς
κρήνης ταύτης οὕτω δή τι ἔλεγον εἶναι οἱ κατά-
σκοποι ὥστε μηδὲν οἷόν τ' εἶναι ἐπ' αὐτοῦ ἐπι-
πλέειν, μήτε ξύλον μήτε τῶν ὅσα ξύλου ἐστὶ
ἐλαφρότερα, ἀλλὰ πάντα σφέα χωρέειν ἐς βυσσόν.
τὸ δὲ ὕδωρ τοῦτο εἴ σφι ἐστὶ ἀληθέως οἷόν τι
λέγεται, διὰ τοῦτο ἂν εἶεν, τούτῳ τὰ πάντα χρεώ-
μενοι, μακρόβιοι. ἀπὸ τῆς κρήνης δὲ ἀπαλ-
λασσομένων, ἀγαγεῖν σφεας ἐς δεσμωτήριον
ἀνδρῶν, ἔνθα τοὺς πάντας ἐν πέδῃσι χρυσέῃσι
δεδέσθαι. ἔστι δὲ ἐν τούτοισι τοῖσι Αἰθίοψι
πάντων ὁ χαλκὸς σπανιώτατον καὶ τιμιώτατον.
θεησάμενοι δὲ καὶ τὸ δεσμωτήριον, ἐθεήσαντο καὶ
τὴν τοῦ ἡλίου λεγομένην τράπεζαν.

making of it, he was justly pleased with the draught, and asked further what food their king ate, and what was the greatest age to which a Persian lived. They told him their king ate bread, showing him how wheat grew; and said that the full age to which a man might hope to live was eighty years. Then said the Ethiopian, it was no wonder that their lives were so short, if they ate dung[1]; they would never attain even to that age were it not for the strengthening power of the draught,—whereby he signified to the Fish-eaters the wine,—for in this, he said, the Persians excelled the Ethiopians.

23. The Fish-eaters then in turn asking of the Ethiopian length of life and diet, he said that most of them attained to an hundred and twenty years, and some even to more ; their food was boiled meat and their drink milk. The spies showed wonder at the tale of years ; whereon he led them, it is said, to a spring, by washing wherein they grew sleeker, as though it were of oil ; and it smelt as it were of violets. So light, the spies said, was this water, that nothing would float on it, neither wood nor anything lighter than wood, but all sank to the bottom. If this water be truly such as they say, it is likely that their constant use of it makes the people long-lived. When they left the spring, the king led them to a prison where all the men were bound with fetters of gold. Among these Ethiopians there is nothing so scarce and so precious as bronze. Then, having seen the prison, they saw what is called the Table of the Sun.

[1] *i.e.* grain produced by the manured soil.

HERODOTUS

24. Μετὰ δὲ ταύτην τελευταίας ἐθεήσαντο τὰς θήκας αὐτῶν, αἳ λέγονται σκευάζεσθαι ἐξ ὑέλου τρόπῳ τοιῷδε· ἐπεὰν τὸν νεκρὸν ἰσχνήνωσι, εἴτε δὴ κατά περ Αἰγύπτιοι εἴτε ἄλλως κως, γυψώσαντες ἅπαντα αὐτὸν γραφῇ κοσμέουσι, ἐξομοιεῦντες τὸ εἶδος ἐς τὸ δυνατόν, ἔπειτα δέ οἱ περιιστᾶσι στήλην ἐξ ὑέλου πεποιημένην κοίλην· ἣ δέ σφι πολλὴ καὶ εὐεργὸς ὀρύσσεται. ἐν μέσῃ δὲ τῇ στήλῃ ἐνεὼν διαφαίνεται ὁ νέκυς, οὔτε ὀδμὴν οὐδεμίαν ἄχαριν παρεχόμενος οὔτε ἄλλο ἀεικὲς οὐδέν, καὶ ἔχει πάντα φανερὰ ὁμοίως αὐτῷ τῷ νέκυϊ. ἐνιαυτὸν μὲν δὴ ἔχουσι τὴν στήλην ἐν τοῖσι οἰκίοισι οἱ μάλιστα προσήκοντες, πάντων ἀπαρχόμενοι καὶ θυσίας οἱ προσάγοντες· μετὰ δὲ ταῦτα ἐκκομίσαντες ἱστᾶσι περὶ τὴν πόλιν.

25. Θεησάμενοι δὲ τὰ πάντα οἱ κατάσκοποι ἀπαλλάσσοντο ὀπίσω. ἀπαγγειλάντων δὲ ταῦτα τούτων, αὐτίκα ὁ Καμβύσης ὀργὴν ποιησάμενος ἐστρατεύετο ἐπὶ τοὺς Αἰθίοπας, οὔτε παρασκευὴν σίτου οὐδεμίαν παραγγείλας, οὔτε λόγον ἑωυτῷ δοὺς ὅτι ἐς τὰ ἔσχατα γῆς ἔμελλε στρατεύεσθαι· οἷα δὲ ἐμμανής τε ἐὼν καὶ οὐ φρενήρης, ὡς ἤκουε τῶν Ἰχθυοφάγων, ἐστρατεύετο, Ἑλλήνων μὲν τοὺς παρεόντας αὐτοῦ τάξας ὑπομένειν, τὸν δὲ πεζὸν πάντα ἅμα ἀγόμενος. ἐπείτε δὲ στρατευόμενος ἐγένετο ἐν Θήβῃσι, ἀπέκρινε τοῦ στρατοῦ ὡς πέντε μυριάδας, καὶ τούτοισι μὲν ἐνετέλλετο Ἀμμωνίους ἐξανδραποδισαμένους τὸ χρηστήριον τὸ τοῦ Διὸς ἐμπρῆσαι, αὐτὸς δὲ τὸν λοιπὸν ἄγων στρατὸν ἤιε ἐπὶ τοὺς Αἰθίοπας. πρὶν δὲ τῆς ὁδοῦ τὸ πέμπτον μέρος διεληλυθέναι τὴν στρατιήν, αὐτίκα πάντα αὐτοὺς τὰ εἶχον σιτίων ἐχόμενα ἐπελελοίπεε, μετὰ

24. Last after this they viewed the Ethiopian coffins; these are said to be made of alabaster, as I shall describe: they make the dead body to shrink, either as the Egyptians do or in some other way, then cover it with gypsum and paint it all as far as they may in the likeness of the living man; then they set it within a hollow pillar of alabaster, which they dig in abundance from the ground, and it is easily wrought; the body can be seen in the pillar through the alabaster, no evil stench nor aught unseemly proceeding from it, and showing clearly all its parts, as if it were the dead man himself. The nearest of kin keep the pillar in their house for a year, giving it of the firstfruits and offering it sacrifices; after which they bring the pillars out and set them round about the city.

25. Having viewed all, the spies departed back again. When they reported all this, Cambyses was angry, and marched forthwith against the Ethiopians, neither giving command for any provision of food nor considering that he was about to lead his army to the ends of the earth; and being not in his right mind but mad, he marched at once on hearing from the Fish-eaters, setting the Greeks who were with him to await him where they were, and taking with him all his land army. When he came in his march to Thebes, he parted about fifty thousand men from his army, and charged them to enslave the Ammonians and burn the oracle of Zeus; and he himself went on towards Ethiopia with the rest of his host. But before his army had accomplished the fifth part of their journey they had come to an end of all there was in the way of provision, and after the food was

δὲ τὰ σιτία καὶ τὰ ὑποζύγια ἐπέλιπε κατεσθιό-
μενα. εἰ μέν νυν μαθὼν ταῦτα ὁ Καμβύσης
ἐγνωσιμάχεε καὶ ἀπῆγε ὀπίσω τὸν στρατόν, ἐπὶ
τῇ ἀρχῆθεν γενομένῃ ἁμαρτάδι ἦν ἂν ἀνὴρ σοφός·
νῦν δὲ οὐδένα λόγον ποιεύμενος ἤιε αἰεὶ ἐς τὸ
πρόσω. οἱ δὲ στρατιῶται ἕως μέν τι εἶχον ἐκ τῆς
γῆς λαμβάνειν, ποιηφαγέοντες διέζωον, ἐπεὶ δὲ ἐς
τὴν ψάμμον ἀπίκοντο, δεινὸν ἔργον αὐτῶν τινες
ἐργάσαντο· ἐκ δεκάδος γὰρ ἕνα σφέων αὐτῶν
ἀποκληρώσαντες κατέφαγον. πυθόμενος δὲ ταῦτα
ὁ Καμβύσης, δείσας τὴν ἀλληλοφαγίην, ἀπεὶς τὸν
ἐπ᾽ Αἰθίοπας στόλον ὀπίσω ἐπορεύετο καὶ ἀπικνέε-
ται ἐς Θήβας πολλοὺς ἀπολέσας τοῦ στρατοῦ·
ἐκ Θηβέων δὲ καταβὰς ἐς Μέμφιν τοὺς Ἕλληνας
ἀπῆκε ἀποπλέειν.

26. Ὁ μὲν ἐπ᾽ Αἰθίοπας στόλος οὕτω ἔπρηξε·
οἱ δ᾽ αὐτῶν ἐπ᾽ Ἀμμωνίους ἀποσταλέντες στρα-
τεύεσθαι, ἐπείτε ὁρμηθέντες ἐκ τῶν Θηβέων ἐπο-
ρεύοντο ἔχοντες ἀγωγούς, ἀπικόμενοι μὲν φανεροί
εἰσι ἐς Ὄασιν πόλιν, τὴν ἔχουσι μὲν Σάμιοι τῆς
Αἰσχριωνίης φυλῆς λεγόμενοι εἶναι, ἀπέχουσι δὲ
ἑπτὰ ἡμερέων ὁδὸν ἀπὸ Θηβέων διὰ ψάμμου· ὀνο-
μάζεται δὲ ὁ χῶρος οὗτος κατὰ Ἑλλήνων γλῶσσαν
Μακάρων νῆσος. ἐς μὲν δὴ τοῦτον τὸν χῶρον
λέγεται ἀπικέσθαι τὸν στρατόν, τὸ ἐνθεῦτεν δέ,
ὅτι μὴ αὐτοὶ Ἀμμώνιοι καὶ οἱ τούτων ἀκούσαντες,
ἄλλοι οὐδένες οὐδὲν ἔχουσι εἰπεῖν περὶ αὐτῶν·
οὔτε γὰρ ἐς τοὺς Ἀμμωνίους ἀπίκοντο οὔτε ὀπίσω
ἐνόστησαν. λέγεται δὲ κατὰ τάδε ὑπ᾽ αὐτῶν
Ἀμμωνίων· ἐπειδὴ ἐκ τῆς Ὀάσιος ταύτης ἰέναι
διὰ τῆς ψάμμου ἐπὶ σφέας, γενέσθαι τε αὐτοὺς
μεταξύ κου μάλιστα αὐτῶν τε καὶ τῆς Ὀάσιος,

gone they ate the beasts of burden till there was none of these left also. Now had Cambyses, when he perceived this, changed his mind and led his army back again, he had been a wise man at last after his first fault; but as it was, he went ever forward, nothing recking. While his soldiers could get anything from the earth, they kept themselves alive by eating grass; but when they came to the sandy desert, certain of them did a terrible deed, taking by lot one man out of ten and eating him. Hearing this, Cambyses feared their becoming cannibals, and so gave up his expedition against the Ethiopians and marched back to Thebes, with the loss of many of his army; from Thebes he came down to Memphis, and sent the Greeks to sail away.

26. So fared the expedition against Ethiopia. As for those of the host who were sent to march against the Ammonians, they set forth and journeyed from Thebes with guides; and it is known that they came to the city Oasis,[1] where dwell Samians said to be of the Aeschrionian tribe, seven days' march from Thebes across sandy desert; this place is called, in the Greek language, the Island of the Blest. Thus far, it is said, the army came; after that, save the Ammonians themselves and those who heard from them, no man can say aught of them; for they neither reached the Ammonians nor returned back. But this is what the Ammonians themselves say: When the Persians were crossing the sand from the Oasis to attack them, and were about midway between their country and the Oasis, while they were

[1] Oasis means simply a planted place; Herodotus makes it a proper name. What he means here is the "Great oasis" of Khargeh, about seven days' journey from Thebes, as he says.

ἄριστον αἱρεομένοισι αὐτοῖσι ἐπιπνεῦσαι νότον
μέγαν τε καὶ ἐξαίσιον, φορέοντα δὲ θῖνας τῆς
ψάμμου καταχῶσαι σφέας, καὶ τρόπῳ τοιούτῳ
ἀφανισθῆναι. Ἀμμώνιοι μὲν οὕτω λέγουσι γενέ-
σθαι περὶ τῆς στρατιῆς ταύτης.

27. Ἀπιγμένου δὲ Καμβύσεω ἐς Μέμφιν ἐφάνη
Αἰγυπτίοισι ὁ Ἆπις, τὸν Ἕλληνες Ἔπαφον καλέ-
ουσι· ἐπιφανέος δὲ τούτου γενομένου αὐτίκα οἱ
Αἰγύπτιοι εἵματα ἐφόρεον τὰ κάλλιστα καὶ ἦσαν
ἐν θαλίῃσι. ἰδὼν δὲ ταῦτα τοὺς Αἰγυπτίους ποι-
εῦντας ὁ Καμβύσης, πάγχυ σφέας καταδόξας
ἑωυτοῦ κακῶς πρήξαντος χαρμόσυνα ταῦτα ποιέ-
ειν, ἐκάλεε τοὺς ἐπιτρόπους τῆς Μέμφιος, ἀπικο-
μένους δὲ ἐς ὄψιν εἴρετο ὅ τι πρότερον μὲν ἐόντος
αὐτοῦ ἐν Μέμφι ἐποίευν τοιοῦτον οὐδὲν Αἰγύπτιοι,
τότε δὲ ἐπεὶ αὐτὸς παρείη τῆς στρατιῆς πλῆθός
τι ἀποβαλών. οἳ δὲ ἔφραζον ὥς σφι θεός εἴη
φανεὶς διὰ χρόνου πολλοῦ ἐωθὼς ἐπιφαίνεσθαι,
καὶ ὡς ἐπεὰν φανῇ τότε πάντες Αἰγύπτιοι κεχαρη-
κότες ὀρτάζοιεν. ταῦτα ἀκούσας ὁ Καμβύσης ἔφη
ψεύδεσθαι σφέας καὶ ὡς ψευδομένους θανάτῳ
ἐζημίου.

28. Ἀποκτείνας δὲ τούτους δεύτερα τοὺς ἱρέας
ἐκάλεε ἐς ὄψιν· λεγόντων δὲ κατὰ ταὐτὰ τῶν
ἱρέων, οὐ λήσειν ἔφη αὐτὸν εἰ θεός τις χειροήθης
ἀπιγμένος εἴη Αἰγυπτίοισι. τοσαῦτα δὲ εἴπας
ἀπάγειν ἐκέλευε τὸν Ἆπιν τοὺς ἱρέας. οἳ μὲν δὴ
μετήισαν ἄξοντες. ὁ δὲ Ἆπις οὗτος ὁ Ἔπαφος
γίνεται μόσχος ἐκ βοός, ἥτις οὐκέτι οἵη τε γίνεται
ἐς γαστέρα ἄλλον βάλλεσθαι γόνον. Αἰγύπτιοι
δὲ λέγουσι σέλας ἐπὶ τὴν βοῦν ἐκ τοῦ οὐρανοῦ
κατίσχειν, καί μιν ἐκ τούτου τίκτειν τὸν Ἆπιν.

breakfasting a great and violent south wind arose, which buried them in the masses of sand which it bore; and so they disappeared from sight. Such is the Ammonian tale about this army.

27. After Cambyses was come to Memphis there appeared in Egypt that Apis[1] whom the Greeks call Epaphus; at which revelation straightway the Egyptians donned their fairest garments and kept high festival. Seeing the Egyptians so doing, Cambyses was fully persuaded that these signs of joy were for his misfortunes, and summoned the rulers of Memphis; when they came before him he asked them why the Egyptians acted so at the moment of his coming with so many of his army lost, though they had done nothing like it when he was before at Memphis. The rulers told him that a god, who had been wont to reveal himself at long intervals of time, had now appeared to them; and that all Egypt rejoiced and made holiday whenever he so appeared. At this Cambyses said that they lied, and he punished them with death for their lie.

28. Having put them to death, he next summoned the priests before him. When they gave him the same account, he said that "if a tame god had come to the Egyptians he would know it"; and with no more words he bade the priests bring Apis. So they went to seek and bring him. This Apis, or Epaphus, is a calf born of a cow that can never conceive again. By what the Egyptians say, the cow is made pregnant by a light from heaven, and thereafter gives birth to

[1] cp. ii. 38.

ἔχει δὲ ὁ μόσχος οὗτος ὁ Ἆπις καλεόμενος σημήια
τοιάδε ἐὼν μέλας, ἐπὶ μὲν τῷ μετώπῳ λευκόν τι
τρίγωνον, ἐπὶ δὲ τοῦ νώτου αἰετὸν εἰκασμένον, ἐν
δὲ τῇ οὐρῇ τὰς τρίχας διπλᾶς, ὑπὸ δὲ τῇ γλώσσῃ
κάνθαρον.

29. Ὡς δὲ ἤγαγον τὸν Ἆπιν οἱ ἱρέες, ὁ Καμβύ-
σης, οἷα ἐὼν ὑπομαργότερος, σπασάμενος τὸ ἐγχει-
ρίδιον, θέλων τύψαι τὴν γαστέρα τοῦ Ἄπιος παίει
τὸν μηρόν· γελάσας δὲ εἶπε πρὸς τοὺς ἱρέας "Ὦ
κακαὶ κεφαλαί, τοιοῦτοι θεοὶ γίνονται, ἔναιμοί τε
καὶ σαρκώδεες καὶ ἐπαΐοντες σιδηρίων; ἄξιος μέν
γε Αἰγυπτίων οὗτός γε ὁ θεός, ἀτάρ τοι ὑμεῖς γε
οὐ χαίροντες γέλωτα ἐμὲ θήσεσθε." ταῦτα εἴπας
ἐνετείλατο τοῖσι ταῦτα πρήσσουσι τοὺς μὲν ἱρέας
ἀπομαστιγῶσαι, Αἰγυπτίων δὲ τῶν ἄλλων τὸν
ἂν λάβωσι ὁρτάζοντα κτείνειν. ὁρτὴ μὲν δὴ διελέ-
λυτο Αἰγυπτίοισι, οἱ δὲ ἱρέες ἐδικαιεῦντο, ὁ δὲ
Ἆπις πεπληγμένος τὸν μηρὸν ἔφθινε ἐν τῷ ἱρῷ
κατακείμενος. καὶ τὸν μὲν τελευτήσαντα ἐκ τοῦ
τρώματος ἔθαψαν οἱ ἱρέες λάθρῃ Καμβύσεω.

30. Καμβύσης δέ, ὡς λέγουσι Αἰγύπτιοι,
αὐτίκα διὰ τοῦτο τὸ ἀδίκημα ἐμάνη, ἐὼν οὐδὲ
πρότερον φρενήρης. καὶ πρῶτα μὲν τῶν κακῶν
ἐξεργάσατο τὸν ἀδελφεὸν Σμέρδιν ἐόντα πατρὸς
καὶ μητρὸς τῆς αὐτῆς, τὸν ἀπέπεμψε ἐς Πέρσας
φθόνῳ ἐξ Αἰγύπτου, ὅτι τὸ τόξον μοῦνος
Περσέων ὅσον τε ἐπὶ δύο δακτύλους εἴρυσε, τὸ
παρὰ τοῦ Αἰθίοπος ἤνεικαν οἱ Ἰχθυοφάγοι, τῶν
δὲ ἄλλων Περσέων οὐδεὶς οἷός τε ἐγένετο. ἀποι-
χομένου ὦν ἐς Πέρσας τοῦ Σμέρδιος ὄψιν εἶδε ὁ
Καμβύσης ἐν τῷ ὕπνῳ τοιήνδε· ἔδοξέ οἱ ἄγγελον
ἐλθόντα ἐκ Περσέων ἀγγέλλειν ὡς ἐν τῷ θρόνῳ

38

Apis. The marks of this calf called Apis are these: he is black, and has on his forehead a three-cornered white spot, and the likeness of an eagle on his back; the hairs of the tail are double, and there is a knot under the tongue.

29. When the priests led Apis in, Cambyses—for he was well-nigh mad—drew his dagger and made to stab the calf in the belly, but smote the thigh; then laughing he said to the priests: "Wretched wights, are these your gods, creatures of flesh and blood that can feel weapons of iron? that is a god worthy of the Egyptians. But for you, you shall suffer for making me your laughing-stock." So saying he bade those, whose business it was, to scourge the priests well, and to kill any other Egyptian whom they found holiday-making. So the Egyptian festival was ended, and the priests were punished, and Apis lay in the temple and died of the blow on the thigh. When he was dead of the wound, the priests buried him without Cambyses' knowledge.

30. By reason of this wrongful deed, as the Egyptians say, Cambyses' former want of sense turned straightway to madness. His first evil act was to make away with his full brother Smerdis, whom he had sent away from Egypt to Persia out of jealousy, because Smerdis alone could draw the bow brought from the Ethiopian by the Fish-eaters as far as two fingerbreadths; but no other Persian could draw it. Smerdis having gone to Persia, Cambyses saw in a dream a vision, whereby it seemed to him that a messenger came from Persia

τῷ βασιληίῳ ἱζόμενος Σμέρδις τῇ κεφαλῇ τοῦ
οὐρανοῦ ψαύσειε. πρὸς ὦν ταῦτα δείσας περὶ
ἑωυτοῦ μή μιν ἀποκτείνας ὁ ἀδελφεὸς ἄρχῃ, πέμπει
Πρηξάσπεα ἐς Πέρσας, ὃς ἦν οἱ ἀνὴρ Περσέων
πιστότατος, ἀποκτενέοντά μιν. ὃ δὲ ἀναβὰς ἐς
Σοῦσα ἀπέκτεινε Σμέρδιν, οἱ μὲν λέγουσι ἐπ᾽ ἄγρην
ἐξαγαγόντα, οἳ δὲ ἐς τὴν Ἐρυθρὴν θάλασσαν προ-
αγαγόντα καταποντῶσαι.

31. Πρῶτον μὲν δὴ λέγουσι Καμβύσῃ τῶν κακῶν
ἄρξαι τοῦτο· δεύτερα δὲ ἐξεργάσατο τὴν ἀδελφεὴν
ἑσπομένην οἱ ἐς Αἴγυπτον, τῇ καὶ συνοίκεε καὶ ἦν
οἱ ἀπ᾽ ἀμφοτέρων ἀδελφεή. ἔγημε δὲ αὐτὴν ὧδε·
οὐδαμῶς γὰρ ἐώθεσαν πρότερον τῇσι ἀδελφεῇσι
συνοικέειν Πέρσαι. ἠράσθη μιῆς τῶν ἀδελφεῶν
Καμβύσης, καὶ ἔπειτα βουλόμενος αὐτὴν γῆμαι,
ὅτι οὐκ ἐωθότα ἐπενόεε ποιήσειν, εἴρετο καλέσας
τοὺς βασιληίους δικαστὰς εἴ τις ἐστὶ κελεύων
νόμος τὸν βουλόμενον ἀδελφεῇ συνοικέειν. οἱ δὲ
βασιλήιοι δικασταὶ κεκριμένοι ἄνδρες γίνονται
Περσέων, ἐς οὗ ἀποθάνωσι ἤ σφι παρευρεθῇ τι
ἄδικον, μέχρι τούτου· οὗτοι δὲ τοῖσι Πέρσῃσι
δίκας δικάζουσι καὶ ἐξηγηταὶ τῶν πατρίων θεσμῶν
γίνονται, καὶ πάντα ἐς τούτους ἀνακέεται. εἰρο-
μένου ὦν τοῦ Καμβύσεω, ὑπεκρίνοντο αὐτῷ οὗτοι
καὶ δίκαια καὶ ἀσφαλέα, φάμενοι νόμον οὐδένα
ἐξευρίσκειν ὃς κελεύει ἀδελφεῇ συνοικέειν ἀδελ-
φεόν, ἄλλον μέντοι ἐξευρηκέναι νόμον, τῷ βασιλεύ-
οντι Περσέων ἐξεῖναι ποιέειν τὸ ἂν βούληται.
οὕτω οὔτε τὸν νόμον ἔλυσαν δείσαντες Καμβύσεα,
ἵνα τε μὴ αὐτοὶ ἀπόλωνται τὸν νόμον περιστέλ-
λοντες, παρεξεῦρον ἄλλον νόμον σύμμαχον τῷ

and told him that Smerdis had sat on the royal throne
with his head reaching to heaven. Fearing therefore
for himself, lest his brother might slay him and so
be king, he sent to Persia Prexaspes, the trustiest of
his Persians, to kill Smerdis. Prexaspes went up to
Susa and so did ; some say that he took Smerdis out
a-hunting, others that he brought him to the Red [1]
Sea and there drowned him.

31. This, they say, was the first of Cambyses' evil
acts ; next, he made away with his full sister, who
had come with him to Egypt, and whom he had
taken to wife. He married her on this wise (for before
this, it had by no means been customary for Persians
to marry their sisters): Cambyses was enamoured of
one of his sisters and presently desired to take her
to wife ; but his intention being contrary to usage,
he summoned the royal judges [2] and inquired whether
there were any law suffering one, that so desired, to
marry his sister. These royal judges are men chosen
out from the Persians to be so till they die or are
detected in some injustice ; it is they who decide
suits in Persia and interpret the laws of the land ;
all matters are referred to them. These then replied
to Cambyses with an answer which was both just and
safe, namely, that they could find no law giving a
brother power to marry his sister ; but that they had
also found a law whereby the King of Persia might
do whatsoever he wished. Thus they broke not
the law for fear of Cambyses, and, to save them-
selves from death for maintaining it, they found

[1] Not our Red Sea ('Αράβιος κόλπος) but the Persian Gulf,
probably ; but it is to be noted that Herodotus has no
definite knowledge of a gulf between Persia and Arabia.
[2] A standing body of seven ; cp. Book of Esther, i. 14.

θέλοντι γαμέειν ἀδελφεάς. τότε μὲν δὴ ὁ Καμ-
βύσης ἔγημε τὴν ἐρωμένην, μετὰ μέντοι οὐ πολλὸν
χρόνον ἔσχε ἄλλην ἀδελφεήν. τουτέων δῆτα τὴν
νεωτέρην ἐπισπομένην οἱ ἐπ᾽ Αἴγυπτον κτείνει.
32. Ἀμφὶ δὲ τῷ θανάτῳ αὐτῆς διξὸς ὥσπερ
περὶ Σμέρδιος λέγεται λόγος. Ἕλληνες μὲν
λέγουσι Καμβύσεα συμβαλεῖν σκύμνον λέοντος
σκύλακι κυνός, θεωρέειν δὲ καὶ τὴν γυναῖκα ταύ-
την, νικωμένου δὲ τοῦ σκύλακος ἀδελφεὸν αὐτοῦ
ἄλλον σκύλακα ἀπορρήξαντα τὸν δεσμὸν παρα-
γενέσθαι οἱ, δύο δὲ γενομένους οὕτω δὴ τοὺς
σκύλακας ἐπικρατῆσαι τοῦ σκύμνου. καὶ τὸν
μὲν Καμβύσεα ἥδεσθαι θεώμενον, τὴν δὲ παρη-
μένην δακρύειν. Καμβύσεα δὲ μαθόντα τοῦτο
ἐπειρέσθαι δι᾽ ὅ τι δακρύει, τὴν δὲ εἰπεῖν ὡς ἰδοῦσα
τὸν σκύλακα τῷ ἀδελφεῷ τιμωρήσαντα δακρύσειε,
μνησθεῖσά τε Σμέρδιος καὶ μαθοῦσα ὡς ἐκείνῳ οὐκ
εἴη ὁ τιμωρήσων. Ἕλληνες μὲν δὴ διὰ τοῦτο τὸ
ἔπος φασὶ αὐτὴν ἀπολέσθαι ὑπὸ Καμβύσεω,
Αἰγύπτιοι δὲ ὡς τραπέζῃ παρακατημένων λαβοῦ-
σαν θρίδακα τὴν γυναῖκα περιτῖλαι καὶ ἐπανειρέ-
σθαι τὸν ἄνδρα κότερον περιτετιλμένη ἢ θρίδαξ
ἢ δασέα εἴη καλλίων, καὶ τὸν φάναι δασέαν, τὴν
δ᾽ εἰπεῖν "Ταύτην μέντοι κοτὲ σὺ τὴν θρίδακα
ἐμιμήσαο τὸν Κύρου οἶκον ἀποψιλώσας." τὸν δὲ
θυμωθέντα ἐμπηδῆσαι αὐτῇ ἐχούσῃ ἐν γαστρί, καί
μιν ἐκτρώσασαν ἀποθανεῖν.
33. Ταῦτα μὲν ἐς τοὺς οἰκηίους ὁ Καμβύσης
ἐξεμάνη, εἴτε δὴ διὰ τὸν Ἆπιν εἴτε καὶ ἄλλως, οἷα
πολλὰ ἔωθε ἀνθρώπους κακὰ καταλαμβάνειν· καὶ
γὰρ τινὰ ἐκ γενεῆς νοῦσον μεγάλην λέγεται ἔχειν
ὁ Καμβύσης, τὴν ἱρὴν ὀνομάζουσι τινές. οὐ νῦν

another law to justify one that desired wedlock with sisters. So for the nonce Cambyses married her of whom he was enamoured; yet presently he took another sister to wife. It was the younger of these who had come with him to Egypt, and whom he now killed.

32. There are two tales of her death, as of the death of Smerdis. The Greeks say that Cambyses had set a puppy to fight a lion's cub, with this woman too looking on; and the puppy being worsted, another puppy, its brother, broke its leash and came to help, whereby the two dogs together got the better of the cub. Cambyses, they say, was pleased with the sight, but the woman wept as she sat by. Cambyses perceived it and asking why she wept, she said she had wept when she saw the puppy help its brother, for thinking of Smerdis and how there was none to avenge him. For saying this, according to the Greek story, Cambyses put her to death. But the Egyptian tale is that as the two sat at table the woman took a lettuce and plucked off the leaves, then asked her husband whether he liked the look of it, with or without leaves; "With the leaves," said he; whereupon she answered: "Yet you have stripped Cyrus' house as bare as this lettuce." Angered at this, they say, he leaped upon her, she being great with child; and she miscarried and died of the hurt he gave her.

33. Such were Cambyses' mad acts to his own household, whether they were done because of Apis or grew from some of the many troubles that are wont to beset men; for indeed he is said to have been afflicted from his birth with that grievous disease which some call "sacred."[1] It is no unlikely thing

[1] Epilepsy.

τοι ἀεικὲς οὐδὲν ἦν τοῦ σώματος νοῦσον μεγάλην
νοσέοντος μηδὲ τὰς φρένας ὑγιαίνειν.

34. Τάδε δ' ἐς τοὺς ἄλλους Πέρσας ἐξεμάνη.
λέγεται γὰρ εἰπεῖν αὐτὸν πρὸς Πρηξάσπεα, τὸν
ἐτίμα τε μάλιστα καί οἱ τὰς ἀγγελίας ἐφόρεε
οὗτος, τούτου τε ὁ παῖς οἰνοχόος ἦν τῷ Καμβύσῃ,
τιμὴ δὲ καὶ αὕτη οὐ σμικρή· εἰπεῖν δὲ λέγεται
τάδε. "Πρήξασπες, κοῖόν με τινὰ νομίζουσι
Πέρσαι εἶναι ἄνδρα τίνας τε λόγους περὶ ἐμέο
ποιεῦνται;" τὸν δὲ εἰπεῖν "Ὦ δέσποτα, τὰ μὲν
ἄλλα πάντα μεγάλως ἐπαινέαι, τῇ δὲ φιλοινίῃ σε
φασὶ πλεόνως προσκέεσθαι." τὸν μὲν δὴ λέγειν
ταῦτα περὶ Περσέων, τὸν δὲ θυμωθέντα τοιάδε
ἀμείβεσθαι. "Νῦν ἄρα με φασὶ Πέρσαι οἴνῳ
προσκείμενον παραφρονέειν καὶ οὐκ εἶναι νοήμονα·
οὐδ' ἄρα σφέων οἱ πρότεροι λόγοι ἦσαν ἀληθέες."
πρότερον γὰρ δὴ ἄρα, Περσέων οἱ συνέδρων ἐόντων
καὶ Κροίσου, εἴρετο Καμβύσης κοῖός τις δοκέοι
ἀνὴρ εἶναι πρὸς τὸν πατέρα τελέσαι Κῦρον, οἱ δὲ
ἀμείβοντο ὡς εἴη ἀμείνων τοῦ πατρός· τά τε γὰρ
ἐκείνου πάντα ἔχειν αὐτὸν καὶ προσεκτῆσθαι
Αἴγυπτόν τε καὶ τὴν θάλασσαν. Πέρσαι μὲν
ταῦτα ἔλεγον, Κροῖσος δὲ παρεών τε καὶ οὐκ
ἀρεσκόμενος τῇ κρίσι εἶπε πρὸς τὸν Καμβύσεα
τάδε. "'Εμοὶ μέν νυν, ὦ παῖ Κύρου, οὐ δοκέεις
ὅμοιος εἶναι τῷ πατρί· οὐ γάρ κώ τοι ἐστὶ υἱὸς
οἷον σὲ ἐκεῖνος κατελίπετο." ἥσθη τε ταῦτα
ἀκούσας ὁ Καμβύσης καὶ ἐπαίνεε τὴν Κροίσου
κρίσιν.

35. Τούτων δὴ ὦν ἐπιμνησθέντα ὀργῇ λέγειν
πρὸς τὸν Πρηξάσπεα "Σύ νυν μάθε εἰ λέγουσι
Πέρσαι ἀληθέα εἴτε αὐτοὶ λέγοντες ταῦτα παρα-

then that when his body was grievously afflicted his mind too should be diseased.

34. I will now tell of his mad dealings with the rest of Persia. He said, as they report, to Prexaspes —whom he held in especial honour, who brought him all his messages, whose son held the very honourable office of Cambyses' cup-bearer—thus, I say, he spoke to Prexaspes: "What manner of man, Prexaspes, do the Persians think me to be, and how speak they of me?" "Sire," said Prexaspes, "for all else they greatly praise you; but they say that you love wine too well." So he reported of the Persians; the king angrily replied: "If the Persians now say that 'tis my fondness for wine that drives me to frenzy and madness, then it would seem that their former saying also was a lie." For it is said that ere this, certain Persians and Croesus sitting with him, Cambyses asked what manner of man they thought him to be in comparison with Cyrus his father; and they answered, "that Cambyses was the better man; for he had all of Cyrus' possessions and had won besides Egypt and the sea." So said the Persians; but Croesus, who was present, and was ill-satisfied with their judgment, thus spoke to Cambyses: "To my thinking, son of Cyrus, you are not like your father; for you have as yet no son such as he left after him in you." This pleased Cambyses, and he praised Croesus' judgment.

35. Remembering this, then, he said to Prexaspes in his anger: "Judge you then if the Persians speak truth, or rather are themselves out of their minds

φρονέουσι· εἰ μὲν γὰρ τοῦ παιδὸς τοῦ σοῦ τῇδε
ἑστεῶτος ἐν τοῖσι προθύροισι βαλὼν τύχοιμι μέσης
τῆς καρδίης, Πέρσαι φανέονται λέγοντες οὐδέν· ἢν
δὲ ἁμάρτω, φάναι Πέρσας τε λέγειν ἀληθέα καί
με μὴ σωφρονέειν." ταῦτα δὲ εἰπόντα καὶ διατεί-
ναντα τὸ τόξον βαλεῖν τὸν παῖδα, πεσόντος δὲ τοῦ
παιδὸς ἀνασχίζειν αὐτὸν κελεύειν καὶ σκέψασθαι
τὸ βλῆμα· ὡς δὲ ἐν τῇ καρδίῃ εὑρεθῆναι ἐνεόντα
τὸν ὀιστόν, εἰπεῖν πρὸς τὸν πατέρα τοῦ παιδὸς
γελάσαντα καὶ περιχαρέα γενόμενον "Πρήξασπες,
ὡς μὲν ἐγώ τε οὐ μαίνομαι Πέρσαι τε παραφρο-
νέουσι, δῆλά τοι γέγονε. νῦν δέ μοι εἰπέ, τίνα
εἶδες ἤδη πάντων ἀνθρώπων οὕτω ἐπίσκοπα τοξεύ-
οντα;" Πρηξάσπεα δὲ ὁρῶντα ἄνδρα οὐ φρενήρεα
καὶ περὶ ἑωυτῷ δειμαίνοντα εἰπεῖν "Δέσποτα, οὐδ᾽
ἂν αὐτὸν ἔγωγε δοκέω τὸν θεὸν οὕτω ἂν καλῶς
βαλεῖν." τότε μὲν ταῦτα ἐξεργάσατο, ἑτέρωθι
δὲ Περσέων ὁμοίους τοῖσι πρώτοισι δυώδεκα ἐπ᾽
οὐδεμιῇ αἰτίῃ ἀξιοχρέῳ ἑλὼν ζώοντας ἐπὶ κεφαλὴν
κατώρυξε.

36. Ταῦτα δέ μιν ποιεῦντα ἐδικαίωσε Κροῖσος
ὁ Λυδὸς νουθετῆσαι τοῖσιδε τοῖσι ἔπεσι. "Ὦ
βασιλεῦ, μὴ πάντα ἡλικίῃ καὶ θυμῷ ἐπίτραπε,
ἀλλ᾽ ἴσχε καὶ καταλάμβανε σεωυτόν· ἀγαθόν τι
πρόνοον εἶναι, σοφὸν δὲ ἡ προμηθίη. σὺ δὲ κτείνεις
μὲν ἄνδρας σεωυτοῦ πολιήτας ἐπ᾽ οὐδεμιῇ αἰτίῃ
ἀξιοχρέῳ ἑλών, κτείνεις δὲ παῖδας. ἢν δὲ πολλὰ
τοιαῦτα ποιέῃς, ὅρα ὅκως μή σευ ἀποστήσονται
Πέρσαι. ἐμοὶ δὲ πατὴρ σὸς Κῦρος ἐνετέλλετο
πολλὰ κελεύων σε νουθετέειν καὶ ὑποτίθεσθαι ὅ
τι ἂν εὑρίσκω ἀγαθόν." ὁ μὲν δὴ εὐνοίην φαίνων
συνεβούλευέ οἱ ταῦτα· ὁ δ᾽ ἀμείβετο τοῖσιδε. "Σὺ

when they so speak of me. Yonder stands your son
in the porch; now if I shoot and pierce his heart,
that will prove the Persians to be wrong; if I miss,
then say that they are right and I out of my senses."
So saying, he strung his bow and hit the boy, and
bade open the fallen body and examine the wound:
and the arrow being found in the heart, Cambyses
laughed in great glee and said to the boy's father:
"It is plain, Prexaspes, that I am in my right mind
and the Persians mad; now tell me: what man in the
world saw you ever that shot so true to the mark?"
Prexaspes, it is said, replied (for he saw that Cam-
byses was mad, and he feared for his own life),
"Master, I think that not even the god himself
could shoot so true." Thus did Cambyses then;
at another time he took twelve Persians, equal to
the noblest in the land, proved them guilty of
some petty offence, and buried them alive up to the
neck.

36. For these acts Croesus the Lydian thought fit to
take him to task, and thus addressed him: "Sire,
do not ever let youth and passion have their way;
put some curb and check on yourself; prudence is a
good thing, forethought is wisdom. But what of you?
you put to death men of your own country proved
guilty of but a petty offence; ay, and you kill boys.
If you do often so, look to it lest the Persians revolt
from you. As for me, your father Cyrus earnestly
bade me counsel you and give you such advice as I
think to be good." Croesus gave him this counsel
out of goodwill; but Cambyses answered: "It is very

47

καὶ ἐμοὶ τολμᾷς συμβουλεύειν, ὃς χρηστῶς μὲν
τὴν σεωυτοῦ πατρίδα ἐπετρόπευσας, εὖ δὲ τῷ
πατρὶ τῷ ἐμῷ συνεβούλευσας, κελεύων αὐτὸν
Ἀράξεα ποταμὸν διαβάντα ἰέναι ἐπὶ Μασσαγέτας,
βουλομένων ἐκείνων διαβαίνειν ἐς τὴν ἡμετέρην,
καὶ ἀπὸ μὲν σεωυτὸν ὤλεσας τῆς σεωυτοῦ πατρί-
δος κακῶς προστάς, ἀπὸ δὲ ὤλεσας Κῦρον πειθό-
μενον σοί, ἀλλ᾽ οὔτι χαίρων, ἐπεί τοι καὶ πάλαι
ἐς σὲ προφάσιός τευ ἐδεόμην ἐπιλαβέσθαι." ταῦτα
δὲ εὔπας ἐλάμβανε τὸ τόξον ὡς κατατοξεύσων
αὐτόν, Κροῖσος δὲ ἀναδραμὼν ἔθεε ἔξω. ὁ δὲ
ἐπείτε τοξεῦσαι οὐκ εἶχε, ἐνετείλατο τοῖσι θερά-
πουσι λαβόντας μιν ἀποκτεῖναι. οἱ δὲ θεράποντες
ἐπιστάμενοι τὸν τρόπον αὐτοῦ κατακρύπτουσι τὸν
Κροῖσον ἐπὶ τῷδε τῷ λόγῳ ὥστε, εἰ μὲν μεταμε-
λήσῃ τῷ Καμβύσῃ καὶ ἐπιζητέῃ τὸν Κροῖσον, οἱ
δὲ ἐκφήναντες αὐτὸν δῶρα λάμψονται ζωάγρια
Κροίσου, ἢν δὲ μὴ μεταμέληται μηδὲ ποθέῃ μιν,
τότε καταχρᾶσθαι. ἐπόθησέ τε δὴ ὁ Καμβύσης
τὸν Κροῖσον οὐ πολλῷ μετέπειτα χρόνῳ ὕστερον,
καὶ οἱ θεράποντες μαθόντες τοῦτο ἐπηγγέλλοντο
αὐτῷ ὡς περιείη. Καμβύσης δὲ Κροίσῳ μὲν
συνήδεσθαι ἔφη περιεόντι, ἐκείνους μέντοι τοὺς
περιποιήσαντας οὐ καταπροΐξεσθαι ἀλλ᾽ ἀποκτε-
νέειν· καὶ ἐποίησε ταῦτα.

37. Ὁ μὲν δὴ τοιαῦτα πολλὰ ἐς Πέρσας τε καὶ
τοὺς συμμάχους ἐξεμαίνετο, μένων ἐν Μέμφι καὶ
θήκας τε παλαιὰς ἀνοίγων καὶ σκεπτόμενος τοὺς
νεκρούς. ὡς δὲ δὴ καὶ ἐς τοῦ Ἡφαίστου τὸ ἱρὸν
ἦλθε καὶ πολλὰ τῷ ἀγάλματι κατεγέλασε. ἔστι
γὰρ τοῦ Ἡφαίστου τὦγαλμα τοῖσι Φοινικηίοισι
Παταΐκοισι ἐμφερέστατον, τοὺς οἱ Φοίνικες ἐν

well that you should dare to counsel me too; you, who
governed your own country right usefully, and gave
fine advice to my father—bidding him, when the
Massagetae were willing to cross over into our lands,
to pass the Araxes and attack them; thus you
wrought your own ruin by misgoverning your country,
and Cyrus's by overpersuading him. Nay, but you
shall rue it; long have I waited for an occasion to
deal with you." With that Cambyses took his bow
to shoot him dead; but Croesus leapt up and ran
out; and Cambyses, being unable to shoot him,
charged his attendants to take and kill him. They,
knowing Cambyses' mood, hid Croesus; being
minded, if Cambyses should repent and seek for
Croesus, to reveal him and receive gifts for saving
his life; but if he should not repent nor wish Croesus
back, then to kill the Lydian. Not long after this
Cambyses did wish Croesus back, perceiving which
the attendants told him that Croesus was alive still.
Cambyses said that he too was glad of it; but that
they, who had saved Croesus alive, should not go
scot free, but be killed; and this was done.

37. Many such mad deeds did Cambyses to the
Persians and his allies; he abode at Memphis, and
there opened ancient coffins and examined the dead
bodies. Thus too he entered the temple of He-
phaestus and made much mockery of the image there.
This image of Hephaestus is most like to the Phoe-
nician Pataïci,[1] which the Phoenicians carry on the

[1] The Phoenician Πατάικος (as the Greeks called him) was
the Ptah or Patah of Egypt whom the Greeks identified
with Hephaestus; always in the form of a dwarf.

49

τῆσι πρώρῃσι τῶν τριηρέων περιάγουσι. ὃς δὲ
τούτους μὴ ὄπωπε, ὧδε σημανέω· πυγμαίου ἀνδρὸς
μίμησίς ἐστι. ἐσῆλθε δὲ καὶ ἐς τῶν Καβείρων τὸ
ἱρόν, ἐς τὸ οὐ θεμιτόν ἐστι ἐσιέναι ἄλλον γε ἢ τὸν
ἱρέα· ταῦτα δὲ τὰ ἀγάλματα καὶ ἐνέπρησε πολλὰ
κατασκώψας. ἔστι δὲ καὶ ταῦτα ὅμοια τοῖσι τοῦ
Ἡφαίστου· τούτου δὲ σφέας παῖδας λέγουσι εἶναι.

38. Πανταχῇ ὦν μοι δῆλα ἐστὶ ὅτι ἐμάνη
μεγάλως ὁ Καμβύσης· οὐ γὰρ ἂν ἱροῖσί τε καὶ
νομαίοισι ἐπεχείρησε καταγελᾶν. εἰ γάρ τις προ-
θείη πᾶσι ἀνθρώποισι ἐκλέξασθαι κελεύων νόμους
τοὺς καλλίστους ἐκ τῶν πάντων νόμων, διασκε-
ψάμενοι ἂν ἑλοίατο ἕκαστοι τοὺς ἑωυτῶν· οὕτω
νομίζουσι πολλόν τι καλλίστους τοὺς ἑωυτῶν
νόμους ἕκαστοι εἶναι. οὔκων οἰκός ἐστι ἄλλον γε
ἢ μαινόμενον ἄνδρα γέλωτα τὰ τοιαῦτα τίθεσθαι·
ὡς δὲ οὕτω νενομίκασι τὰ περὶ τοὺς νόμους πάντες
ἄνθρωποι, πολλοῖσί τε καὶ ἄλλοισι τεκμηρίοισι
πάρεστι σταθμώσασθαι, ἐν δὲ δὴ καὶ τῷδε. Δαρεῖος
ἐπὶ τῆς ἑωυτοῦ ἀρχῆς καλέσας Ἑλλήνων τοὺς
παρεόντας εἴρετο ἐπὶ κόσῳ ἂν χρήματι βουλοίατο
τοὺς πατέρας ἀποθνήσκοντας κατασιτέεσθαι· οἳ
δὲ ἐπ’ οὐδενὶ ἔφασαν ἔρδειν ἂν τοῦτο. Δαρεῖος
δὲ μετὰ ταῦτα καλέσας Ἰνδῶν τοὺς καλεομένους
Καλλατίας, οἳ τοὺς γονέας κατεσθίουσι, εἴρετο,
παρεόντων τῶν Ἑλλήνων καὶ δι’ ἑρμηνέος μανθα-
νόντων τὰ λεγόμενα, ἐπὶ τίνι χρήματι δεξαίατ’ ἂν
τελευτῶντας τοὺς πατέρας κατακαίειν πυρί· οἳ δὲ
ἀμβώσαντες μέγα εὐφημέειν μιν ἐκέλευον. οὕτω
μέν νυν ταῦτα νενόμισται, καὶ ὀρθῶς μοι δοκέει
Πίνδαρος ποιῆσαι νόμον πάντων βασιλέα φήσας
εἶναι.

prows of their triremes. I will describe it for him
who has not seen these figures : it is in the likeness
of a dwarf. Also he entered the temple of the
Cabeiri, into which none may enter save the priest ;
the images here he even burnt, with bitter mockery.
These also are like the images of Hephaestus, and are
said to be his sons.

38. I hold it then in every way proved that Cam-
byses was very mad ; else he would never have set
himself to deride religion and custom. For if it were
proposed to all nations to choose which seemed best
of all customs, each, after examination made, would
place its own first ; so well is each persuaded that its
own are by far the best. It is not therefore to be
supposed that any, save a madman, would turn such
things to ridicule. I will give this one proof among
many from which it may be inferred that all men hold
this belief about their customs :—When Darius was
king, he summoned the Greeks who were with him and
asked them what price would persuade them to eat
their fathers' dead bodies. They answered that there
was no price for which they would do it. Then he
summoned those Indians who are called Callatiae,[1]
who eat their parents, and asked them (the Greeks
being present and understanding by interpretation
what was said) what would make them willing to
burn their fathers at death. The Indians cried aloud,
that he should not speak of so horrid an act. So
firmly rooted are these beliefs ; and it is, I think,
rightly said in Pindar's poem that use and wont
is lord of all.[2]

[1] Apparently from Sanskrit *Kâla*=black.
[2] νόμος ὁ πάντων βασιλεὺς θνατῶν τε καὶ ἀθανάτων ; quoted in
Plato's *Gorgias* from an otherwise unknown poem of Pindar.

HERODOTUS

39. Καμβύσεω δὲ ἐπ' Αἴγυπτον στρατευομένου
ἐποιήσαντο καὶ Λακεδαιμόνιοι στρατηίην ἐπὶ
Σάμον τε καὶ Πολυκράτεα τὸν Αἰάκεος· ὃς ἔσχε
Σάμον ἐπαναστάς, καὶ τὰ μὲν πρῶτα τριχῇ δασά-
μενος τὴν πόλιν . .[1] τοῖσι ἀδελφεοῖσι Πανταγνώτῳ
καὶ Συλοσῶντι ἔνειμε, μετὰ δὲ τὸν μὲν αὐτῶν
ἀποκτείνας τὸν δὲ νεώτερον Συλοσῶντα ἐξελάσας
ἔσχε πᾶσαν Σάμον, σχὼν δὲ ξεινίην Ἀμάσι τῷ
Αἰγύπτου βασιλέι συνεθήκατο, πέμπων τε δῶρα
καὶ δεκόμενος ἄλλα παρ' ἐκείνου. ἐν χρόνῳ δὲ
ὀλίγῳ αὐτίκα τοῦ Πολυκράτεος τὰ πρήγματα
ηὔξετο καὶ ἦν βεβωμένα ἀνά τε τὴν Ἰωνίην καὶ
τὴν ἄλλην Ἑλλάδα· ὅκου γὰρ ἰθύσειε στρατεύ-
εσθαι, πάντα οἱ ἐχώρεε εὐτυχέως. ἔκτητο δὲ
πεντηκοντέρους τε ἑκατὸν καὶ χιλίους τοξότας,
ἔφερε δὲ καὶ ἦγε πάντας διακρίνων οὐδένα· τῷ
γὰρ φίλῳ ἔφη χαριεῖσθαι μᾶλλον ἀποδιδοὺς τὰ
ἔλαβε ἢ ἀρχὴν μηδὲ λαβών. συχνὰς μὲν δὴ τῶν
νήσων ἀραιρήκεε, πολλὰ δὲ καὶ τῆς ἠπείρου ἄστεα·
ἐν δὲ δὴ καὶ Λεσβίους πανστρατιῇ βοηθέοντας
Μιλησίοισι ναυμαχίῃ κρατήσας εἷλε, οἳ τὴν τά-
φρον περὶ τὸ τεῖχος τὸ ἐν Σάμῳ πᾶσαν δεδεμένοι
ὤρυξαν.

40. Καί κως τὸν Ἄμασιν εὐτυχέων μεγάλως
ὁ Πολυκράτης οὐκ ἐλάνθανε, ἀλλά οἱ τοῦτ' ἦν
ἐπιμελές. πολλῷ δὲ ἔτι πλεῦνός οἱ εὐτυχίης γινο-
μένης γράψας ἐς βυβλίον τάδε ἐπέστειλε ἐς Σάμον.
"Ἄμασις Πολυκράτεϊ ὧδε λέγει. ἡδὺ μὲν πυνθά-
νεσθαι ἄνδρα φίλον καὶ ξεῖνον εὖ πρήσσοντα· ἐμοὶ
δὲ αἱ σαὶ μεγάλαι εὐτυχίαι οὐκ ἀρέσκουσι, τὸ
θεῖον ἐπισταμένῳ ὡς ἔστι φθονερόν· καί κως βού-

---

[1] σύν or ἅμα is probably omitted.

39. While Cambyses was attacking Egypt, the Lacedaemonians too made war upon Samos and Aeaces' son Polycrates. He had revolted and won Samos,[1] and first, dividing the city into three parts, gave a share in the government to his brothers Pantagnotus and Syloson; but presently he put one of them to death, banished the younger, Syloson, and so made himself lord of all Samos; which done, he made a treaty with Amasis king of Egypt, sending and receiving from him gifts. Very soon after this Polycrates grew to such power that he was famous in Ionia and all other Greek lands; for all his warlike enterprises prospered. An hundred fifty-oared ships he had, and a thousand archers, and he harried all men alike, making no difference; for, he said, he would get more thanks if he gave a friend back what he had taken than if he never took it at all. He had taken many of the islands, and many of the mainland cities. Among others, he conquered the Lesbians; they had brought all their force to aid the Milesians, and Polycrates worsted them in a sea-fight; it was they who, being his captives, dug all the fosse round the citadel of Samos.

40. Now Amasis was in some wise aware and took good heed of Polycrates' great good fortune; and this continuing to increase greatly, he wrote this letter and sent it to Samos: " From Amasis to Polycrates, these. It is pleasant to learn of the well-being of a friend and ally. But I like not these great successes of yours; for I know how jealous are

---

[1] Probably in 532 B.C.

λομαι καὶ αὐτὸς καὶ τῶν ἂν κήδωμαι τὸ μέν τι
εὐτυχέειν τῶν πρηγμάτων τὸ δὲ προσπταίειν, καὶ
οὕτω διαφέρειν τὸν αἰῶνα ἐναλλὰξ πρήσσων ἢ
εὐτυχέειν τὰ πάντα. οὐδένα γάρ κω λόγῳ οἶδα
ἀκούσας ὅστις ἐς τέλος οὐ κακῶς ἐτελεύτησε
πρόρριζος, εὐτυχέων τὰ πάντα. σύ νυν ἐμοὶ πει-
θόμενος ποίησον πρὸς τὰς εὐτυχίας τοιάδε· φρον-
τίσας τὸ ἂν εὕρῃς ἐόν τοι πλείστου ἄξιον καὶ ἐπ'
ᾧ σὺ ἀπολομένῳ μάλιστα τὴν ψυχὴν ἀλγήσεις,
τοῦτο ἀπόβαλε οὕτω ὅκως μηκέτι ἥξει ἐς ἀνθρώ-
πους· ἤν τε μὴ ἐναλλὰξ ἤδη τὠπὸ τούτου αἱ
εὐτυχίαι τοι τῇσι πάθῃσι προσπίπτωσι, τρόπῳ
τῷ ἐξ ἐμεῦ ὑποκειμένῳ ἀκέο."

41. Ταῦτα ἐπιλεξάμενος ὁ Πολυκράτης καὶ νόῳ
λαβὼν ὥς οἱ εὖ ὑπετίθετο Ἄμασις, ἐδίζητο ἐπ' ᾧ
ἂν μάλιστα τὴν ψυχὴν ἀσηθείη ἀπολομένῳ τῶν
κειμηλίων, διζήμενος δὲ εὕρισκε τόδε. ἦν οἱ σφρη-
γὶς τὴν ἐφόρεε χρυσόδετος, σμαράγδου μὲν λίθου
ἐοῦσα, ἔργον δὲ ἦν Θεοδώρου τοῦ Τηλεκλέος Σαμίου.
ἐπεὶ ὦν ταύτην οἱ ἐδόκεε ἀποβαλεῖν, ἐποίεε τοιάδε·
πεντηκόντερον πληρώσας ἀνδρῶν ἐσέβη ἐς αὐτήν,
μετὰ δὲ ἀναγαγεῖν ἐκέλευε ἐς τὸ πέλαγος· ὡς δὲ
ἀπὸ τῆς νήσου ἑκὰς ἐγένετο, περιελόμενος τὴν
σφρηγῖδα πάντων ὁρώντων τῶν συμπλόων ῥίπτει
ἐς τὸ πέλαγος. τοῦτο δὲ ποιήσας ἀπέπλεε, ἀπι-
κόμενος δὲ ἐς τὰ οἰκία συμφορῇ ἐχρᾶτο.

42. Πέμπτῃ δὲ ἢ ἕκτῃ ἡμέρῃ ἀπὸ τούτων τάδε
οἱ συνήνεικε γενέσθαι. ἀνὴρ ἁλιεὺς λαβὼν ἰχθὺν
μέγαν τε καὶ καλὸν ἠξίου μιν Πολυκράτεϊ δῶρον
δοθῆναι· φέρων δὴ ἐπὶ τὰς θύρας Πολυκράτεϊ
ἔφη ἐθέλειν ἐλθεῖν ἐς ὄψιν, χωρήσαντος δέ οἱ
τούτου ἔλεγε διδοὺς τὸν ἰχθύν "Ὦ βασιλεῦ, ἐγὼ

the gods; and I do in some sort desire for myself
and my friends a mingling of prosperity and mishap,
and a life of weal and woe thus chequered, rather
than unbroken good fortune. For from all I have
heard I know of no man whom continual good fortune
did not bring in the end to evil, and utter destruc-
tion. Therefore if you will be ruled by me do this
in the face of your successes : consider what you
deem most precious and what you will most grieve to
lose, and cast it away so that it shall never again be
seen among men ; then, if after this the successes
that come to you be not chequered by mishaps, strive
to mend the matter as I have counselled you."

41. Reading this, and perceiving that Amasis'
advice was good, Polycrates considered which of his
treasures it would most afflict his soul to lose, and to
this conclusion he came : he wore a seal set in gold,
an emerald, wrought by Theodorus son of Telecles
of Samos; being resolved to cast this away, he
embarked in a fifty-oared ship with its crew, and
bade them put out to sea ; and when he was far from
the island, he took off the seal-ring in sight of all
that were in the ship and cast it into the sea. This
done, he sailed back and went to his house, where he
grieved for the loss.

42. But on the fifth or sixth day from this it so
befell that a fisherman, who had taken a fine and
great fish, and desired to make it a gift to Polycrates,
brought it to the door and said that he wished to be
seen by Polycrates. This being granted to him, he gave
the fish, saying : "O King, I am a man that lives by

55

τόνδε ἑλὼν οὐκ ἐδικαίωσα φέρειν ἐς ἀγορήν, καίπερ
ἐὼν ἀποχειροβίοτος, ἀλλά μοι ἐδόκεε σεῦ τε εἶναι
ἄξιος καὶ τῆς σῆς ἀρχῆς· σοὶ δή μιν φέρων δίδωμι."
ὁ δὲ ἡσθεὶς τοῖσι ἔπεσι ἀμείβεται τοῖσιδε. " Κάρτα
τε εὖ ἐποίησας καὶ χάρις διπλῆ τῶν τε λόγων καὶ
τοῦ δώρου, καί σε ἐπὶ δεῖπνον καλέομεν." ὁ μὲν
δὴ ἁλιεὺς μέγα ποιεύμενος ταῦτα ἤιε ἐς τὰ οἰκία,
τὸν δὲ ἰχθὺν τάμνοντες οἱ θεράποντες εὑρίσκουσι
ἐν τῇ νηδύι αὐτοῦ ἐνεοῦσαν τὴν Πολυκράτεος
σφρηγῖδα. ὡς δὲ εἶδόν τε καὶ ἔλαβον τάχιστα,
ἔφερον κεχαρηκότες παρὰ τὸν Πολυκράτεα, διδόν-
τες δέ οἱ τὴν σφρηγῖδα ἔλεγον ὅτεῳ τρόπῳ εὑρέθη.
τὸν δὲ ὡς ἐσῆλθε θεῖον εἶναι τὸ πρῆγμα, γράφει
ἐς βυβλίον πάντα τὰ ποιήσαντά μιν οἷα καταλε-
λάβηκε, γράψας δὲ ἐς Αἴγυπτον ἐπέθηκε.

43. Ἐπιλεξάμενος δὲ ὁ Ἄμασις τὸ βυβλίον τὸ
παρὰ τοῦ Πολυκράτεος ἧκον, ἔμαθε ὅτι ἐκκομίσαι
τε ἀδύνατον εἴη ἀνθρώπῳ ἄνθρωπον ἐκ τοῦ μέλ-
λοντος γίνεσθαι πρήγματος, καὶ ὅτι οὐκ εὖ τελευ-
τήσειν μέλλοι Πολυκράτης εὐτυχέων τὰ πάντα,
ὃς καὶ τὰ ἀποβάλλει εὑρίσκει. πέμψας δέ οἱ
κήρυκα ἐς Σάμον διαλύεσθαι ἔφη τὴν ξεινίην.
τοῦδε δὲ εἵνεκεν ταῦτα ἐποίεε, ἵνα μὴ συντυχίης
δεινῆς τε καὶ μεγάλης Πολυκράτεα καταλαβούσης
αὐτὸς ἀλγήσειε τὴν ψυχὴν ὡς περὶ ξείνου ἀνδρός.

44. Ἐπὶ τοῦτον δὴ ὦν τὸν Πολυκράτεα εὐτυ-
χέοντα τὰ πάντα ἐστρατεύοντο Λακεδαιμόνιοι,
ἐπικαλεσαμένων τῶν μετὰ ταῦτα Κυδωνίην τὴν ἐν
Κρήτῃ κτισάντων Σαμίων. πέμψας δὲ κήρυκα
λάθρῃ Σαμίων Πολυκράτης παρὰ Καμβύσεα τὸν
Κύρου συλλέγοντα στρατὸν ἐπ' Αἴγυπτον, ἐδεήθη
ὅκως ἂν καὶ παρ' ἑωυτὸν πέμψας ἐς Σάμον δέοιτο

his calling; but when I caught this fish I thought best not to take it to market; it seemed to me worthy of you and your greatness; wherefore I bring and offer it to you." Polycrates was pleased with what the fisherman said; "You have done right well," he answered, "and I give you double thanks, for your words and for the gift; and I bid you to dinner with me." Proud of this honour, the fisherman went home; but the servants, cutting up the fish, found Polycrates' seal-ring in its belly; which having seen and taken they brought with joy to Polycrates, gave him the ring, and told him how it was found. Polycrates saw the hand of heaven in this matter; he wrote a letter and sent it to Egypt, telling all that he had done, and what had befallen him.

43. When Amasis had read Polycrates' letter, he perceived that no man could save another from his destiny, and that Polycrates, being so continually fortunate that he even found what he cast away, must come to an evil end. So he sent a herald to Samos to renounce his friendship, with this intent, that when some great and terrible mishap overtook Polycrates, he himself might not have to grieve his heart for a friend.

44. It was against this ever-victorious Polycrates that the Lacedaemonians now made war, being invited thereto by the Samians who afterwards founded Cydonia in Crete. Polycrates had without the knowledge of his subjects sent a herald to Cambyses son of Cyrus, then raising an army against Egypt, to ask that Cambyses should send to Samos too and require

στρατοῦ. Καμβύσης δὲ ἀκούσας τούτων προ-
θύμως ἔπεμψε ἐς Σάμον δεόμενος Πολυκράτεος
στρατὸν ναυτικὸν ἅμα πέμψαι ἑωυτῷ ἐπ' Αἴγυπτον.
ὃ δὲ ἐπιλέξας τῶν ἀστῶν τοὺς ὑπώπτευε μάλιστα
ἐς ἐπανάστασιν ἀπέπεμπε τεσσεράκοντα τριήρεσι,
ἐντειλάμενος Καμβύσῃ ὀπίσω τούτους μὴ ἀπο-
πέμπειν.

45. Οἳ μὲν δὴ λέγουσι τοὺς ἀποπεμφθέντας
Σαμίων ὑπὸ Πολυκράτεος οὐκ ἀπικέσθαι ἐς Αἴγυ-
πτον, ἀλλ' ἐπείτε ἐγένοντο ἐν Καρπάθῳ πλέοντες,
δοῦναι σφίσι λόγον, καί σφι ἀδεῖν τὸ προσωτέρω
μηκέτι πλέειν· οἳ δὲ λέγουσι ἀπικομένους τε ἐς
Αἴγυπτον καὶ φυλασσομένους ἐνθεῦτεν αὐτοὺς
ἀποδρῆναι. καταπλέουσι δὲ ἐς τὴν Σάμον Πολυ-
κράτης νηυσὶ ἀντιάσας ἐς μάχην κατέστη· νική-
σαντες δὲ οἱ κατιόντες ἀπέβησαν ἐς τὴν νῆσον,
πεζομαχήσαντες δὲ ἐν αὐτῇ ἑσσώθησαν, καὶ οὕτω
δὴ ἔπλεον ἐς Λακεδαίμονα. εἰσὶ δὲ οἳ λέγουσι
τοὺς ἀπ' Αἰγύπτου νικῆσαι Πολυκράτεα, λέγοντες
ἐμοὶ δοκέειν οὐκ ὀρθῶς· οὐδὲν γὰρ ἔδει σφέας
Λακεδαιμονίους ἐπικαλέεσθαι, εἴ περ αὐτοὶ ἦσαν
ἱκανοὶ Πολυκράτεα παραστήσασθαι. πρὸς δὲ τού-
τοισι οὐδὲ λόγος αἱρέει, τῷ ἐπίκουροί τε μισθωτοὶ
καὶ τοξόται οἰκήιοι ἦσαν πλήθεϊ πολλοί, τοῦτον
ὑπὸ τῶν κατιόντων Σαμίων ἐόντων ὀλίγων ἑσσω-
θῆναι. τῶν δ' ὑπ' ἑωυτῷ ἐόντων πολιητέων τὰ
τέκνα καὶ τὰς γυναῖκας ὁ Πολυκράτης ἐς τοὺς
νεωσοίκους συνειλήσας εἶχε ἑτοίμους, ἢν ἄρα προ-
διδῶσι οὗτοι πρὸς τοὺς κατιόντας, ὑποπρῆσαι
αὐτοῖσι τοῖσι νεωσοίκοισι.

46. Ἐπείτε δὲ οἱ ἐξελασθέντες Σαμίων ὑπὸ
Πολυκράτεος ἀπίκοντο ἐς τὴν Σπάρτην, κατα-

men from him. On this message Cambyses very readily sent to Samos, asking Polycrates to send a fleet to aid him against Egypt. Polycrates chose out those townsmen whom he most suspected of planning a rebellion against him, and sent them in forty triremes, charging Cambyses not to send the men back.

45. Some say that these Samians who were sent by Polycrates never came to Egypt, but having got as far over the sea as Carpathus there took counsel together and resolved to sail no further; others say that they did come to Egypt and escaped thence from the guard that was set over them. But as they sailed back to Samos, Polycrates' ships met them and joined battle; and the returning Samians gained the day and landed on the island, but were there worsted in a land battle, and so sailed to Lacedaemon. There is another story, that the Samians from Egypt defeated Polycrates; but to my thinking this is untrue; for if they were able to master Polycrates by themselves, they had no need of inviting the Lacedaemonians. Nay, moreover, it is not even reasonable to suppose that he, who had a great army of hired soldiers and bowmen of his own, was worsted by a few men like the returning Samians. Polycrates took the children and wives of the townsmen who were subject to him and shut them up in the arsenal, with intent to burn them and the arsenal too if their men should desert to the returned Samians.

46. When the Samians who were expelled by Polycrates came to Sparta, they came before the

στάντες ἐπὶ τοὺς ἄρχοντας ἔλεγον πολλὰ οἷα
κάρτα δεόμενοι· οἱ δέ σφι τῇ πρώτῃ καταστάσι
ὑπεκρίναντο τὰ μὲν πρῶτα λεχθέντα ἐπιλελῆσθαι,
τὰ δὲ ὕστατα οὐ συνιέναι. μετὰ δὲ ταῦτα δεύτερα
καταστάντες ἄλλο μὲν εἶπον οὐδέν, θύλακον δὲ
φέροντες ἔφασαν τὸν θύλακον ἀλφίτων δέεσθαι.
οἱ δέ σφι ὑπεκρίναντο τῷ θυλάκῳ περιεργάσθαι·
βοηθέειν δ' ὧν ἔδοξε αὐτοῖσι.

47. Καὶ ἔπειτα παρασκευασάμενοι ἐστρατεύ-
οντο Λακεδαιμόνιοι ἐπὶ Σάμον, ὡς μὲν Σάμιοι
λέγουσι, εὐεργεσίας ἐκτίνοντες, ὅτι σφι πρό-
τεροι αὐτοὶ νηυσὶ ἐβοήθησαν ἐπὶ Μεσσηνίους·
ὡς δὲ Λακεδαιμόνιοι λέγουσι, οὐκ οὕτω τιμω-
ρῆσαι δεομένοισι Σαμίοισι ἐστρατεύοντο ὡς
τίσασθαι βουλόμενοι τοῦ κρητῆρος τῆς ἁρπαγῆς,
τὸν ἦγον Κροίσῳ, καὶ τοῦ θώρηκος, τὸν αὐτοῖσι
Ἄμασις ὁ Αἰγύπτου βασιλεὺς ἔπεμψε δῶρον. καὶ
γὰρ θώρηκα ἐληίσαντο τῷ προτέρῳ ἔτεϊ ἢ τὸν
κρητῆρα οἱ Σάμιοι, ἐόντα μὲν λίνεον καὶ ζῴων
ἐνυφασμένων συχνῶν, κεκοσμημένον δὲ χρυσῷ καὶ
εἰρίοισι ἀπὸ ξύλου· τῶν δὲ εἵνεκα θωμάσαι ἄξιον
ἁρπεδόνη ἑκάστη τοῦ θώρηκος ποιέει· ἐοῦσα γὰρ
λεπτὴ ἔχει ἁρπεδόνας ἐν ἑωυτῇ τριηκοσίας καὶ
ἑξήκοντα, πάσας φανεράς. τοιοῦτος ἕτερος ἐστὶ
καὶ τὸν ἐν Λίνδῳ ἀνέθηκε τῇ Ἀθηναίῃ Ἄμασις.

48. Συνεπελάβοντο δὲ τοῦ στρατεύματος τοῦ
ἐπὶ Σάμον ὥστε γενέσθαι καὶ Κορίνθιοι προθύμως·
ὕβρισμα γὰρ καὶ ἐς τούτους εἶχε ἐκ τῶν Σαμίων
γενόμενον γενεῇ πρότερον τοῦ στρατεύματος τούτου,
κατὰ δὲ τὸν αὐτὸν χρόνον τοῦ κρητῆρος τῇ ἁρπαγῇ
γεγονός. Κερκυραίων γὰρ παῖδας τριηκοσίους
ἀνδρῶν τῶν πρώτων Περίανδρος ὁ Κυψέλου ἐς

ruling men and made a long speech to show the greatness of their need. But the Spartans at their first sitting answered that they had forgotten the beginning of the speech and could not understand its end. After this the Samians came a second time with a sack, and said nothing but this: "The sack wants meal." To this the Spartans replied: "Your 'sack' was needless"[1]; but they did resolve to help them.

47. The Lacedaemonians then equipped and sent an army to Samos; the Samians say that this was the requital of services done, they having first sent a fleet to help the Lacedaemonians against Messenia; but the Lacedaemonians say that they sent this army less to aid the Samians in their need than to avenge the robbery of the bowl which they had been carrying to Croesus and the breastplate which Amasis King of Egypt had sent them as a gift. This breastplate had been stolen away by the Samians in the year before they took the bowl; it was of linen, decked with gold and cotton embroidery, and inwoven with many figures; but what makes the wonder of it is each several thread, for fine as each thread is, it is made up of three hundred and sixty strands, each plainly seen. It is the exact counterpart of that one which Amasis dedicated to Athene in Lindus.

48. The Corinthians also helped zealously to further the expedition against Samos. They too had been treated in a high-handed fashion by the Samians a generation before this expedition, about the time of the robbery of the bowl. Periander son of Cypselus sent to Alyattes at Sardis three hundred boys, sons

---

[1] It would have been enough (the Lacedaemonians meant) to say ἀλφίτων δέεται, without using the word θύλακος.

HERODOTUS

Σάρδις ἀπέπεμψε παρὰ ᾿Αλυάττεα ἐπ᾽ ἐκτομῇ·
προσσχόντων δὲ ἐς τὴν Σάμον τῶν ἀγόντων τοὺς
παῖδας Κορινθίων, πυθόμενοι οἱ Σάμιοι τὸν λόγον,
ἐπ᾽ οἷσι ἀγοίατο ἐς Σάρδις, πρῶτα μὲν τοὺς παῖδας
ἐδίδαξαν ἱροῦ ἅψασθαι ᾿Αρτέμιδος· μετὰ δὲ οὐ
περιορῶντες ἀπέλκειν τοὺς ἱκέτας ἐκ τοῦ ἱροῦ,
σιτίων δὲ τοὺς παῖδας ἐργόντων Κορινθίων, ἐποιή-
σαντο οἱ Σάμιοι ὁρτήν, τῇ καὶ νῦν ἔτι χρέωνται
κατὰ ταὐτά. νυκτὸς γὰρ ἐπιγεινομένης, ὅσον
χρόνον ἱκέτευον οἱ παῖδες, ἵστασαν χοροὺς παρ-
θένων τε καὶ ἠιθέων, ἱστάντες δὲ τοὺς χοροὺς
τρωκτὰ σησάμου τε καὶ μέλιτος ἐποιήσαντο νόμον
φέρεσθαι, ἵνα ἁρπάζοντες οἱ τῶν Κερκυραίων
παῖδες ἔχοιεν τροφήν. ἐς τοῦτο δὲ τόδε ἐγίνετο,
ἐς ὃ οἱ Κορίνθιοι τῶν παίδων οἱ φύλακοι οἴχοντο
ἀπολιπόντες· τοὺς δὲ παῖδας ἀπήγαγον ἐς Κέρκυ-
ραν οἱ Σάμιοι.

49. Εἰ μέν νυν Περιάνδρου τελευτήσαντος τοῖσι
Κορινθίοισι φίλα ἦν πρὸς τοὺς Κερκυραίους, οἳ δὲ
οὐκ ἂν συνελάβοντο τοῦ στρατεύματος τοῦ ἐπὶ
Σάμον ταύτης εἵνεκεν τῆς αἰτίης. νῦν δὲ αἰεὶ
ἐπείτε ἔκτισαν τὴν νῆσον εἰσὶ ἀλλήλοισι διάφοροι,
ἐόντες ἑωυτοῖσι . . .[1] τούτων ὦν εἵνεκεν ἀπεμνη-
σικάκεον τοῖσι Σαμίοισι οἱ Κορίνθιοι.

50. ᾿Απέπεμπε δὲ ἐς Σάρδις ἐπ᾽ ἐκτομῇ Περί-
ανδρος τῶν πρώτων Κερκυραίων ἐπιλέξας τοὺς
παῖδας τιμωρεύμενος· πρότεροι γὰρ οἱ Κερκυραῖοι
ἦρξαν ἐς αὐτὸν πρῆγμα ἀτάσθαλον ποιήσαντες.
ἐπείτε γὰρ τὴν ἑωυτοῦ γυναῖκα Μέλισσαν Περί-
ανδρος ἀπέκτεινε, συμφορὴν τοιήνδε οἱ ἄλλην

---

[1] I assume in translation that some word, συγγενέες or
ὁμαίμονες, has dropped out.

62

of notable men in Corcyra, to be made eunuchs. The Corinthians who brought the boys put in at Samos; and when the Samians heard why the boys were brought, first they bade them take sanctuary in the temple of Artemis, then they would not suffer the suppliants to be dragged from the temple; and when the Corinthians tried to starve the boys out, the Samians made a festival which they still celebrate in the same fashion; as long as the boys took refuge, nightly dances of youths and maidens were ordained to which it was made a custom to bring cakes of sesame and honey, that the Corcyraean boys might snatch these and so be fed. This continued to be done till the Corinthian guards left their charge and departed, and the Samians took the boys back to Corcyra.

49. Now had the Corinthians after Periander's death been well disposed towards the Corcyraeans, they would not have aided in the expedition against Samos merely for the reason given. But as it was, ever since the island was colonised they have been at feud with each other, for all their kinship. For these reasons the Corinthians bore a grudge against the Samians.

50. It was in vengeance that Periander chose the sons of the notable Corcyraeans and sent them to Sardis to be made eunuchs; for the Corcyraeans had first begun the quarrel by committing a terrible crime against him. For after killing his own wife Melissa, Periander suffered yet another calamity besides what

63

συνέβη πρὸς τῇ γεγονυίῃ γενέσθαι. ἦσάν οἱ ἐκ
Μελίσσης δύο παῖδες, ἡλικίην ὃ μὲν ἑπτακαίδεκα
ὃ δὲ ὀκτωκαίδεκα ἔτεα γεγονώς. τούτους ὁ μητρο-
πάτωρ Προκλέης ἐὼν Ἐπιδαύρου τύραννος μετα-
πεμψάμενος παρ' ἑωυτὸν ἐφιλοφρονέετο, ὡς οἰκὸς
ἦν θυγατρὸς ἐόντας τῆς ἑωυτοῦ παῖδας. ἐπείτε
δὲ σφέας ἀπεπέμπετο, εἶπε προπέμπων αὐτούς
"Ἄρα ἴστε, ὦ παῖδες, ὃς ὑμέων τὴν μητέρα ἀπέ-
κτεινε;" τοῦτο τὸ ἔπος ὁ μὲν πρεσβύτερος αὐτῶν
ἐν οὐδενὶ λόγῳ ἐποιήσατο· ὁ δὲ νεώτερος, τῷ
οὔνομα ἦν Λυκόφρων, ἤλγησε ἀκούσας οὕτω ὥστε
ἀπικόμενος ἐς τὴν Κόρινθον ἅτε φονέα τῆς μητρὸς
τὸν πατέρα οὔτε προσεῖπε, διαλεγομένῳ τε οὔτε
προσδιελέγετο ἱστορέοντί τε λόγον οὐδένα ἐδίδου.
τέλος δέ μιν περιθύμως ἔχων ὁ Περίανδρος ἐξε-
λαύνει ἐκ τῶν οἰκίων.

51. Ἐξελάσας δὲ τοῦτον ἱστόρεε τὸν πρεσβύ-
τερον τά σφι ὁ μητροπάτωρ διελέχθη. ὃ δέ οἱ
ἀπηγέετο ὡς σφέας φιλοφρόνως ἐδέξατο· ἐκείνου
δὲ τοῦ ἔπεος τό σφι ὁ Προκλέης ἀποστέλλων εἶπε,
ἅτε οὐ νόῳ λαβών, οὐκ ἐμέμνητο. Περίανδρος δὲ
οὐδεμίαν μηχανὴν ἔφη εἶναι μὴ οὔ σφι ἐκεῖνον
ὑποθέσθαι τι, ἐλιπάρεέ τε ἱστορέων· ὃ δὲ ἀναμνη-
σθεὶς εἶπε καὶ τοῦτο. Περίανδρος δὲ νόῳ λαβὼν
[καὶ τοῦτο]¹ καὶ μαλακὸν ἐνδιδόναι βουλόμενος
οὐδέν, τῇ ὁ ἐξελασθεὶς ὑπ' αὐτοῦ παῖς δίαιταν
ἐποιέετο, ἐς τούτους πέμπων ἄγγελον ἀπηγόρευε
μή μιν δέκεσθαι οἰκίοισι. ὃ δὲ ὅκως ἀπελαυνό-
μενος ἔλθοι ἐς ἄλλην οἰκίην, ἀπηλαύνετ' ἂν καὶ
ἀπὸ ταύτης, ἀπειλέοντός τε τοῦ Περιάνδρου τοῖσι
δεξαμένοισι καὶ ἐξέργειν κελεύοντος· ἀπελαυνό-

¹ Stein brackets καὶ τοῦτο, as a repetition from the last line.

had already befallen him. He had two sons by
Melissa, one seventeen and one eighteen years old.
Their mother's father, Procles, the despot of Epi-
daurus, sent for the boys and kindly entreated them, as
was natural, seeing that they were his own daughter's
sons. When they left him, he said as he bade them
farewell: "Know you, boys, him who slew your
mother?" The elder of them paid no heed to
these words; but the younger, whose name was
Lycophron, was struck with such horror when he
heard them that when he came to Corinth he
would speak no word to his father, as being his
mother's murderer, nor would he answer him when
addressed nor make any reply to his questions. At
last Periander was so angry that he drove the boy
from his house.

51. Having so done he questioned the elder son,
what their grandfather had said in converse to them.
The boy told him that Procles had treated them
kindly; but he made no mention of what he had
said at parting; for he had taken no heed to it.
Periander said it could not be but that Procles had
given them some admonition; and he questioned
his son earnestly; till the boy remembered, and told
of that also. Being thus informed, Periander was
resolved to show no weakness; he sent a message to
those with whom his banished son was living and
bade them not entertain him in their house. So the
boy being driven forth and going to another house
was ever rejected there too, Periander threatening
all who received him and bidding them keep him

μενος δ᾽ ἂν ἤιε ἐπ᾽ ἑτέρην τῶν ἑταίρων· οἱ δὲ ἅτε
Περιάνδρου ἐόντα παῖδα καίπερ δειμαίνοντες ὅμως
ἐδέκοντο.

52. Τέλος δὲ ὁ Περίανδρος κήρυγμα ἐποιήσατο,
ὃς ἂν ἢ οἰκίοισι ὑποδέξηταί μιν ἢ προσδιαλεχθῇ,
ἱρὴν ζημίην τοῦτον τῷ Ἀπόλλωνι ὀφείλειν, ὅσην
δὴ εἶπας. πρὸς ὦν δὴ τοῦτο τὸ κήρυγμα οὔτε τίς
οἱ διαλέγεσθαι οὔτε οἰκίοισι δέκεσθαι ἤθελε· πρὸς
δὲ οὐδὲ αὐτὸς ἐκεῖνος ἐδικαίου πειρᾶσθαι ἀπειρη-
μένου, ἀλλὰ διακαρτερέων ἐν τῇσι στοῇσι ἐκα-
λινδέετο. τετάρτῃ δὲ ἡμέρῃ ἰδών μιν ὁ Περίανδρος
ἀλουσίῃσί τε καὶ ἀσιτίῃσι συμπεπτωκότα οἴκτειρε·
ὑπεὶς δὲ τῆς ὀργῆς ἤιε ἆσσον καὶ ἔλεγε "Ὦ παῖ,
κότερα τούτων αἱρετώτερα ἐστί, ταῦτα τὸ νῦν
ἔχων πρήσσεις, ἢ τὴν τυραννίδα καὶ τὰ ἀγαθὰ
τὰ νῦν ἐγὼ ἔχω, ταῦτα ἐόντα τῷ πατρὶ ἐπιτήδεον
παραλαμβάνειν, ὃς ἐὼν ἐμός τε παῖς καὶ Κορίνθου
τῆς εὐδαίμονος βασιλεὺς ἀλήτην βίον εἵλευ, ἀντι-
στατέων τε καὶ ὀργῇ χρεώμενος ἐς τόν σε ἥκιστα
ἐχρῆν. εἰ γάρ τις συμφορὴ ἐν αὐτοῖσι γέγονε, ἐξ
ἧς ὑποψίην ἐς ἐμὲ ἔχεις, ἐμοί τε αὕτη γέγονε καὶ
ἐγὼ αὐτῆς τὸ πλεῦν μέτοχος εἰμί, ὅσῳ αὐτός
σφεα ἐξεργασάμην. σὺ δὲ μαθὼν ὅσῳ φθονέεσθαι
κρέσσον ἐστὶ ἢ οἰκτείρεσθαι, ἅμα τε ὁκοῖόν τι ἐς
τοὺς τοκέας καὶ ἐς τοὺς κρέσσονας τεθυμῶσθαι,
ἄπιθι ἐς τὰ οἰκία." Περίανδρος μὲν τούτοισι αὐτὸν
κατελάμβανε· ὃ δὲ ἄλλο μὲν οὐδὲν ἀμείβεται τὸν
πατέρα, ἔφη δέ μιν ἱρὴν ζημίην ὀφείλειν τῷ θεῷ
ἑωυτῷ ἐς λόγους ἀπικόμενον. μαθὼν δὲ ὁ Περί-
ανδρος ὡς ἄπορόν τι τὸ κακὸν εἴη τοῦ παιδὸς καὶ
ἀνίκητον, ἐξ ὀφθαλμῶν μιν ἀποπέμπεται στείλας
πλοῖον ἐς Κέρκυραν· ἐπεκράτεε γὰρ καὶ ταύτης·

out; so he would go, when driven forth, to some other house of his friends, who, though they were afraid, did yet receive him as being Periander's son.

52. At the last Periander made a proclamation, that whosoever should receive him into their houses or address him should be held liable to a fine consecrated to Apollo, and he named the sum. In face of this proclamation none would address or receive the boy into his house; nor did the boy himself think well to try to defy the warning, but hardened his heart and lay untended in porches. After three days Periander saw him all starved and unwashed, and took pity on him: his anger being somewhat abated, he came near and said: "My son, which is the better way to choose—to follow your present way of life, or to obey your father and inherit my sovereignty and the good things which I now possess? You are my son, and a prince of wealthy Corinth; yet you have chosen the life of a vagrant, by withstanding and angrily entreating him who should least be so used by you. For if there has been any evil chance in the matter, which makes you to suspect me, 'tis on me that it has come and 'tis I that bear the greater share of it, inasmuch as the act was mine. Nay, bethink you how much better a thing it is to be envied than to be pitied, and likewise what comes of anger against parents and those that are stronger than you, and come away to my house." Thus Periander tried to win his son. But the boy only answered: "You have made yourself liable to the fine consecrated to the god by speaking to me." Then Periander saw that his son's trouble was past cure or constraint, and sent him away in a ship to Corcyra out of his sight; for Corcyra too

HERODOTUS

ἀποστείλας δὲ τοῦτον ὁ Περίανδρος ἐστρατεύετο
ἐπὶ τὸν πενθερὸν Προκλέα ὡς τῶν παρεόντων οἱ
πρηγμάτων ἐόντα αἰτιώτατον, καὶ εἷλε μὲν τὴν
Ἐπίδαυρον, εἷλε δὲ αὐτὸν Προκλέα καὶ ἐζώγρησε.
53. Ἐπεὶ δὲ τοῦ χρόνου προβαίνοντος ὅ τε
Περίανδρος παρηβήκεε καὶ συνεγινώσκετο ἑωυτῷ
οὐκέτι εἶναι δυνατὸς τὰ πρήγματα ἐπορᾶν τε καὶ
διέπειν, πέμψας ἐς τὴν Κέρκυραν ἀπεκάλεε τὸν
Λυκόφρονα ἐπὶ τὴν τυραννίδα· ἐν γὰρ δὴ τῷ
πρεσβυτέρῳ τῶν παίδων οὔκων ἐνώρα, ἀλλά οἱ
κατεφαίνετο εἶναι νωθέστερος. ὁ δὲ Λυκόφρων
οὐδὲ ἀνακρίσιος ἠξίωσε τὸν φέροντα τὴν ἀγγελίην.
Περίανδρος δὲ περιεχόμενος τοῦ νεηνίεω δεύτερα
ἀπέστειλε ἐπ' αὐτὸν τὴν ἀδελφεήν, ἑωυτοῦ δὲ
θυγατέρα, δοκέων μιν μάλιστα ταύτῃ ἂν πείθε-
σθαι. ἀπικομένης δὲ ταύτης καὶ λεγούσης "Ὦ
παῖ, βούλεαι τήν τε τυραννίδα ἐς ἄλλους πεσεῖν
καὶ τὸν οἶκον τοῦ πατρὸς διαφορηθέντα μᾶλλον ἢ
αὐτός σφεα ἀπελθὼν ἔχειν; ἄπιθι ἐς τὰ οἰκία,
παῦσαι σεωυτὸν ζημιῶν. φιλοτιμίη κτῆμα σκαιόν.
μὴ τῷ κακῷ τὸ κακὸν ἰῶ. πολλοὶ τῶν δικαίων
τὰ ἐπιεικέστερα προτιθεῖσι, πολλοὶ δὲ ἤδη τὰ
μητρώια διζήμενοι τὰ πατρώια ἀπέβαλον. τυ-
ραννὶς χρῆμα σφαλερόν, πολλοὶ δὲ αὐτῆς ἐρασταί
εἰσι, ὁ δὲ γέρων τε ἤδη καὶ παρηβηκώς· μὴ
δῷς τὰ σεωυτοῦ ἀγαθὰ ἄλλοισι." ἢ μὲν δὴ τὰ
ἐπαγωγότατα διδαχθεῖσα ὑπὸ τοῦ πατρὸς ἔλεγε
πρὸς αὐτόν· ὁ δὲ ὑποκρινάμενος ἔφη οὐδαμὰ
ἥξειν ἐς Κόρινθον, ἔστ' ἂν πυνθάνηται περιεόντα
τὸν πατέρα. ἀπαγγειλάσης δὲ ταύτης ταῦτα, τὸ
τρίτον Περίανδρος κήρυκα πέμπει βουλόμενος
αὐτὸς μὲν ἐς Κέρκυραν ἥκειν, ἐκεῖνον δὲ ἐκέλευε

was subject to him; which done, he sent an army against Procles his father-in-law (deeming him to be the chief cause of his present troubles), and took Procles himself alive, besides taking Epidaurus.

53. As time went on, Periander, now grown past his prime and aware that he could no longer oversee and direct all his business, sent to Corcyra inviting Lycophron to be despot; for he saw no hope in his eldest son, who seemed to him to be slow-witted. Lycophron did not deign even to answer the messenger. Then Periander, greatly desiring that the young man should come, sent to him (as the next best way) his own daughter, the youth's sister, thinking that he would be likeliest to obey her. She came and said, "Brother, would you see the sovereignty pass to others, and our father's house despoiled, rather than come hence and have it for your own? Nay, come away home and cease from punishing yourself. Pride is the possession of fools. Seek not to cure one ill by another. There be many that set reason before righteousness; and many that by zeal for their mother's cause have lost their father's possessions. Despotism is a thing hard to hold; many covet it, and our father is now old and past his prime; give not what is your estate to others." So, by her father's teaching, she used such arguments as were most likely to win Lycophron; but he answered, that he would never come to Corinth as long as he knew his father to be alive. When she brought this answer back, Periander sent a third messenger, offering to go to Corcyra himself, and

69

ἐς Κόρινθον ἀπικόμενον διάδοχον γίνεσθαι τῆς
τυραννίδος. καταινέσαντος δὲ ἐπὶ τούτοισι τοῦ
παιδός, ὁ μὲν Περίανδρος ἐστέλλετο ἐς τὴν Κέρκυ-
ραν, ὁ δὲ παῖς οἱ ἐς τὴν Κόρινθον. μαθόντες δὲ
οἱ Κερκυραῖοι τούτων ἕκαστα, ἵνα μή σφι Περί-
ανδρος ἐς τὴν χώρην ἀπίκηται, κτείνουσι τὸν
νεηνίσκον. ἀντὶ τούτων μὲν Περίανδρος Κερκυ-
ραίους ἐτιμωρέετο.

54. Λακεδαιμόνιοι δὲ στόλῳ μεγάλῳ ὡς ἀπί-
κοντο, ἐπολιόρκεον Σάμον· προσβαλόντες δὲ πρὸς
τὸ τεῖχος τοῦ μὲν πρὸς θαλάσσῃ ἐστεῶτος πύργου
κατὰ τὸ προάστειον τῆς πόλιος ἐπέβησαν, μετὰ
δὲ αὐτοῦ βοηθήσαντος Πολυκράτεος χειρὶ πολλῇ
ἀπηλάσθησαν. κατὰ δὲ τὸν ἐπάνω πύργον τὸν
ἐπὶ τῆς ῥάχιος τοῦ ὄρεος ἐπεόντα ἐπεξῆλθον οἵ τε
ἐπίκουροι καὶ αὐτῶν Σαμίων συχνοί, δεξάμενοι δὲ
τοὺς Λακεδαιμονίους ἐπ' ὀλίγον χρόνον ἔφευγον
ὀπίσω, οἱ δὲ ἐπισπόμενοι ἔκτεινον.

55. Εἰ μέν νυν οἱ παρεόντες Λακεδαιμονίων
ὅμοιοι ἐγένοντο ταύτην τὴν ἡμέρην Ἀρχίῃ τε καὶ
Λυκώπῃ, αἱρέθη ἂν Σάμος· Ἀρχίης γὰρ καὶ
Λυκώπης μοῦνοι συνεσπεσόντες φεύγουσι ἐς τὸ
τεῖχος τοῖσι Σαμίοισι καὶ ἀποκλησθέντες τῆς
ὀπίσω ὁδοῦ ἀπέθανον ἐν τῇ πόλι τῇ Σαμίων. τρίτῳ
δὲ ἀπ' Ἀρχίεω τούτου γεγονότι ἄλλῳ Ἀρχίῃ τῷ
Σαμίου τοῦ Ἀρχίεω αὐτὸς ἐν Πιτάνῃ συνεγενόμην
(δήμου γὰρ τούτου ἦν), ὃς ξείνων πάντων μάλιστα
ἐτίμα τε Σαμίους καί οἱ τῷ πατρὶ ἔφη Σάμιον
τοὔνομα τεθῆναι, ὅτι οἱ ὁ πατὴρ Ἀρχίης ἐν Σάμῳ
ἀριστεύσας ἐτελεύτησε· τιμᾶν δὲ Σαμίους ἔφη,
διότι ταφῆναί οἱ τὸν πάππον δημοσίῃ ὑπὸ
Σαμίων.

to make Lycophron, when he came, despot in his place. The son consented to this; Periander made ready to go to Corcyra and Lycophron to go to Corinth; but when the Corcyraeans learnt of all these matters they put the young man to death, lest Periander should come to their country. It was for this that Periander desired vengeance upon them.

54. The Lacedaemonians then came with a great host, and laid siege to Samos. They assailed the fortress and made their way into the tower by the seaside in the outer part of the city; but presently Polycrates himself attacked them with a great force and drove them out. The foreign soldiery and many of the Samians themselves sallied out near the upper tower on the ridge of the hill, and withstood the Lacedaemonian onset for a little while; then they fled back, the Lacedaemonians pursuing and slaying them.

55. Now had all the Lacedaemonians there fought as valiantly that day as Archias and Lycopas, Samos had been taken. These two alone entered the fortress along with the fleeing crowd of Samians, and their way back being barred were then slain in the city of Samos. I myself have met in his native township of Pitana [1] another Archias (son of Samius, and grandson of the Archias afore-named), who honoured the Samians more than any other of his guest-friends, and told me that his father had borne the name Samius because he was the son of that Archias who was slain fighting gallantly at Samos. The reason of his honouring the Samians, he said, was that they had given his grandfather a public funeral.

[1] A part of the town of Sparta; Herodotus calls it by the Attic name of δῆμος; the Peloponnesian word would be κώμα.

HERODOTUS

56. Λακεδαιμόνιοι δέ, ὥς σφι τεσσεράκοντα ἐγεγόνεσαν ἡμέραι πολιορκέουσι Σάμον ἐς τὸ πρόσω τε οὐδὲν προεκόπτετο τῶν πρηγμάτων, ἀπαλλάσσοντο ἐς Πελοπόννησον. ὡς δὲ ὁ ματαιότερος λόγος ὅρμηται, λέγεται Πολυκράτεα ἐπιχώριον νόμισμα κόψαντα πολλὸν μολύβδου καταχρυσώσαντα δοῦναί σφι, τοὺς δὲ δεξαμένους οὕτω δὴ ἀπαλλάσσεσθαι. ταύτην πρώτην στρατηίην ἐς τὴν Ἀσίην Λακεδαιμόνιοι Δωριέες ἐποιήσαντο.

57. Οἱ δ' ἐπὶ τὸν Πολυκράτεα στρατευσάμενοι Σαμίων, ἐπεὶ οἱ Λακεδαιμόνιοι αὐτοὺς ἀπολιπεῖν ἔμελλον, καὶ αὐτοὶ ἀπέπλεον ἐς Σίφνον, χρημάτων γὰρ ἐδέοντο, τὰ δὲ τῶν Σιφνίων πρήγματα ἤκμαζε τοῦτον τὸν χρόνον, καὶ νησιωτέων μάλιστα ἐπλούτεον, ἅτε ἐόντων αὐτοῖσι ἐν τῇ νήσῳ χρυσέων καὶ ἀργυρέων μετάλλων, οὕτω ὥστε ἀπὸ τῆς δεκάτης τῶν γινομένων αὐτόθεν χρημάτων θησαυρὸς ἐν Δελφοῖσι ἀνάκειται ὅμοια τοῖσι πλουσιωτάτοισι· αὐτοὶ δὲ τὰ γινόμενα τῷ ἐνιαυτῷ ἑκάστῳ χρήματα διενέμοντο. ὅτε ὦν ἐποιεῦντο τὸν θησαυρόν, ἐχρέωντο τῷ χρηστηρίῳ εἰ αὐτοῖσι τὰ παρεόντα ἀγαθὰ οἷά τε ἐστὶ πολλὸν χρόνον παραμένειν· ἡ δὲ Πυθίη ἔχρησέ σφι τάδε.

"'Ἀλλ' ὅταν ἐν Σίφνῳ πρυτανήια λευκὰ γένηται
λεύκοφρύς τ' ἀγορή, τότε δὴ δεῖ φράδμονος ἀνδρός
φράσσασθαι ξύλινόν τε λόχον κήρυκά τ' ἐρυθρόν."

τοῖσι δὲ Σιφνίοισι ἦν τότε ἡ ἀγορὴ καὶ τὸ πρυτανήιον Παρίῳ λίθῳ ἠσκημένα.

56. So when the Lacedaemonians had besieged Samos for forty days with no success, they went away to Peloponnesus. There is a foolish tale abroad that Polycrates bribed them to depart by making and giving them a great number of gilt leaden coins, as a native currency. This was the first expedition to Asia made by Dorians of Lacedaemon.[1]

57. When the Lacedaemonians were about to abandon them, the Samians who had brought an army against Polycrates sailed away too, and went to Siphnus; for they were in want of money; and the Siphnians were at this time very prosperous and the richest of the islanders, by reason of the gold and silver mines of the island. So wealthy were they that the treasury dedicated by them at Delphi, which is as rich as any there, was made from the tenth part of their revenues; and they made a distribution for themselves of each year's revenue. Now when they were making the treasury they enquired of the oracle if their present well-being was like to abide long; whereto the priestess gave them this answer:

"Siphnus, beware of the day when white is thy
    high prytaneum,
  White-browed thy mart likewise; right prudent
    then be thy counsel;
  Cometh an ambush of wood and a herald red to
    assail thee."

At this time the market-place and town-hall of Siphnus were adorned with Parian marble.

[1] Not the first expedition, that is, made by any inhabitants of Laconia, Achaeans from that country having taken part in the Trojan war.

58. Τοῦτον τὸν χρησμὸν οὐκ οἷοί τε ἦσαν γνῶναι οὔτε τότε εὐθὺς οὔτε τῶν Σαμίων ἀπιγμένων. ἐπείτε γὰρ τάχιστα πρὸς τὴν Σίφνον προσῖσχον οἱ Σάμιοι, ἔπεμπον τῶν νεῶν μίαν πρέσβεας ἄγουσαν ἐς τὴν πόλιν. τὸ δὲ παλαιὸν ἅπασαι αἱ νέες ἦσαν μιλτηλιφέες, καὶ ἦν τοῦτο τὸ ἡ Πυθίη προηγόρευε τοῖσι Σιφνίοισι, φυλάξασθαι τὸν ξύλινον λόχον κελεύουσα καὶ κήρυκα ἐρυθρόν. ἀπικόμενοι ὦν οἱ ἄγγελοι ἐδέοντο τῶν Σιφνίων δέκα τάλαντά σφι χρῆσαι· οὐ φασκόντων δὲ χρήσειν τῶν Σιφνίων αὐτοῖσι, οἱ Σάμιοι τοὺς χώρους αὐτῶν ἐπόρθεον. πυθόμενοι δὲ εὐθὺς ἧκον οἱ Σίφνιοι βοηθέοντες καὶ συμβαλόντες αὐτοῖσι ἐσσώθησαν, καὶ αὐτῶν πολλοὶ ἀπεκληίσθησαν τοῦ ἄστεος ὑπὸ τῶν Σαμίων, καὶ αὐτοὺς μετὰ ταῦτα ἑκατὸν τάλαντα ἔπρηξαν.

59. Παρὰ δὲ Ἑρμιονέων νῆσον ἀντὶ χρημάτων παρέλαβον Ὑδρέην τὴν ἐπὶ Πελοποννήσῳ καὶ αὐτὴν Τροιζηνίοισι παρακατέθεντο· αὐτοὶ δὲ Κυδωνίην τὴν ἐν Κρήτῃ ἔκτισαν, οὐκ ἐπὶ τοῦτο πλέοντες ἀλλὰ Ζακυνθίους ἐξελῶντες ἐκ τῆς νήσου. ἔμειναν δ᾽ ἐν ταύτῃ καὶ εὐδαιμόνησαν ἐπ᾽ ἔτεα πέντε, ὥστε τὰ ἱρὰ τὰ ἐν Κυδωνίῃ ἐόντα νῦν οὗτοι εἰσὶ οἱ ποιήσαντες [καὶ τὸν τῆς Δικτύνης νηόν].[1] ἕκτῳ δὲ ἔτεϊ Αἰγινῆται αὐτοὺς ναυμαχίῃ νικήσαντες ἠνδραποδίσαντο μετὰ Κρητῶν, καὶ τῶν νεῶν καπρίους ἐχουσέων τὰς πρώρας ἠκρωτηρίασαν καὶ ἀνέθεσαν ἐς τὸ ἱρὸν τῆς Ἀθηναίης ἐν Αἰγίνῃ. ταῦτα δὲ ἐποίησαν ἔγκοτον ἔχοντες Σαμίοισι

---

[1] Stein thinks καὶ . . . νηόν an interpolation; the temple of Dictyna was at some distance from Cydonia, and the cult was not a Greek one.

58. They could not understand this oracle either when it was spoken or at the time of the Samians' coming. As soon as the Samians put in at Siphnus, they sent ambassadors to the town in one of their ships; now in ancient times all ships were painted with vermilion[1]; and this was what was meant by the warning given by the priestess to the Siphnians, to beware of a wooden ambush and a red herald. The messengers, then, demanded from the Siphnians a loan of ten talents; which being refused, the Samians set about ravaging their lands. Hearing this the Siphnians came out forthwith to drive them off, but they were worsted in battle, and many of them were cut off from their town by the Samians; who presently exacted from them a hundred talents.

59. Then the Samians took from the men of Hermione, instead of money, the island Hydrea which is near to Peloponnesus, and gave it in charge to men of Troezen; they themselves settled at Cydonia in Crete, though their voyage had been made with no such intent, but rather to drive Zacynthians out of the island. Here they stayed and prospered for five years; indeed, the temples now at Cydonia and the shrine of Dictyna are the Samians' work; but in the sixth year came Aeginetans and Cretans and overcame them in a sea-fight and made slaves of them; moreover they cut off the ships' prows, that were shaped like boars' heads, and dedicated them in the temple of Athene in Aegina. This the Aeginetans did out of a grudge against the Samians, who had begun the quarrel; for when

---

[1] μιλτοπάρῃοι is one of the Homeric epithets of ships.

HERODOTUS

Αἰγινῆται· πρότεροι γὰρ Σάμιοι ἐπ᾽ Ἀμφικράτεος
βασιλεύοντος ἐν Σάμῳ στρατευσάμενοι ἐπ᾽ Αἴγιναν
μεγάλα κακὰ ἐποίησαν Αἰγινήτας καὶ ἔπαθον ὑπ᾽
ἐκείνων. ἡ μὲν αἰτίη αὕτη.

60. Ἐμήκυνα δὲ περὶ Σαμίων μᾶλλον, ὅτι σφι
τρία ἐστὶ μέγιστα ἁπάντων Ἑλλήνων ἐξερ-
γασμένα, ὄρεός τε ὑψηλοῦ ἐς πεντήκοντα καὶ
ἑκατὸν ὀργυιάς, τούτου ὄρυγμα κάτωθεν ἀρξά-
μενον, ἀμφίστομον. τὸ μὲν μῆκος τοῦ ὀρύγ-
ματος ἑπτὰ στάδιοι εἰσί, τὸ δὲ ὕψος καὶ εὖρος
ὀκτὼ ἑκάτερον πόδες. διὰ παντὸς δὲ αὐτοῦ ἄλλο
ὄρυγμα εἰκοσίπηχυ βάθος ὀρώρυκται, τρίπουν δὲ
τὸ εὖρος, δι᾽ οὗ τὸ ὕδωρ ὀχετευόμενον διὰ τῶν
σωλήνων παραγίνεται ἐς τὴν πόλιν ἀγόμενον ἀπὸ
μεγάλης πηγῆς. ἀρχιτέκτων δὲ τοῦ ὀρύγματος
τούτου ἐγένετο Μεγαρεὺς Εὐπαλῖνος Ναυστρόφου.
τοῦτο μὲν δὴ ἓν τῶν τριῶν ἐστι, δεύτερον δὲ
περὶ λιμένα χῶμα ἐν θαλάσσῃ, βάθος καὶ εἴκοσι
ὀργυιέων· μῆκος δὲ τοῦ χώματος μέζον δύο σταδίων.
τρίτον δέ σφι ἐξέργασται νηὸς μέγιστος πάντων
νηῶν τῶν ἡμεῖς ἴδμεν· τοῦ ἀρχιτέκτων πρῶτος
ἐγένετο Ῥοῖκος Φιλέω ἐπιχώριος. τούτων εἵνεκεν
μᾶλλόν τι περὶ Σαμίων ἐμήκυνα.

61. Καμβύσῃ δὲ τῷ Κύρου χρονίζοντι περὶ
Αἴγυπτον καὶ παραφρονήσαντι ἐπανιστέαται
ἄνδρες Μάγοι δύο ἀδελφεοί, τῶν τὸν ἕτερον κατα-
λελοίπεε τῶν οἰκίων μελεδωνὸν ὁ Καμβύσης. οὗτος
δὴ ὦν οἱ ἐπανέστη μαθών τε τὸν Σμέρδιος θάνατον
ὡς κρύπτοιτο γενόμενος, καὶ ὡς ὀλίγοι εἴησαν οἱ

Amphicrates was king of Samos they had sent an
army against Aegina, whereby now the Samians
and now the Aeginetans had suffered great harm.
Such was the cause of the feud.

60. I have written thus at length of the Samians,
because they are the makers of the three greatest
works to be seen in any Greek land. First of these
is the double-mouthed channel pierced for an
hundred and fifty fathoms through the base of a
high hill; the whole channel is seven furlongs long,[1]
eight feet high and eight feet wide; and through-
out the whole of its length there runs another
channel twenty cubits deep and three feet wide,
wherethrough the water coming from an abundant
spring is carried by its pipes to the city of Samos.
The designer of this work was Eupalinus son of
Naustrophus, a Megarian. This is one of the
three works; the second is a mole in the sea
enclosing the harbour, sunk full twenty fathoms,
and more than two furlongs in length. The third
Samian work is the temple, which is the greatest
that I have seen; its first builder was Rhoecus
son of Philes, a Samian. It is for this cause that
I have written at length more than ordinary of
Samos.

61. Now after Cambyses son of Cyrus had lost his
wits, while he still lingered in Egypt, two Magians,
who were brothers, rebelled against him.[2] One of
them had been left by Cambyses to be steward of
his house; this man now revolted from him, per-
ceiving that the death of Smerdis was kept secret,

---

[1] Remains of this work show that the tunnel was only
1100 feet long.
[2] The story dropped at ch. 38 is now taken up again.

HERODOTUS

ἐπιστάμενοι αὐτὸν Περσέων, οἱ δὲ πολλοὶ περιεόντα μιν εἰδείησαν. πρὸς ταῦτα βουλεύσας τάδε ἐπεχείρησε τοῖσι βασιληΐοισι. ἦν οἱ ἀδελφεός, τὸν εἶπά οἱ συνεπαναστῆναι, οἰκὼς μάλιστα τὸ εἶδος Σμέρδι τῷ Κύρου, τὸν ὁ Καμβύσης ἐόντα ἑωυτοῦ ἀδελφεὸν ἀπέκτεινε· ἦν τε δὴ ὅμοιος εἶδος τῷ Σμέρδι καὶ δὴ καὶ οὔνομα τὠυτὸ εἶχε Σμέρδιν. τοῦτον τὸν ἄνδρα ἀναγνώσας ὁ Μάγος Πατιζείθης ὥς οἱ αὐτὸς πάντα διαπρήξει, εἷσε ἄγων ἐς τὸν βασιλήιον θρόνον. ποιήσας δὲ τοῦτο κήρυκας τῇ τε ἄλλῃ διέπεμπε καὶ δὴ καὶ ἐς Αἴγυπτον προερέοντα τῷ στρατῷ ὡς Σμέρδιος τοῦ Κύρου ἀκουστέα εἴη τοῦ λοιποῦ ἀλλ᾽ οὐ Καμβύσεω.

62. Οἵ τε δὴ ὦν ἄλλοι κήρυκες προηγόρευον ταῦτα καὶ δὴ καὶ ὁ ἐπ᾽ Αἴγυπτον ταχθείς, εὕρισκε γὰρ Καμβύσεα καὶ τὸν στρατὸν ἐόντα τῆς Συρίης ἐν Ἀγβατάνοισι, προηγόρευε στὰς ἐς μέσον τὰ ἐντεταλμένα ἐκ τοῦ Μάγου. Καμβύσης δὲ ἀκούσας ταῦτα ἐκ τοῦ κήρυκος καὶ ἐλπίσας μιν λέγειν ἀληθέα αὐτός τε προδεδόσθαι ἐκ Πρηξάσπεος (πεμφθέντα γὰρ αὐτὸν ὡς ἀποκτενέοντα Σμέρδιν οὐ ποιῆσαι ταῦτα), βλέψας ἐς τὸν Πρηξάσπεα εἶπε "Πρήξασπες, οὕτω μοι διεπρήξαο τό τοι προσέθηκα πρῆγμα;" ὃ δὲ εἶπε "Ὦ δέσποτα, οὐκ ἔστι ταῦτα ἀληθέα, ὅκως κοτὲ σοὶ Σμέρδις ἀδελφεὸς σὸς ἐπανέστηκε, οὐδὲ ὅκως τι ἐξ ἐκείνου τοῦ ἀνδρὸς νεῖκός τοι ἔσται ἢ μέγα ἢ σμικρόν· ἐγὼ γὰρ αὐτός, ποιήσας τὰ σύ με ἐκέλευες, ἔθαψά μιν χερσὶ τῇσι ἐμεωυτοῦ. εἰ μέν νυν οἱ τεθνεῶτες ἀνεστᾶσι, προσδέκεό τοι καὶ Ἀστυάγεα τὸν Μῆδον ἐπαναστήσεσθαι· εἰ δ᾽ ἔστι ὥσπερ πρὸ τοῦ, οὐ μή τί τοι ἔκ γε ἐκείνου νεώτερον ἀναβλάστῃ. νῦν ὦν

78

and that few persons knew of it, most of them believing him to be still alive. Therefore he thus plotted to gain the royal power : he had a brother, his partner, as I said, in rebellion ; this brother was very like in appearance to Cyrus' son, Smerdis, brother of Cambyses and by him put to death ; nor was he like him in appearance only, but he bore the same name also, Smerdis. Patizeithes the Magian persuaded this man that he, Patizeithes, would manage the whole business for him ; he brought his brother and set him on the royal throne ; which done, he sent heralds to all parts, one of whom was to go to Egypt and proclaim to the army that henceforth they must obey not Cambyses but Smerdis the son of Cyrus.

62. So this proclamation was everywhere made ; the herald appointed to go to Egypt, finding Cambyses and his army at Agbatana in Syria, came out before them all and proclaimed the message given him by the Magian. When Cambyses heard what the herald said, he supposed that it was truth, and that Prexaspes, when sent to kill Smerdis, had not so done but played Cambyses false ; and he said, fixing his eyes on Prexaspes, " Is it thus, Prexaspes, that you did my behest ? " " Nay," said Prexaspes, " this is no truth, sire, that your brother Smerdis has rebelled against you ; nor can it be that he will have any quarrel with you, small or great ; I myself did your bidding, and mine own hands buried him. If then the dead can rise, you may look to see Astyages the Mede rise up against you ; but if nature's order be not changed, assuredly no harm to you will arise from Smerdis. Now

HERODOTUS

μοι δοκέει μεταδιώξαντας τὸν κήρυκα ἐξετάζειν
εἰρωτεῦντας παρ' ὅτευ ἥκων προαγορεύει ἡμῖν
Σμέρδιος βασιλέος ἀκούειν."

63. Ταῦτα εἴπαντος Πρηξάσπεος, ἤρεσε γὰρ
Καμβύσῃ, αὐτίκα μεταδίωκτος γενόμενος ὁ κῆρυξ
ἧκε· ἀπιγμένον δέ μιν εἴρετο ὁ Πρηξάσπης τάδε.
"'Ὤνθρωπε, φῂς γὰρ ἥκειν παρὰ Σμέρδιος τοῦ
Κύρου ἄγγελος· νῦν ὦν εἴπας τὴν ἀληθείην ἄπιθι
χαίρων, κότερα αὐτός τοι Σμέρδις φαινόμενος ἐς
ὄψιν ἐνετέλλετο ταῦτα ἢ τῶν τις ἐκείνου ὑπηρε-
τέων." ὁ δὲ εἶπε "'Εγὼ Σμέρδιν μὲν τὸν Κύρου,
ἐξ ὅτευ βασιλεὺς Καμβύσης ἤλασε ἐς Αἴγυπτον,
οὔκω ὄπωπα· ὁ δέ μοι Μάγος τὸν Καμβύσης ἐπί-
τροπον τῶν οἰκίων ἀπέδεξε, οὗτος ταῦτα ἐνετεί-
λατο, φὰς Σμέρδιν τὸν Κύρου εἶναι τὸν ταῦτα
ἐπιθέμενον εἶπαι πρὸς ὑμέας." ὁ μὲν δή σφι
ἔλεγε οὐδὲν ἐπικατεψευσμένος, Καμβύσης δὲ εἶπε
" Πρήξασπες, σὺ μὲν οἷα ἀνὴρ ἀγαθὸς ποιήσας
τὸ κελευόμενον αἰτίην ἐκπέφευγας· ἐμοὶ δὲ τίς
ἂν εἴη Περσέων ὁ ἐπανεστεὼς ἐπιβατεύων τοῦ
Σμέρδιος οὐνόματος;" ὁ δὲ εἶπε "'Εγώ μοι δοκέω
συνιέναι τὸ γεγονὸς τοῦτο, ὦ βασιλεῦ· οἱ Μάγοι
εἰσί τοι οἱ ἐπανεστεῶτες, τόν τε ἔλιπες μελεδωνὸν
τῶν οἰκίων, Πατιζείθης, καὶ ὁ τούτου ἀδελφεὸς
Σμέρδις."

64. 'Ενθαῦτα ἀκούσαντα Καμβύσεα τὸ Σμέρδιος
οὔνομα ἔτυψε ἡ ἀληθείη τῶν τε λόγων καὶ τοῦ
ἐνυπνίου· ὃς ἐδόκεε ἐν τῷ ὕπνῳ ἀπαγγεῖλαι τινά
οἱ ὡς Σμέρδις ἱζόμενος ἐς τὸν βασιλήιον θρόνον
ψαύσειε τῇ κεφαλῇ τοῦ οὐρανοῦ. μαθὼν δὲ ὡς
μάτην ἀπολωλεκὼς εἴη τὸν ἀδελφεόν, ἀπέκλαιε
Σμέρδιν· ἀποκλαύσας δὲ καὶ περιημεκτήσας τῇ

therefore this is my counsel, that we pursue after this herald and examine him, to know from whom he comes with his proclamation that we must obey Smerdis as our king."

63. Cambyses thought well of Prexaspes' counsel; the herald was pursued and brought; and when he came, Prexaspes put this question to him : "Sirrah, you say that your message is from Cyrus' son Smerdis; tell me this now, and you may go hence unpunished : was it Smerdis who himself appeared to you and gave you this charge, or was it one of his servants?" "Since King Cambyses marched to Egypt," answered the herald, "I have never myself seen Smerdis the son of Cyrus; the Magian whom Cambyses made overseer of his house gave me the charge, saying that it was the will of Smerdis, son of Cyrus, that I should make it known to you." So spoke the herald, telling the whole truth; and Cambyses said, "Prexaspes, I hold you innocent; you have done my bidding right loyally; but who can this Persian be who rebels against me and usurps the name of Smerdis?" Prexaspes replied, "I think, sire, that I understand what has been done here; the rebels are the Magians, Patizeithes whom you left steward of your house, and his brother Smerdis."

64. At the name of Smerdis, Cambyses was smitten to the heart by the truth of the word and the fulfilment of his dream; for he had dreamt that a message had come to him that Smerdis had sat on the royal throne with his head reaching to heaven; and perceiving that he had killed his brother to no purpose, he wept bitterly for Smerdis. Having wept his fill, in great grief for all his mishap,

ἁπάσῃ συμφορῇ ἀναθρώσκει ἐπὶ τὸν ἵππον, ἐν
νόῳ ἔχων τὴν ταχίστην ἐς Σοῦσα στρατεύεσθαι
ἐπὶ τὸν Μάγον. καί οἱ ἀναθρώσκοντι ἐπὶ τὸν
ἵππον τοῦ κολεοῦ τοῦ ξίφεος ὁ μύκης ἀποπίπτει,
γυμνωθὲν δὲ τὸ ξίφος παίει τὸν μηρόν· τρωματι-
σθεὶς δὲ κατὰ τοῦτο τῇ αὐτὸς πρότερον τὸν τῶν
Αἰγυπτίων θεὸν Ἆπιν ἔπληξε, ὥς οἱ καιρίη ἔδοξε
τετύφθαι, εἴρετο ὁ Καμβύσης ὅ τι τῇ πόλι οὔνομα
εἴη· οἱ δὲ εἶπαν ὅτι Ἀγβάτανα. τῷ δὲ ἔτι πρό-
τερον ἐκέχρηστο ἐκ Βουτοῦς πόλιος ἐν Ἀγβατά-
νοισι τελευτήσειν τὸν βίον. ὁ μὲν δὴ ἐν τοῖσι
Μηδικοῖσι Ἀγβατάνοισι ἐδόκεε τελευτήσειν γηραι-
ός, ἐν τοῖσί οἱ ἦν τὰ πάντα πρήγματα· τὸ δὲ
χρηστήριον ἐν τοῖσι ἐν Συρίῃ Ἀγβατάνοισι ἔλεγε
ἄρα. καὶ δὴ ὡς τότε ἐπειρόμενος ἐπύθετο τῆς
πόλιος τὸ οὔνομα, ὑπὸ τῆς συμφορῆς τῆς τε ἐκ
τοῦ Μάγου ἐκπεπληγμένος καὶ τοῦ τρώματος
ἐσωφρόνησε, συλλαβὼν δὲ τὸ θεοπρόπιον εἶπε
"Ἐνθαῦτα Καμβύσεα τὸν Κύρου ἐστὶ πεπρωμένον
τελευτᾶν."

65. Τότε μὲν τοσαῦτα. ἡμέρῃσι δὲ ὕστερον ὡς
εἴκοσι μεταπεμψάμενος Περσέων τῶν παρεόντων
τοὺς λογιμωτάτους ἔλεγέ σφι τάδε. "Ὦ Πέρσαι,
καταλελάβηκέ με, τὸ πάντων μάλιστα ἔκρυπτον
πρηγμάτων, τοῦτο ἐς ὑμέας ἐκφῆναι. ἐγὼ γὰρ
ἐὼν ἐν Αἰγύπτῳ εἶδον ὄψιν ἐν τῷ ὕπνῳ, τὴν
μηδαμὰ ὄφελον ἰδεῖν· ἐδόκεον δέ μοι ἄγγελον
ἐλθόντα ἐξ οἴκου ἀγγέλλειν ὡς Σμέρδις ἱζόμενος
ἐς τὸν βασιλήιον θρόνον ψαύσειε τῇ κεφαλῇ τοῦ
οὐρανοῦ. δείσας δὲ μὴ ἀπαιρεθέω τὴν ἀρχὴν πρὸς
τοῦ ἀδελφεοῦ, ἐποίησα ταχύτερα ἢ σοφώτερα· ἐν
τῇ γὰρ ἀνθρωπηίῃ φύσι οὐκ ἐνῆν ἄρα τὸ μέλλον

he leapt upon his horse, with intent to march forth-
with to Susa against the Magian. As he mounted,
the cap slipped off the scabbard of his sword, and the
naked blade struck his thigh, wounding him in the
same part where he himself had once smitten the
Egyptian god Apis; and believing the blow to be
mortal, Cambyses asked what was the name of the
town where he was. They told him it was Agbatana.
Now a prophecy had ere this come to him from
Buto, that he would end his life at Agbatana;
Cambyses supposed this to signify that he would
die in old age at the Median Agbatana, his
capital city; but as the event proved, the oracle
prophesied his death at Agbatana of Syria. So when
he now enquired and learnt the name of the town,
the shock of his wound, and of the misfortune that
came to him from the Magian, brought him to his
senses; he understood the prophecy and said:
" Here Cambyses son of Cyrus is doomed to die."

65. At this time he said no more. But about
twenty days after, he sent for the most honourable
of the Persians that were about him, and thus
addressed them: " Needs must, Persians ! that I
declare to you a matter which I kept most strictly
concealed. When I was in Egypt, I saw in my
sleep a vision that I would I had never seen;
methought a messenger came from home to tell me
that Smerdis had sat on the royal throne, his head
reaching to heaven. Then I feared that my brother
would take away from me my sovereignty, and I
acted with more haste than wisdom; for (as I now

HERODOTUS

γίνεσθαι ἀποτράπειν. ἐγὼ δὲ ὁ μάταιος Πρηξά-
σπεα ἀποπέμπω ἐς Σοῦσα ἀποκτενέοντα Σμέρδιν.
ἐξεργασθέντος δὲ κακοῦ τοσούτου ἀδεῶς διαιτώμην,
οὐδαμὰ ἐπιλεξάμενος μή κοτέ τίς μοι Σμέρδιος
ὑπαραιρημένου ἄλλος ἐπανασταίη ἀνθρώπων.
παντὸς δὲ τοῦ μέλλοντος ἔσεσθαι ἁμαρτὼν ἀδελ-
φεοκτόνος τε οὐδὲν δέον γέγονα καὶ τῆς βασιληίης
οὐδὲν ἧσσον ἐστέρημαι· Σμέρδις γὰρ δὴ ἦν ὁ
Μάγος τόν μοι ὁ δαίμων προέφαινε ἐν τῇ ὄψι
ἐπαναστήσεσθαι. τὸ μὲν δὴ ἔργον ἐξέργασταί
μοι, καὶ Σμέρδιν τὸν Κύρου μηκέτι ὑμῖν ἐόντα
λογίζεσθε· οἱ δὲ ὑμῖν Μάγοι κρατέουσι τῶν βασι-
ληίων, τόν τε ἔλιπον ἐπίτροπον τῶν οἰκίων καὶ ὁ
ἐκείνου ἀδελφεὸς Σμέρδις. τὸν μέν νυν μάλιστα
χρῆν ἐμεῦ αἰσχρὰ πρὸς τῶν Μάγων πεπονθότος
τιμωρέειν ἐμοί, οὗτος μὲν ἀνοσίῳ μόρῳ τετελεύτηκε
ὑπὸ τῶν ἑωυτοῦ οἰκηιοτάτων· τούτου δὲ μηκέτι
ἐόντος, δεύτερα τῶν λοιπῶν ὑμῖν ὦ Πέρσαι γίνεταί
μοι ἀναγκαιότατον ἐντέλλεσθαι τὰ θέλω μοι γενέ-
σθαι τελευτῶν τὸν βίον· καὶ δὴ ὑμῖν τάδε ἐπισκήπ-
τω θεοὺς τοὺς βασιληίους ἐπικαλέων καὶ πᾶσι
ὑμῖν καὶ μάλιστα Ἀχαιμενιδέων τοῖσι παρεοῦσι,
μὴ περιιδεῖν τὴν ἡγεμονίην αὖτις ἐς Μήδους
περιελθοῦσαν, ἀλλ᾽ εἴτε δόλῳ ἔχουσι αὐτὴν κτη-
σάμενοι, δόλῳ ἀπαιρεθῆναι ὑπὸ ὑμέων, εἴτε καὶ
σθένεϊ τεῷ κατεργασάμενοι, σθένεϊ κατὰ τὸ καρ-
τερὸν ἀνασώσασθαι. καὶ ταῦτα μὲν ποιεῦσι ὑμῖν
γῆ τε καρπὸν ἐκφέροι καὶ γυναῖκές τε καὶ ποῖμναι
τίκτοιεν, ἐοῦσι ἐς τὸν ἅπαντα χρόνον ἐλευθέροισι·
μὴ δὲ ἀνασωσαμένοισι τὴν ἀρχὴν μηδ᾽ ἐπιχειρή-
σασι ἀνασώζειν τὰ ἐναντία τούτοισι ἀρῶμαι
ὑμῖν γενέσθαι, καὶ πρὸς ἔτι τούτοισι τὸ τέλος

84

see) no human power can turn fate aside; fool that
I was! I sent Prexaspes to Susa to slay Smerdis.
When that great wrong was done I lived without
fear, for never did I think that when Smerdis was
taken out of my way another man might rise against
me. So did I wholly mistake what was to be; I
have slain my brother when there was no need, and
lost my kingship none the less; for the rebel fore-
told by heaven in the vision was Smerdis the Magian.
Now I have done the deed, and I would have you be-
lieve that Smerdis Cyrus' son no longer lives; you
see the Magians masters of my royal estate, even him
that I left steward of my house, and his brother
Smerdis. So then, he that especially should have
avenged the dishonour done me by the Magians lies
foully slain by his nearest kinsman; and he being
no longer in life, necessity constrains me, in his
default, to charge you, men of Persia, with the
last desire of my life. In the name of the gods of
my royal house I charge all of you, but chiefly those
Achaemenids that are here, not to suffer the
sovereignty to fall again into Median hands; if they
have won it by trickery, trick them of it again; if
they have wrested it away by force, then do you by
force and strength of hand recover it. And if you
so do, may your land bring forth her fruits, and your
women and your flocks and herds be blessed with
offspring; but if you win not back the kingdom
nor essay so to do, then I pray that all may go

HERODOTUS

Περσέων ἑκάστῳ ἐπιγενέσθαι οἷον ἐμοὶ ἐπιγέγονε."
ἅμα τε εἴπας ταῦτα ὁ Καμβύσης ἀπέκλαιε πᾶσαν
τὴν ἑωυτοῦ πρῆξιν.

66. Πέρσαι δὲ ὡς τὸν βασιλέα εἶδον ἀνακλαύ-
σαντα πάντες τά τε ἐσθῆτος ἐχόμενα εἶχον, ταῦτα
κατηρείκοντο καὶ οἰμωγῇ ἀφθόνῳ διεχρέωντο.
μετὰ δὲ ταῦτα ὡς ἐσφακέλισέ τε τὸ ὀστέον καὶ
ὁ μηρὸς τάχιστα ἐσάπη, ἀπήνεικε Καμβύσεα τὸν
Κύρου, βασιλεύσαντα μὲν τὰ πάντα ἑπτὰ ἔτεα
καὶ πέντε μῆνας, ἄπαιδα δὲ τὸ παράπαν ἐόντα
ἔρσενος καὶ θήλεος γόνου. Περσέων δὲ τοῖσι
παρεοῦσι ἀπιστίη πολλὴ ὑπεκέχυτο τοὺς Μάγους
ἔχειν τὰ πρήγματα, ἀλλ' ἠπιστέατο ἐπὶ διαβολῇ
εἰπεῖν Καμβύσεα τὰ εἶπε περὶ τοῦ Σμέρδιος
θανάτου, ἵνα οἱ ἐκπολεμωθῇ πᾶν τὸ Περσικόν.
οὗτοι μέν νυν ἠπιστέατο Σμέρδιν τὸν Κύρου
βασιλέα ἐνεστεῶτα· δεινῶς γὰρ καὶ ὁ Πρηξάσπης
ἔξαρνος ἦν μὴ μὲν ἀποκτεῖναι Σμέρδιν· οὐ γὰρ ἦν
οἱ ἀσφαλὲς Καμβύσεω τετελευτηκότος φάναι τὸν
Κύρου υἱὸν ἀπολωλεκέναι αὐτοχειρίῃ.

67. Ὁ δὲ δὴ Μάγος τελευτήσαντος Καμβύσεω
ἀδεῶς ἐβασίλευσε, ἐπιβατεύων τοῦ ὁμωνύμου
Σμέρδιος τοῦ Κύρου, μῆνας ἑπτὰ τοὺς ἐπιλοίπους
Καμβύσῃ ἐς τὰ ὀκτὼ ἔτεα τῆς πληρώσιος· ἐν
τοῖσι ἀπεδέξατο ἐς τοὺς ὑπηκόους πάντας εὐεργε-
σίας μεγάλας, ὥστε ἀποθανόντος αὐτοῦ πόθον
ἔχειν πάντας τοὺς ἐν τῇ Ἀσίῃ πάρεξ αὐτῶν
Περσέων. διαπέμψας γὰρ ὁ Μάγος ἐς πᾶν ἔθνος
τῶν ἦρχε προεῖπε ἀτελείην εἶναι στρατηίης καὶ
φόρου ἐπ' ἔτεα τρία.

68. Προεῖπε μὲν δὴ ταῦτα αὐτίκα ἐνιστάμενος
ἐς τὴν ἀρχήν, ὀγδόῳ δὲ μηνὶ ἐγένετο κατάδηλος

86

contrariwise for you, yea, that every Persian may meet an end such as mine." With that Cambyses wept bitterly for all that had befallen him.

66. When the Persians saw their king weep, they all rent the garments which they wore and lamented loud and long. But after this the bone became gangrened and mortification of the thigh set in rapidly; which took off Cambyses son of Cyrus, who had reigned in all seven years and five months, and left no issue at all, male or female. The Persians present fully disbelieved in their hearts that the Magians were masters of the kingdom; they supposed that Cambyses' intent was to deceive them with his tale of Smerdis' death, so that all Persia might be plunged into a war against him. So they believed that it was Cyrus' son Smerdis who had been made king. For Prexaspes stoutly denied that he had killed Smerdis, since now that Cambyses was dead, it was not safe for him to say that he had slain the son of Cyrus with his own hands.

67. Cambyses being dead, the Magian, pretending to be the Smerdis of like name Cyrus' son, reigned without fear for the seven months lacking to Cambyses' full eight years of kingship. In this time he greatly benefited all his subjects, in so much that after his death all the Asiatics except the Persians wished him back; for he sent hither and thither to every nation of his dominions and proclaimed them for three years freed from service in arms and from tribute.

68. Such was his proclamation at the beginning of his reign; but in the eighth month it was revealed who

87

τρόπῳ τοιῷδε. Ὀτάνης ἦν Φαρνάσπεω μὲν παῖς, γένεϊ δὲ καὶ χρήμασι ὅμοιος τῷ πρώτῳ Περσέων. οὗτος ὁ Ὀτάνης πρῶτος ὑπώπτευσε τὸν Μάγον ὡς οὐκ εἴη ὁ Κύρου Σμέρδις ἀλλ' ὅς περ ἦν, τῇδε συμβαλόμενος, ὅτι τε οὐκ ἐξεφοίτα ἐκ τῆς ἀκροπόλιος καὶ ὅτι οὐκ ἐκάλεε ἐς ὄψιν ἑωυτῷ οὐδένα τῶν λογίμων Περσέων· ὑποπτεύσας δέ μιν ἐποίεε τάδε. ἔσχε αὐτοῦ Καμβύσης θυγατέρα, τῇ οὔνομα ἦν Φαιδύμη· τὴν αὐτὴν δὴ ταύτην εἶχε τότε ὁ Μάγος καὶ ταύτῃ τε συνοίκεε καὶ τῇσι ἄλλῃσι πάσῃσι τῇσι τοῦ Καμβύσεω γυναιξί. πέμπων δὴ ὦν ὁ Ὀτάνης παρὰ ταύτην τὴν θυγατέρα ἐπυνθάνετο παρ' ὅτεῳ ἀνθρώπων κοιμῶτο, εἴτε μετὰ Σμέρδιος τοῦ Κύρου εἴτε μετὰ ἄλλου τευ. ἣ δέ οἱ ἀντέπεμπε φαμένη οὐ γινώσκειν· οὔτε γὰρ τὸν Κύρου Σμέρδιν ἰδέσθαι οὐδαμὰ οὔτε ὅστις εἴη ὁ συνοικέων αὐτῇ εἰδέναι. ἔπεμπε δεύτερα ὁ Ὀτάνης λέγων "Εἰ μὴ αὐτὴ Σμέρδιν τὸν Κύρου γινώσκεις, σὺ δὲ παρὰ Ἀτόσσης πύθευ ὅτεῳ τούτῳ συνοικέει αὐτή τε ἐκείνη καὶ σύ· πάντως γὰρ δή κου τόν γε ἑωυτῆς ἀδελφεὸν γινώσκει."

69. Ἀντιπέμπει πρὸς ταῦτα ἡ θυγάτηρ "Οὔτε Ἀτόσσῃ δύναμαι ἐς λόγους ἐλθεῖν οὔτε ἄλλην οὐδεμίαν ἰδέσθαι τῶν συγκατημενέων γυναικῶν. ἐπείτε γὰρ τάχιστα οὗτος ὤνθρωπος, ὅστις κοτέ ἐστί, παρέλαβε τὴν βασιληίην, διέσπειρε ἡμέας ἄλλην ἄλλῃ τάξας." ἀκούοντι δὲ ταῦτα τῷ Ὀτάνῃ μᾶλλον κατεφαίνετο τὸ πρῆγμα. τρίτην δὲ ἀγγελίην ἐσέπεμπε παρ' αὐτὴν λέγουσαν ταῦτα. "Ὦ θύγατερ, δεῖ σε γεγονυῖαν εὖ κίνδυνον ἀναλαβέσθαι τὸν ἂν ὁ πατὴρ ὑποδύνειν κελεύῃ. εἰ γὰρ δὴ μή ἐστι ὁ Κύρου Σμέρδις ἀλλὰ τὸν καταδοκέω

88

he was, and this is how it was done :—There was one
Otanes, son of Pharnaspes, as well-born and rich a
man as any Persian. This Otanes was the first to
suspect that the Magian was not Cyrus' son Smerdis
but his true self; the reason was, that he never left
the citadel nor summoned any notable Persian into
his presence ; and in his suspicion—Cambyses having
married Otanes' daughter Phaedyme, whom the
Magian had now wedded, with all the rest of Cam-
byses' wives—Otanes sent to this daughter, asking
with whom she lay, Smerdis, Cyrus' son, or another.
She sent back a message that she did not know ; for
(said she) she had never seen Cyrus' son Smerdis, nor
knew who was her bedfellow. Then Otanes sent a
second message, to this effect : "If you do not your-
self know Cyrus' son Smerdis, then ask Atossa who
is this that is her lord and yours ; for surely she knows
her own brother."

69. To this his daughter replied: "I cannot
get speech with Atossa, nor can I see any other
of the women of the household ; for no sooner had
this man, whoever he is, made himself king, than
he sent us to live apart, each in her appointed
place." When Otanes heard that, he saw more clearly
how the matter stood ; and he sent her this third
message : "Daughter, it is due to your noble birth
that you should run any risk that your father bids you
face. If this man be not Smerdis son of Cyrus, but

ἐγώ, οὗτοι μιν σοί τε συγκοιμώμενον καὶ τὸ
Περσέων κράτος ἔχοντα δεῖ χαίροντα ἀπαλλάσ-
σειν, ἀλλὰ δοῦναι δίκην. νῦν ὦν ποίησον τάδε·
ἐπεὰν σοὶ συνεύδῃ καὶ μάθῃς αὐτὸν κατυπνωμένον,
ἄφασον αὐτοῦ τὰ ὦτα· καὶ ἢν μὲν φαίνηται ἔχων
ὦτα, νόμιζε σεωυτὴν Σμέρδι τῷ Κύρου συνοικέειν,
ἢν δὲ μὴ ἔχων, σὺ δὲ τῷ Μάγῳ Σμέρδι." ἀντι-
πέμπει πρὸς ταῦτα ἡ Φαιδύμη φαμένη κινδυνεύσειν
μεγάλως, ἢν ποιέῃ ταῦτα· εἰ γὰρ δὴ μὴ τυγχάνει
τὰ ὦτα ἔχων, ἐπίλαμπτος δὲ ἀφάσσουσα ἔσται,
εὖ εἰδέναι ὡς ἀιστώσει μιν· ὅμως μέντοι ποιήσειν
ταῦτα. ἡ μὲν δὴ ὑπεδέξατο ταῦτα τῷ πατρὶ
κατεργάσεσθαι. τοῦ δὲ Μάγου τούτου τοῦ Σμέρ-
διος Κῦρος ὁ Καμβύσεω ἄρχων τὰ ὦτα ἀπέταμε
ἐπ' αἰτίῃ δή τινι οὐ σμικρῇ. ἡ ὦν δὴ Φαιδύμη
αὕτη, ἡ τοῦ Ὀτάνεω θυγάτηρ, πάντα ἐπιτελέουσα
τὰ ὑπεδέξατο τῷ πατρί, ἐπείτε αὐτῆς μέρος ἐγίνετο
τῆς ἀπίξιος παρὰ τὸν Μάγον (ἐν περιτροπῇ γὰρ
δὴ αἱ γυναῖκες φοιτέουσι τοῖσι Πέρσῃσι), ἐλθοῦσα
παρ' αὐτὸν ηὗδε, ὑπνωμένου δὲ καρτερῶς τοῦ
Μάγου ἤφασε τὰ ὦτα. μαθοῦσα δὲ οὐ χαλεπῶς
ἀλλ' εὐπετέως οὐκ ἔχοντα τὸν ἄνδρα ὦτα, ὡς
ἡμέρη τάχιστα ἐγεγόνεε, πέμψασα ἐσήμηνε τῷ
πατρὶ τὰ γενόμενα.

70. Ὁ δὲ Ὀτάνης παραλαβὼν Ἀσπαθίνην καὶ
Γοβρύην, Περσέων τε πρώτους ἐόντας καὶ ἑωυτῷ
ἐπιτηδεοτάτους ἐς πίστιν, ἀπηγήσατο πᾶν τὸ
πρῆγμα· οἱ δὲ καὶ αὐτοὶ ἄρα ὑπώπτευον οὕτω
τοῦτο ἔχειν, ἀνενείκαντος δὲ τοῦ Ὀτάνεω τοὺς
λόγους ἐδέξαντο, καὶ ἔδοξέ σφι ἕκαστον ἄνδρα
Περσέων προσεταιρίσασθαι τοῦτον ὅτεῳ πιστεύει
μάλιστα. Ὀτάνης μέν νυν ἐσάγεται Ἰνταφρένεα,

another whom I suspect him to be, then he must not go unscathed, but be punished for sharing your bed and sitting on the throne of Persia. Now, therefore, when he lies with you and you see that he is asleep, do as I bid you and feel for his ears; if you see that he has ears, then you may think that it is Smerdis son of Cyrus who is your lord; but if he has none, it is Smerdis the Magian." Phaedyme answered by messenger that she would run very great risk by so doing; for if it should turn out that he had no ears, and she were caught feeling for them, he would surely make an end of her; nevertheless she would do it. So she promised to achieve her father's bidding. It is known that Cyrus son of Cambyses had in his reign cut off the ears of this Magian, Smerdis, for some grave reason—I know not what. So Phaedyme, daughter of Otanes, performed her promise to her father. When it was her turn to visit the Magian (as a Persian's wives come in regular order to their lord), she came to his bed and felt for the Magian's ears while he slumbered deeply; and having with no great difficulty assured herself that he had no ears, she sent and told this to her father as soon as it was morning.

70. Otanes then took to himself two Persians of the highest rank whom he thought worthiest of trust, Aspathines and Gobryas, and told them the whole story. These, it would seem, had themselves suspected that it was so; and now they readily believed what Otanes revealed to them. They resolved that each should take into their fellowship that Persian whom he most trusted; Otanes brought in Inta-

Γοβρύης δὲ Μεγάβυζον, Ἀσπαθίνης δὲ Ὑδάρνεα. γεγονότων δὲ τούτων ἒξ παραγίνεται ἐς τὰ Σοῦσα Δαρεῖος ὁ Ὑστάσπεος ἐκ Περσέων ἥκων· τούτων γὰρ δὴ ἦν οἱ ὁ πατὴρ ὕπαρχος. ἐπεὶ ὦν οὗτος ἀπίκετο, τοῖσι ἒξ τῶν Περσέων ἔδοξε καὶ Δαρεῖον προσεταιρίσασθαι.

71. Συνελθόντες δὲ οὗτοι ἐόντες ἑπτὰ ἐδίδοσαν σφίσι πίστις καὶ λόγους. ἐπείτε δὲ ἐς Δαρεῖον ἀπίκετο γνώμην ἀποφαίνεσθαι, ἔλεγέ σφι τάδε. "Ἐγὼ ταῦτα ἐδόκεον μὲν αὐτὸς μοῦνος ἐπίστασθαι, ὅτι τε ὁ Μάγος εἴη ὁ βασιλεύων καὶ Σμέρδις ὁ Κύρου τετελεύτηκε· καὶ αὐτοῦ τούτου εἵνεκεν ἥκω σπουδῇ ὡς συστήσων ἐπὶ τῷ Μάγῳ θάνατον. ἐπείτε δὲ συνήνεικε ὥστε καὶ ὑμέας εἰδέναι καὶ μὴ μοῦνον ἐμέ, ποιέειν αὐτίκα μοι δοκέει καὶ μὴ ὑπερβάλλεσθαι· οὐ γὰρ ἄμεινον." εἶπε πρὸς ταῦτα ὁ Ὀτάνης "Ὦ παῖ Ὑστάσπεος, εἶς τε πατρὸς ἀγαθοῦ καὶ ἐκφαίνειν ἔοικας σεωυτὸν ἐόντα τοῦ πατρὸς οὐδὲν ἧσσω· τὴν μέντοι ἐπιχείρησιν ταύτην μὴ οὕτω συντάχυνε ἀβούλως, ἀλλ' ἐπὶ τὸ σωφρονέστερον αὐτὴν λάμβανε· δεῖ γὰρ πλεῦνας γενομένους οὕτω ἐπιχειρέειν." λέγει πρὸς ταῦτα Δαρεῖος "Ἄνδρες οἱ παρεόντες, τρόπῳ τῷ εἰρημένῳ ἐξ Ὀτάνεω εἰ χρήσεσθε, ἐπίστασθε ὅτι ἀπολέεσθε κάκιστα· ἐξοίσει γάρ τις πρὸς τὸν Μάγον, ἰδίῃ περιβαλλόμενος ἑωυτῷ κέρδεα. μάλιστα μέν νυν ὠφείλετε ἐπ' ὑμέων αὐτῶν βαλλόμενοι ποιέειν ταῦτα· ἐπείτε δὲ ὑμῖν ἀναφέρειν ἐς πλεῦνας ἐδόκεε καὶ ἐμοὶ ὑπερέθεσθε, ἢ ποιέωμεν σήμερον ἢ ἴστε ὑμῖν ὅτι ἢν ὑπερπέσῃ ἡ νῦν ἡμέρη, ὡς οὐκ ἄλλος φθὰς ἐμεῦ κατήγορος ἔσται, ἀλλά σφεα αὐτὸς ἐγὼ κατερέω πρὸς τὸν Μάγον."

phrenes, Gobryas brought Megabyzus and Aspathines Hydarnes[1]; so they were six. Now came to Susa Darius son of Hystaspes, from Persia, of which his father was vice-gerent; and on his coming the six Persians resolved to make Darius too their comrade.

71. The seven then met and gave each other pledges and spoke together; and when it was Darius' turn to declare his mind, he spoke as follows: " I supposed that I alone knew that it was the Magian who is king and that Smerdis son of Cyrus is dead; and it is for this cause that I have made haste to come, that I might compass the Magian's death; but since it has so fallen out that you too and not I alone know the truth, my counsel is for action forthwith, no delay; for evil will come of delay." "Son of Hystaspes," Otanes answered, " your father is a valiant man, and methinks you declare yourself as valiant as he; yet hasten not this enterprise thus inconsiderately; take the matter more prudently; we must wait to set about it till there are more of us." To this Darius answered: "Sirs, if you do as Otanes counsels, you must all know that you will perish miserably; for someone will carry all to the Magian, desiring private reward for himself. Now, it had been best for you to achieve your end yourselves unaided; but seeing that it was your pleasure to impart your plot to others and that so you have trusted me with it, let us, I say, do the deed this day; if you let to-day pass, be assured that none will accuse you ere I do, for I will myself lay the whole matter before the Magian."

---

[1] The names in the Behistun inscription (the trilingual inscription set up by Darius at Behistun, after he had crushed the revolts in his empire) are: Vindapana, Utana, Gaubaruwa, Vidarna, Bagabukhsa, Ardumanis; all but the last corresponding with Herodotus' list.

72. Λέγει πρὸς ταῦτα Ὀτάνης, ἐπειδὴ ὥρα
σπερχόμενον Δαρεῖον, "Ἐπείτε ἡμέας συνταχύνειν
ἀναγκάζεις καὶ ὑπερβάλλεσθαι οὐκ ἐᾷς, ἴθι ἐξηγέο
αὐτὸς ὅτεῳ τρόπῳ πάριμεν ἐς τὰ βασιλήια καὶ
ἐπιχειρήσομεν αὐτοῖσι. φυλακὰς γὰρ δὴ διεστε-
ώσας οἶδάς κου καὶ αὐτός, εἰ μὴ ἰδών, ἀλλ'
ἀκούσας· τὰς τέῳ τρόπῳ περήσομεν;" ἀμείβεται
Δαρεῖος τοῖσιδε. "Ὀτάνη, ἦ πολλά ἐστι τὰ λόγῳ
μὲν οὐκ οἷά τε δηλῶσαι, ἔργῳ δέ· ἄλλα δ' ἐστὶ
τὰ λόγῳ μὲν οἷά τε, ἔργον δὲ οὐδὲν ἀπ' αὐτῶν
λαμπρὸν γίνεται. ὑμεῖς δὲ ἴστε φυλακὰς τὰς
κατεστεώσας ἐούσας οὐδὲν χαλεπὰς παρελθεῖν.
τοῦτο μὲν γὰρ ἡμέων ἐόντων τοιῶνδε οὐδεὶς ὅστις
οὐ παρήσει, τὰ μέν κου καταιδεόμενος ἡμέας, τὰ
δέ κου καὶ δειμαίνων· τοῦτο δὲ ἔχω αὐτὸς σκῆψιν
εὐπρεπεστάτην τῇ πάριμεν, φὰς ἄρτι τε ἥκειν ἐκ
Περσέων καὶ βούλεσθαί τι ἔπος παρὰ τοῦ πατρὸς
σημῆναι τῷ βασιλέι. ἔνθα γάρ τι δεῖ ψεῦδος
λέγεσθαι, λεγέσθω. τοῦ γὰρ αὐτοῦ γλιχόμεθα οἵ
τε ψευδόμενοι καὶ οἱ τῇ ἀληθείῃ διαχρεώμενοι.
οἱ μέν γε ψεύδονται τότε ἐπεάν τι μέλλωσι τοῖσι
ψεύδεσι πείσαντες κερδήσεσθαι, οἱ δ' ἀληθίζονται
ἵνα τῇ ἀληθείῃ ἐπισπάσωνται κέρδος καί τι μᾶλ-
λόν σφι ἐπιτράπηται. οὕτω οὐ ταὐτὰ ἀσκέοντες
τὠυτοῦ περιεχόμεθα. εἰ δὲ μηδὲν κερδήσεσθαι
μέλλοιεν, ὁμοίως ἂν ὅ τε ἀληθιζόμενος ψευδὴς εἴη
καὶ ὁ ψευδόμενος ἀληθής. ὃς ἂν μέν νυν τῶν
πυλουρῶν ἑκὼν παρίῃ, αὐτῷ οἱ ἄμεινον ἐς χρόνον
ἔσται· ὃς δ' ἂν ἀντιβαίνειν πειρᾶται, δεικνύσθω
ἐνθαῦτα ἐὼν πολέμιος, καὶ ἔπειτα ὠσάμενοι ἔσω
ἔργου ἐχώμεθα."

73. Λέγει Γοβρύης μετὰ ταῦτα "Ἄνδρες φίλοι,

72. To this Otanes replied, seeing Darius' vehemence, "Since you compel us to hasten and will brook no delay, tell us now yourself how we shall pass into the palace and assail the Magians. The place is beset all round by guards; this you know, for you have seen or heard of them; how shall we win past the guards?" "Otanes," answered Darius, "very many things can be done whereof the doing cannot be described in words; and sometimes a plan easy to make clear is yet followed by no deed of note. Right well you know that the guards who are set are easy to pass. For we being such as we are, there is none who will not grant us admittance, partly from reverence and partly too from fear; and further, I have myself the fairest pretext for entering, for I will say that I am lately come from Persia and have a message for the king from my father. Let lies be told where they are needful. All of us aim at the like end, whether we lie or speak truth; he that lies does it to win credence and so advantage by his deceit, and he that speaks truth hopes that truth will get him profit and greater trust; so we do but take different ways to the same goal. Were the hope of advantage taken away, the truth-teller were as ready to lie as the liar to speak truth. Now if any warder of the gate willingly suffer us to pass, it will be the better for him thereafter. But if any strives to withstand us let us mark him for an enemy, and so thrust ourselves in and begin our work."

73. Then said Gobryas, "Friends, when shall we

HERODOTUS

ἡμῖν κότε κάλλιον παρέξει ἀνασώσασθαι τὴν
ἀρχήν, ἢ εἴ γε μὴ οἷοί τε ἐσόμεθα αὐτὴν ἀναλα-
βεῖν, ἀποθανεῖν; ὅτε γε ἀρχόμεθα μὲν ἐόντες
Πέρσαι ὑπὸ Μήδου ἀνδρὸς Μάγου, καὶ τούτου
ὦτα οὐκ ἔχοντος. ὅσοι τε ὑμέων Καμβύσῃ
νοσέοντι παρεγένοντο, πάντως κου μέμνησθε τὰ
ἐπέσκηψε Πέρσῃσι τελευτῶν τὸν βίον μὴ πειρω-
μένοισι ἀνακτᾶσθαι τὴν ἀρχήν· τὰ τότε οὐκ
ἐνεδεκόμεθα, ἀλλ᾽ ἐπὶ διαβολῇ ἐδοκέομεν εἰπεῖν
Καμβύσεα. νῦν ὦν τίθεμαι ψῆφον πείθεσθαι
Δαρείῳ καὶ μὴ διαλύεσθαι ἐκ τοῦ συλλόγου τοῦδε
ἀλλ᾽ ἢ ἐπὶ τὸν Μάγον ἰθέως." ταῦτα εἶπε Γο-
βρύης, καὶ πάντες ταύτῃ αἴνεον.

74. Ἐν ᾧ δὲ οὗτοι ταῦτα ἐβουλεύοντο, ἐγίνετο
κατὰ συντυχίην τάδε. τοῖσι Μάγοισι ἔδοξε βου-
λευομένοισι Πρηξάσπεα φίλον προσθέσθαι, ὅτι τε
ἐπεπόνθεε πρὸς Καμβύσεω ἀνάρσια, ὅς οἱ τὸν
παῖδα τοξεύσας ἀπολωλέκεε, καὶ διότι μοῦνος
ἠπίστατο τὸν Σμέρδιος τοῦ Κύρου θάνατον αὐτο-
χειρίῃ μιν ἀπολέσας, πρὸς δ᾽ ἔτι ἐόντα ἐν αἴνῃ
μεγίστῃ τὸν Πρηξάσπεα ἐν Πέρσῃσι. τούτων δὴ
μιν εἵνεκεν καλέσαντες φίλον προσεκτῶντο πίστι
τε λαβόντες καὶ ὁρκίοισι, ἦ μὲν ἕξειν παρ᾽ ἑωυτῷ
μηδ᾽ ἐξοίσειν μηδενὶ ἀνθρώπων τὴν ἀπὸ σφέων
ἀπάτην ἐς Πέρσας γεγονυῖαν, ὑπισχνεύμενοι τὰ
πάντα οἱ μυρία δώσειν. ὑποσχομένου δὲ τοῦ
Πρηξάσπεος ποιήσειν ταῦτα, ὡς ἀνέπεισάν μιν
οἱ Μάγοι, δεύτερα προσέφερον, αὐτοὶ μὲν φάμενοι
Πέρσας πάντας συγκαλέειν ὑπὸ τὸ βασιλήιον
τεῖχος, κεῖνον δ᾽ ἐκέλευον ἀναβάντα ἐπὶ πύργον
ἀγορεῦσαι ὡς ὑπὸ τοῦ Κύρου Σμέρδιος ἄρχονται
καὶ ὑπ᾽ οὐδενὸς ἄλλου. ταῦτα δὲ οὕτω ἐνετέλ-

have a better occasion to win back the kingship, or, if we cannot so do, to die? seeing that we who are Persians are ruled by a Mede, a Magian, and he a man that has no ears. Those of you that were with Cambyses in his sickness cannot but remember the curse which with his last breath he laid on the Persians if they should not essay to win back the kingship; albeit we did not then believe Cambyses, but thought that he spoke to deceive us. Now therefore my vote is that we follow Darius' plan, and not quit this council to do aught else but attack the Magian forthwith." So spoke Gobryas; and they all consented to what he said.

74. While they were thus planning, matters befell as I will show. The Magians had taken counsel and resolved to make a friend of Prexaspes, because he had been wronged by Cambyses (who had shot his son with an arrow) and because he alone knew of the death of Cyrus' son Smerdis, having himself been the slayer; and further, because Prexaspes was very greatly esteemed by the Persians. Therefore they summoned him and, to gain his friendship, made him to pledge himself and swear that he would never reveal to any man their treacherous dealing with the Persians, but keep it to himself; and they promised to give him all things in great abundance. Prexaspes was persuaded and promised to do their will. Then the Magians made this second proposal to him, that they should summon a meeting of all Persians before the palace wall, and he should go up on to a tower and declare that it was Smerdis son of Cyrus and no other who was king of Persia. They gave him this charge, because they thought him to

97

λοντο ὡς πιστοτάτου δῆθεν ἐόντος αὐτοῦ ἐν Πέρ-
σῃσι, καὶ πολλάκις ἀποδεξαμένου γνώμην ὡς
περιείη ὁ Κύρου Σμέρδις, καὶ ἐξαρνησαμένου τὸν
φόνον αὐτοῦ.

75. Φαμένου δὲ καὶ ταῦτα ἑτοίμου εἶναι ποιέειν
τοῦ Πρηξάσπεος, συγκαλέσαντες Πέρσας οἱ Μάγοι
ἀνεβίβασαν αὐτὸν ἐπὶ πύργον καὶ ἀγορεύειν ἐκέ-
λευον. ὁ δὲ τῶν μὲν ἐκεῖνοι προσεδέοντο αὐτοῦ,
τούτων μὲν ἑκὼν ἐπελήθετο, ἀρξάμενος δὲ ἀπ᾽
Ἀχαιμένεος ἐγενεηλόγησε τὴν πατριὴν τὴν Κύρου,
μετὰ δὲ ὡς ἐς τοῦτον κατέβη τελευτῶν ἔλεγε ὅσα
ἀγαθὰ Κῦρος Πέρσας πεποιήκοι, διεξελθὼν δὲ
ταῦτα ἐξέφαινε τὴν ἀληθείην, φάμενος πρότερον
μὲν κρύπτειν (οὐ γάρ οἱ εἶναι ἀσφαλὲς λέγειν τὰ
γενόμενα), ἐν δὲ τῷ παρεόντι ἀναγκαίην μιν κατα-
λαμβάνειν φαίνειν. καὶ δὴ ἔλεγε τὸν μὲν Κύρου
Σμέρδιν ὡς αὐτὸς ὑπὸ Καμβύσεω ἀναγκαζόμενος
ἀποκτείνειε, τοὺς Μάγους δὲ βασιλεύειν. Πέρσῃσι
δὲ πολλὰ ἐπαρησάμενος εἰ μὴ ἀνακτησαίατο ὀπίσω
τὴν ἀρχὴν καὶ τοὺς Μάγους τισαίατο, ἀπῆκε
ἑωυτὸν ἐπὶ κεφαλὴν φέρεσθαι ἀπὸ τοῦ πύργου
κάτω. Πρηξάσπης μέν νυν ἐὼν τὸν πάντα χρόνον
ἀνὴρ δόκιμος οὕτω ἐτελεύτησε.

76. Οἱ δὲ δὴ ἑπτὰ τῶν Περσέων ὡς ἐβουλεύ-
σαντο αὐτίκα ἐπιχειρέειν τοῖσι Μάγοισι καὶ μὴ
ὑπερβάλλεσθαι, ἤισαν εὐξάμενοι τοῖσι θεοῖσι,
τῶν περὶ Πρηξάσπεα πρηχθέντων εἰδότες οὐδέν.
ἔν τε δὴ τῇ ὁδῷ μέσῃ στείχοντες ἐγίνοντο καὶ τὰ
περὶ Πρηξάσπεα γεγονότα ἐπυνθάνοντο. ἐνθαῦτα
ἐκστάντες τῆς ὁδοῦ ἐδίδοσαν αὖτις σφίσι λόγους,
οἱ μὲν ἀμφὶ τὸν Ὀτάνην πάγχυ κελεύοντες ὑπερ-
βαλέσθαι μηδὲ οἰδεόντων τῶν πρηγμάτων ἐπιτί-

be the man most trusted by the Persians, and
because he had oftentimes asserted that Cyrus' son
Smerdis was alive, and had denied the murder.

75. Prexaspes consented to do this also; the
Magians summoned the Persians together, and
brought him up on to a tower and bade him speak.
Then, putting away from his mind all the Magians'
demands, he traced the lineage of Cyrus from
Achaemenes downwards; when he came at last to
the name of Cyrus, he recounted all the good which
that king had done to Persia, after which recital
he declared the truth; which, he said, he had till
now concealed because he could not safely tell it,
but was now constrained by necessity to reveal:
"I," said he, "was compelled by Cambyses to kill
Smerdis son of Cyrus; it is the Magians who now
rule you." Then, invoking a terrible curse on the
Persians if they failed to win back the throne and
take vengeance on the Magians, he threw himself
headlong down from the tower; thus honourably
ended Prexaspes' honourable life.

76. The seven Persians, after counsel purposing
to attack the Magians forthwith and delay no
longer, prayed to the gods and set forth, know-
ing nothing of Prexaspes' part in the business. But
when they had gone half way they heard the story
of him; whereat they went aside from the way and
consulted together, Otanes' friends being wholly for
waiting and not attacking in the present ferment,

θεσθαι, οἱ δὲ ἀμφὶ τὸν Δαρεῖον αὐτίκα τε ἰέναι
καὶ τὰ δεδογμένα ποιέειν μηδὲ ὑπερβάλλεσθαι.
ὠθιζομένων δ᾽ αὐτῶν ἐφάνη ἰρήκων ἑπτὰ ζεύγεα
δύο αἰγυπιῶν ζεύγεα διώκοντα καὶ τίλλοντά τε
καὶ ἀμύσσοντα. ἰδόντες δὲ ταῦτα οἱ ἑπτὰ τήν τε
Δαρείου πάντες αἴνεον γνώμην καὶ ἔπειτα ἤισαν
ἐπὶ τὰ βασιλήια τεθαρσηκότες τοῖσι ὄρνισι.
77. Ἐπιστᾶσι δὲ ἐπὶ τὰς πύλας ἐγίνετο οἷόν
τι Δαρείῳ ἡ γνώμη ἔφερε· καταιδεόμενοι γὰρ
οἱ φύλακοι ἄνδρας τοὺς Περσέων πρώτους καὶ
οὐδὲν τοιοῦτο ὑποπτεύοντες ἐξ αὐτῶν ἔσεσθαι,
παρίεσαν θείῃ πομπῇ χρεωμένους, οὐδ᾽ ἐπειρώτα
οὐδείς. ἐπείτε δὲ καὶ παρῆλθον ἐς τὴν αὐλήν,
ἐνέκυρσαν τοῖσι τὰς ἀγγελίας ἐσφέρουσι εὐνού-
χοισι· οἵ σφεας ἱστόρεον ὅ τι θέλοντες ἥκοιεν,
καὶ ἅμα ἱστορέοντες τούτους τοῖσι πυλου-
ροῖσι ἀπείλεον ὅτι σφέας παρῆκαν, ἰσχόν τε
βουλομένους τοὺς ἑπτὰ ἐς τὸ πρόσω παριέναι.
οἱ δὲ διακελευσάμενοι καὶ σπασάμενοι τὰ ἐγ-
χειρίδια τούτους μὲν τοὺς ἴσχοντας αὐτοῦ ταύτῃ
συγκεντέουσι, αὐτοὶ δὲ ἤισαν δρόμῳ ἐς τὸν
ἀνδρεῶνα.
78. Οἱ δὲ Μάγοι ἔτυχον ἀμφότεροι τηνικαῦτα
ἐόντες τε ἔσω καὶ τὰ ἀπὸ Πρηξάσπεος γενόμενα
ἐν βουλῇ ἔχοντες. ἐπεὶ ὦν εἶδον τοὺς εὐνούχους
τεθορυβημένους τε καὶ βοῶντας, ἀνά τε ἔδραμον
πάλιν ἀμφότεροι καὶ ὡς ἔμαθον τὸ ποιεύμενον
πρὸς ἀλκὴν ἐτράποντο. ὃ μὲν δὴ αὐτῶν φθάνει
τὰ τόξα κατελόμενος, ὃ δὲ πρὸς τὴν αἰχμὴν
ἐτράπετο. ἐνθαῦτα δὴ συνέμισγον ἀλλήλοισι.
τῷ μὲν δὴ τὰ τόξα ἀναλαβόντι αὐτῶν, ἐόντων
τε ἀγχοῦ τῶν πολεμίων καὶ προσκειμένων, ἦν

but Darius' party bidding to go forthwith and do
their agreed purpose without delay. While they
disputed, they saw seven pairs of hawks that chased
and rent and tore two pairs of vultures; seeing
which all the seven consented to Darius' opinion,
and went on to the palace, heartened by the sight
of the birds.

77. When they came to the gate, that happened
which Darius had expected; the guards, out of
regard for the chief men in Persia, and because they
never suspected their design, suffered them without
question to pass in under heaven's guidance. Coming
into the court, they met there the eunuchs who
carry messages to the king; who asked the seven
with what intent they had come, at the same time
threatening the gate-wards for letting them pass,
and barring the further passage of the seven. These
gave each other the word, drew their daggers, and
stabbing the eunuchs who barred their way, ran
into the men's apartment.

78. It chanced that both the Magians were within,
consulting together on the outcome of Prexaspes'
act. Seeing the eunuchs in confusion and hearing
their cries they both sprang back: and when they
saw what was afoot they set about defending them-
selves; one made haste to take down his bow, the
other seized his spear; so the seven and the two met
in fight. He that had caught up the bow found it
availed him nothing, his enemies being so close and

χρηστὰ οὐδέν· ὁ δ' ἕτερος τῇ αἰχμῇ ἠμύνετο καὶ
τοῦτο μὲν Ἀσπαθίνην παίει ἐς τὸν μηρόν, τοῦτο
δὲ Ἰνταφρένεα ἐς τὸν ὀφθαλμόν· καὶ ἐστερήθη
μὲν τοῦ ὀφθαλμοῦ ἐκ τοῦ τρώματος ὁ Ἰνταφρένης,
οὐ μέντοι ἀπέθανέ γε. τῶν μὲν δὴ Μάγων οὕτερος
τρωματίζει τούτους· ὁ δὲ ἕτερος, ἐπείτε οἱ τὰ τόξα
οὐδὲν χρηστὰ ἐγίνετο, ἦν γὰρ δὴ θάλαμος ἐσέχων
ἐς τὸν ἀνδρεῶνα, ἐς τοῦτον καταφεύγει, θέλων
αὐτοῦ προσθεῖναι τὰς θύρας, καί οἱ συνεσπί-
πτουσι τῶν ἑπτὰ δύο, Δαρεῖός τε καὶ Γοβρύης.
συμπλακέντος δὲ Γοβρύεω τῷ Μάγῳ ὁ Δαρεῖος
ἐπεστεὼς ἠπόρεε οἷα ἐν σκότεϊ, προμηθεόμενος μὴ
πλήξῃ τὸν Γοβρύην. ὁρέων δέ μιν ἀργὸν ἐπε-
στεῶτα ὁ Γοβρύης εἴρετο ὅ τι οὐ χρᾶται τῇ
χειρί· ὁ δὲ εἶπε "Προμηθεόμενος σέο, μὴ πλήξω."
Γοβρύης δὲ ἀμείβετο "Ὤθεε τὸ ξίφος καὶ δι'
ἀμφοτέρων." Δαρεῖος δὲ πειθόμενος ὦσέ τε τὸ
ἐγχειρίδιον καὶ ἔτυχέ κως τοῦ Μάγου.

79. Ἀποκτείναντες δὲ τοὺς Μάγους καὶ ἀπο-
ταμόντες αὐτῶν τὰς κεφαλάς, τοὺς μὲν τρωματίας
ἑωυτῶν αὐτοῦ λείπουσι καὶ ἀδυνασίης εἵνεκεν καὶ
φυλακῆς τῆς ἀκροπόλιος, οἱ δὲ πέντε αὐτῶν
ἔχοντες τῶν Μάγων τὰς κεφαλὰς ἔθεον βοῇ τε
καὶ πατάγῳ χρεώμενοι, καὶ Πέρσας τοὺς ἄλλους
ἐπεκαλέοντο ἐξηγεόμενοί τε τὸ πρῆγμα καὶ δει-
κνύοντες τὰς κεφαλάς, καὶ ἅμα ἔκτεινον πάντα
τινὰ τῶν Μάγων τὸν ἐν ποσὶ γινόμενον. οἱ δὲ
Πέρσαι μαθόντες τὸ γεγονὸς ἐκ τῶν ἑπτὰ καὶ τῶν
Μάγων τὴν ἀπάτην, ἐδικαίευν καὶ αὐτοὶ ἕτερα
τοιαῦτα ποιέειν, σπασάμενοι δὲ τὰ ἐγχειρίδια
ἔκτεινον ὅκου τινὰ Μάγον εὕρισκον· εἰ δὲ μὴ νὺξ
ἐπελθοῦσα ἔσχε, ἔλιπον ἂν οὐδένα Μάγον. ταύ-

pressing him hard; but the other defended himself
with his spear, smiting Aspathines in the thigh and
Intaphrenes in the eye; Intaphrenes was not slain
by the wound, but lost his eye. So these were
wounded by one of the Magians; the other, his bow
availing him nothing, fled into a chamber adjoining
the men's apartment and would have shut its door.
Two of the seven, Darius and Gobryas, hurled them-
selves into the chamber with him. Gobryas and the
Magian grappling together, Darius stood perplexed
by the darkness, fearing to strike Gobryas; whereat
Gobryas, seeing Darius stand idle, cried to know why
he did not strike; "For fear of stabbing you," quoth
Darius. "Nay," said Gobryas, "thrust with your
sword, though it be through both of us." So Darius
thrust with his dagger, and by good luck it was the
Magian that he stabbed.

79. Having killed the Magians and cut off their
heads, they left their wounded where they were, by
reason of their infirmity and to guard the citadel;
the other five took the Magians' heads and ran with
much shouting and noise, calling all Persians to aid,
telling what they had done and showing the heads;
at the same time they killed every Magian that came
in their way. The Persians, when they heard from the
seven what had been done and how the Magians had
tricked them, resolved to follow the example set, and
drew their daggers and slew all the Magians they
could find; and if nightfall had not stayed them they
would not have left one Magian alive. This day is

τὴν τὴν ἡμέρην θεραπεύουσι Πέρσαι κοινῇ μά-
λιστα τῶν ἡμερέων, καὶ ἐν αὐτῇ ὁρτὴν μεγάλην
ἀνάγουσι, ἣ κέκληται ὑπὸ Περσέων μαγοφόνια·
ἐν τῇ Μάγον οὐδένα ἔξεστι φανῆναι ἐς τὸ φῶς,
ἀλλὰ κατ᾽ οἴκους ἑωυτοὺς οἱ Μάγοι ἔχουσι τὴν
ἡμέρην ταύτην.

80. Ἐπείτε δὲ κατέστη ὁ θόρυβος καὶ ἐκτὸς
πέντε ἡμερέων ἐγένετο, ἐβουλεύοντο οἱ ἐπανα-
στάντες τοῖσι Μάγοισι περὶ τῶν πάντων πρηγ-
μάτων καὶ ἐλέχθησαν λόγοι ἄπιστοι μὲν ἐνίοισι
Ἑλλήνων, ἐλέχθησαν δ᾽ ὦν. Ὀτάνης μὲν ἐκέλευε
ἐς μέσον Πέρσῃσι καταθεῖναι τὰ πρήγματα,
λέγων τάδε. "Ἐμοὶ δοκέει ἕνα μὲν ἡμέων μού-
ναρχον μηκέτι γενέσθαι. οὔτε γὰρ ἡδὺ οὔτε
ἀγαθόν. εἴδετε μὲν γὰρ τὴν Καμβύσεω ὕβριν ἐπ᾽
ὅσον ἐπεξῆλθε, μετεσχήκατε δὲ καὶ τῆς τοῦ
Μάγου ὕβριος. κῶς δ᾽ ἂν εἴη χρῆμα κατηρτη-
μένον μουναρχίη, τῇ ἔξεστι ἀνευθύνῳ ποιέειν τὰ
βούλεται; καὶ γὰρ ἂν τὸν ἄριστον ἀνδρῶν πάντων
στάντα ἐς ταύτην ἐκτὸς τῶν ἐωθότων νοημάτων
στήσειε. ἐγγίνεται μὲν γάρ οἱ ὕβρις ὑπὸ τῶν
παρεόντων ἀγαθῶν, φθόνος δὲ ἀρχῆθεν ἐμφύεται
ἀνθρώπῳ. δύο δ᾽ ἔχων ταῦτα ἔχει πᾶσαν κακό-
τητα· τὰ μὲν γὰρ ὕβρι κεκορημένος ἔρδει πολλὰ
καὶ ἀτάσθαλα, τὰ δὲ φθόνῳ. καίτοι ἄνδρα γε
τύραννον ἄφθονον ἔδει εἶναι, ἔχοντά γε πάντα τὰ
ἀγαθά. τὸ δὲ ὑπεναντίον τούτου ἐς τοὺς πολιήτας
πέφυκε· φθονέει γὰρ τοῖσι ἀρίστοισι περιεοῦσί τε
καὶ ζώουσι, χαίρει δὲ τοῖσι κακίστοισι τῶν ἀστῶν,
διαβολὰς δὲ ἄριστος ἐνδέκεσθαι. ἀναρμοστότα-
τον δὲ πάντων· ἤν τε γὰρ αὐτὸν μετρίως θωμάζῃς,
ἄχθεται ὅτι οὐ κάρτα θεραπεύεται, ἤν τε θερα-

the greatest holy day that all Persians alike keep; they celebrate a great festival on it, which they call the Massacre of the Magians; while the festival lasts no Magian may come abroad, but during this day they remain in their houses.

80. When the tumult was abated, and five days had passed, the rebels against the Magians held a council on the whole state of affairs, at which words were uttered which to some Greeks seem incredible; but there is no doubt that they were spoken. Otanes was for giving the government to the whole body of the Persian people. "I hold," he said, "that we must make an end of monarchy; there is no pleasure or advantage in it. You have seen to what lengths went the insolence of Cambyses, and you have borne your share of the insolence of the Magian. What right order is there to be found in monarchy, when the ruler can do what he will, nor be held to account for it? Give this power to the best man on earth, and it would stir him to unwonted thoughts. The advantage which he holds breeds insolence, and nature makes all men jealous. This double cause is the root of all evil in him; sated with power he will do many reckless deeds, some from insolence, some from jealousy. For whereas an absolute ruler, as having all that heart can desire, should rightly be jealous of no man, yet it is contrariwise with him in his dealing with his countrymen; he is jealous of the safety of the good, and glad of the safety of the evil; and no man is so ready to believe calumny. Of all men he is the most inconsistent; accord him but just honour, and he is displeased that you make him not your first care; make him such, and he damns

πεύῃ τις κάρτα, ἄχθεται ἅτε θωπί. τὰ δὲ δὴ
μέγιστα ἔρχομαι ἐρέων· νόμαιά τε κινέει πάτρια
καὶ βιᾶται γυναῖκας κτείνει τε ἀκρίτους. πλῆθος
δὲ ἄρχον πρῶτα μὲν οὔνομα πάντων κάλλιστον
ἔχει, ἰσονομίην, δεύτερα δὲ τούτων τῶν ὁ μού-
ναρχος ποιέει οὐδέν· πάλῳ μὲν ἀρχὰς ἄρχει,
ὑπεύθυνον δὲ ἀρχὴν ἔχει, βουλεύματα δὲ πάντα
ἐς τὸ κοινὸν ἀναφέρει. τίθεμαι ὦν γνώμην μετ-
έντας ἡμέας μουναρχίην τὸ πλῆθος ἀέξειν· ἐν
γὰρ τῷ πολλῷ ἔνι τὰ πάντα."

81. Ὀτάνης μὲν δὴ ταύτην γνώμην ἐσέφερε·
Μεγάβυζος δὲ ὀλιγαρχίῃ ἐκέλευε ἐπιτράπειν,
λέγων τάδε. "Τὰ μὲν Ὀτάνης εἶπε τυραννίδα
παύων, λελέχθω κἀμοὶ ταῦτα, τὰ δ' ἐς τὸ πλῆθος
ἄνωγε φέρειν τὸ κράτος, γνώμης τῆς ἀρίστης
ἡμάρτηκε· ὁμίλου γὰρ ἀχρηίου οὐδέν ἐστι ἀξυ-
νετώτερον οὐδὲ ὑβριστότερον. καίτοι τυράννου
ὕβριν φεύγοντας ἄνδρας ἐς δήμου ἀκολάστου
ὕβριν πεσεῖν ἐστὶ οὐδαμῶς ἀνασχετόν. ὁ μὲν
γὰρ εἴ τι ποιέει, γινώσκων ποιέει, τῷ δὲ οὐδὲ
γινώσκειν ἔνι· κῶς γὰρ ἂν γινώσκοι ὃς οὔτ'
ἐδιδάχθη οὔτε εἶδε καλὸν οὐδὲν οἰκήιον,[1]
ὠθέει τε ἐμπεσὼν τὰ πρήγματα ἄνευ νόου, χει-
μάρρῳ ποταμῷ εἴκελος; δήμῳ μέν νυν, οἳ Πέρσῃσι
κακὸν νοέουσι, οὗτοι χράσθων, ἡμεῖς δὲ ἀνδρῶν
τῶν ἀρίστων ἐπιλέξαντες ὁμιλίην τούτοισι περι-
θέωμεν τὸ κράτος· ἐν γὰρ δὴ τούτοισι καὶ αὐτοὶ
ἐνεσόμεθα· ἀρίστων δὲ ἀνδρῶν οἰκὸς ἄριστα βου-
λεύματα γίνεσθαι."

82. Μεγάβυζος μὲν δὴ ταύτην γνώμην ἐσέφερε·

---

[1] MSS οὐδὲν οὐδ' οἰκήιον; Stein brackets οὐδ', as giving a
sense not here required. I omit it in translation.

you for a flatterer. But I have yet worse to say
of him than that; he turns the laws of the land
upside down, he rapes women, he puts high and low
to death. But the virtue of a multitude's rule lies
first in its excellent name, which signifies equality
before the law; and secondly, in that it does none
of the things that a monarch does. All offices are
assigned by lot, and the holders are accountable for
what they do therein; and the general assembly
arbitrates on all counsels. Therefore I declare my
opinion, that we make an end of monarchy and
increase the power of the multitude, seeing that all
good lies in the many."

81. Such was the judgment of Otanes : but Mega-
byzus' counsel was to make a ruling oligarchy.
" I agree," said he, " to all that Otanes says against
the rule of one ; but when he bids you give the
power to the multitude, his judgment falls short
of the best. Nothing is more foolish and violent
than a useless mob; to save ourselves from the
insolence of a despot by changing it for the insolence
of the unbridled commonalty—that were unbearable
indeed. Whatever the despot does, he does with
knowledge ; but the people have not even that ;
how can they have knowledge, who have neither
learnt nor for themselves seen what is best, but
ever rush headlong and drive blindly onward, like a
river in spate? Let those stand for democracy
who wish ill to Persia ; but let us choose a company
of the best men and invest these with the power.
For we ourselves shall be of that company ; and
where we have the best men, there 'tis like that
we shall have the best counsels."

82. Such was the judgment of Megabyzus.

HERODOTUS

τρίτος δὲ Δαρεῖος ἀπεδείκνυτο γνώμην, λέγων
"'Εμοὶ δὲ τὰ μὲν εἶπε Μεγάβυζος ἐς τὸ πλῆθος
ἔχοντα δοκέει ὀρθῶς λέξαι, τὰ δὲ ἐς ὀλιγαρχίην
οὐκ ὀρθῶς. τριῶν γὰρ προκειμένων καὶ πάντων
τῷ λόγῳ ἀρίστων ἐόντων, δήμου τε ἀρίστου καὶ
ὀλιγαρχίης καὶ μουνάρχου, πολλῷ τοῦτο προέχειν
λέγω. ἀνδρὸς γὰρ ἑνὸς τοῦ ἀρίστου οὐδὲν ἄμεινον
ἂν φανείη· γνώμῃ γὰρ τοιαύτῃ χρεώμενος ἐπιτρο-
πεύοι ἂν ἀμωμήτως τοῦ πλήθεος, σιγῷτό τε ἂν
βουλεύματα ἐπὶ δυσμενέας ἄνδρας οὕτω μάλιστα.
ἐν δὲ ὀλιγαρχίῃ πολλοῖσι ἀρετὴν ἐπασκέουσι ἐς
τὸ κοινὸν ἔχθεα ἴδια ἰσχυρὰ φιλέει ἐγγίνεσθαι·
αὐτὸς γὰρ ἕκαστος βουλόμενος κορυφαῖος εἶναι
γνώμῃσί τε νικᾶν ἐς ἔχθεα μεγάλα ἀλλήλοισι
ἀπικνέονται, ἐξ ὧν στάσιες ἐγγίνονται, ἐκ δὲ τῶν
στασίων φόνος· ἐκ δὲ τοῦ φόνου ἀπέβη ἐς μου-
ναρχίην, καὶ ἐν τούτῳ διέδεξε ὅσῳ ἐστὶ τοῦτο
ἄριστον. δήμου τε αὖ ἄρχοντος ἀδύνατα μὴ οὐ
κακότητα ἐγγίνεσθαι· κακότητος τοίνυν ἐγγινο-
μένης ἐς τὰ κοινὰ ἔχθεα μὲν οὐκ ἐγγίνεται τοῖσι
κακοῖσι, φιλίαι δὲ ἰσχυραί· οἱ γὰρ κακοῦντες τὰ
κοινὰ συγκύψαντες ποιεῦσι. τοῦτο δὲ τοιοῦτο
γίνεται ἐς ὃ ἂν προστάς τις τοῦ δήμου τοὺς τοιού-
τους παύσῃ. ἐκ δὲ αὐτῶν θωμάζεται οὗτος δὴ
ὑπὸ τοῦ δήμου, θωμαζόμενος δὲ ἀν' ὦν ἐφάνη
μούναρχος ἐών, καὶ ἐν τούτῳ δηλοῖ καὶ οὗτος ὡς
ἡ μουναρχίη κράτιστον. ἐνὶ δὲ ἔπεϊ πάντα συλ-
λαβόντα εἰπεῖν, κόθεν ἡμῖν ἡ ἐλευθερίη ἐγένετο
καὶ τεῦ δόντος; κότερα παρὰ τοῦ δήμου ἢ ὀλι-

BOOK III. 82

Darius was the third to declare his opinion. "Methinks," said he, "Megabyzus speaks rightly concerning democracy, but not so concerning oligarchy. For the choice lying between these three, and each of them, democracy, oligarchy and monarchy being supposed to be the best of its kind, I hold that monarchy is by far the most excellent. Nothing can be found better than the rule of the one best man; his judgment being like to himself, he will govern the multitude with perfect wisdom, and best conceal plans made for the defeat of enemies. But in an oligarchy, the desire of many to do the state good service ofttimes engenders bitter enmity among them; for each one wishing to be chief of all and to make his counsels prevail, violent enmity is the outcome, enmity brings faction and faction bloodshed; and the end of bloodshed is monarchy; whereby it is shown that this fashion of government is the best. Again, the rule of the commonalty must of necessity engender evil-mindedness; and when evil-mindedness in public matters is engendered, bad men are not divided by enmity but united by close friendship; for they that would do evil to the commonwealth conspire together to do it. This continues till someone rises to champion the people's cause and makes an end of such evil-doing. He therefore becomes the people's idol, and being their idol is made their monarch; so his case also proves that monarchy is the best government. But (to conclude the whole matter in one word) tell me, whence and by whose gift came our freedom—from the commonalty or an oligarchy or a single

γαρχίης ἢ μουνάρχου; ἔχω τοίνυν γνώμην ἡμέας
ἐλευθερωθέντας διὰ ἕνα ἄνδρα τὸ τοιοῦτο περι-
στέλλειν, χωρίς τε τούτου πατρίους νόμους μὴ
λύειν ἔχοντας εὖ· οὐ γὰρ ἄμεινον."

83. Γνῶμαι μὲν δὴ τρεῖς αὗται προεκέατο, οἱ
δὲ τέσσερες τῶν ἑπτὰ ἀνδρῶν προσέθεντο ταύτῃ.
ὡς δὲ ἐσσώθη τῇ γνώμῃ ὁ Ὀτάνης Πέρσῃσι
ἰσονομίην σπεύδων ποιῆσαι, ἔλεξε ἐς μέσον αὐ-
τοῖσι τάδε. "Ἄνδρες στασιῶται, δῆλα γὰρ δὴ ὅτι
δεῖ ἕνα γε τινὰ ἡμέων βασιλέα γενέσθαι, ἤτοι
κλήρῳ γε λαχόντα, ἢ ἐπιτρεψάντων τῷ Περσέων
πλήθεϊ τὸν ἂν ἐκεῖνο ἕληται, ἢ ἄλλῃ τινὶ μηχανῇ.
ἐγὼ μέν νυν ὑμῖν οὐκ ἐναγωνιεῦμαι· οὔτε γὰρ
ἄρχειν οὔτε ἄρχεσθαι ἐθέλω· ἐπὶ τούτῳ δὲ ὑπεξ-
ίσταμαι τῆς ἀρχῆς, ἐπ' ᾧ τε ὑπ' οὐδενὸς ὑμέων
ἄρξομαι, οὔτε αὐτὸς ἐγὼ οὔτε οἱ ἀπ' ἐμεῦ αἰεὶ
γινόμενοι." τούτου εἴπαντος ταῦτα ὡς συνεχώ-
ρεον οἱ ἓξ ἐπὶ τούτοισι, οὗτος μὲν δὴ σφι οὐκ
ἐνηγωνίζετο ἀλλ' ἐκ μέσου κατῆστο, καὶ νῦν αὕτη
ἡ οἰκίη διατελέει μούνη ἐλευθέρη ἐοῦσα Περσέων
καὶ ἄρχεται τοσαῦτα ὅσα αὐτὴ θέλει, νόμους οὐκ
ὑπερβαίνουσα τοὺς Περσέων.

84. Οἱ δὲ λοιποὶ τῶν ἑπτὰ ἐβουλεύοντο ὡς
βασιλέα δικαιότατα στήσονται· καί σφι ἔδοξε
Ὀτάνῃ μὲν καὶ τοῖσι ἀπὸ Ὀτάνεω αἰεὶ γινο-
μένοισι, ἢν ἐς ἄλλον τινὰ τῶν ἑπτὰ ἔλθῃ ἡ
βασιληίη, ἐξαίρετα δίδοσθαι ἐσθῆτά τε Μηδικὴν
ἔτεος ἑκάστου καὶ τὴν πᾶσαν δωρεὴν ἣ γίνεται ἐν
Πέρσῃσι τιμιωτάτη. τοῦδε δὲ εἵνεκεν ἐβούλευσάν
οἱ δίδοσθαι ταῦτα, ὅτι ἐβούλευσέ τε πρῶτος τὸ
πρῆγμα καὶ συνέστησε αὐτούς. ταῦτα μὲν δὴ
Ὀτάνῃ ἐξαίρετα, τάδε δὲ ἐς τὸ κοινὸν ἐβούλευσαν,

ruler? I hold therefore, that as the rule of one man gave us freedom, so that rule we should preserve; and, moreover, that we should not repeal the good laws of our fathers; that were ill done."

83. Having to judge between these three opinions, four of the seven declared for the last. Then Otanes, his proposal to give the Persians equality being defeated, thus spoke among them all: "Friends and partisans! seeing that it is plain that one of us must be made king (whether by lot, or by our suffering the people of Persia to choose whom they will, or in some other way), know that I will not enter the lists with you; I desire neither to rule nor to be ruled; but if I waive my claim to be king, I make this condition, that neither I nor any of my posterity shall be subject to any one of you." To these terms the six others agreed; Otanes took no part in the contest but stood aside; and to this day his house (and none other in Persia) remains free, nor is compelled to render any unwilling obedience, so long as it transgresses no Persian law.

84. The rest of the seven then consulted what was the justest way of making a king; and they resolved, if another of the seven than Otanes should gain the royal power, that Otanes and his posterity should receive for themselves specially a yearly gift of Median raiment and all such presents as the Persians hold most precious. The reason of this resolve was that it was he who had first contrived the matter and assembled the conspirators. To Otanes, then, they gave this peculiar honour; but with regard to all of

παριέναι ἐς τὰ βασιλήια πάντα τὸν βουλόμενον
τῶν ἑπτὰ ἄνευ ἐσαγγελέος, ἢν μὴ τυγχάνῃ εὕδων
μετὰ γυναικὸς βασιλεύς, γαμέειν δὲ μὴ ἐξεῖναι
ἄλλοθεν τῷ βασιλέι ἢ ἐκ τῶν συνεπαναστάντων.
περὶ δὲ τῆς βασιληίης ἐβούλευσαν τοιόνδε· ὅτευ
ἂν ὁ ἵππος ἡλίου ἐπανατέλλοντος πρῶτος φθέγ-
ξηται, ἐν τῷ προαστείῳ αὐτῶν ἐπιβεβηκότων,
τοῦτον ἔχειν τὴν βασιληίην.

85. Δαρείῳ δὲ ἦν ἱπποκόμος ἀνὴρ σοφός, τῷ
οὔνομα ἦν Οἰβάρης. πρὸς τοῦτον τὸν ἄνδρα,
ἐπείτε διελύθησαν, ἔλεξε Δαρεῖος τάδε. "Οἴ-
βαρες, ἡμῖν δέδοκται περὶ τῆς βασιληίης ποιέειν
κατὰ τάδε· ὅτευ ἂν ὁ ἵππος πρῶτος φθέγξηται ἅμα
τῷ ἡλίῳ ἀνιόντι αὐτῶν ἐπαναβεβηκότων, τοῦτον
ἔχειν τὴν βασιληίην. νῦν ὦν εἴ τινα ἔχεις σοφίην,
μηχανῶ ὡς ἂν ἡμεῖς σχῶμεν τοῦτο τὸ γέρας καὶ
μὴ ἄλλος τις." ἀμείβεται Οἰβάρης τοῖσιδε. "Εἰ
μὲν δὴ ὦ δέσποτα ἐν τούτῳ τοι ἐστὶ ἢ βασιλέα
εἶναι ἢ μή, θάρσεε τούτου εἵνεκεν καὶ θυμὸν ἔχε
ἀγαθόν, ὡς βασιλεὺς οὐδεὶς ἄλλος πρὸ σεῦ ἔσται·
τοιαῦτα ἔχω φάρμακα." λέγει Δαρεῖος "Εἰ τοίνυν
τι τοιοῦτον ἔχεις σόφισμα, ὥρη μηχανᾶσθαι καὶ
μὴ ἀναβάλλεσθαι, ὡς τῆς ἐπιούσης ἡμέρης ὁ
ἀγὼν ἡμῖν ἐστί." ἀκούσας ταῦτα ὁ Οἰβάρης
ποιέει τοιόνδε· ὡς ἐγίνετο ἡ νύξ, τῶν θηλέων
ἵππων μίαν, τὴν ὁ Δαρείου ἵππος ἔστεργε μά-
λιστα, ταύτην ἀγαγὼν ἐς τὸ προάστειον κατέδησε
καὶ ἐπήγαγε τὸν Δαρείου ἵππον, καὶ τὰ μὲν
πολλὰ περιῆγε ἀγχοῦ τῇ ἵππῳ ἐγχρίμπτων τῇ
θηλέῃ, τέλος δὲ ἐπῆκε ὀχεῦσαι τὸν ἵππον.

86. Ἅμ᾽ ἡμέρῃ δὲ διαφωσκούσῃ οἱ ἓξ κατὰ
συνεθήκαντο παρῆσαν ἐπὶ τῶν ἵππων· διεξελαυ-

them alike they decreed that any one of the seven should, if he so wished, enter the king's palace unannounced, save if the king were sleeping with a woman; and that it should be forbidden to the king to take a wife saving from the households of the conspirators. As concerning the making of a king, they resolved that he should be elected whose horse, when they were all mounted in the suburb of the city, should first be heard to neigh at sunrise.

85. Now Darius had a clever groom, whose name was Oebares. When the council broke up, Darius said to him: "Oebares, in the matter of the kingship, we are resolved that he shall be king whose horse, when we are all mounted, shall first neigh at sunrise. Now do you devise by whatever cunning you can that we and none other may win this prize." "Master," Oebares answered, "if this is to determine whether you be king or not, you have no cause to fear; be of good courage; no man but you shall be king; trust my arts for that." "Then," said Darius, "if you have any trick such as you say, set about it without delay, for to-morrow is the day of decision." When Oebares heard that he did as I will show. At nightfall he brought a mare that was especially favoured by Darius' horse, and tethered her in the suburb of the city; then bringing in Darius' horse, he led him round her near, so as ever and anon to touch her, and at last let the stallion have his way with the mare.

86. At dawn of day came the six on horseback as they had agreed. As they rode out through the

νόντων δὲ κατὰ τὸ προάστειον, ὡς κατὰ τοῦτο τὸ
χωρίον ἐγίνοντο ἵνα τῆς παροιχομένης νυκτὸς
κατεδέδετο ἡ θήλεα ἵππος, ἐνθαῦτα ὁ Δαρείου
ἵππος προσδραμὼν ἐχρεμέτισε· ἅμα δὲ τῷ ἵππῳ
τοῦτο ποιήσαντι ἀστραπὴ ἐξ αἰθρίης καὶ βροντὴ
ἐγένετο. ἐπιγενόμενα δὲ ταῦτα τῷ Δαρείῳ ἐτε-
λέωσέ μιν ὥσπερ ἐκ συνθέτου τευ γενόμενα· οἳ
δὲ καταθορόντες ἀπὸ τῶν ἵππων προσεκύνεον τὸν
Δαρεῖον.

87. Οἳ μὲν δή φασι τὸν Οἰβάρεα ταῦτα μη-
χανήσασθαι, οἳ δὲ τοιάδε (καὶ γὰρ ἐπ᾽ ἀμφότερα
λέγεται ὑπὸ Περσέων), ὡς τῆς ἵππου ταύτης τῶν
ἄρθρων ἐπιψαύσας τῇ χειρὶ ἔχοι αὐτὴν κρύψας
ἐν τῇσι ἀναξυρίσι· ὡς δὲ ἅμα τῷ ἡλίῳ ἀνιόντι
ἀπίεσθαι μέλλειν τοὺς ἵππους, τὸν Οἰβάρεα τοῦ-
τον ἐξείραντα τὴν χεῖρα πρὸς τοῦ Δαρείου ἵππου
τοὺς μυκτῆρας προσενεῖκαι, τὸν δὲ αἰσθόμενον
φριμάξασθαί τε καὶ χρεμετίσαι.

88. Δαρεῖός τε δὴ ὁ Ὑστάσπεος βασιλεὺς ἀπε-
δέδεκτο, καί οἱ ἦσαν ἐν τῇ Ἀσίῃ πάντες κατήκοοι
πλὴν Ἀραβίων, Κύρου τε καταστρεψαμένου καὶ
ὕστερον αὖτις Καμβύσεω. Ἀράβιοι δὲ οὐδαμὰ
κατήκουσαν ἐπὶ δουλοσύνῃ Πέρσῃσι, ἀλλὰ ξεῖνοι
ἐγένοντο παρέντες Καμβύσεα ἐπ᾽ Αἴγυπτον· ἀεκόν-
των γὰρ Ἀραβίων οὐκ ἂν ἐσβάλοιεν Πέρσαι ἐς
Αἴγυπτον. γάμους τε τοὺς πρώτους ἐγάμεε
Πέρσῃσι ὁ Δαρεῖος, Κύρου μὲν δύο θυγατέρας
Ἄτοσσάν τε καὶ Ἀρτυστώνην, τὴν μὲν Ἄτοσσαν
προσυννοικήσασαν Καμβύσῃ τε τῷ ἀδελφεῷ καὶ
αὖτις τῷ Μάγῳ, τὴν δὲ Ἀρτυστώνην παρθένον·
ἑτέρην δὲ Σμέρδιος τοῦ Κύρου θυγατέρα ἔγημε, τῇ
οὔνομα ἦν Πάρμυς· ἔσχε δὲ καὶ τὴν τοῦ Ὀτάνεω

suburb and came to the place where the mare had been picketed in the past night, Darius' horse trotted up to it and whinnied; and as he so did there came lightning and thunder out of a clear sky. These signs given to Darius were thought to be foreordained and made his election perfect; his companions leapt from their horses and did obeisance to him.

87. Some say that this was Oebares' plan; but there is another story in Persia besides this : that he touched the mare with his hand, and then kept it hidden in his breeches till the six were about to let go their horses at sunrise; when he took his hand out and held it to the nostrils of Darius' horse, which forthwith snorted and whinnied.

88. So Darius son of Hystaspes was made king,[1] and the whole of Asia, which Cyrus first and Cambyses after him had subdued, was made subject to him, except the Arabians; these did not yield the obedience of slaves to the Persians, but were united to them by friendship, as having given Cambyses passage into Egypt, which the Persians could not enter without the consent of the Arabians. Darius took wives from the noblest houses of Persia, marrying Cyrus' daughters Atossa and Artystone; Atossa had been wife of her brother Cambyses and afterwards of the Magian, Artystone was a virgin. He married also Parmys, daughter of Cyrus' son Smerdis, and that daughter of Otanes who had discovered

---

[1] 521 B.C.

θυγατέρα, ἢ τὸν Μάγον κατάδηλον ἐποίησε· δυνά-
μιος τε πάντα οἱ ἐπιμπλέατο. πρῶτον μέν νυν
τύπον ποιησάμενος λίθινον ἔστησε· ζῷον δέ οἱ
ἐνῆν ἀνὴρ ἱππεύς, ἐπέγραψε δὲ γράμματα λέγοντα
τάδε· "Δαρεῖος ὁ Ὑστάσπεος σύν τε τοῦ ἵππου
τῇ ἀρετῇ" τὸ οὔνομα λέγων "καὶ Οἰβάρεος τοῦ
ἱπποκόμου ἐκτήσατο τὴν Περσέων βασιληίην."

89. Ποιήσας δὲ ταῦτα ἐν Πέρσῃσι ἀρχὰς κατε-
στήσατο εἴκοσι, τὰς αὐτοὶ καλέουσι σατραπηίας·
καταστήσας δὲ τὰς ἀρχὰς καὶ ἄρχοντας ἐπιστήσας
ἐτάξατο φόρους οἱ προσιέναι κατὰ ἔθνεά τε καὶ
πρὸς τοῖσι ἔθνεσι τοὺς πλησιοχώρους προστάσσων,
καὶ ὑπερβαίνων τοὺς προσεχέας τὰ ἑκαστέρω
ἄλλοισι ἄλλα ἔθνεα νέμων. ἀρχὰς δὲ καὶ φόρων
πρόσοδον τὴν ἐπέτειον κατὰ τάδε διεῖλε. τοῖσι
μὲν αὐτῶν ἀργύριον ἀπαγινέουσι εἴρητο Βαβυ-
λώνιον σταθμὸν τάλαντον ἀπαγινέειν, τοῖσι δὲ
χρυσίον ἀπαγινέουσι Εὐβοϊκόν. τὸ δὲ Βαβυλώ-
νιον τάλαντον δύναται Εὐβοΐδας ὀκτὼ καὶ ἑβδο-
μήκοντα μνέας.[1] ἐπὶ γὰρ Κύρου ἄρχοντος καὶ
αὗτις Καμβύσεω ἦν κατεστηκὸς οὐδὲν φόρου πέρι,
ἀλλὰ δῶρα ἀγίνεον. διὰ δὲ ταύτην τὴν ἐπίταξιν
τοῦ φόρου καὶ παραπλήσια ταύτῃ ἄλλα λέγουσι
Πέρσαι ὡς Δαρεῖος μὲν ἦν κάπηλος, Καμβύσης
δὲ δεσπότης, Κῦρος δὲ πατήρ, ὁ μὲν ὅτι ἐκαπήλευε
πάντα τὰ πρήγματα, ὁ δὲ ὅτι χαλεπός τε ἦν καὶ
ὀλίγωρος, ὁ δὲ ὅτι ἠπιός τε καὶ ἀγαθά σφι πάντα
ἐμηχανήσατο.

[1] The MSS. have Εὐβοΐδας ἑβδομήκοντα μνέας; but the
reading given is now generally adopted. As the weight-
relation of the Persian silver stater to the Persian gold stater
—the unit, of which 3000 composed the talent—was 3 : 4, the

the truth about the Magian; and the whole land
was full of his power. First he made and set up a
carved stone, whereon was graven the figure of a
horseman, with this inscription : " Darius son of
Hystaspes, aided by the excellence of his horse "
(here followed the horse's name) " and of Oebares
his groom, won the kingdom of Persia."

89. Having so done in Persia, he divided his
dominions into twenty governments, called by the
Persians satrapies [1]; and doing so and appointing
governors, he ordained that each several nation
should pay him tribute; to this end he united each
nation with its closest neighbours, and, beyond these
nearest lands, assigned those that were farther off
some to one and some to another nation. I will
now show how he divided his governments and the
tributes which were paid him yearly. Those that
paid in silver were appointed to render the weight
of a Babylonian talent; those that paid in gold, an
Euboïc talent; the Babylonian talent being equal
to seventy-eight Euboïc minae. In the reigns of
Cyrus and Cambyses after him there was no fixed
tribute, but payment was made in gifts. It is by
reason of this fixing of tribute, and other like ordin-
ances, that the Persians called Darius the huckster,
Cambyses the master, and Cyrus the father; for
Darius made petty profit out of everything, Cambyses
was harsh and arrogant, Cyrus was merciful and ever
wrought for their well-being.

[1] On the following list see the introduction to this book.

---

total silver or Babylonian talent equalled $1\frac{1}{3}$ of the gold (or
Euboïc) talent. Moreover the figure 78 is confirmed by the
calculation in ch. 95.

HERODOTUS

90. Ἀπὸ μὲν δὴ Ἰώνων καὶ Μαγνήτων τῶν ἐν τῇ Ἀσίῃ καὶ Αἰολέων καὶ Καρῶν καὶ Λυκίων καὶ Μιλυέων καὶ Παμφύλων (εἷς γὰρ ἦν οἱ τεταγμένος οὗτος φόρος) προσήιε τετρακόσια τάλαντα ἀργυρίου. ὁ μὲν δὴ πρῶτος οὗτός οἱ νομὸς κατεστήκεε, ἀπὸ δὲ Μυσῶν καὶ Λυδῶν καὶ Λασονίων καὶ Καβαλέων καὶ Ὑτεννέων πεντακόσια τάλαντα· δεύτερος νομὸς οὗτος. ἀπὸ δὲ Ἑλλησποντίων τῶν ἐπὶ δεξιὰ ἐσπλέοντι καὶ Φρυγῶν καὶ Θρηίκων τῶν ἐν τῇ Ἀσίῃ καὶ Παφλαγόνων καὶ Μαριανδυνῶν καὶ Συρίων ἑξήκοντα καὶ τριηκόσια τάλαντα ἦν φόρος· νομὸς τρίτος οὗτος. ἀπὸ δὲ Κιλίκων ἵπποι τε λευκοὶ ἑξήκοντα καὶ τριηκόσιοι, ἑκάστης ἡμέρης εἷς γινόμενος, καὶ τάλαντα ἀργυρίου πεντακόσια· τούτων δὲ τεσσεράκοντα καὶ ἑκατὸν ἐς τὴν φρουρέουσαν ἵππον τὴν Κιλικίην χώρην ἀναισιμοῦτο, τὰ δὲ τριηκόσια καὶ ἑξήκοντα Δαρείῳ ἐφοίτα· νομὸς τέταρτος οὗτος.

91. Ἀπὸ δὲ Ποσιδηίου πόλιος, τὴν Ἀμφίλοχος ὁ Ἀμφιάρεω οἴκισε ἐπ᾽ οὔροισι τοῖσι Κιλίκων τε καὶ Σύρων, ἀρξάμενος ἀπὸ ταύτης μέχρι Αἰγύπτου, πλὴν μοίρης τῆς Ἀραβίων (ταῦτα γὰρ ἦν ἀτελέα), πεντήκοντα καὶ τριηκόσια τάλαντα φόρος ἦν. ἔστι δὲ ἐν τῷ νομῷ τούτῳ Φοινίκη τε πᾶσα καὶ Συρίη ἡ Παλαιστίνη καλεομένη καὶ Κύπρος· νομὸς πέμπτος οὗτος. ἀπ᾽ Αἰγύπτου δὲ καὶ Λιβύων τῶν προσεχέων Αἰγύπτῳ καὶ Κυρήνης τε καὶ Βάρκης (ἐς γὰρ τὸν Αἰγύπτιον νομὸν αὗται ἐκεκοσμέατο) ἑπτακόσια προσήιε τάλαντα, πάρεξ τοῦ ἐκ τῆς Μοίριος λίμνης γινομένου ἀργυρίου, τὸ ἐγίνετο ἐκ τῶν ἰχθύων· τούτου τε δὴ χωρὶς τοῦ ἀργυρίου καὶ τοῦ [ἐπιμετρουμένου] σίτου προσήιε

90. The Ionians, Magnesians of Asia, Aeolians, Carians, Lycians, Milyans, and Pamphylians, on whom Darius laid one joint tribute, paid a revenue of four hundred talents of silver. This was established as his first province. The Mysians, Lydians, Lasonians, Cabalians, and Hytennians paid five hundred talents; this was the second province. The third comprised the Hellespontians on the right of the entrance of the straits, the Phrygians, Thracians of Asia, Paphlagonians, Mariandynians, and Syrians; these paid three hundred and sixty talents of tribute. The fourth province was Cilicia. This rendered three hundred and sixty white horses, one for each day in the year, and five hundred talents of silver. An hundred and forty of these were expended on the horsemen who were the guard of Cilicia; the three hundred and sixty that remained were paid to Darius.

91. The fifth province was the country (except the part belonging to the Arabians, which paid no tribute) between Posideion, a city founded on the Cilician and Syrian border by Amphilochus son of Amphiaraus, and Egypt; this paid three hundred and fifty talents; in this province was all Phoenice, and the part of Syria called Palestine, and Cyprus. The sixth province was Egypt and the neighbouring parts of Libya, and Cyrene and Barca, all which were included in the province of Egypt. Hence came seven hundred talents, besides the revenue of silver from the fish of the lake Moeris; besides that silver and the measure of grain that was given also, seven hundred talents were paid; for an

ἑπτακόσια τάλαντα· σίτου γὰρ δύο καὶ δέκα
μυριάδας Περσέων τε τοῖσι ἐν τῷ Λευκῷ τείχεϊ
τῷ ἐν Μέμφι κατοικημένοισι καταμετρέουσι καὶ
τοῖσι τούτων ἐπικούροισι. νομὸς ἕκτος οὗτος.
Σατταγύδαι δὲ καὶ Γανδάριοι καὶ Δαδίκαι τε καὶ
Ἀπαρύται ἐς τὠυτὸ τεταγμένοι ἑβδομήκοντα καὶ
ἑκατὸν τάλαντα προσέφερον· νομὸς δὲ οὗτος
ἕβδομος. ἀπὸ Σούσων δὲ καὶ τῆς ἄλλης Κισσίων
χώρης τριηκόσια· νομὸς ὄγδοος οὗτος.
92. Ἀπὸ Βαβυλῶνος δὲ καὶ τῆς λοιπῆς Ἀσσυ-
ρίης χίλιά οἱ προσήιε τάλαντα ἀργυρίου καὶ παῖδες
ἐκτομίαι πεντακόσιοι· νομὸς εἴνατος οὗτος. ἀπὸ
δὲ Ἀγβατάνων καὶ τῆς λοιπῆς Μηδικῆς καὶ Παρι-
κανίων καὶ Ὀρθοκορυβαντίων πεντήκοντά τε καὶ
τετρακόσια τάλαντα· νομὸς δέκατος οὗτος. Κάσ-
πιοι δὲ καὶ Παυσίκαι καὶ Παντίμαθοί τε καὶ
Δαρεῖται ἐς τὠυτὸ συμφέροντες διηκόσια τάλαντα
ἀπαγίνεον· νομὸς ἑνδέκατος οὗτος.
93. Ἀπὸ Βακτριανῶν δὲ μέχρι Αἰγλῶν ἑξήκοντα
καὶ τριηκόσια τάλαντα φόρος ἦν· νομὸς δυωδέ-
κατος οὗτος. ἀπὸ Πακτυϊκῆς δὲ καὶ Ἀρμενίων
καὶ τῶν προσεχέων μέχρι τοῦ πόντου τοῦ Εὐξείνου
τετρακόσια τάλαντα· νομὸς τρίτος καὶ δέκατος
οὗτος. ἀπὸ δὲ Σαγαρτίων καὶ Σαραγγέων καὶ
Θαμαναίων καὶ Οὐτίων καὶ Μύκων καὶ τῶν ἐν τῇσι
νήσοισι οἰκεόντων τῶν ἐν τῇ Ἐρυθρῇ θαλάσσῃ, ἐν
τῇσι τοὺς ἀνασπάστους καλεομένους κατοικίζει
βασιλεύς, ἀπὸ τούτων πάντων ἑξακόσια τάλαντα
ἐγίνετο φόρος· νομὸς τέταρτος καὶ δέκατος οὗτος.
Σάκαι δὲ καὶ Κάσπιοι πεντήκοντα καὶ διηκόσια
ἀπαγίνεον τάλαντα· νομὸς πέμπτος καὶ δέκατος
οὗτος. Πάρθοι δὲ καὶ Χοράσμιοι καὶ Σόγδοι τε

hundred and twenty thousand bushels of grain were also assigned to the Persians quartered at the White Citadel of Memphis and their allies. The Sattagydae, Gandarii, Dadicae, and Aparytae paid together an hundred and seventy talents; this was the seventh province; the eighth was Susa and the rest of the Cissian country, paying three hundred talents.

92. Babylon and the rest of Assyria rendered to Darius a thousand talents of silver and five hundred boys to be eunuchs; this was the ninth province; Agbatana and the rest of Media, with the Paricanians and Orthocorybantians, paid four hundred and fifty talents, and was the tenth province. The eleventh comprised the Caspii, Pausicae, Pantimathi, and Daritae, paying jointly two hundred;

93. The twelfth, the Bactrians as far as the land of the Aegli; these paid three hundred and sixty. The thirteenth, the Pactyic country and Armenia and the lands adjoining thereto as far as the Euxine sea; these paid four hundred. The fourteenth province was made up of the Sagartii, Sarangeis, Thamanaei, Utii, Myci, and the dwellers on those islands of the southern sea wherein the king plants the people said to be "removed" [1]; these together paid a tribute of six hundred talents. The Sacae and Caspii were the fifteenth, paying two hundred and fifty. The Parthians, Chorasmians,

[1] The regular term for the peoples or individuals who were transplanted from the western into the eastern parts of the Persian empire; the ἀνα- implying removal from the sea to the highlands.

καὶ Ἄρειοι τριηκόσια τάλαντα· νομὸς ἕκτος καὶ δέκατος οὗτος.

94. Παρικάνιοι δὲ καὶ Αἰθίοπες οἱ ἐκ τῆς Ἀσίης τετρακόσια τάλαντα ἀπαγίνεον· νομὸς ἕβδομος καὶ δέκατος οὗτος. Ματιηνοῖσι δὲ καὶ Σάσπειρσι καὶ Ἀλαροδίοισι διηκόσια ἐπετέτακτο τάλαντα· νομὸς ὄγδοος καὶ δέκατος οὗτος. Μόσχοισι δὲ καὶ Τιβαρηνοῖσι καὶ Μάκρωσι καὶ Μοσσυνοίκοισι καὶ Μαρσὶ τριηκόσια τάλαντα προείρητο· νομὸς εἴνατος καὶ δέκατος οὗτος. Ἰνδῶν δὲ πλῆθός τε πολλῷ πλεῖστον ἐστὶ πάντων τῶν ἡμεῖς ἴδμεν ἀνθρώπων, καὶ φόρον ἀπαγίνεον πρὸς πάντας τοὺς ἄλλους ἑξήκοντα καὶ τριηκόσια τάλαντα ψήγματος· νομὸς εἰκοστὸς οὗτος.

95. Τὸ μὲν δὴ ἀργύριον τὸ Βαβυλώνιον πρὸς τὸ Εὐβοϊκὸν συμβαλλόμενον τάλαντον γίνεται ὀγδώ-κοντα καὶ ὀκτακόσια καὶ εἰνακισχίλια τάλαντα·[1] τὸ δὲ χρυσίον τρισκαιδεκαστάσιον λογιζόμενον, τὸ ψῆγμα εὑρίσκεται ἐὸν Εὐβοϊκῶν ταλάντων ὀγδώκοντα καὶ ἑξακοσίων καὶ τετρακισχιλίων. τούτων ὦν πάντων συντιθεμένων τὸ πλῆθος Εὐβοϊκὰ τάλαντα συνελέγετο ἐς τὸν ἐπέτειον φόρον Δαρείῳ μύρια καὶ τετρακισχίλια καὶ πεντα-κόσια καὶ ἑξήκοντα· τὸ δ᾽ ἔτι τούτων ἔλασσον ἀπιεὶς οὐ λέγω.

96. Οὗτος Δαρείῳ προσήιε φόρος ἀπὸ τῆς τε Ἀσίης καὶ τῆς Λιβύης ὀλιγαχόθεν. προϊόντος μέντοι τοῦ χρόνου καὶ ἀπὸ νήσων προσήιε ἄλλος φόρος καὶ τῶν ἐν τῇ Εὐρώπῃ μέχρι Θεσσαλίης

---

[1] The MSS. have τεσσαράκοντα καὶ πεντακόσια καὶ εἰν. τ.; but the alteration given here is generally accepted and is necessary in view of the total given below. The 19 tributes

Sogdi, and Arii were the sixteenth, paying three hundred.

94. The Paricanii and Ethiopians of Asia, being the seventeenth, paid four hundred; the Matieni, Saspiri, and Alarodii were the eighteenth, and two hundred talents were the appointed tribute. The Moschi, Tibareni, Macrones, Mossynoeci, and Mares, the nineteenth province, were ordered to pay three hundred. The Indians made up the twentieth province. These are more in number than any nation known to me, and they paid a greater tribute than any other province, namely three hundred and sixty talents of gold dust.

95. Now if these Babylonian silver talents be reckoned in Euboïc money, the sum is seen to be nine thousand eight hundred and eighty Euboïc talents: and the gold coin being counted as thirteen times the value of the silver, the gold-dust is found to be of the worth of four thousand six hundred and eighty Euboïc talents. Therefore it is seen by adding all together that Darius collected a yearly tribute of fourteen thousand five hundred and sixty talents; I take no account of figures less than ten.

96. This was Darius' revenue from Asia and a few parts of Libya. But as time went on he drew tribute also from the islands and the dwellers in Europe, as far as Thessaly. The tribute is stored by

---

make up 7,600 Babylonian talents, that is, on the 3:4 relation (see ch. 89), 9,880 Euboic talents; add the Indian tribute (4,680 talents) and the total is 14,560.

οἰκημένων. τοῦτον τὸν φόρον θησαυρίζει βασιλεὺς
τρόπῳ τοιῷδε· ἐς πίθους κεραμίνους τήξας κατα-
χέει, πλήσας δὲ τὸ ἄγγος περιαιρέει τὸν κέραμον·
ἐπεὰν δὲ δεηθῇ χρημάτων, κατακόπτει τοσοῦτο
ὅσου ἂν ἑκάστοτε δέηται.

97. Αὗται μὲν ἀρχαί τε ἦσαν καὶ φόρων ἐπιτά-
ξιες. ἡ Περσὶς δὲ χώρη μούνη μοι οὐκ εἴρηται
δασμοφόρος· ἀτελέα γὰρ Πέρσαι νέμονται χώρην.
οἵδε δὲ φόρον μὲν οὐδένα ἐτάχθησαν φέρειν, δῶρα
δὲ ἀγίνεον· Αἰθίοπες οἱ πρόσουροι Αἰγύπτῳ, τοὺς
Καμβύσης ἐλαύνων ἐπὶ τοὺς μακροβίους Αἰθίοπας
κατεστρέψατο, οἵ τε[1] περί τε Νύσην τὴν ἱρὴν
κατοίκηνται καὶ τῷ Διονύσῳ ἀνάγουσι τὰς ὁρτάς·
[οὗτοι οἱ Αἰθίοπες καὶ οἱ πλησιόχωροι τούτοισι
σπέρματι μὲν χρέωνται τῷ αὐτῷ τῷ καὶ οἱ Καλ-
λαντίαι Ἰνδοί, οἰκήματα δὲ ἔκτηνται κατάγαια.][2]
οὗτοι συναμφότεροι διὰ τρίτου ἔτεος ἀγίνεον,
ἀγινέουσι δὲ καὶ τὸ μέχρι ἐμεῦ, δύο χοίνικας
ἀπύρου χρυσίου καὶ διηκοσίας φάλαγγας ἐβένου
καὶ πέντε παῖδας Αἰθίοπας καὶ ἐλέφαντος ὀδόντας
μεγάλους εἴκοσι. Κόλχοι δὲ τὰ ἐτάξαντο ἐς τὴν
δωρεὴν καὶ οἱ προσεχέες μέχρι Καυκάσιος ὄρεος
(ἐς τοῦτο γὰρ τὸ ὄρος ὑπὸ Πέρσῃσι ἄρχεται, τὰ δὲ
πρὸς βορέην ἄνεμον τοῦ Καυκάσιος Περσέων οὐδὲν
ἔτι φροντίζει), οὗτοι ὦν δῶρα τὰ ἐτάξαντο ἔτι καὶ
ἐς ἐμὲ διὰ πεντετηρίδος ἀγίνεον, ἑκατὸν παῖδας

---

[1] οἵ τε; MSS. οἵ; Stein places a lacuna before οἵ, because
the Ethiopians bordering on Egypt did not, he says, live
near Nysa; at the same time he suggests the easy correction
οἵ τε, which I adopt.

[2] The words in brackets are probably a commentator's
note drawn from ch. 101. The Καλλαντίαι are obviously
the Καλλατίαι of ch. 38.

the king in this fashion : he melts it down and pours it into earthen vessels ; when the vessel is full he breaks the earthenware away, and when he needs money coins as much as will serve his purpose.

97. These were the several governments and appointments of tribute. The Persian country is the only one which I have not recorded as tributary ; for the Persians dwell free from all taxes. As for those on whom no tribute was laid, but who rendered gifts instead, they were, firstly, the Ethiopians nearest to Egypt, whom Cambyses subdued in his march towards the long-lived Ethiopians ; and also those who dwell about the holy Nysa,[1] where Dionysus is the god of their festivals. [The seed of these Ethiopians and their neighbours is like the seed of the Indian Callantiae ; they live underground.] These together brought every other year and still bring a gift of two choenixes [2] of unrefined gold, two hundred blocks of ebony, five Ethiopian boys, and twenty great elephants' tusks. Gifts were also required of the Colchians and their neighbours as far as the Caucasian mountains (which is as far as the Persian rule reaches, the country north of the Caucasus paying no regard to the Persians) ; these were rendered every four years and are still so rendered, namely, an hundred boys and as many maidens.

[1] Probably the mountain called Barkal in Upper Nubia ; this is called "sacred" in hieroglyphic inscriptions.

[2] The choenix was a measure of about the capacity of a quart.

καὶ ἑκατὸν παρθένους. Ἀράβιοι δὲ χίλια τάλαντα
ἀγίνεον λιβανωτοῦ ἀνὰ πᾶν ἔτος. ταῦτα μὲν
οὗτοι δῶρα πάρεξ τοῦ φόρου βασιλέι ἐκόμιζον.

98. Τὸν δὲ χρυσὸν τοῦτον τὸν πολλὸν οἱ Ἰνδοί,
ἀπ' οὗ τὸ ψῆγμα τῷ βασιλέι τὸ εἰρημένον κομί-
ζουσι, τρόπῳ τοιῷδε κτῶνται. ἔστι τῆς Ἰνδικῆς
χώρης τὸ πρὸς ἥλιον ἀνίσχοντα ψάμμος· τῶν γὰρ
ἡμεῖς ἴδμεν, τῶν καὶ πέρι ἀτρεκές τι λέγεται,
πρῶτοι πρὸς ἠῶ καὶ ἡλίου ἀνατολὰς οἰκέουσι
ἀνθρώπων τῶν ἐν τῇ Ἀσίῃ Ἰνδοί· Ἰνδῶν γὰρ τὸ
πρὸς τὴν ἠῶ ἐρημίη ἐστὶ διὰ τὴν ψάμμον. ἔστι δὲ
πολλὰ ἔθνεα Ἰνδῶν καὶ οὐκ ὁμόφωνα σφίσι, καὶ
οἱ μὲν αὐτῶν νομάδες εἰσὶ οἱ δὲ οὔ, οἱ δὲ ἐν τοῖσι
ἕλεσι οἰκέουσι τοῦ ποταμοῦ καὶ ἰχθύας σιτέονται
ὠμούς, τοὺς αἱρέουσι ἐκ πλοίων καλαμίνων ὁρμώ-
μενοι· καλάμου δὲ ἐν γόνυ πλοῖον ἕκαστον ποιέε-
ται. οὗτοι μὲν δὴ τῶν Ἰνδῶν φορέουσι ἐσθῆτα
φλοΐνην· ἐπεὰν ἐκ τοῦ ποταμοῦ φλοῦν ἀμήσωσι
καὶ κόψωσι, τὸ ἐνθεῦτεν φορμοῦ τρόπον καταπλέ-
ξαντες ὡς θώρηκα ἐνδύνουσι.

99. Ἄλλοι δὲ τῶν Ἰνδῶν πρὸς ἠῶ οἰκέοντες τού-
των νομάδες εἰσὶ κρεῶν ἐδεσταὶ ὠμῶν, καλέονται δὲ
Παδαῖοι, νομαίοισι δὲ τοιοῖσιδε λέγονται χρᾶσθαι·
ὃς ἂν κάμῃ τῶν ἀστῶν, ἤν τε γυνὴ ἤν τε ἀνήρ, τὸν
μὲν ἄνδρα ἄνδρες οἱ μάλιστά οἱ ὁμιλέοντες κτεί-
νουσι, φάμενοι αὐτὸν τηκόμενον τῇ νούσῳ τὰ κρέα
σφίσι διαφθείρεσθαι· ὁ δὲ ἄπαρνος ἐστὶ μὴ μὲν
νοσέειν, οἱ δὲ οὐ συγγινωσκόμενοι ἀποκτείναντες
κατευωχέονται. ἣ δὲ ἂν γυνὴ κάμῃ, ὡσαύτως
αἱ ἐπιχρεώμεναι μάλιστα γυναῖκες ταὐτὰ τοῖσι
ἀνδράσι ποιεῦσι. τὸν γὰρ δὴ ἐς γῆρας ἀπικόμενον
θύσαντες κατευωχέονται· ἐς δὲ τούτου λόγον οὐ

The Arabians rendered a thousand talents' weight of frankincense yearly. Such were the gifts of these peoples to the king, besides the tribute.

98. All this abundance of gold, whence the Indians send the aforesaid gold-dust to the king, they win in such manner as I will show. All to the east of the Indian country is sand; among all men of whom hearsay gives us any clear knowledge the Indians dwell farthest to the east and the sunrise of all the nations of Asia; for on the eastern side of India all is desert by reason of the sand. There are many Indian nations, none speaking the same language; some of them are nomads, some not; some dwell in the river marshes and live on raw fish, which they catch from reed boats. Each boat is made of one single length between the joints of a reed.[1] These Indians wear clothes of rushes; they mow and cut these from the river, then plait them crosswise like a mat, and put it on like a breastplate.

99. Other Indians, to the east of these, are nomads and eat raw flesh; they are called Padaei. It is said to be their custom that when any of their countryfolk male or female are sick, a man's closest friends kill him, saying that they lose his flesh by the wasting of the disease; though he denies that he is sick, yet they will not believe him, but kill and eat him. When a woman is sick she is put to death like the men by the women who most consort with her. As for one that has come to old age, they sacrifice him and feast on his flesh;

---

[1] Not the bamboo, apparently, but the "kana," which sometimes grows to a height of 50 feet.

πολλοί τινες αὐτῶν ἀπικνέονται· πρὸ γὰρ τοῦ τὸν
ἐς νοῦσον πίπτοντα πάντα κτείνουσι.

100. Ἑτέρων δὲ ἐστὶ Ἰνδῶν ὅδε ἄλλος τρόπος·
οὔτε κτείνουσι οὐδὲν ἔμψυχον οὔτε τι σπείρουσι
οὔτε οἰκίας νομίζουσι ἐκτῆσθαι ποιηφαγέουσί τε·
καὶ αὐτοῖσι ἐστὶ ὅσον κέγχρος τὸ μέγαθος ἐν
κάλυκι, αὐτόματον ἐκ τῆς γῆς γινόμενον, τὸ συλλέ-
γοντες αὐτῇ τῇ κάλυκι ἕψουσί τε καὶ σιτέονται.
ὃς δ' ἂν ἐς νοῦσον αὐτῶν πέσῃ, ἐλθὼν ἐς τὴν
ἔρημον κέεται· φροντίζει δὲ οὐδεὶς οὔτε ἀποθα-
νόντος οὔτε κάμνοντος.

101. Μίξις δὲ τούτων τῶν Ἰνδῶν τῶν κατέλεξα
πάντων ἐμφανής ἐστι κατά περ τῶν προβάτων,
καὶ τὸ χρῶμα φορέουσι ὅμοιον πάντες καὶ παρα-
πλήσιον Αἰθίοψι. ἡ γονὴ δὲ αὐτῶν, τὴν ἀπίενται
ἐς τὰς γυναῖκας, οὐ κατά περ τῶν ἄλλων ἀνθρώπων
ἐστὶ λευκή, ἀλλὰ μέλαινα κατά περ τὸ χρῶμα.
τοιαύτην δὲ καὶ Αἰθίοπες ἀπίενται θορήν. οὗτοι
μὲν τῶν Ἰνδῶν ἑκαστέρω τῶν Περσέων οἰκέουσι
καὶ πρὸς νότου ἀνέμου, καὶ Δαρείου βασιλέος
οὐδαμὰ ὑπήκουσαν.

102. Ἄλλοι δὲ τῶν Ἰνδῶν Κασπατύρῳ τε πόλι
καὶ τῇ Πακτυϊκῇ χώρῃ εἰσὶ πρόσουροι, πρὸς
ἄρκτου τε καὶ βορέω ἀνέμου κατοικημένοι τῶν
ἄλλων Ἰνδῶν, οἳ Βακτρίοισι παραπλησίην ἔχουσι
δίαιταν. οὗτοι καὶ μαχιμώτατοι εἰσὶ Ἰνδῶν καὶ
οἱ ἐπὶ τὸν χρυσὸν στελλόμενοι εἰσὶ οὗτοι· κατὰ
γὰρ τοῦτο ἐστὶ ἐρημίη διὰ τὴν ψάμμον. ἐν δὴ
ὦν τῇ ἐρημίῃ ταύτῃ καὶ τῇ ψάμμῳ γίνονται
μύρμηκες μεγάθεα ἔχοντες κυνῶν μὲν ἐλάσσονα
ἀλωπέκων δὲ μέζονα· εἰσὶ γὰρ αὐτῶν καὶ παρὰ
βασιλέι τῷ Περσέων ἐνθεῦτεν θηρευθέντες. οὗτοι

but there are not many who come thereto, for all who fall sick are killed ere that.

100. There are other Indians, again, who kill no living creature, nor sow, nor are wont to have houses; they eat grass, and they have a grain growing naturally from the earth in its husk, about the size of a millet-seed, which they gather with the husk and boil and eat. When any one of them falls sick he goes into the desert and lies there, none regarding whether he be sick or die.

101. These Indians of whom I speak have intercourse openly like cattle; they are all black-skinned, like the Ethiopians. Their genital seed too is not white like other men's, but black like their skin, and resembles in this respect that of the Ethiopians. These Indians dwell far away from the Persians southwards, and were no subjects of King Darius.

102. Other Indians dwell near the town of Caspatyrus and the Pactyic country,[1] northward of the rest of India ; these live like the Bactrians ; they are of all Indians the most warlike, and it is they who are charged with the getting of the gold; for in these parts all is desert by reason of the sand. There are found in this sandy desert ants[2] not so big as dogs but bigger than foxes; the Persian king has some of these, which have been caught

[1] N.E. Afghanistan. Caspatyrus (or Caspapyrus) is said to be probably Cabul.

[2] It is suggested that the "ants" may have been really marmots. But even this does not seem to make the story much more probable.

HERODOTUS

ὧν οἱ μύρμηκες ποιεύμενοι οἴκησιν ὑπὸ γῆν ἀνα-
φορέουσι τὴν ψάμμον κατά περ οἱ ἐν τοῖσι
Ἕλλησι μύρμηκες κατὰ τὸν αὐτὸν τρόπον, εἰσὶ
δὲ καὶ αὐτοὶ τὸ εἶδος ὁμοιότατοι· ἡ δὲ ψάμμος ἡ
ἀναφερομένη ἐστὶ χρυσῖτις. ἐπὶ δὴ ταύτην τὴν
ψάμμον στέλλονται ἐς τὴν ἔρημον οἱ Ἰνδοί, ζευ-
ξάμενος ἕκαστος καμήλους τρεῖς, σειρηφόρον μὲν
ἑκατέρωθεν ἔρσενα παρέλκειν, θήλεαν δὲ ἐς μέσον·
ἐπὶ ταύτην δὴ αὐτὸς ἀναβαίνει, ἐπιτηδεύσας ὅκως
ἀπὸ τέκνων ὡς νεωτάτων ἀποσπάσας ζεύξει. αἱ
γάρ σφι κάμηλοι ἵππων οὐκ ἥσσονες ἐς ταχυτῆτα
εἰσί, χωρὶς δὲ ἄχθεα δυνατώτεραι πολλὸν φέρειν.

103. Τὸ μὲν δὴ εἶδος ὁκοῖόν τι ἔχει ἡ κάμηλος,
ἐπισταμένοισι τοῖσι Ἕλλησι οὐ συγγράφω· τὸ
δὲ μὴ ἐπιστέαται αὐτῆς, τοῦτο φράσω· κάμηλος
ἐν τοῖσι ὀπισθίοισι σκέλεσι ἔχει τέσσερας μηροὺς
καὶ γούνατα τέσσερα, τά τε αἰδοῖα διὰ τῶν ὀπισ-
θίων σκελέων πρὸς τὴν οὐρὴν τετραμμένα.

104. Οἱ δὲ δὴ Ἰνδοὶ τρόπῳ τοιούτῳ καὶ ζεύξι
τοιαύτῃ χρεώμενοι ἐλαύνουσι ἐπὶ τὸν χρυσὸν λελο-
γισμένως ὅκως καυμάτων τῶν θερμοτάτων ἐόντων
ἔσονται ἐν τῇ ἁρπαγῇ· ὑπὸ γὰρ τοῦ καύματος οἱ
μύρμηκες ἀφανέες γίνονται ὑπὸ γῆν. θερμότατος
δὲ ἐστὶ ὁ ἥλιος τούτοισι τοῖσι ἀνθρώποισι τὸ
ἑωθινόν, οὐ κατά περ τοῖσι ἄλλοισι μεσαμβρίης,
ἀλλ᾽ ὑπερτείλας μέχρι οὗ ἀγορῆς διαλύσιος. τοῦ-
τον δὲ τὸν χρόνον καίει πολλῷ μᾶλλον ἢ τῇ
μεσαμβρίῃ τὴν Ἑλλάδα, οὕτω ὥστ᾽ ἐν ὕδατι
λόγος αὐτούς ἐστι βρέχεσθαι τηνικαῦτα. μεσοῦσα
δὲ ἡ ἡμέρη σχεδὸν παραπλησίως καίει τούς τε
ἄλλους ἀνθρώπους καὶ τοὺς Ἰνδούς. ἀποκλινο-
μένης δὲ τῆς μεσαμβρίης γίνεταί σφι ὁ ἥλιος

130

there. These ants make their dwellings underground, digging out the sand in the same manner as do the ants in Greece, to which they are very like in shape, and the sand which they carry forth from the holes is full of gold. It is for this sand that the Indians set forth into the desert. They harness three camels apiece, a male led camel on either side to help in draught, and a female in the middle: the man himself rides on the female, careful that when harnessed she has been taken away from as young an offspring as may be. Their camels are as swift as horses, and much better able to bear burdens besides.

103. I do not describe the camel's appearance to Greeks, for they know it; but I will show them a thing which they do not know concerning it: the hindlegs of the camel have four thighbones and four knee-joints; its privy parts are turned towards the tail between the hindlegs.

104. Thus and with teams so harnessed the Indians ride after the gold, using all diligence that they shall be about the business of taking it when the heat is greatest; for the ants are then out of sight underground. Now in these parts the sun is hottest in the morning, not at midday as elsewhere, but from sunrise to the hour of market-closing. Through these hours it is hotter by much than in Hellas at noon, so that men are said to sprinkle themselves with water at this time. At midday the sun's heat is well nigh the same in India and elsewhere. As it grows to afternoon, the sun of

HERODOTUS

κατά περ τοῖσι ἄλλοισι ὁ ἑωθινός, καὶ τὸ ἀπὸ
τούτου ἀπιὼν ἐπὶ μᾶλλον ψύχει, ἐς ὃ ἐπὶ δυσμῇσι
ἐὼν καὶ τὸ κάρτα ψύχει.

105. Ἐπεὰν δὲ ἔλθωσι ἐς τὸν χῶρον οἱ Ἰνδοὶ
ἔχοντες θυλάκια, ἐμπλήσαντες ταῦτα τῆς ψάμμου
τὴν ταχίστην ἐλαύνουσι ὀπίσω· αὐτίκα γὰρ οἱ
μύρμηκες ὀδμῇ, ὡς δὴ λέγεται ὑπὸ Περσέων,
μαθόντες διώκουσι. εἶναι δὲ ταχυτῆτα οὐδενὶ
ἑτέρῳ ὅμοιον, οὕτω ὥστε, εἰ μὴ προλαμβάνειν τοὺς
Ἰνδοὺς τῆς ὁδοῦ ἐν ᾧ τοὺς μύρμηκας συλλέγεσθαι,
οὐδένα ἂν σφέων ἀποσώζεσθαι. τοὺς μέν νυν
ἔρσενας τῶν καμήλων, εἶναι γὰρ ἥσσονας θέειν
τῶν θηλέων, παραλύεσθαι ἐπελκομένους, οὐκ
ὁμοῦ ἀμφοτέρους· τὰς δὲ θηλέας ἀναμιμνησκο-
μένας τῶν ἔλιπον τέκνων ἐνδιδόναι μαλακὸν οὐδέν.
τὸν μὲν δὴ πλέω τοῦ χρυσοῦ οὕτω οἱ Ἰνδοὶ
κτῶνται, ὡς Πέρσαι φασί· ἄλλος δὲ σπανιώτερος
ἐστι ἐν τῇ χώρῃ ὀρυσσόμενος.

106. Αἱ δ' ἐσχατιαί κως τῆς οἰκεομένης τὰ
κάλλιστα ἔλαχον, κατά περ ἡ Ἑλλὰς τὰς ὥρας
πολλόν τι κάλλιστα κεκρημένας ἔλαχε. τοῦτο
μὲν γὰρ πρὸς τὴν ἠῶ ἐσχάτη τῶν οἰκεομενέων ἡ
Ἰνδική ἐστι, ὥσπερ ὀλίγῳ πρότερον εἴρηκα· ἐν
ταύτῃ τοῦτο μὲν τὰ ἔμψυχα, τετράποδά τε καὶ τὰ
πετεινά, πολλῷ μέζω ἢ ἐν τοῖσι ἄλλοισι χωρίοισι
ἐστί, πάρεξ τῶν ἵππων (οὗτοι δὲ ἑσσοῦνται ὑπὸ
τῶν Μηδικῶν, Νησαίων δὲ καλευμένων ἵππων),
τοῦτο δὲ χρυσὸς ἄπλετος αὐτόθι ἐστί, ὁ μὲν
ὀρυσσόμενος, ὁ δὲ καταφορεύμενος ὑπὸ ποταμῶν,
ὁ δὲ ὥσπερ ἐσήμηνα ἁρπαζόμενος. τὰ δὲ δένδρεα
τὰ ἄγρια αὐτόθι φέρει καρπὸν εἴρια καλλονῇ
τε προφέροντα καὶ ἀρετῇ τῶν ἀπὸ τῶν οἴων·

132

India has the power of the morning sun in other lands; with its sinking the day becomes ever cooler, till at sunset it is exceeding cold.

105. So when the Indians come to the place with their sacks, they fill these with the sand and ride away back with all speed; for, as the Persians say, the ants forthwith scent them out and give chase, being, it would seem, so much swifter than all other creatures that if the Indians made not haste on their way while the ants are mustering, not one of them would escape. So they loose the male trace-camels as they begin to lag, one at a time (these being slower than the females); the mares never tire, for they remember the young that they have left. Such is the tale. Most of the gold (say the Persians) is got in this way by the Indians; there is some besides that they dig from mines in their country, but it is less abundant.

106. It would seem that the fairest blessings have been granted to the most distant nations of the world, whereas in Hellas the seasons have by much the kindliest temperature. As I have lately said, India lies at the world's most distant eastern limit; and in India all living creatures four-footed and flying are by much bigger than those of other lands, except the horses, which are smaller than the Median horses called Nesaean; moreover the gold there, whether dug from the earth or brought down by rivers or got as I have shown, is very abundant. There too there grows on wild trees wool more beautiful and excellent than the wool

καὶ ἐσθῆτι Ἰνδοὶ ἀπὸ τούτων τῶν δενδρέων
χρέωνται.

107. Πρὸς δ' αὖ μεσαμβρίης ἐσχάτη Ἀραβίη
τῶν οἰκεομενέων χωρέων ἐστί, ἐν δὲ ταύτῃ λιβανω-
τός τε ἐστὶ μούνη χωρέων πασέων φυόμενος καὶ
σμύρνη καὶ κασίη καὶ κινάμωμον καὶ λήδανον.
ταῦτα πάντα πλὴν τῆς σμύρνης δυσπετέως
κτῶνται οἱ Ἀράβιοι. τὸν μέν γε λιβανωτὸν
συλλέγουσι τὴν στύρακα θυμιῶντες, τὴν ἐς Ἕλ-
ληνας Φοίνικες ἐξάγουσι· ταύτην θυμιῶντες λαμ-
βάνουσι· τὰ γὰρ δένδρεα ταῦτα τὰ λιβανωτοφόρα
ὄφιες ὑπόπτεροι, μικροὶ τὰ μεγάθεα, ποικίλοι τὰ
εἴδεα, φυλάσσουσι πλήθεϊ πολλοὶ περὶ δένδρον
ἕκαστον, οὗτοι οἵ περ ἐπ' Αἴγυπτον ἐπιστρα-
τεύονται, οὐδενὶ δὲ ἄλλῳ ἀπελαύνονται ἀπὸ τῶν
δενδρέων ἢ τῆς στύρακος τῷ καπνῷ.

108. Λέγουσι δὲ καὶ τόδε Ἀράβιοι, ὡς πᾶσα
ἂν γῆ ἐπίμπλατο τῶν ὀφίων τούτων, εἰ μὴ γί-
νεσθαι κατ' αὐτοὺς οἷόν τι κατὰ τὰς ἐχίδνας
ἠπιστάμην γίνεσθαι. καί κως τοῦ θείου ἡ προ-
νοίη, ὥσπερ καὶ οἰκός ἐστι, ἐοῦσα σοφή, ὅσα
μὲν[1] ψυχήν τε δειλὰ καὶ ἐδώδιμα, ταῦτα
μὲν πάντα πολύγονα πεποίηκε, ἵνα μὴ ἐπιλίπῃ
κατεσθιόμενα, ὅσα δὲ σχέτλια καὶ ἀνιηρά, ὀλι-
γόγονα. τοῦτο μέν, ὅτι ὁ λαγὸς ὑπὸ παντὸς
θηρεύεται θηρίου καὶ ὄρνιθος καὶ ἀνθρώπου, οὕτω
δή τι πολύγονον ἐστί· ἐπικυΐσκεται μοῦνον πάν-
των θηρίων, καὶ τὸ μὲν δασὺ τῶν τέκνων ἐν τῇ
γαστρὶ τὸ δὲ ψιλόν, τὸ δὲ ἄρτι ἐν τῇσι μήτρῃσι
πλάσσεται, τὸ δὲ ἀναιρέεται. τοῦτο μὲν δὴ

[1] ὅσα μὲν γὰρ MSS.; Stein brackets γάρ, which obviously
has no place here.

134

of sheep; these trees supply the Indians with clothing.

107. Again, Arabia is the most distant to the south of all inhabited countries : and this is the only country which yields frankincense and myrrh and casia and cinnamon and gum-mastich. All these but myrrh are difficult for the Arabians to get. They gather frankincense by burning that storax [1] which Phoenicians carry to Hellas ; this they burn and so get the frankincense ; for the spice-bearing trees are guarded by small winged snakes of varied colour, many round each tree ; these are the snakes that attack Egypt. Nothing save the smoke of storax will drive them away from the trees.

108. The Arabians also say that the whole country would be full of these snakes were it not with them as I have heard that it is with vipers. It would seem that the wisdom of divine Providence (as is but reasonable) has made all creatures prolific that are timid and fit to eat, that they be not minished from off the earth by being eaten up, whereas but few young are born to creatures cruel and baneful. The hare is so prolific, for that it is the prey of every beast and bird and man ; alone of all creatures it conceives in pregnancy ; some of the unborn young are hairy, some still naked, some are still forming in the womb while others are just conceived. But whereas this is so with

---

[1] A kind of gum, producing an acrid smoke when burnt, and therefore used as a disinfectant.

HERODOTUS

τοιοῦτο ἐστί· ἡ δὲ δὴ λέαινα ἐὸν ἰσχυρότατον καὶ
θρασύτατον ἅπαξ ἐν τῷ βίῳ τίκτει ἕν· τίκτουσα
γὰρ συνεκβάλλει τῷ τέκνῳ τὰς μήτρας. τὸ δὲ
αἴτιον τούτου τόδε ἐστί· ἐπεὰν ὁ σκύμνος ἐν τῇ
μητρὶ ἐὼν ἄρχηται διακινεόμενος, ὁ δὲ ἔχων ὄνυχας
θηρίων πολλὸν πάντων ὀξυτάτους ἀμύσσει τὰς
μήτρας, αὐξόμενός τε δὴ πολλῷ μᾶλλον ἐσικνέεται
καταγράφων· πέλας τε δὴ ὁ τόκος ἐστί, καὶ τὸ
παράπαν λείπεται αὐτέων ὑγιὲς οὐδέν.

109. Ὡς δὲ καὶ οἱ ἔχιδναί τε καὶ οἱ ἐν Ἀρα-
βίοισι ὑπόπτεροι ὄφιες εἰ ἐγίνοντο ὡς ἡ φύσις
αὐτοῖσι ὑπάρχει, οὐκ ἂν ἦν βιώσιμα ἀνθρώποισι·
νῦν δ' ἐπεὰν θορνύωνται κατὰ ζεύγεα καὶ ἐν αὐτῇ
ᾖ ὁ ἔρσην τῇ ἐκποιήσι, ἀπιεμένου αὐτοῦ τὴν γονὴν
ἡ θήλεα ἅπτεται τῆς δειρῆς, καὶ ἐμφῦσα οὐκ
ἀνιεῖ πρὶν ἂν διαφάγῃ. ὁ μὲν δὴ ἔρσην ἀπο-
θνήσκει τρόπῳ τῷ εἰρημένῳ, ἡ δὲ θήλεα τίσιν
τοιήνδε ἀποτίνει τῷ ἔρσενι· τῷ γονέι τιμωρέοντα
ἔτι ἐν τῇ γαστρὶ ἐόντα τὰ τέκνα διεσθίει τὴν
μητέρα, διαφαγόντα δὲ τὴν νηδὺν αὐτῆς οὕτω τὴν
ἔκδυσιν ποιέεται. οἱ δὲ ἄλλοι ὄφιες ἐόντες ἀν-
θρώπων οὐ δηλήμονες τίκτουσί τε ᾠὰ καὶ ἐκλέ-
πουσι πολλόν τι χρῆμα τῶν τέκνων. αἱ μέν νυν
ἔχιδναι κατὰ πᾶσαν τὴν γῆν εἰσί, οἱ δὲ ὑπό-
πτεροι ὄφιες ἀθρόοι εἰσὶ ἐν τῇ Ἀραβίῃ καὶ οὐδαμῇ
ἄλλῃ· κατὰ τοῦτο δοκέουσι πολλοὶ εἶναι.

110. Τὸν μὲν δὴ λιβανωτὸν τοῦτον οὕτω
κτῶνται Ἀράβιοι, τὴν δὲ κασίην ὧδε. ἐπεὰν
καταδήσωνται βύρσῃσι καὶ δέρμασι ἄλλοισι πᾶν
τὸ σῶμα καὶ τὸ πρόσωπον πλὴν αὐτῶν τῶν
ὀφθαλμῶν, ἔρχονται ἐπὶ τὴν κασίην· ἡ δὲ ἐν
λίμνῃ φύεται οὐ βαθέῃ, περὶ δὲ αὐτὴν καὶ ἐν αὐτῇ

the hare, the lioness, a very strong and bold beast, bears offspring but once in her life, and then but one cub; for the uterus comes out with the cub in the act of birth. This is the reason of it:—when the cub first begins to stir in the mother, its claws, much sharper than those of any other creature, tear the uterus, and as it grows, much more does it scratch and tear, so that when the hour of birth is near seldom is any of the uterus left whole.

109. It is so too with vipers and the winged serpents of Arabia: were they born in the natural manner of serpents no life were possible for men; but as it is, when they pair, and the male is in the very act of generation, the female seizes him by the neck, nor lets go her grip till she has bitten the neck through. Thus the male dies; but the female is punished for his death; the young avenge their father, and gnaw at their mother while they are yet within her; nor are they dropped from her till they have eaten their way through her womb. Other snakes, that do no harm to men, lay eggs and hatch out a vast number of young. The Arabian winged serpents do indeed seem to be many; but it is because (whereas there are vipers in every land) these are all in Arabia and are nowhere else found.

110. The Arabians get their frankincense as I have shown; for the winning of casia, when they seek it they bind oxhides and other skins over all their bodies and faces, leaving only the eyes. Casia grows in a shallow lake; round this and in it live

αὐλίζεταί κου θηρία πτερωτά, τῇσι νυκτερίσι
προσείκελα μάλιστα, καὶ τέτριγε δεινόν, καὶ ἐς
ἀλκὴν ἄλκιμα· τὰ δεῖ ἀπαμυνομένους ἀπὸ τῶν
ὀφθαλμῶν οὕτω δρέπειν τὴν κασίην.

111. Τὸ δὲ δὴ κινάμωμον ἔτι τούτων θωμαστό-
τερον συλλέγουσι. ὅκου μὲν γὰρ γίνεται καὶ
ἥτις μιν γῆ ἡ τρέφουσα ἐστί, οὐκ ἔχουσι εἰπεῖν,
πλὴν ὅτι λόγῳ οἰκότι χρεώμενοι ἐν τοῖσιδε
χωρίοισι φασὶ τινὲς αὐτὸ φύεσθαι ἐν τοῖσι ὁ
Διόνυσος ἐτράφη· ὄρνιθας δὲ λέγουσι μεγάλας
φορέειν ταῦτα τὰ κάρφεα τὰ ἡμεῖς ἀπὸ Φοινίκων
μαθόντες κινάμωμον καλέομεν, φορέειν δὲ τὰς
ὄρνιθας ἐς νεοσσιὰς προσπεπλασμένας ἐκ πηλοῦ
πρὸς ἀποκρήμνοισι ὄρεσι, ἔνθα πρόσβασιν ἀν-
θρώπῳ οὐδεμίαν εἶναι. πρὸς ὧν δὴ ταῦτα τοὺς
Ἀραβίους σοφίζεσθαι τάδε· βοῶν τε καὶ ὄνων
τῶν ἀπογινομένων καὶ τῶν ἄλλων ὑποζυγίων τὰ
μέλεα διαταμόντας ὡς μέγιστα κομίζειν ἐς ταῦτα
τὰ χωρία, καί σφεα θέντας ἀγχοῦ τῶν νεοσσιέων
ἀπαλλάσσεσθαι ἑκὰς αὐτέων· τὰς δὲ ὄρνιθας
καταπετομένας[1] τὰ μέλεα τῶν ὑποζυγίων ἀνα-
φορέειν ἐπὶ τὰς νεοσσιάς, τὰς δὲ οὐ δυναμένας
ἴσχειν καταρρήγνυσθαι ἐπὶ γῆν, τοὺς δὲ ἐπιόντας
συλλέγειν. οὕτω μὲν τὸ κινάμωμον συλλεγό-
μενον ἐκ τούτων ἀπικνέεσθαι ἐς τὰς ἄλλας χώρας.

112. Τὸ δὲ δὴ λήδανον, τὸ καλέουσι Ἀράβιοι
λάδανον, ἔτι τούτου θωμασιώτερον γίνεται· ἐν
γὰρ δυσοδμοτάτῳ γινόμενον εὐωδέστατον ἐστί·
τῶν γὰρ αἰγῶν τῶν τράγων ἐν τοῖσι πώγωσι
εὑρίσκεται ἐγγινόμενον οἷον γλοιὸς ἀπὸ τῆς ὕλης.
χρήσιμον δ' ἐς πολλὰ τῶν μύρων ἐστί, θυμιῶσί τε
μάλιστα τοῦτο Ἀράβιοι.

---

[1] καταπετομένας [αὐτῶν] Stein.

certain winged creatures, very like bats, that squeak shrilly and make a stout resistance ; these must be kept from the men's eyes if the casia is to be plucked.

111. As for cinnamon, they gather it in a fashion even stranger. Where it grows and what kind of land nurtures it they cannot say, save that it is reported, reasonably enough, to grow in the places where Dionysus was reared. There are great birds, it is said, that take these dry sticks which the Phoenicians have taught us to call cinnamon, and carry them off to nests built of mud and attached to precipitous crags, to which no man can approach. The Arabian device for defeating the birds is to cut into very large pieces dead oxen and asses and other beasts of burden, then to set these near the cyries, withdrawing themselves far off. The birds then fly down (it is said) and carry the pieces of the beasts up to their nests ; which not being able to bear the weight break and fall down the mountain side ; and then the Arabians come up and gather what they seek. Thus is cinnamon said to be gathered, and so to come from Arabia to other lands.

112. But gum-mastich, which Greeks call ledanon and Arabians ladanon, is yet more strangely produced. Its scent is most sweet, yet nothing smells more evilly than that which produces it ; for it is found in the beards of he-goats, forming in them like tree-gum. This is used in the making of many perfumes ; there is nothing that the Arabians so often burn as incense.

113. Τοσαῦτα μὲν θυωμάτων πέρι εἰρήσθω, ἀπόζει δὲ τῆς χώρης τῆς Ἀραβίης θεσπέσιον ὡς ἡδύ. δύο δὲ γένεα οἴων σφι ἐστὶ θώματος ἄξια, τὰ οὐδαμόθι ἑτέρωθι ἐστί. τὸ μὲν αὐτῶν ἕτερον ἔχει τὰς οὐρὰς μακράς, τριῶν πηχέων οὐκ ἐλάσσονας, τὰς εἴ τις ἐπείη σφι ἐπέλκειν, ἕλκεα ἂν ἔχοιεν ἀνατριβομενέων πρὸς τῇ γῇ τῶν οὐρέων· νῦν δ᾽ ἅπας τις τῶν ποιμένων ἐπίσταται ξυλουργέειν ἐς τοσοῦτο· ἁμαξίδας γὰρ ποιεῦντες ὑποδέουσι αὐτὰς τῇσι οὐρῇσι, ἑνὸς ἑκάστου κτήνεος τὴν οὐρὴν ἐπὶ ἁμαξίδα ἑκάστην καταδέοντες. τὸ δὲ ἕτερον γένος τῶν οἴων τὰς οὐρὰς πλατέας φορέουσι καὶ ἐπὶ πῆχυν πλάτος.

114. Ἀποκλινομένης δὲ μεσαμβρίης παρήκει πρὸς δύνοντα ἥλιον ἡ Αἰθιοπίη χώρη ἐσχάτη τῶν οἰκεομενέων· αὕτη δὲ χρυσόν τε φέρει πολλὸν καὶ ἐλέφαντας ἀμφιλαφέας καὶ δένδρεα πάντα ἄγρια καὶ ἔβενον καὶ ἄνδρας μεγίστους καὶ καλλίστους καὶ μακροβιωτάτους.

115. Αὗται μέν νυν ἔν τε τῇ Ἀσίῃ ἐσχατιαί εἰσι καὶ ἐν τῇ Λιβύῃ. περὶ δὲ τῶν ἐν τῇ Εὐρώπῃ τῶν πρὸς ἑσπέρην ἐσχατιέων ἔχω μὲν οὐκ ἀτρεκέως λέγειν· οὔτε γὰρ ἔγωγε ἐνδέκομαι Ἠριδανὸν καλέεσθαι πρὸς βαρβάρων ποταμὸν ἐκδιδόντα ἐς θάλασσαν τὴν πρὸς βορέην ἄνεμον, ἀπ᾽ ὅτευ τὸ ἤλεκτρον φοιτᾶν λόγος ἐστί, οὔτε νήσους οἶδα Κασσιτερίδας ἐούσας, ἐκ τῶν ὁ κασσίτερος ἡμῖν φοιτᾷ. τοῦτο μὲν γὰρ ὁ Ἠριδανὸς αὐτὸ κατηγορέει τὸ οὔνομα ὡς ἔστι Ἑλληνικὸν καὶ οὐ βάρβαρον, ὑπὸ ποιητέω δέ τινος ποιηθέν· τοῦτο δὲ οὐδενὸς αὐτόπτεω γενομένου δύναμαι ἀκοῦσαι, τοῦτο μελετῶν, ὅκως θάλασσα ἐστὶ τὰ ἐπέκεινα

113. I have said enough of the spices of Arabia; airs wondrous sweet blow from that land. They have moreover two marvellous kinds of sheep, nowhere else found. One of these has tails no less than three cubits long. Were the sheep to trail these after them, they would suffer hurt by the rubbing of the tails on the ground; but as it is every shepherd there knows enough of carpentry to make little carts which they fix under the tails, binding the tail of each several sheep on its own cart. The other kind of sheep has a tail a full cubit broad.

114. Where south inclines westwards, the part of the world stretching farthest towards the sunset is Ethiopia; here is great plenty of gold, and abundance of elephants, and all woodland trees, and ebony; and the people are the tallest and fairest and longest-lived of all men.

115. These then are the most distant parts of the world in Asia and Libya. But concerning the farthest western parts of Europe I cannot speak with exactness; for I do not believe that there is a river called by foreigners Eridanus issuing into the northern sea, whence our amber is said to come, nor have I any knowledge of Tin-islands, whence our tin is brought. The very name of the Eridanus bewrays itself as not a foreign but a Greek name, invented by some poet; nor for all my diligence have I been able to learn from one who has seen it that there is a sea beyond Europe. This only we

HERODOTUS

Εὐρώπης. ἐξ ἐσχάτης δ' ὢν ὁ κασσίτερος ἡμῖν
φοιτᾷ καὶ τὸ ἤλεκτρον.

116. Πρὸς δὲ ἄρκτου τῆς Εὐρώπης πολλῷ τι
πλεῖστος χρυσὸς φαίνεται ἐών· ὅκως· μὲν γινό-
μενος, οὐκ ἔχω οὐδὲ τοῦτο ἀτρεκέως εἶπαι, λέγεται
δὲ ὑπὲκ τῶν γρυπῶν ἁρπάζειν Ἀριμασποὺς ἄν-
δρας μουνοφθάλμους. πείθομαι δὲ οὐδὲ τοῦτο
ὅκως μουνόφθαλμοι ἄνδρες φύονται, φύσιν ἔχοντες
τὴν ἄλλην ὁμοίην τοῖσι ἄλλοισι ἀνθρώποισι· αἱ
δὲ ὢν ἐσχατιαὶ οἴκασι, περικληίουσαι τὴν ἄλλην
χώρην καὶ ἐντὸς ἀπέργουσαι, τὰ κάλλιστα
δοκέοντα ἡμῖν εἶναι καὶ σπανιώτατα ἔχειν
αὗται.

117. Ἔστι δὲ πεδίον ἐν τῇ Ἀσίῃ περικεκλῃι-
μένον ὄρεϊ πάντοθεν, διασφάγες δὲ τοῦ ὄρεος
εἰσὶ πέντε. τοῦτο τὸ πεδίον ἦν μὲν κοτὲ
Χορασμίων, ἐν οὔροισι ἐὸν Χορασμίων τε αὐτῶν
καὶ Ὑρκανίων καὶ Πάρθων καὶ Σαραγγέων
καὶ Θαμαναίων, ἐπείτε δὲ Πέρσαι ἔχουσι τὸ
κράτος, ἐστὶ τοῦ βασιλέος. ἐκ δὴ ὢν τοῦ περι-
κληίοντος ὄρεος τούτου ῥέει ποταμὸς μέγας,
οὔνομα δέ οἱ ἐστὶ Ἄκης. οὗτος πρότερον μὲν ἄρ-
δεσκε διαλελαμμένος πενταχοῦ τούτων τῶν εἰρη-
μένων τὰς χώρας, διὰ διασφάγος ἀγόμενος ἑκάστης
ἑκάστοισι· ἐπείτε δὲ ὑπὸ τῷ Πέρσῃ εἰσί, πεπόν-
θασι τοιόνδε· τὰς διασφάγας τῶν ὀρέων ἐνδείμας
ὁ βασιλεὺς πύλας ἐπ' ἑκάστῃ διασφάγι ἔστησε·
ἀποκεκλημένου δὲ τοῦ ὕδατος τῆς ἐξόδου τὸ
πεδίον τὸ ἐντὸς τῶν ὀρέων πέλαγος γίνεται, ἐνδι-
δόντος μὲν τοῦ ποταμοῦ, ἔχοντος δὲ οὐδαμῇ
ἐξήλυσιν. οὗτοι ὢν οἵ περ ἔμπροσθε ἐώθεσαν

know, that our tin and amber come from the most
distant parts.

116. This is also plain, that to the north of
Europe there is by far more gold than elsewhere.
In this matter again I cannot with certainty say
how the gold is got; some will have it that one-eyed
men called Arimaspians steal it from griffins. But
this too I hold incredible, that there can be men in
all else like other men, yet having but one eye.
Suffice it that it is but reasonable that the most
distant parts of the world, as they enclose and wholly
surround all other lands, should have those things
which we deem best and rarest.

117. There is in Asia a plain surrounded by
mountains, through which mountains there are five
clefts.[1] This plain belonged formerly to the Choras-
mians; it adjoins the land of the Chorasmians
themselves, the Hyrcanians, Parthians, Sarangians,
and Thamanaei; but since the Persians have held
sway it has been the king's own land. Now from
the encircling mountains flows a great river called
Aces. Its stream divides into five channels, and
watered formerly the lands of the peoples aforesaid
by passing to them severally through the five clefts;
but since the beginning of the Persian rule the king
has blocked the mountain clefts, and closed each
passage with a gate; the water thus barred from
outlet, the plain within the mountains becomes a
lake, seeing that the river pours into it and finds
no way out. Those therefore who formerly used

---

[1] All this description appears to be purely imaginative.
But "the idea of the chapter" (say Messrs. How and Wells)
"is quite correct; the control of irrigation is in the East one
of the prerogatives of government, and great sums are
charged for the use of water."

χρᾶσθαι τῷ ὕδατι, οὐκ ἔχοντες αὐτῷ χρᾶσθαι
συμφορῇ μεγάλῃ διαχρέωνται. τὸν μὲν γὰρ
χειμῶνα ὕει σφι ὁ θεὸς ὥσπερ καὶ τοῖσι ἄλλοισι
ἀνθρώποισι, τοῦ δὲ θέρεος σπείροντες μελίνην καὶ
σήσαμον χρηίσκονται τῷ ὕδατι. ἐπεὰν ὦν μηδέν
σφι παραδιδῶται τοῦ ὕδατος, ἐλθόντες ἐς τοὺς
Πέρσας αὐτοί τε καὶ γυναῖκες, στάντες κατὰ τὰς
θύρας τοῦ βασιλέος βῶσι ὠρυόμενοι, ὁ δὲ βα-
σιλεὺς τοῖσι δεομένοισι αὐτῶν μάλιστα ἐντέλ-
λεται ἀνοίγειν τὰς πύλας τὰς ἐς τοῦτο φερούσας.
ἐπεὰν δὲ διάκορος ἡ γῆ σφεων γένηται πίνουσα τὸ
ὕδωρ, αὗται μὲν αἱ πύλαι ἀποκληίονται, ἄλλας
δ' ἐντέλλεται ἀνοίγειν ἄλλοισι τοῖσι δεομένοισι
μάλιστα τῶν λοιπῶν. ὡς δ' ἐγὼ οἶδα ἀκούσας,
χρήματα μεγάλα πρησσόμενος ἀνοίγει πάρεξ τοῦ
φόρου.

118. Ταῦτα μὲν δὴ ἔχει οὕτω. τῶν δὲ τῷ Μάγῳ
ἐπαναστάντων ἑπτὰ ἀνδρῶν, ἕνα αὐτῶν Ἰνταφρέ-
νεα κατέλαβε ὑβρίσαντα τάδε ἀποθανεῖν αὐτίκα
μετὰ τὴν ἐπανάστασιν. ἤθελε ἐς τὰ βασιλήια
ἐσελθὼν χρηματίσασθαι τῷ βασιλέϊ· καὶ γὰρ δὴ
καὶ ὁ νόμος οὕτω εἶχε, τοῖσι ἐπαναστᾶσι τῷ Μάγῳ
ἔσοδον εἶναι παρὰ βασιλέα ἄνευ ἀγγέλου, ἢν μὴ
γυναικὶ τυγχάνῃ μισγόμενος βασιλεύς. οὔκων δὴ
Ἰνταφρένης ἐδικαίου οὐδένα οἱ ἐσαγγεῖλαι, ἀλλ'
ὅτι ἦν τῶν ἑπτά, ἐσιέναι ἤθελε. ὁ δὲ πυλουρὸς
καὶ ὁ ἀγγελιηφόρος οὐ περιώρων, φάμενοι τὸν
βασιλέα γυναικὶ μίσγεσθαι. ὁ δὲ Ἰνταφρένης
δοκέων σφέας ψεύδεα λέγειν ποιέει τοιάδε· σπα-
σάμενος τὸν ἀκινάκεα ἀποτάμνει αὐτῶν τά τε ὦτα
καὶ τὰς ῥῖνας, καὶ ἀνείρας περὶ τὸν χαλινὸν τοῦ
ἵππου περὶ τοὺς αὐχένας σφέων ἔδησε, καὶ ἀπῆκε.

the water can use it no longer, and are in very
evil case; for whereas in winter they have the rain
from heaven like other men, in summer they are
in need of the water for their sown millet and
sesame. So whenever no water is given to them,
they come into Persia with their women, and cry
and howl before the door of the king's palace, till
the king commands that the river-gate which leads
thither should be opened for those whose need is
greatest; then, when this land has drunk its fill
of water, that gate is shut, and the king bids open
another for those of the rest who most require it.
I have heard and know that he exacts great sums,
over and above the tribute, for the opening of the
gates.

118. So much for these matters. But Intaphrenes,
one of the seven rebels against the Magian, was
brought to his death by a deed of violence im-
mediately after the rebellion. He desired to enter
the palace and speak with the king; for this was
the law, that the rebels should come into the king's
presence without announcement given, if the king
were not with one of his wives. Intaphrenes then
claimed his right to enter unannounced, as one of
the seven; but the gate-warden and the messenger
forbade him, the king being, they said, with one of
his wives. Intaphrenes thought they spoke falsely;
drawing his scimitar he cut off their noses and ears,
then strung these on his horse's bridle and bound it
round the men's necks, and so let them go.

HERODOTUS

119. Οἱ δὲ τῷ βασιλέι δεικνύουσι ἑωυτοὺς καὶ τὴν αἰτίην εἶπον δι᾽ ἣν πεπονθότες εἴησαν. Δαρεῖος δὲ ἀρρωδήσας μὴ κοινῷ λόγῳ οἱ ἐξ πεποιηκότες ἔωσι ταῦτα, μεταπεμπόμενος ἕνα ἕκαστον ἀπεπειρᾶτο γνώμης, εἰ συνέπαινοι εἰσὶ τῷ πεποιημένῳ. ἐπείτε δὲ ἐξέμαθε ὡς οὐ σὺν κείνοισι εἴη ταῦτα πεποιηκώς, ἔλαβε αὐτόν τε τὸν Ἰνταφρένεα καὶ τοὺς παῖδας αὐτοῦ καὶ τοὺς οἰκηίους πάντας, ἐλπίδας πολλὰς ἔχων μετὰ τῶν συγγενέων μιν ἐπιβουλεύειν οἱ ἐπανάστασιν, συλλαβὼν δὲ σφέας ἔδησε τὴν ἐπὶ θανάτῳ. ἡ δὲ γυνὴ τοῦ Ἰνταφρένεος φοιτῶσα ἐπὶ τὰς θύρας τοῦ βασιλέος κλαίεσκε ἂν καὶ ὀδυρέσκετο· ποιεῦσα δὲ αἰεὶ τὠυτὸ τοῦτο τὸν Δαρεῖον ἔπεισε οἰκτεῖραί μιν. πέμψας δὲ ἄγγελον ἔλεγε τάδε· "Ὦ γύναι, βασιλεύς τοι Δαρεῖος διδοῖ ἕνα τῶν δεδεμένων οἰκηίων ῥύσασθαι τὸν βούλεαι ἐκ πάντων." ἡ δὲ βουλευσαμένη ὑπεκρίνετο τάδε· "Εἰ μὲν δή μοι διδοῖ βασιλεὺς ἑνὸς τὴν ψυχήν, αἱρέομαι ἐκ πάντων τὸν ἀδελφεόν." πυθόμενος δὲ Δαρεῖος ταῦτα καὶ θωμάσας τὸν λόγον, πέμψας ἠγόρευε "Ὦ γύναι, εἰρωτᾷ σε βασιλεύς, τίνα ἔχουσα γνώμην, τὸν ἄνδρα τε καὶ τὰ τέκνα ἐγκαταλιποῦσα, τὸν ἀδελφεὸν εἵλευ περιεῖναί τοι, ὃς καὶ ἀλλοτριώτερός τοι τῶν παίδων καὶ ἧσσον κεχαρισμένος τοῦ ἀνδρός ἐστι." ἡ δ᾽ ἀμείβετο τοῖσιδε. "Ὦ βασιλεῦ, ἀνὴρ μέν μοι ἂν ἄλλος γένοιτο, εἰ δαίμων ἐθέλοι, καὶ τέκνα ἄλλα, εἰ ταῦτα ἀποβάλοιμι· πατρὸς δὲ καὶ μητρὸς οὐκέτι μευ ζωόντων ἀδελφεὸς ἂν ἄλλος οὐδενὶ τρόπῳ γένοιτο. ταύτῃ τῇ γνώμῃ χρεωμένη ἔλεξα ταῦτα." εὖ τε δὴ ἔδοξε τῷ Δαρείῳ εἰπεῖν ἡ γυνή, καί οἱ ἀπῆκε τοῦτόν τε τὸν παραιτέετο καὶ τῶν παίδων

119. They showed themselves to the king and told him the reason why they had been so treated. Darius, fearing that this might be a conspiracy of the six, sent for each severally and questioned him, to know if they approved the deed; and being assured that they had no part in it, he seized Intaphrenes with his sons and all his household— for he much suspected that the man was plotting a rebellion with his kinsfolk—and imprisoned them with intent to put them to death. Then Intaphrenes' wife came ever and anon to the palace gates, weeping and lamenting; and at last her continual so doing moved Darius to compassion; and he sent a messenger to tell her that Darius would grant her the life of one of her imprisoned kinsfolk, whomsoever she chose. She, after counsel taken, answered that If this were the king's boon she chose the life of her brother. Darius was astonished when he heard her answer, and sent one who said to her: "Woman, the king would know for what reason you pass over your husband and your children and choose rather to save the life of your brother, who is less close to you than your children and less dear than your husband." "O King," she answered, "another husband I may get, if heaven so will, and other children, if I lose these; but my father and mother are dead, and so I can by no means get another brother; that is why I have thus spoken." Darius was pleased, and thought the reason good; he delivered to the woman him for

τὸν πρεσβύτατον, ἡσθεὶς αὐτῇ, τοὺς δὲ ἄλλους
ἀπέκτεινε πάντας. τῶν μὲν δὴ ἑπτὰ εἰς αὐτίκα
τρόπῳ τῷ εἰρημένῳ ἀπολώλεε.

120. Κατὰ δέ κου μάλιστα τὴν Καμβύσεω
νοῦσον ἐγίνετο τάδε. ὑπὸ Κύρου κατασταθεὶς ἦν
Σαρδίων ὕπαρχος Ὀροίτης ἀνὴρ Πέρσης· οὗτος
ἐπεθύμησε πρήγματος οὐκ ὁσίου· οὔτε γάρ τι
παθὼν οὔτε ἀκούσας μάταιον ἔπος πρὸς Πολυ-
κράτεος τοῦ Σαμίου, οὐδὲ ἰδὼν πρότερον, ἐπεθύμεε
λαβὼν αὐτὸν ἀπολέσαι, ὡς μὲν οἱ πλεῦνες λέγουσι,
διὰ τοιήνδε τινὰ αἰτίην. ἐπὶ τῶν βασιλέος θυρέων
κατήμενον τόν τε Ὀροίτεα καὶ ἄλλον Πέρσην τῷ
οὔνομα εἶναι Μιτροβάτεα, νομοῦ ἄρχοντα τοῦ ἐν
Δασκυλείῳ, τούτους ἐκ λόγων ἐς νείκεα συμπε-
σεῖν, κρινομένων δὲ περὶ ἀρετῆς εἰπεῖν τὸν Μιτρο-
βάτεα τῷ Ὀροίτῃ προφέροντα " Σὺ γὰρ ἐν ἀνδρῶν
λόγῳ, ὃς βασιλέι νῆσον Σάμον πρὸς τῷ σῷ νομῷ
προσκειμένην οὐ προσεκτήσαο, ὧδε δή τι ἐοῦσαν
εὐπετέα χειρωθῆναι, τὴν τῶν τις ἐπιχωρίων πεν-
τεκαίδεκα ὁπλίτῃσι ἐπαναστὰς ἔσχε καὶ νῦν αὐτῆς
τυραννεύει;" οἳ μὲν δή μιν φασὶ τοῦτο ἀκούσαντα
καὶ ἀλγήσαντα τῷ ὀνείδεϊ ἐπιθυμῆσαι οὐκ οὕτω
τὸν εἴπαντα ταῦτα τίσασθαι ὡς Πολυκράτεα
πάντως ἀπολέσαι, δι᾽ ὅντινα κακῶς ἤκουσε.

121. Οἱ δὲ ἐλάσσονες λέγουσι πέμψαι Ὀροίτεα
ἐς Σάμον κήρυκα ὅτευ δὴ χρήματος δεησόμενον
(οὐ γὰρ ὦν δὴ τοῦτό γε λέγεται), καὶ τὸν Πολυ-
κράτεα τυχεῖν κατακείμενον ἐν ἀνδρεῶνι, παρεῖναι
δέ οἱ καὶ Ἀνακρέοντα τὸν Τήιον· καί κως εἴτ᾽ ἐκ
προνοίης αὐτὸν κατηλογέοντα τὰ Ὀροίτεω πρή-
γματα, εἴτε καὶ συντυχίη τις τοιαύτη ἐπεγένετο·
τόν τε γὰρ κήρυκα τὸν Ὀροίτεω παρελθόντα

whose life she had asked, and the eldest of her sons besides; all the rest he put to death. Thus immediately perished one of the seven.

120. What I will now relate happened about the time of Cambyses' sickness. The viceroy of Sardis appointed by Cyrus was Oroetes, a Persian. This man purposed to do a great wrong; for though he had received no hurt by deed or word from Polycrates of Samos, nor had even seen him, he formed the desire of seizing and killing him. The reason alleged by most was this:—As Oroetes and another Persian, Mitrobates by name, governor of the province at Dascyleium, sat by the king's door, they fell from talk to wrangling and comparing of their several achievements: and Mitrobates taunted Oroetes, saying, "You are not to be accounted a man; the island of Samos lies close to your province, yet you have not added it to the king's dominion—an island so easy to conquer that some native of it rose against his rulers with fifteen men at arms, and is now lord of it."[1] Some say that Oroetes, angered by this taunt, was less desirous of punishing the utterer of it than of by all means destroying the reason of the reproach, namely Polycrates.

121. Others (but fewer) say that when Oroetes sent a herald to Samos with some request (it is not said what this was), the herald found Polycrates lying in the men's apartments, in the company of Anacreon of Teos; and, whether by design to show contempt for Oroetes, or by mere chance, when Oroetes' herald

[1] See ch. 39.

διαλέγεσθαι, καὶ τὸν Πολυκράτεα (τυχεῖν γὰρ
ἀπεστραμμένον πρὸς τὸν τοῖχον) οὔτε τι μετα-
στραφῆναι οὔτε ὑποκρίνασθαι.

122. Αἰτίαι μὲν δὴ αὗται διφάσιαι λέγονται
τοῦ θανάτου τοῦ Πολυκράτεος γενέσθαι, πάρεστι
δὲ πείθεσθαι ὁκοτέρῃ τις βούλεται αὐτέων. ὁ δὲ
ὢν Ὀροίτης ἱζόμενος ἐν Μαγνησίῃ τῇ ὑπὲρ Μαι-
άνδρου ποταμοῦ οἰκημένῃ ἔπεμπε Μύρσον τὸν
Γύγεω ἄνδρα Λυδὸν ἐς Σάμον ἀγγελίην φέροντα,
μαθὼν τοῦ Πολυκράτεος τὸν νόον. Πολυκράτης
γὰρ ἐστὶ πρῶτος τῶν ἡμεῖς ἴδμεν Ἑλλήνων ὃς
θαλασσοκρατέειν ἐπενοήθη, πάρεξ Μίνωός τε τοῦ
Κνωσσίου καὶ εἰ δή τις ἄλλος πρότερος τούτου
ἦρξε τῆς θαλάσσης· τῆς δὲ ἀνθρωπηίης λεγομένης
γενεῆς Πολυκράτης πρῶτος, ἐλπίδας πολλὰς ἔχων
Ἰωνίης τε καὶ νήσων ἄρξειν. μαθὼν ὢν ταῦτά
μιν διανοεύμενον ὁ Ὀροίτης πέμψας ἀγγελίην
ἔλεγε τάδε. "Ὀροίτης Πολυκράτεϊ ὧδε λέγει.
πυνθάνομαι ἐπιβουλεύειν σε πρήγμασι μεγάλοισι,
καὶ χρήματά τοι οὐκ εἶναι κατὰ τὰ φρονήματα.
σύ νυν ὧδε ποιήσας ὀρθώσεις μὲν σεωυτόν, σώσεις
δὲ καὶ ἐμέ· ἐμοὶ γὰρ βασιλεὺς Καμβύσης ἐπιβου-
λεύει θάνατον, καί μοι τοῦτο ἐξαγγέλλεται σαφη-
νέως. σύ νυν ἐμὲ ἐκκομίσας αὐτὸν καὶ χρήματα,
τὰ μὲν αὐτῶν αὐτὸς ἔχε, τὰ δὲ ἐμὲ ἔα ἔχειν
εἵνεκέν τε χρημάτων ἄρξεις ἁπάσης τῆς Ἑλλάδος.
εἰ δέ μοι ἀπιστέεις τὰ περὶ τῶν χρημάτων, πέμψον
ὅστις τοι πιστότατος τυγχάνει ἐών, τῷ ἐγὼ ἀπο-
δέξω."

123. Ταῦτα ἀκούσας Πολυκράτης ἥσθη τε καὶ
ἐβούλετο· καί κως ἱμείρετο γὰρ χρημάτων μεγάλως,
ἀποπέμπει πρῶτα κατοψόμενον Μαιάνδριον Μαι-

entered and addressed him, Polycrates, then lying with his face to the wall, never turned nor answered him.

122. These are the two reasons alleged for Polycrates' death; believe which you will. But the upshot was that Oroetes, being then at Magnesia which stands above the river Maeander, sent Myrsus, son of Gyges, a Lydian, with a message to Samos, having learnt Polycrates' purpose; for Polycrates was the first Greek, of whom I have knowledge, to aim at the mastery of the sea, leaving out of account Minos of Cnossus and any others who before him held maritime dominion; of such as may be called men Polycrates was the first so to do, and he had great hope of making himself master of Ionia and the Islands. Learning then that such was his intent, Oroetes sent him this message : " These from Oroetes to Polycrates :—I learn that you plan great enterprises, and that you have not money sufficient for your purpose. Do then as I counsel and you will make yourself to prosper and me to be safe. King Cambyses designs my death; of this I have clear intelligence. Now if you will bring me away with my money, you may take part of it for yourself and leave the rest with me ; thus shall you have wealth enough to rule all Hellas. If you mistrust what I tell you of the money, send your trustiest minister and I will prove it to him."

123. Hearing this, Polycrates liked the plan and consented ; and, as it chanced that he had a great desire for money, he first sent one of his townsmen,

HERODOTUS

ανδρίου ἄνδρα τῶν ἀστῶν, ὅς οἱ ἦν γραμματιστής·
ὃς χρόνῳ οὐ πολλῷ ὕστερον τούτων τὸν κόσμον
τὸν ἐκ τοῦ ἀνδρεῶνος τοῦ Πολυκράτεος ἐόντα
ἀξιοθέητον ἀνέθηκε πάντα ἐς τὸ Ἡραιον. ὁ δὲ
Ὀροίτης μαθὼν τὸν κατάσκοπον ἐόντα προσδό-
κιμον ἐποίεε τοιάδε· λάρνακας ὀκτὼ πληρώσας
λίθων πλὴν κάρτα βραχέος τοῦ περὶ αὐτὰ τὰ
χείλεα, ἐπιπολῆς τῶν λίθων χρυσὸν ἐπέβαλε,
καταδήσας δὲ τὰς λάρνακας εἶχε ἑτοίμας. ἐλθὼν
δὲ ὁ Μαιάνδριος καὶ θεησάμενος ἀπήγγελλε τῷ
Πολυκράτεϊ.

124. Ὁ δὲ πολλὰ μὲν τῶν μαντίων ἀπαγορευ-
όντων πολλὰ δὲ τῶν φίλων ἐστέλλετο αὐτόσε,
πρὸς δὲ καὶ ἰδούσης τῆς θυγατρὸς ὄψιν ἐνυπνίου
τοιήνδε· ἐδόκεε οἱ τὸν πατέρα ἐν τῷ ἠέρι μετέωρον
ἐόντα λοῦσθαι μὲν ὑπὸ τοῦ Διός, χρίεσθαι δὲ ὑπὸ
τοῦ ἡλίου. ταύτην ἰδοῦσα τὴν ὄψιν παντοίη ἐγί-
νετο μὴ ἀποδημῆσαι τὸν Πολυκράτεα παρὰ τὸν
Ὀροίτεα, καὶ δὴ καὶ ἰόντος αὐτοῦ ἐπὶ τὴν πεντη-
κόντερον ἐπεφημίζετο. ὁ δέ οἱ ἠπείλησε, ἢν σῶς
ἀπονοστήσῃ, πολλόν μιν χρόνον παρθενεύεσθαι.
ἡ δὲ ἠρήσατο ἐπιτελέα ταῦτα γενέσθαι· βούλεσθαι
γὰρ παρθενεύεσθαι πλέω χρόνον ἢ τοῦ πατρὸς
ἐστερῆσθαι.

125. Πολυκράτης δὲ πάσης συμβουλίης ἀλο-
γήσας ἔπλεε παρὰ τὸν Ὀροίτεα, ἅμα ἀγόμενος
ἄλλους τε τοὺς πολλοὺς τῶν ἑταίρων, ἐν δὲ δὴ καὶ
Δημοκήδεα τὸν Καλλιφῶντος Κροτωνιήτην ἄνδρα,
ἰητρόν τε ἐόντα καὶ τὴν τέχνην ἀσκέοντα ἄριστα
τῶν κατ' ἑωυτόν. ἀπικόμενος δὲ ἐς τὴν Μαγνη-
σίην ὁ Πολυκράτης διεφθάρη κακῶς, οὔτε ἑωυτοῦ
ἀξίως οὔτε τῶν ἑωυτοῦ φρονημάτων· ὅτι γὰρ μὴ

152

Maeandrius, son of Maeandrius, to look into the matter; this man was his scribe; it was he who not long afterwards dedicated in the Heraeum all the splendid adornment of the men's apartment in Poly-crates' house. When Oroetes heard that an inspection was to be looked for, he filled eight chests with stones, saving only a very shallow layer at the top; then he laid gold on the surface of the stones, made the chests fast and kept them ready. Maeandrius came and saw, and brought word back to his master.

124. Polycrates then prepared to visit Oroetes, despite the strong dissuasion of his diviners and friends, and a vision seen by his daughter in a dream; she dreamt that she saw her father aloft in the air, washed by Zeus and anointed by the sun; after this vision she used all means to persuade him not to go on this journey to Oroetes; even as he went to his fifty-oared ship she prophesied evil for him. When Polycrates threatened her that if he came back safe, she should long remain a virgin, she answered with a prayer that his threat might be fulfilled: for she would rather, she said, be long left a virgin than lose her father.

125. But Polycrates would listen to no counsel. He sailed to meet Oroetes, with a great retinue of followers, among whom was Democedes, son of Calli-phon, a man of Crotona and the most skilful physician of his time. But no sooner had Polycrates come to Magnesia than he was foully murdered, making an end which ill beseemed himself and his pride; for,

οἱ Συρηκοσίων γενόμενοι τύραννοι οὐδὲ εἷς τῶν
ἄλλων Ἑλληνικῶν τυράννων ἄξιος ἐστὶ Πολυ-
κράτεϊ μεγαλοπρεπείην συμβληθῆναι. ἀποκτείνας
δέ μιν οὐκ ἀξίως ἀπηγήσιος Ὀροίτης ἀνεσταύρωσε·
τῶν δέ οἱ ἑπομένων ὅσοι μὲν ἦσαν Σάμιοι, ἀπῆκε,
κελεύων σφέας ἑωυτῷ χάριν εἰδέναι ἐόντας ἐλευ-
θέρους, ὅσοι δὲ ἦσαν ξεῖνοί τε καὶ δοῦλοι τῶν
ἑπομένων, ἐν ἀνδραπόδων λόγῳ ποιεύμενος εἶχε.
Πολυκράτης δὲ ἀνακρεμάμενος ἐπετέλεε πᾶσαν
τὴν ὄψιν τῆς θυγατρός· ἐλοῦτο μὲν γὰρ ὑπὸ τοῦ
Διὸς ὅκως ὕοι, ἐχρίετο δὲ ὑπὸ τοῦ ἡλίου, ἀνιεὶς
αὐτὸς ἐκ τοῦ σώματος ἰκμάδα.

126. Πολυκράτεος μὲν δὴ αἱ πολλαὶ εὐτυχίαι
ἐς τοῦτο ἐτελεύτησαν τῇ οἱ Ἄμασις ὁ Αἰγύπτου
βασιλεὺς προεμαντεύσατο.[1] χρόνῳ δὲ οὐ πολλῷ
ὕστερον καὶ Ὀροίτεα Πολυκράτεος τίσιες μετῆλ-
θον. μετὰ γὰρ τὸν Καμβύσεω θάνατον καὶ τὴν
Μάγων τὴν βασιληίην μένων ἐν τῇσι Σάρδισι
Ὀροίτης ὠφέλεε μὲν οὐδὲν Πέρσας ὑπὸ Μήδων
ἀπαραιρημένους τὴν ἀρχήν· ὁ δὲ ἐν ταύτῃ τῇ
ταραχῇ κατὰ μὲν ἔκτεινε Μιτροβάτεα τὸν ἐκ
Δασκυλείου ὕπαρχον, ὅς οἱ ὠνείδισε τὰ ἐς Πολυ-
κράτεα ἔχοντα, κατὰ δὲ τοῦ Μιτροβάτεω τὸν
παῖδα Κρανάσπην, ἄνδρας ἐν Πέρσῃσι δοκίμους,
ἄλλα τε ἐξύβρισε παντοῖα καί τινα ἀγγελιηφόρον
ἐλθόντα Δαρείου παρ' αὐτόν, ὡς οὐ πρὸς ἡδονήν
οἱ ἦν τὰ ἀγγελλόμενα, κτείνει μιν ὀπίσω κομιζό-
μενον, ἄνδρας οἱ ὑπείσας κατ' ὁδόν, ἀποκτείνας
δέ μιν ἠφάνισε αὐτῷ ἵππῳ.

[1] Stein brackets τῇ ... προεμαντεύσατο, because Amasis did
not actually prophesy the details; but the words may well
stand.

saving only the despots of Syracuse, there is no despot of Greek race to be compared with Polycrates for magnificence. Having killed him (in some way not fit to be told) Oroetes then crucified him; as for the Samians in his retinue he let them go, bidding them thank Oroetes for their freedom; those who were not Samians, or were servants of Polycrates' followers, he kept for slaves. So Polycrates was hanged aloft, and thereby his daughter's dream came true; for he was washed by Zeus when it rained, and the moisture from his body was his anointment by the sun.

126. This was the end of Polycrates' many successes, as Amasis king of Egypt had forewarned him. But not long after, Oroetes was overtaken by the powers that avenged Polycrates. After Cambyses had died and the Magians won the kingship, Oroetes stayed in Sardis, where he in no way helped the Persians to regain the power taken from them by the Medes, but contrariwise; for in this confusion he slew two notable Persians, Mitrobates, the governor from Dascyleium, who had taunted him concerning Polycrates, and Mitrobates' son, Cranaspes; and besides many other violent deeds, when a messenger from Darius came with a message which displeased him, he set an ambush by the way and killed that messenger on his journey homewards, and made away with the man's body and horse.

127. Δαρεῖος δὲ ὡς ἔσχε τὴν ἀρχήν, ἐπεθύμεε
τὸν Ὀροίτεα τίσασθαι πάντων τῶν ἀδικημάτων
εἵνεκεν καὶ μάλιστα Μιτροβάτεω καὶ τοῦ παιδός.
ἐκ μὲν δὴ τῆς ἰθέης στρατὸν ἐπ᾽ αὐτὸν οὐκ ἐδόκεε
πέμπειν ἅτε οἰδεόντων ἔτι τῶν πρηγμάτων, καὶ
νεωστὶ ἔχων τὴν ἀρχὴν καὶ τὸν Ὀροίτεα μεγάλην
τὴν ἰσχὺν πυνθανόμενος ἔχειν· τὸν χίλιοι μὲν
Περσέων ἐδορυφόρεον, εἶχε δὲ νομὸν τόν τε Φρύγιον
καὶ Λύδιον καὶ Ἰωνικόν. πρὸς ταῦτα δὴ ὦν ὁ
Δαρεῖος τάδε ἐμηχανήσατο. συγκαλέσας Περσέων
τοὺς δοκιμωτάτους ἔλεγέ σφι τάδε. "Ὦ Πέρσαι,
τίς ἄν μοι τοῦτο ὑμέων ὑποστὰς ἐπιτελέσειε σοφίῃ
καὶ μὴ βίῃ τε καὶ ὁμίλῳ; ἔνθα γὰρ σοφίης δέει,
βίης ἔργον οὐδέν· ὑμέων δὲ ὦν τίς μοι Ὀροίτεα
ἢ ζώοντα ἀγάγοι ἢ ἀποκτείνειε; ὃς ὠφέλησε μέν
κω Πέρσας οὐδέν, κακὰ δὲ μεγάλα ἔοργε· τοῦτο
μὲν δύο ἡμέων ἠίστωσε, Μιτροβάτεά τε καὶ τὸν
παῖδα αὐτοῦ, τοῦτο δὲ τοὺς ἀνακαλέοντας αὐτὸν
καὶ πεμπομένους ὑπ᾽ ἐμεῦ κτείνει, ὕβριν οὐκ ἀνα-
σχετὸν φαίνων. πρίν τι ὦν μέζον ἐξεργάσασθαί
μιν Πέρσας κακόν, καταλαμπτέος ἐστὶ ἡμῖν
θανάτῳ."

128. Δαρεῖος μὲν ταῦτα ἐπειρώτα, τῷ δὲ ἄνδρες
τριήκοντα ὑπέστησαν, αὐτὸς ἕκαστος ἐθέλων ποιέ-
ειν ταῦτα. ἐρίζοντας δὲ Δαρεῖος κατελάμβανε
κελεύων πάλλεσθαι· παλλομένων δὲ λαγχάνει ἐκ
πάντων Βαγαῖος ὁ Ἀρτόντεω· λαχὼν δὲ ὁ Βαγαῖος
ποιέει τάδε· βιβλία γραψάμενος πολλὰ καὶ περὶ
πολλῶν ἔχοντα πρηγμάτων σφρηγῖδά σφι ἐπέβαλε
τὴν Δαρείου, μετὰ δὲ ἦιε ἔχων ταῦτα ἐς τὰς Σάρδις.
ἀπικόμενος δὲ καὶ Ὀροίτεω ἐς ὄψιν ἐλθών, τῶν
βυβλίων ἓν ἕκαστον περιαιρεόμενος ἐδίδου τῷ

127. So when Darius became king he was minded to punish Oroetes for all his wrongdoing, and chiefly for the killing of Mitrobates and his son. But he thought it best not to send an army openly against the satrap, seeing that all was still in ferment and he himself was still new to the royal power; moreover he heard that Oroetes was very strong, having a guard of a thousand Persian spearmen and being governor of the Phrygian and Lydian and Ionian province. Resorting therefore to a device to help him, he summoned an assembly of the most notable Persians, whom he thus addressed : " Who is there among you, men of Persia, that will undertake and achieve a thing for me not with force and numbers, but by cunning? Force has no place where cunning is needful. But to the matter in hand—which of you will bring me Oroetes alive, or kill him? for he has done the Persians no good, but much harm ; two of us he has slain, Mitrobates and his son ; nay, and he slays my messengers who are sent to recall him ; so unbearable is the insolence of his acts. Therefore we must see that death stays him from doing the Persians some yet worse evil."

128. At this question thirty men promised that they were ready each for himself to do the king's will. Darius bade them not contend but draw lots ; they all did so, and the lot fell on Bagaeus, son of Artontes. He, thus chosen, got written many letters concerning many matters ; then sealing them with Darius' seal he went with them to Sardis. Coming there into Oroetes' presence he took out each letter severally and gave it to one of the royal scribes who attend all

HERODOTUS

γραμματιστῇ τῷ βασιληίῳ ἐπιλέγεσθαι· γραμμα-
τιστὰς δὲ βασιληίους οἱ πάντες ὕπαρχοι ἔχουσι·
ἀποπειρώμενος δὲ τῶν δορυφόρων ἐδίδου τὰ βυβλία
ὁ Βαγαῖος, εἰ ἐνδεξαίατο ἀπόστασιν ἀπὸ Ὀροίτεω.
ὁρέων δὲ σφέας τά τε βυβλία σεβομένους μεγάλως
καὶ τὰ λεγόμενα ἐκ τῶν βυβλίων ἔτι μεζόνως,
διδοῖ ἄλλο ἐν τῷ ἐνῆν ἔπεα τάδε· " Ὦ Πέρσαι,
βασιλεὺς Δαρεῖος ἀπαγορεύει ὑμῖν μὴ δορυφορέειν
Ὀροίτεα." οἱ δὲ ἀκούσαντες τούτων μετῆκάν οἱ
τὰς αἰχμάς. ἰδὼν δὲ τοῦτο σφέας ὁ Βαγαῖος
πειθομένους τῷ βυβλίῳ, ἐνθαῦτα δὴ θαρσήσας τὸ
τελευταῖον τῶν βυβλίων διδοῖ τῷ γραμματιστῇ,
ἐν τῷ ἐγέγραπτο " Βασιλεὺς Δαρεῖος Πέρσῃσι
τοῖσι ἐν Σάρδισι ἐντέλλεται κτείνειν Ὀροίτεα."
οἱ δὲ δορυφόροι ὡς ἤκουσαν ταῦτα, σπασάμενοι
τοὺς ἀκινάκας κτείνουσι παραυτίκα μιν, οὕτω
δὴ Ὀροίτεα τὸν Πέρσην Πολυκράτεος τοῦ Σαμίου
τίσιες μετῆλθον.

129. Ἀπικομένων δὲ καὶ ἀνακομισθέντων τῶν
Ὀροίτεω χρημάτων ἐς τὰ Σοῦσα, συνήνεικε χρόνῳ
οὐ πολλῷ ὕστερον βασιλέα Δαρεῖον ἐν ἄγρῃ
θηρῶν ἀποθρώσκοντα ἀπ' ἵππου στραφῆναι τὸν
πόδα. καί κως ἰσχυροτέρως ἐστράφη· ὁ γάρ οἱ
ἀστράγαλος ἐξεχώρησε ἐκ τῶν ἄρθρων. νομίζων
δὲ καὶ πρότερον περὶ ἑωυτὸν ἔχειν Αἰγυπτίων
τοὺς δοκέοντας εἶναι πρώτους τὴν ἰητρικήν, τού-
τοισι ἐχρᾶτο. οἱ δὲ στρεβλοῦντες καὶ βιώμενοι
τὸν πόδα κακὸν μέζον ἐργάζοντο. ἐπ' ἑπτὰ μὲν
δὴ ἡμέρας καὶ ἑπτὰ νύκτας ὑπὸ τοῦ παρεόντος
κακοῦ ὁ Δαρεῖος ἀγρυπνίῃσι εἴχετο· τῇ δὲ δὴ
ὀγδόῃ ἡμέρῃ ἔχοντί οἱ φλαύρως, παρακούσας τις
πρότερον ἔτι ἐν Σάρδισι τοῦ Κροτωνιήτεω Δημο-

158

governors, for him to read ; giving the letters with intent to try the spearmen and learn if they would consent to revolt against Oroetes. Seeing that they paid great regard to the rolls and yet more to what was written therein, he gave another, wherein were these words : " Persians ! King Darius forbids you to be Oroetes' guard," which when the guard heard they lowered their spears before him. When Bagaeus saw that they obeyed the letter thus far, he took heart and gave the last roll to the scribe, wherein were these words : "King Darius charges the Persians in Sardis to kill Oroetes." Hearing this the spearmen drew their scimitars and killed Oroetes forthwith. Thus was Oroetes the Persian overtaken by the powers that avenged Polycrates of Samos.

129. Oroetes' slaves and other possessions were brought to Susa. Not long after this, it happened that Darius, while hunting, twisted his foot in dismounting from his horse, so violently that the ball of the ankle joint was dislocated from its socket. Darius called in the first physicians of Egypt, whom he had till now kept near his person ; who, by their forcible wrenching of the foot, did but make the hurt worse ; and for seven days and nights the king could get no sleep for the pain. On the eighth day he was in very evil case ; then someone, who had heard in Sardis of the skill of Democedes of Croton, told the

HERODOTUS

κήδεος τὴν τέχνην ἀγγέλλει τῷ Δαρείῳ· ὃ δὲ
ἄγειν μιν τὴν ταχίστην παρ' ἑωυτὸν ἐκέλευσε·
τὸν δὲ ὡς ἐξεῦρον ἐν τοῖσι Ὀροίτεω ἀνδραπόδοισι
ὅκου δὴ ἀπημελημένον, παρῆγον ἐς μέσον πέδας
τε ἕλκοντα καὶ ῥάκεσι ἐσθημένον.
130. Σταθέντα δὲ ἐς μέσον εἰρώτα ὁ Δαρεῖος
τὴν τέχνην εἰ ἐπίσταιτο· ὃ δὲ οὐκ ὑπεδέκετο,
ἀρρωδέων μὴ ἑωυτὸν ἐκφήνας τὸ παράπαν τῆς
Ἑλλάδος ᾖ ἀπεστερημένος· κατεφάνη τε
τῷ Δαρείῳ τεχνάζειν ἐπιστάμενος, καὶ τοὺς
ἀγαγόντας αὐτὸν ἐκέλευσε μάστιγάς τε καὶ
κέντρα παραφέρειν ἐς τὸ μέσον. ὃ δὲ ἐνθαῦτα
δὴ ὦν ἐκφαίνει, φὰς ἀτρεκέως μὲν οὐκ ἐπί-
στασθαι, ὁμιλήσας δὲ ἰητρῷ φλαύρως ἔχειν τὴν
τέχνην. μετὰ δέ, ὥς οἱ ἐπέτρεψε, Ἑλληνικοῖσι
ἰήμασι χρεώμενος καὶ ἤπια μετὰ τὰ ἰσχυρὰ
προσάγων ὕπνου τέ μιν λαγχάνειν ἐποίεε καὶ ἐν
χρόνῳ ὀλίγῳ ὑγιέα μιν ἀπέδεξε, οὐδαμὰ ἔτι
ἐλπίζοντα ἀρτίπουν ἔσεσθαι. δωρέεται δή μιν
μετὰ ταῦτα ὁ Δαρεῖος πεδέων χρυσέων δύο ζεύ-
γεσι· ὃ δέ μιν ἐπείρετο εἴ οἱ διπλήσιον τὸ κακὸν
ἐπίτηδες νέμει, ὅτι μιν ὑγιέα ἐποίησε. ἡσθεὶς δὲ
τῷ ἔπεϊ ὁ Δαρεῖος ἀποπέμπει μιν παρὰ τὰς
ἑωυτοῦ γυναῖκας· παράγοντες δὲ οἱ εὐνοῦχοι ἔλε-
γον πρὸς τὰς γυναῖκας ὡς βασιλέι οὗτος εἴη ὃς
τὴν ψυχὴν ἀπέδωκε. ὑποτύπτουσα δὲ αὐτέων
ἑκάστη φιάλῃ τοῦ χρυσοῦ ἐς θήκην ἐδωρέετο
Δημοκήδεα οὕτω δή τι δαψιλέι δωρεῇ ὡς τοὺς
ἀποπίπτοντας ἀπὸ τῶν φιαλέων στατῆρας ἑπό-
μενος ὁ οἰκέτης, τῷ οὔνομα ἦν Σκίτων, ἀνελέγετο
καί οἱ χρῆμα πολλόν τι χρυσοῦ συνελέχθη.

king of him. Darius bade Democedes be brought to him without delay. Finding the physician somewhere all unregarded and forgotten among Oroetes' slaves, they brought him forth, dragging his chains and clad in rags.

130. When he came before the king, Darius asked him if he had knowledge of his art. Democedes denied it, for he feared that by revealing the truth about himself he would wholly be cut off from Hellas. Darius saw clearly that he was using craft to hide his knowledge,[1] and bade those who led him to bring out scourges and goads for him. Then Democedes confessed, in so far as to say that his knowledge was not exact: but he had consorted (he said) with a physician and thereby gained some poor acquaintance with the art. Darius then entrusting the matter to him, Democedes applied Greek remedies and used gentleness instead of the Egyptians' violence; whereby he made the king able to sleep and in a little while recovered him of his hurt, though Darius had had no hope of regaining the use of his foot. After this, Darius rewarded him with a gift of two pairs of golden fetters. "Is it then your purpose," Democedes asked, "to double my pains for my making you whole?" Darius, pleased by his wit, sent him to the king's wives. The eunuchs brought him to the women, saying, "This is he who saved the king's life"; whereupon each of them took a vessel and, scooping with it from a chest full of gold, so richly rewarded the physician that the servant, whose name was Sciton, collected a very great sum of gold by following and gleaning the staters that fell from the vessels.

[1] Or, that he knew how to practise his art?

HERODOTUS

131. Ὁ δὲ Δημοκήδης οὗτος ὧδε ἐκ Κρότωνος
ἀπιγμένος Πολυκράτεϊ ὡμίλησε· πατρὶ συνείχετο
ἐν τῇ Κρότωνι ὀργὴν χαλεπῷ· τοῦτον ἐπείτε οὐκ
ἐδύνατο φέρειν, ἀπολιπὼν οἴχετο ἐς Αἴγιναν.
καταστὰς δὲ ἐς ταύτην πρώτῳ ἔτεϊ ὑπερεβάλετο
τοὺς ἄλλους ἰητρούς, ἀσκευής περ ἐὼν καὶ ἔχων
οὐδὲν τῶν ὅσα περὶ τὴν τέχνην ἐστὶ ἐργαλήια.
καί μιν δευτέρῳ ἔτεϊ ταλάντου Αἰγινῆται δημοσίῃ
μισθοῦνται, τρίτῳ δὲ ἔτεϊ Ἀθηναῖοι ἑκατὸν μνέων,
τετάρτῳ δὲ ἔτεϊ Πολυκράτης δυῶν ταλάντων.
οὕτω μὲν ἀπίκετο ἐς τὴν Σάμον, καὶ ἀπὸ τούτου
τοῦ ἀνδρὸς οὐκ ἥκιστα Κροτωνιῆται ἰητροὶ εὐδο-
κίμησαν. ἐγένετο γὰρ ὦν τοῦτο ὅτε πρῶτοι μὲν
Κροτωνιῆται ἰητροὶ ἐλέγοντο ἀνὰ τὴν Ἑλλάδα
εἶναι, δεύτεροι δὲ Κυρηναῖοι. κατὰ τὸν αὐτὸν δὲ
τοῦτον χρόνον καὶ Ἀργεῖοι ἤκουον μουσικὴν εἶναι
Ἑλλήνων πρῶτοι.[1]

132. Τότε δὴ ὁ Δημοκήδης ἐν τοῖσι Σούσοισι
ἐξιησάμενος Δαρεῖον οἶκόν τε μέγιστον εἶχε καὶ
ὁμοτράπεζος βασιλέϊ ἐγεγόνεε, πλήν τε ἑνὸς τοῦ
ἐς Ἕλληνας ἀπιέναι πάντα τἆλλά οἱ παρῆν.
καὶ τοῦτο μὲν τοὺς Αἰγυπτίους ἰητρούς, οἳ βα-
σιλέα πρότερον ἰῶντο, μέλλοντας ἀνασκολοπι-
εῖσθαι ὅτι ὑπὸ Ἕλληνος ἰητροῦ ἑσσώθησαν, τού-
τους βασιλέα παραιτησάμενος ἐρρύσατο· τοῦτο
δὲ μάντιν Ἠλεῖον Πολυκράτεϊ ἐπισπόμενον καὶ
ἀπημελημένον ἐν τοῖσι ἀνδραπόδοισι ἐρρύσατο.
ἦν δὲ μέγιστον πρῆγμα Δημοκήδης παρὰ βασιλέϊ.

133. Ἐν χρόνῳ δὲ ὀλίγῳ μετὰ ταῦτα τάδε

[1] Stein suspects from ἐγένετο γὰρ to πρῶτοι, but for no very
cogent reason; though the mention of the Argive musicians
is certainly irrelevant.

162

131. Now this is how Democedes had come from Croton to live with Polycrates: he was troubled with a harsh-tempered father at Croton, whom being unable to bear, he left him and went to Aegina. Settled there, before a year was out, he excelled all the other physicians, although he had no equipment nor any of the implements of his calling. In his second year the Aeginetans [1] paid him a talent to be their public physician; in the next the Athenians hired him for an hundred minae, and Polycrates in the next again for two talents. Thus he came to Samos; and the fame of the Crotoniat physicians was chiefly owing to him; for at this time the best physicians in Greek countries were those of Croton, and next to them those of Cyrene. About the same time the Argives had the name of being the best musicians.

132. So now for having healed Darius at Susa Democedes had a very great house and ate at the king's table; all was his, except only permission to return to his Greek home. When the Egyptian chirurgeons who had till now attended on the king were about to be impaled for being less skilful than a Greek, Democedes begged their lives of the king and saved them; and he saved besides an Elean diviner, who had been of Polycrates' retinue and was left neglected among the slaves. Mightily in favour with the king was Democedes.

133. Not long after this, Atossa, Cyrus' daughter

---

[1] The Aeginetan talent = about 82 Attic minae (60 of which composed the Attic talent).

HERODOTUS

ἄλλα συνήνεικε γενέσθαι. Ἀτόσσῃ τῇ Κύρου
μὲν θυγατρὶ Δαρείου δὲ γυναικὶ ἐπὶ τοῦ μαστοῦ
ἔφυ φῦμα, μετὰ δὲ ἐκραγὲν ἐνέμετο πρόσω. ὅσον
μὲν δὴ χρόνον ἦν ἔλασσον, ἣ δὲ κρύπτουσα καὶ
αἰσχυνομένη ἔφραζε οὐδενί· ἐπείτε δὲ ἐν κακῷ ἦν,
μετεπέμψατο τὸν Δημοκήδεα καί οἱ ἐπέδεξε. ὃ
δὲ φὰς ὑγιέα ποιήσειν ἐξορκοῖ μιν ἦ μέν οἱ ἀντυ-
πουργήσειν ἐκείνην τοῦτο τὸ ἂν αὐτῆς δεηθῇ·
δεήσεσθαι δὲ οὐδενὸς τῶν ὅσα ἐς αἰσχύνην ἐστὶ
φέροντα.

134. Ὡς δὲ ἄρα μιν μετὰ ταῦτα ἰώμενος ὑγιέα
ἀπέδεξε, ἐνθαῦτα δὴ διδαχθεῖσα ὑπὸ τοῦ Δημο-
κήδεος ἡ Ἄτοσσα προσέφερε ἐν τῇ κοίτῃ Δαρείῳ
λόγον τοιόνδε. "Ὦ βασιλεῦ, ἔχων δύναμιν το-
σαύτην κάτησαι, οὔτε τι ἔθνος προσκτώμενος οὔτε
δύναμιν Πέρσῃσι. οἰκὸς δὲ ἐστὶ ἄνδρα καὶ νέον
καὶ χρημάτων μεγάλων δεσπότην φαίνεσθαί τι
ἀποδεικνύμενον, ἵνα καὶ Πέρσαι ἐκμάθωσι ὅτι ὑπ'
ἀνδρὸς ἄρχονται. ἐπ' ἀμφότερα δέ τοι συμφέρει
ταῦτα ποιέειν, καὶ ἵνα σφέων Πέρσαι ἐπίστωνται
ἄνδρα εἶναι τὸν προεστεῶτα, καὶ ἵνα τρίβωνται
πολέμῳ μηδὲ σχολὴν ἄγοντες ἐπιβουλεύωσί τοι.
νῦν γὰρ ἄν τι καὶ ἀποδέξαιο ἔργον, ἕως νέος εἶς
ἡλικίην· αὐξομένῳ γὰρ τῷ σώματι συναύξονται
καὶ αἱ φρένες, γηράσκοντι δὲ συγγηράσκουσι καὶ
ἐς τὰ πρήγματα πάντα ἀπαμβλύνονται." ἣ μὲν
δὴ ταῦτα ἐκ διδαχῆς ἔλεγε, ὃ δ' ἀμείβετο τοῖσιδε.
"Ὦ γύναι, πάντα ὅσα περ αὐτὸς ἐπινοέω ποιήσειν
εἴρηκας· ἐγὼ γὰρ βεβούλευμαι ζεύξας γέφυραν
ἐκ τῆσδε τῆς ἠπείρου ἐς τὴν ἑτέρην ἤπειρον ἐπὶ
Σκύθας στρατεύεσθαι· καὶ ταῦτα ὀλίγου χρόνου
ἔσται τελεύμενα." λέγει Ἄτοσσα τάδε. "Ὅρα

and Darius' wife, found a swelling growing on her breast, which broke and spread further. As long as it was but a small matter, she said nothing of it but hid it for shame; but presently growing worse, she sent for Democedes and showed it to him. He promised to cure her, but made her to swear that she would requite him by granting whatsoever he requested of her; saying, that he would ask nothing shameful.

134. His remedies having made her whole, Atossa at Democedes' prompting thus addressed Darius in their chamber: "Sire, you are a mighty ruler; why sit you idle, winning neither new dominions nor new power for your Persians? If you would have them know that they have a man for their king, it is right and fitting for one of your youth and your wealth to let them see you achieving some great enterprise. Thereby will you gain a double advantage: the Persians will know that their king is truly a man; and in the stress of war they will have no leisure for conspiring against you. Now is your time for achieving great deeds, while you are still young: for as a man's mind grows with his body's growth, so as the body ages the mind too grows older and duller for all uses." Thus she spoke, being so prompted. "Lady," said Darius, "what you say I am already minded to do. I am resolved to make a bridge from this to the other continent and so lead an army against the Scythians; and in a little while we will set about accomplishing this." "See now," Atossa answered, "forbear for the nonce to attack the

165

νῦν, ἐπὶ Σκύθας μὲν τὴν πρώτην ἰέναι ἔασον·
οὗτοι γάρ, ἐπεὰν σὺ βούλῃ, ἔσονταί τοι· σὺ δέ
μοι ἐπὶ τὴν Ἑλλάδα στρατεύεσθαι. ἐπιθυμέω
γὰρ λόγῳ πυνθανομένη Λακαίνας τέ μοι γενέσθαι
θεραπαίνας καὶ Ἀργείας καὶ Ἀττικὰς καὶ Κοριν-
θίας. ἔχεις δὲ ἄνδρα ἐπιτηδεότατον ἀνδρῶν
πάντων δέξαι τε ἕκαστα τῆς Ἑλλάδος καὶ κατη-
γήσασθαι, τοῦτον ὅς σευ τὸν πόδα ἐξιήσατο."
ἀμείβεται Δαρεῖος " Ὦ γύναι, ἐπεὶ τοίνυν τοι
δοκέει τῆς Ἑλλάδος ἡμέας πρῶτα ἀποπειρᾶσθαι,
κατασκόπους μοι δοκέει Περσέων πρῶτον ἄμεινον
εἶναι ὁμοῦ τούτῳ τῷ σὺ λέγεις πέμψαι ἐς αὐτούς,
οἳ μαθόντες καὶ ἰδόντες ἐξαγγελέουσι ἕκαστα
αὐτῶν ἡμῖν· καὶ ἔπειτα ἐξεπιστάμενος ἐπ' αὐτοὺς
τρέψομαι."

135. Ταῦτα εἶπε καὶ ἅμα ἔπος τε καὶ ἔργον
ἐποίεε. ἐπείτε γὰρ τάχιστα ἡμέρη ἐπέλαμψε,
καλέσας Περσέων ἄνδρας δοκίμους πεντεκαίδεκα
ἐνετέλλετό σφι ἑπομένους Δημοκήδεϊ διεξελθεῖν
τὰ παραθαλάσσια τῆς Ἑλλάδος, ὅκως τε μὴ
διαδρήσεται σφέας ὁ Δημοκήδης, ἀλλά μιν πάν-
τως ὀπίσω ἀπάξουσι. ἐντειλάμενος δὲ τούτοισι
ταῦτα, δεύτερα καλέσας αὐτὸν Δημοκήδεα ἐδέετο
αὐτοῦ ὅκως ἐξηγησάμενος πᾶσαν καὶ ἐπιδέξας
τὴν Ἑλλάδα τοῖσι Πέρσῃσι ὀπίσω ἥξει· δῶρα δέ
μιν τῷ πατρὶ καὶ τοῖσι ἀδελφεοῖσι ἐκέλευε πάντα
τὰ ἐκείνου ἔπιπλα λαβόντα ἄγειν, φὰς ἄλλα οἱ
πολλαπλήσια ἀντιδώσειν· πρὸς δὲ ἐς τὰ δῶρα
ὁλκάδα οἱ ἔφη συμβαλέεσθαι πλήσας ἀγαθῶν
παντοίων, τὴν ἅμα οἱ πλεύσεσθαι. Δαρεῖος μὲν
δή, δοκέειν ἐμοί, ἀπ' οὐδενὸς δολεροῦ νόου ἐπαγ-
γέλλετό οἱ ταῦτα. Δημοκήδης δὲ δείσας μή εὖ

Scythians; you will find them whenever you so
desire; nay, rather, I pray you, march against Hellas.
I have heard of Laconian and Argive and Attic and
Corinthian women, and would fain have them for
handmaidens. There is a man by you who is fitter
than any other to instruct and guide you in all
matters concerning Hellas : I mean the physician
who healed your foot." " Lady," answered Darius,
"since it is your desire that we should first try
conclusions with Hellas, methinks it is best that we
send Persians with the man of whom you speak to
spy out the land and bring us news of all that they
have seen in it; thus shall I have full knowledge
to help my adventure against Hellas."

135. So said Darius, and it was no sooner said than
done. For the next day at dawn he called to him
fifteen notable Persians, and bade them go with
Democedes and pass along the seaboard of Hellas;
charging them, too, by all means to bring the physi-
cian back and not suffer him to escape. Having thus
charged them he next sent for Democedes himself,
and required of him that when he had shown and
made clear all Hellas to the Persians, he should come
back; " And take," said he, " all your movable goods
to give your father and your brethren; I will give you
many times as much in return; and I will send to sail
with you a ship of burden with a cargo of all things
desirable." Darius, I think, made this promise in all
honesty. But Democedes feared lest the king should

HERODOTUS

ἐκπειρῷτο Δαρεῖος, οὔτι ἐπιδραμὼν πάντα τὰ
διδόμενα ἐδέκετο, ἀλλὰ τὰ μὲν ἑωυτοῦ κατὰ
χώρην ἔφη καταλείψειν, ἵνα ὀπίσω σφέα ἀπελ-
θὼν ἔχοι, τὴν μέντοι ὁλκάδα, τήν οἱ Δαρεῖος
ἐπαγγέλλετο ἐς τὴν δωρεὴν τοῖσι ἀδελφεοῖσι,
δέκεσθαι ἔφη. ἐντειλάμενος δὲ καὶ τούτῳ ταὐτὰ
ὁ Δαρεῖος ἀποστέλλει αὐτοὺς ἐπὶ θάλασσαν.

136. Καταβάντες δὲ οὗτοι ἐς Φοινίκην καὶ
Φοινίκης ἐς Σιδῶνα πόλιν αὐτίκα μὲν τριήρεας
δύο ἐπλήρωσαν, ἅμα δὲ αὐτῇσι καὶ γαῦλον μέγαν
παντοίων ἀγαθῶν· παρεσκευασμένοι δὲ πάντα
ἔπλεον ἐς τὴν Ἑλλάδα, προσίσχοντες δὲ αὐτῆς
τὰ παραθαλάσσια ἐθηεῦντο καὶ ἀπεγράφοντο, ἐς
ὃ τὰ πολλὰ αὐτῆς καὶ ὀνομαστὰ θεησάμενοι ἀπί-
κοντο τῆς Ἰταλίης ἐς Τάραντα. ἐνθαῦτα δὲ ἐκ
ῥηστώνης τῆς Δημοκήδεος Ἀριστοφιλίδης τῶν
Ταραντίνων ὁ βασιλεὺς τοῦτο μὲν τὰ πηδάλια
παρέλυσε τῶν Μηδικέων νεῶν, τοῦτο δὲ αὐτοὺς
τοὺς Πέρσας εἶρξε ὡς κατασκόπους δῆθεν ἐόντας.
ἐν ᾧ δὲ οὗτοι ταῦτα ἔπασχον, ὁ Δημοκήδης ἐς
τὴν Κρότωνα ἀπικνέεται· ἀπιγμένου δὲ ἤδη τού-
του ἐς τὴν ἑωυτοῦ ὁ Ἀριστοφιλίδης ἔλυσε τοὺς
Πέρσας, καὶ τὰ παρέλαβε τῶν νεῶν ἀπέδωκέ
σφι.

137. Πλέοντες δὲ ἐνθεῦτεν οἱ Πέρσαι καὶ διώ-
κοντες Δημοκήδεα ἀπικνέονται ἐς τὴν Κρότωνα,
εὑρόντες δέ μιν ἀγοράζοντα ἅπτοντο αὐτοῦ. τῶν
δὲ Κροτωνιητέων οἱ μὲν καταρρωδέοντες τὰ Περ-
σικὰ πρήγματα προϊέναι ἕτοιμοι ἦσαν, οἱ δὲ
ἀντάπτοντο καὶ τοῖσι σκυτάλοισι ἔπαιον τοὺς
Πέρσας προϊσχομένους ἔπεα τάδε. " Ἄνδρες
Κροτωνιῆται, ὁρᾶτε τὰ ποιέετε· ἄνδρα βασιλέος

168

be but trying him; therefore he made no haste to
accept all that was offered, but answered that he
would leave his own possessions where they were,
that he might have them at his return; as for the
ship which Darius promised him to carry the gifts
for his brethren, that he accepted.   Having laid
this same charge on Democedes also, Darius sent
all the company to the coast.

136. They came down to the city of Sidon in
Phoenice, and there chartered two triremes, as well
as a great galleon laden with all things desirable;
and when all was ready they set sail for Hellas,
where they surveyed and made a record of the
coasts to which they came; until having viewed
the greater and most famous parts they reached
Taras in Italy.   There Aristophilides, king of the
Tarentines, willing to do Democedes a kindness,
took off the steering gear from the Median ships,
and put the Persians under a guard, calling them
spies.   While they were in this plight Democedes
made his way to Croton; nor did Aristophilides set
the Persians free and restore to them what he
had taken from their ships, till the physician was by
now in his own country.

137. The Persians sailed from Taras and pursued
Democedes to Croton, where they found him in
the market and were for seizing him.   Some Cro-
toniats, who feared the Persian power, would have
given him up; but others held him against the king's
men and beat them with their staves.   "Nay," said
the Persians, "look well, men of Croton, what you

HERODOTUS

δρηπέτην γενόμενον ἐξαιρέεσθε. κῶς ταῦτα βα-
σιλέι Δαρείῳ ἐκχρήσει περιυβρίσθαι; κῶς δὲ
ὑμῖν τὰ ποιεύμενα ἕξει καλῶς, ἢν ἀπέλησθε
ἡμέας; ἐπὶ τίνα δὲ τῆσδε προτέρην στρατευσό-
μεθα πόλιν; τίνα δὲ προτέρην ἀνδραποδίζεσθαι
περιησόμεθα;" ταῦτα λέγοντες τοὺς Κροτωνιήτας
οὔκων ἔπειθον, ἀλλ' ἐξαιρεθέντες τε τὸν Δημο-
κήδεα καὶ τὸν γαῦλον τὸν ἅμα ἤγοντο ἀπαιρε-
θέντες ἀπέπλεον ὀπίσω ἐς τὴν Ἀσίην, οὐδ' ἔτι
ἐζήτησαν τὸ προσωτέρω τῆς Ἑλλάδος ἀπικόμενοι
ἐκμαθεῖν, ἐστερημένοι τοῦ ἡγεμόνος. τοσόνδε μέν-
τοι ἐνετείλατό σφι Δημοκήδης ἀναγομένοισι, κε-
λεύων εἰπεῖν σφεας Δαρείῳ ὅτι ἅρμοσται τὴν
Μίλωνος θυγατέρα Δημοκήδης γυναῖκα. τοῦ γὰρ
δὴ παλαιστέω Μίλωνος ἦν οὔνομα πολλὸν παρὰ
βασιλέι· κατὰ δὲ τοῦτό μοι δοκέει σπεῦσαι τὸν
γάμον τοῦτον τελέσας χρήματα μεγάλα Δημο-
κήδης, ἵνα φανῇ πρὸς Δαρείου ἐὼν καὶ ἐν τῇ ἑωυτοῦ
δόκιμος.

138. Ἀναχθέντες δὲ ἐκ τῆς Κρότωνος οἱ Πέρσαι
ἐκπίπτουσι τῆσι νηυσὶ ἐς Ἰηπυγίην, καί σφεας
δουλεύοντας ἐνθαῦτα Γίλλος ἀνὴρ Ταραντῖνος
φυγὰς ῥυσάμενος ἀπήγαγε παρὰ βασιλέα Δα-
ρεῖον. ὁ δὲ ἀντὶ τούτων ἕτοιμος ἦν διδόναι τοῦτο
ὅ τι βούλοιτο αὐτός. Γίλλος δὲ αἱρέεται κάτοδόν
οἱ ἐς Τάραντα γενέσθαι, προαπηγησάμενος τὴν
συμφορήν· ἵνα δὲ μὴ συνταράξῃ τὴν Ἑλλάδα, ἢν
δι' αὐτὸν στόλος μέγας πλέῃ ἐπὶ τὴν Ἰταλίην,
Κνιδίους μούνους ἀποχρᾶν οἱ ἔφη τοὺς κατά-
γοντας γίνεσθαι, δοκέων ἀπὸ τούτων ἐόντων τοῖσι
Ταραντίνοισι φίλων μάλιστα τὴν κάτοδόν οἱ
ἔσεσθαι. Δαρεῖος δὲ ὑποδεξάμενος ἐπετέλεε·

170

do; you are taking from us an escaped slave of the great king; think you that King Darius will rest content under this insolence? Think you that the deed will profit you if you take him from us? Your city will then be the first that we will attack and essay to enslave." But the men of Croton paid no heed to them; so the Persians lost Democedes and the galleon that had been their consort, and sailed back for Asia, making no endeavour to visit and learn of the further parts of Hellas now that their guide was taken from them. But Democedes gave them a message as they were setting sail; they should tell Darius, he said, that Democedes was betrothed to the daughter of Milon. For Darius held the name of Milon the wrestler in great honour; and, to my thinking, the reason of Democedes' seeking this match and paying a great sum for it was to show Darius that he was a man of estimation in his own country as well as Persia.

138. The Persians then put out from Croton; but their ships were wrecked on the Iapygian coast, and they themselves made slaves in the country, until one Gillus, a banished man of Taras, released and restored them to Darius. In return for this the king offered Gillus any reward that he might desire; Gillus told the story of his misfortune, and asked above all to be restored to Taras; but, not willing that a great armament should for his cause sail to Italy and thereby he should help to trouble Hellas, it was enough, he said, that the Cnidians alone should be his escort; for he supposed that thus the Tarentines would be the readier to receive him back, the Cnidians being their friends. Darius kept his word,

πέμψας γὰρ ἄγγελον ἐς Κνίδον κατάγειν σφέας
ἐκέλευε Γίλλον ἐς Τάραντα. πειθόμενοι δὲ Δα-
ρείῳ Κνίδιοι Ταραντίνους οὔκων ἔπειθον, βίην δὲ
ἀδύνατοι ἦσαν προσφέρειν. ταῦτα μέν νυν οὕτω
ἐπρήχθη· οὗτοι δὲ πρῶτοι ἐκ τῆς Ἀσίης ἐς τὴν
Ἑλλάδα ἀπίκοντο Πέρσαι, καὶ οὗτοι διὰ τοιόνδε
πρῆγμα κατάσκοποι ἐγένοντο.
139. Μετὰ δὲ ταῦτα Σάμον βασιλεὺς Δαρεῖος
αἱρέει, πολίων πασέων πρώτην Ἑλληνίδων καὶ
βαρβάρων, διὰ τοιήνδε τινὰ αἰτίην. Καμβύσεω
τοῦ Κύρου στρατευομένου ἐπ' Αἴγυπτον ἄλλοι τε
συχνοὶ ἐς τὴν Αἴγυπτον ἀπίκοντο Ἑλλήνων, οἱ
μέν, ὡς οἰκός, κατ' ἐμπορίην στρατευόμενοι, οἱ δὲ
τινὲς καὶ αὐτῆς τῆς χώρης θεηταί· τῶν ἦν καὶ
Συλοσῶν ὁ Αἰάκεος, Πολυκράτεός τε ἐὼν ἀδελφεὸς
καὶ φεύγων ἐκ Σάμου. τοῦτον τὸν Συλοσῶντα
κατέλαβε εὐτυχίη τις τοιήδε. λαβὼν χλανίδα
καὶ περιβαλόμενος πυρρὴν ἠγόραζε ἐν τῇ Μέμφι·
ἰδὼν δὲ αὐτὸν Δαρεῖος, δορυφόρος τε ἐὼν Καμ-
βύσεω καὶ λόγου οὐδενός κω μεγάλου, ἐπεθύμησε
τῆς χλανίδος καὶ αὐτὴν προσελθὼν ὠνέετο. ὁ δὲ
Συλοσῶν ὁρέων τὸν Δαρεῖον μεγάλως ἐπιθυμέοντα
τῆς χλανίδος, θείῃ τύχῃ χρεώμενος λέγει "Ἐγὼ
ταύτην πωλέω μὲν οὐδενὸς χρήματος, δίδωμι δὲ
ἄλλως, εἴ περ οὕτω δεῖ γενέσθαι πάντως τοι."
αἰνέσας ταῦτα ὁ Δαρεῖος παραλαμβάνει τὸ εἷμα.
140. Ὁ μὲν δὴ Συλοσῶν ἠπίστατο τοῦτό οἱ
ἀπολωλέναι δι' εὐηθείην. ὡς δὲ τοῦ χρόνου προ-
βαίνοντος Καμβύσης τε ἀπέθανε καὶ τῷ Μάγῳ
ἐπανέστησαν οἱ ἑπτὰ καὶ ἐκ τῶν ἑπτὰ Δαρεῖος
τὴν βασιληίην ἔσχε, πυνθάνεται ὁ Συλοσῶν ὡς
ἡ βασιληίη περιεληλύθοι ἐς τοῦτον τὸν ἄνδρα τῷ

and sent a messenger to the men of Cnidos, bidding them bring Gillus back to Taras. They obeyed Darius; but they could not persuade the Tarentines to their will, and were not able to compel them. This is the whole story. These Persians were the first who came from Asia into Hellas; and they came to view the country for the reason aforesaid.

139. After this, Darius conquered Samos, the greatest of all city states, Greek or other, the reason of his conquest being this:—When Cambyses, son of Cyrus, invaded Egypt, many Greeks came with the army to that country, some to trade, as was natural, and some to see the country itself; among whom was Syloson, son of Aeaces, Polycrates' brother, and now banished from Samos. This Syloson had a stroke of good luck. He was in the market at Memphis wearing a red cloak, when Darius, at that time one of Cambyses' guard and as yet a man of no great account, saw him, and coveting the cloak came and offered to buy it. When Syloson saw Darius' eagerness, by good luck he was moved to say, " I will not sell you my cloak; but if it must be so, and no help for it, you can have it for nothing." To this Darius agreed and took the garment.

140. Syloson supposed that he had lost his cloak out of foolish good nature. But in time Cambyses died, the seven rebelled against the Magian, and of the seven Darius came to the throne; Syloson then learned that the successor to the royal power was

HERODOTUS

κοτὲ αὐτὸς ἔδωκε ἐν Αἰγύπτῳ δεηθέντι τὸ εἷμα.
ἀναβὰς δὲ ἐς τὰ Σοῦσα ἵζετο ἐς τὰ πρόθυρα τῶν
βασιλέος οἰκίων καὶ ἔφη Δαρείου εὐεργέτης εἶναι.
ἀγγέλλει ταῦτα ἀκούσας ὁ πυλουρὸς τῷ βασιλέι·
ὁ δὲ θωμάσας λέγει πρὸς αὐτόν " Καὶ τίς ἐστὶ
Ἑλλήνων εὐεργέτης τῷ ἐγὼ προαιδεῦμαι, νεωστὶ
μὲν τὴν ἀρχὴν ἔχων; ἀναβέβηκε δ' ἤ τις ἢ οὐδείς
κω παρ' ἡμέας αὐτῶν, ἔχω δὲ χρέος εἰπεῖν οὐδὲν
ἀνδρὸς Ἕλληνος. ὅμως δὲ αὐτὸν παράγετε ἔσω,
ἵνα εἰδέω τί θέλων λέγει ταῦτα." παρῆγε ὁ
πυλουρὸς τὸν Συλοσῶντα, στάντα δὲ ἐς μέσον
εἰρώτων οἱ ἑρμηνέες τίς τε εἴη καὶ τί ποιήσας
εὐεργέτης φησὶ εἶναι βασιλέος. εἶπε ὦν ὁ Συλοσῶν
πάντα τὰ περὶ τὴν χλανίδα γενόμενα, καὶ ὡς
αὐτὸς εἴη κεῖνος ὁ δούς. ἀμείβεται πρὸς ταῦτα
Δαρεῖος " Ὦ γενναιότατε ἀνδρῶν, σὺ κεῖνος εἶς ὃς
ἐμοὶ οὐδεμίαν ἔχοντί κω δύναμιν ἔδωκας εἰ καὶ
σμικρά, ἀλλ' ὦν ἴση γε ἡ χάρις ὁμοίως ὡς εἰ νῦν
κοθέν τι μέγα λάβοιμι· ἀντ' ὦν τοι χρυσὸν καὶ
ἄργυρον ἄπλετον δίδωμι, ὡς μή κοτέ τοι μεταμε-
λήσῃ Δαρεῖον τὸν Ὑστάσπεος εὖ ποιήσαντι."
λέγει πρὸς ταῦτα ὁ Συλοσῶν " Ἐμοὶ μήτε χρυσὸν
ὦ βασιλεῦ μήτε ἄργυρον δίδου, ἀλλ' ἀνασωσά-
μενός μοι δὸς τὴν πατρίδα Σάμον, τὴν νῦν ἀδελ-
φεοῦ τοῦ ἐμοῦ Πολυκράτεος ἀποθανόντος ὑπὸ
Ὀροίτεω ἔχει δοῦλος ἡμέτερος· ταύτην μοι δὸς
ἄνευ τε φόνου καὶ ἐξανδραποδίσιος."

141. Ταῦτα ἀκούσας Δαρεῖος ἀπέστελλε στρα-
τιήν τε καὶ στρατηγὸν Ὀτάνεα ἀνδρῶν τῶν ἑπτὰ
γενόμενον, ἐντειλάμενος, ὅσων ἐδεήθη ὁ Συλοσῶν,
ταῦτά οἱ ποιέειν ἐπιτελέα. καταβὰς δὲ ἐπὶ τὴν
θάλασσαν ὁ Ὀτάνης ἔστελλε τὴν στρατιήν.

the man to whom he had given at request the garment in Egypt; so he went up to Susa and sat at the king's porch, saying that he was one of Darius' benefactors. When the gate-ward brought word of this to the king, "But to what Greek benefactor," Darius asked, "can I owe thanks? In the little time since I have been king hardly one of that nation has come to us, and I have, I may say, no need of any Greek. Nevertheless let him be brought in, that I may know his meaning." The gate-ward brought Syloson in and set him before them; and the interpreters asked him who he was, and what he had done to call himself the king's benefactor. Then Syloson told the story of the cloak, and said that it was he who had given it. "Most generous man," said Darius, "you are he who made me a present when I had as yet no power; if it was but a little thing, yet it was as thankworthy as if someone now gave me a great gift. Take in requital abundance of gold and silver, that you may never repent of the service you did Darius son of Hystaspes." "Nay," Syloson answered, "I ask neither gold, O king, nor silver; only win me back my fatherland of Samos, where my brother Polycrates has been done to death by Oroetes, and our slave now rules; give me back Samos, but so that there be no bloodshed nor enslaving."

141. Hearing this Darius sent an army, and Otanes, one of the seven, to command it, charging him to perform all Syloson's will. So Otanes came down to the coast and made his army ready.

142. Τῆς δὲ Σάμου Μαιάνδριος ὁ Μαιανδρίου
εἶχε τὸ κράτος, ἐπιτροπαίην παρὰ Πολυκράτεος
λαβὼν τὴν ἀρχήν· τῷ δικαιοτάτῳ ἀνδρῶν βουλο-
μένῳ γενέσθαι οὐκ ἐξεγένετο. ἐπειδὴ γάρ οἱ
ἐξαγγέλθη ὁ Πολυκράτεος θάνατος, ἐποίεε τοιάδε·
πρῶτα μὲν Διὸς ἐλευθερίου βωμὸν ἱδρύσατο καὶ
τέμενος περὶ αὐτὸν οὔρισε τοῦτο τὸ νῦν ἐν τῷ
προαστείῳ ἐστί· μετὰ δέ, ὡς οἱ ἐπεποίητο, ἐκκλη-
σίην συναγείρας πάντων τῶν ἀστῶν ἔλεξε τάδε.
"᾿Εμοί, ὡς ἴστε καὶ ὑμεῖς, σκῆπτρον καὶ δύναμις
πᾶσα ἡ Πολυκράτεος ἐπιτέτραπται, καί μοι παρέ-
χει νῦν ὑμέων ἄρχειν. ἐγὼ δὲ τὰ τῷ πέλας ἐπι-
πλήσσω, αὐτὸς κατὰ δύναμιν οὐ ποιήσω· οὔτε γάρ
μοι Πολυκράτης ἤρεσκε δεσπόζων ἀνδρῶν ὁμοίων
ἑωυτῷ οὔτε ἄλλος ὅστις τοιαῦτα ποιέει. Πολυ-
κράτης μέν νυν ἐξέπλησε μοῖραν τὴν ἑωυτοῦ, ἐγὼ
δὲ ἐς μέσον τὴν ἀρχὴν τιθεὶς ἰσονομίην ὑμῖν προ-
αγορεύω. τοσάδε μέντοι δικαιῶ γέρεα ἐμεωυτῷ
γενέσθαι, ἐκ μέν γε τῶν Πολυκράτεος χρημάτων
ἐξαίρετα ἓξ τάλαντά μοι γενέσθαι, ἱρωσύνην δὲ
πρὸς τούτοισι αἱρεῦμαι αὐτῷ τέ μοι καὶ τοῖσι ἀπ᾽
ἐμεῦ αἰεὶ γινομένοισι τοῦ Διὸς τοῦ ἐλευθερίου· τῷ
αὐτός τε ἱρὸν ἱδρυσάμην καὶ τὴν ἐλευθερίην ὑμῖν
περιτίθημι." ὁ μὲν δὴ ταῦτα τοῖσι Σαμίοισι
ἐπαγγέλλετο· τῶν δέ τις ἐξαναστὰς εἶπε "᾿Αλλ᾽
οὐδ᾽ ἄξιος εἶς σύ γε ἡμέων ἄρχειν, γεγονώς τε
κακῶς καὶ ἐὼν ὄλεθρος· ἀλλὰ μᾶλλον ὅκως λόγον
δώσεις τῶν μετεχείρισας χρημάτων."

143. Ταῦτα εἶπε ἐὼν ἐν τοῖσι ἀστοῖσι δόκιμος,
τῷ οὔνομα ἦν Τελέσαρχος. Μαιάνδριος δὲ νόῳ
λαβὼν ὡς εἰ μετήσει τὴν ἀρχήν, ἄλλος τις ἀντ᾽
αὐτοῦ τύραννος καταστήσεται, οὐδὲν ἔτι ἐν νόῳ

142. Now Samos was ruled by Maeandrius, son of Maeandrius, whom Polycrates had made his vice-gerent. This Maeandrius desired to act with all justice, but could not. For when he had news of Poly-crates' death, first he set up an altar to Zeus the Liberator and marked out round it that sacred en-closure which is still to be seen in the suburb of the city; when this was done, he called an assembly of all the townsfolk, and thus addressed them: "It is known to you that I have sole charge of Polycrates' sceptre and dominion; and it is in my power to be your ruler. But, so far as in me lies, I will not my-self do that which I account blameworthy in my neighbour. I ever misliked that Polycrates or any other man should lord it over men like to himself. Polycrates has fulfilled his destiny; for myself, I call you to share all power, and I proclaim equality; only claiming as my own such privilege that six talents of Polycrates' wealth be set apart for my use, and that I and my descendants have besides the priest-hood of Zeus the Liberator, whose temple I have founded, and I now give you freedom." Such was Maeandrius' promise to the Samians. But one of them arose and answered: "Nay, but who are you? You are not worthy to reign over us, being a low-born knave and rascal. See to it rather that you give an account of the moneys that you have handled."

143. These were the words of Telesarchus, a man of note among the townsfolk. But Maeandrius, per-ceiving that if he let the sovereignty slip someone else would make himself despot instead, resolved

εἶχε μετιέναι αὐτήν, ἀλλ' ὡς ἀνεχώρησε ἐς τὴν
ἀκρόπολιν, μεταπεμπόμενος ἕνα ἕκαστον ὡς δὴ
λόγον τῶν χρημάτων δώσων, συνέλαβε σφέας καὶ
κατέδησε. οἳ μὲν δὴ ἐδεδέατο, Μαιάνδριον δὲ
μετὰ ταῦτα κατέλαβε νοῦσος. ἐλπίζων δέ μιν
ἀποθανέεσθαι ὁ ἀδελφεός, τῷ οὔνομα ἦν Λυκά-
ρητος, ἵνα εὐπετεστέρως κατάσχῃ τὰ ἐν τῇ Σάμῳ
πρήγματα, κατακτείνει τοὺς δεσμώτας πάντας·
οὐ γὰρ δή, ὡς οἴκασι, ἐβούλοντο εἶναι ἐλεύθεροι.
144. Ἐπειδὴ ὦν ἀπίκοντο ἐς τὴν Σάμον οἱ
Πέρσαι κατάγοντες Συλοσῶντα, οὔτε τίς σφι
χεῖρας ἀνταείρεται, ὑπόσπονδοί τε ἔφασαν εἶναι
ἕτοιμοι οἱ τοῦ Μαιανδρίου στασιῶται καὶ αὐτὸς
Μαιάνδριος ἐκχωρῆσαι ἐκ τῆς νήσου. καταινέ-
σαντος δ' ἐπὶ τούτοισι Ὀτάνεω καὶ σπεισαμένου,
τῶν Περσέων οἱ πλείστου ἄξιοι θρόνους θέμενοι
κατεναντίον τῆς ἀκροπόλιος κατέατο.
145. Μαιανδρίῳ δὲ τῷ τυράννῳ ἦν ἀδελφεὸς
ὑπομαργότερος, τῷ οὔνομα ἦν Χαρίλεως· οὗτος ὅ
τι δὴ ἐξαμαρτὼν ἐν γοργύρῃ ἐδέδετο, καὶ δὴ τότε
ἐπακούσας τε τὰ πρησσόμενα καὶ διακύψας διὰ
τῆς γοργύρης, ὡς εἶδε τοὺς Πέρσας εἰρηναίως
κατημένους, ἐβόα τε καὶ ἔφη λέγων Μαιανδρίῳ
θέλειν ἐλθεῖν ἐς λόγους. ἐπακούσας δὲ ὁ Μαιάν-
δριος λύσαντας αὐτὸν ἐκέλευε ἄγειν παρ' ἑωυτόν·
ὡς δὲ ἄχθη τάχιστα, λοιδορέων τε καὶ κακίζων μιν
ἀνέπειθε ἐπιθέσθαι τοῖσι Πέρσῃσι, λέγων τοιάδε.
" Ἐμὲ μέν, ὦ κάκιστε ἀνδρῶν, ἐόντα σεωυτοῦ ἀδελ-
φεὸν καὶ ἀδικήσαντα οὐδὲν ἄξιον δεσμοῦ δήσας
γοργύρης ἠξίωσας· ὁρέων δὲ τοὺς Πέρσας ἐκβάλ-
λοντάς τέ σε καὶ ἄνοικον ποιέοντας οὐ τολμᾷς
τίσασθαι, οὕτω δή τι ἐόντας εὐπετέας χειρωθῆναι.

not to give it up. Withdrawing into the citadel, he sent for each man severally, as though to render an account of the money; then he seized and bound them. So they being in prison, Maeandrius presently fell sick. His brother Lycaretus thought him like to die, and, that so he might the more easily make himself master of Samos, put all the prisoners to death. They had, it would seem, no desire for freedom.

144. So when the Persians brought Syloson back to Samos, none resisted them, but Maeandrius and those of his faction offered to depart from the island under a flag of truce; Otanes agreed to this, and the treaty being made, the Persians of highest rank sat them down on seats that they had set over against the citadel.

145. Now Maeandrius the despot had a crazy brother named Charilaus, who lay bound in the dungeon for some offence; this man heard what was afoot, and by peering through the dungeon window saw the Persians sitting there peaceably; whereupon he cried with a loud voice that he desired to have speech with Maeandrius. His brother, hearing him, bade Charilaus be loosed and brought before him. No sooner had he been brought than he essayed with much reviling and abuse to persuade Maeandrius to attack the Persians. "Villain," he cried, "you have bound and imprisoned me, your own brother, who had done nothing to deserve it; and when you see the Persians casting you out of house and home, have you no courage to avenge yourself, though you could so easily master them? If you are yourself

ἀλλ' εἴ τοι σὺ σφέας κατερρώδηκας, ἐμοὶ δὸς τοὺς
ἐπικούρους, καί σφεας ἐγὼ τιμωρήσομαι τῆς ἐνθάδε
ἀπίξιος· αὐτὸν δέ σε ἐκπέμψαι ἐκ τῆς νήσου
ἕτοιμος εἰμί."

146. Ταῦτα δὲ ἔλεξε ὁ Χαρίλεως· Μαιάνδριος
δὲ ὑπέλαβε τὸν λόγον, ὡς μὲν ἐγὼ δοκέω, οὐκ
ἐς τοῦτο ἀφροσύνης ἀπικόμενος ὡς δόξαι τὴν
ἑωυτοῦ δύναμιν περιέσεσθαι τῆς βασιλέος, ἀλλὰ
φθονήσας μᾶλλον Συλοσῶντι εἰ ἀπονητὶ ἔμελλε
ἀπολάμψεσθαι ἀκέραιον τὴν πόλιν. ἐρεθίσας
ὧν τοὺς Πέρσας ἤθελε ὡς ἀσθενέστατα ποιῆσαι
τὰ Σάμια πρήγματα καὶ οὕτω παραδιδόναι, εὖ
ἐξεπιστάμενος ὡς παθόντες οἱ Πέρσαι κακῶς
προσεμπικρανέεσθαι ἔμελλον τοῖσι Σαμίοισι,
εἰδώς τε ἑωυτῷ ἀσφαλέα ἔκδυσιν ἐοῦσαν ἐκ
τῆς νήσου τότε ἐπεὰν αὐτὸς βούληται· ἐπεποί-
ητο γάρ οἱ κρυπτὴ διῶρυξ ἐκ τῆς ἀκροπόλιος
φέρουσα ἐπὶ θάλασσαν. αὐτὸς μὲν δὴ ὁ Μαιάν-
δριος ἐκπλέει ἐκ τῆς Σάμου· τοὺς δ' ἐπικούρους
πάντας ὁπλίσας ὁ Χαρίλεως, καὶ ἀναπετάσας τὰς
πύλας, ἐξῆκε ἐπὶ τοὺς Πέρσας οὔτε προσδεκομέ-
νους τοιοῦτο οὐδὲν δοκέοντάς τε δὴ πάντα συμβε-
βάναι. ἐμπεσόντες δὲ οἱ ἐπίκουροι τῶν Περσέων
τοὺς διφροφορευμένους τε καὶ λόγου πλείστου
ἐόντας ἔκτεινον. καὶ οὗτοι μὲν ταῦτα ἐποίευν, ἡ
δὲ ἄλλη στρατιὴ ἡ Περσικὴ ἐπεβοήθεε· πιεζεύ-
μενοι δὲ οἱ ἐπίκουροι ὀπίσω κατειλήθησαν ἐς τὴν
ἀκρόπολιν.

147. Ὀτάνης δὲ ὁ στρατηγὸς ἰδὼν πάθος μέγα
Πέρσας πεπονθότας, ἐντολὰς μὲν τὰς Δαρεῖός οἱ
ἀποστέλλων ἐνετέλλετο, μήτε κτείνειν μηδένα
Σαμίων μήτε ἀνδραποδίζεσθαι ἀπαθέα τε κακῶν

afraid of them, give me your foreign guards, and I will punish them for their coming hither; as for you, I will give you safe conduct out of the island."

146. So said Charilaus. Maeandrius took his advice. This he did, to my thinking, not that he was so foolish as to suppose that he would be strong enough to vanquish the king, but because he grudged that Syloson should recover Samos safe and whole with no trouble. He desired therefore to anger the Persians and thereby to weaken Samos as much as he might before surrendering it, for he was well aware that if the Persians were harmed they would be bitterly wroth with the Samians. Moreover he knew that he could get himself safe out of the island whenever he would, having made a secret passage leading from the citadel to the sea. Maeandrius then set sail himself from Samos; but Charilaus armed all the guards, opened the citadel gates, and threw the guard upon the Persians. These supposed that a full agreement had now been made, and were taken at unawares; the guard fell upon them and slew the Persians of highest rank, those who were carried in litters. At this the rest of the Persian force came up and pressed the guards hard, driving them into the citadel.

147. The Persian captain Otanes, seeing the great harm done to the Persians, of set purpose put away from his memory the command given him at his departure by Darius to kill or enslave no Samian

ἀποδοῦναι τὴν νῆσον Συλοσῶντι, τουτέων μὲν τῶν
ἐντολέων μεμνημένος ἐπελανθάνετο, ὃ δὲ παρήγ-
γειλε τῇ στρατιῇ πάντα τὸν ἂν λάβωσι καὶ ἄνδρα
καὶ παῖδα ὁμοίως κτείνειν. ἐνθαῦτα τῆς στρατιῆς
οἱ μὲν τὴν ἀκρόπολιν ἐπολιόρκεον, οἳ δὲ ἔκτεινον
πάντα τὸν ἐμποδὼν γινόμενον ὁμοίως ἔν τε ἱρῷ καὶ
ἔξω ἱροῦ.

148. Μαιάνδριος δὲ ἀποδρὰς ἐκ τῆς Σάμου
ἐκπλέει ἐς Λακεδαίμονα· ἀπικόμενος δὲ ἐς αὐτὴν
καὶ ἀνενεικάμενος τὰ ἔχων ἐξεχώρησε, ἐποίεε
τοιάδε· ὅκως ποτήρια ἀργύρεά τε καὶ χρύσεα
προθεῖτο, οἱ μὲν θεράποντες αὐτοῦ ἐξέσμων αὐτά,
ὃ δ' ἂν τὸν χρόνον τοῦτον τῷ Κλεομένεϊ τῷ Ἀνα-
ξανδρίδεω ἐν λόγοισι ἐών, βασιλεύοντι Σπάρτης,
προῆγέ μιν ἐς τὰ οἰκία· ὅκως δὲ ἴδοιτο Κλεομένης
τὰ ποτήρια, ἀπεθώμαζέ τε καὶ ἐξεπλήσσετο· ὃ δὲ
ἂν ἐκέλευε αὐτὸν ἀποφέρεσθαι αὐτῶν ὅσα βούλοιτο.
τοῦτο καὶ δὶς καὶ τρὶς εἴπαντος Μαιανδρίου ὁ
Κλεομένης δικαιότατος ἀνδρῶν γίνεται, ὃς λαβεῖν
μὲν διδόμενα οὐκ ἐδικαίου, μαθὼν δὲ ὡς ἄλλοισι
διδοὺς τῶν ἀστῶν εὑρήσεται τιμωρίην, βὰς ἐπὶ
τοὺς ἐφόρους ἄμεινον εἶναι ἔφη τῇ Σπάρτῃ τὸν
ξεῖνον τὸν Σάμιον ἀπαλλάσσεσθαι ἐκ τῆς Πελο-
ποννήσου, ἵνα μὴ ἀναπείσῃ ἢ αὐτὸν ἢ ἄλλον τινὰ
Σπαρτιητέων κακὸν γενέσθαι. οἳ δ' ὑπακού-
σαντες ἐξεκήρυξαν Μαιάνδριον.

149. Τὴν δὲ Σάμον [σαγηνεύσαντες][1] οἱ Πέρσαι
παρέδοσαν Συλοσῶντι ἔρημον ἐοῦσαν ἀνδρῶν.

[1] This word may be an interpolation ; the process (form-
ing a long line to sweep all before it) is described in detail
in Bk. VI. 31, as if that were the first mention of it. More-
over, it is inconsistent here with ch. 147.

but deliver the island unharmed to Syloson; and he commanded his army to kill all they took, men and boys alike. Then, while some of the Persians laid siege to the citadel, the rest slew all they met, whether in temples or without.

148. Maeandrius, escaping from Samos, sailed to Lacedaemon; and when he had come thither and brought up the possessions with which he had left his country, it was his custom to make a display of silver and gold drinking cups; while his servants were cleaning these, he would converse with the king of Sparta, Cleomenes son of Anaxandrides, and would bring him to his house. Cleomenes, whenever he saw the cups, marvelling greatly at them, Maeandrius would bid him take away as many of them as he wished. Maeandrius made this offer two or three times; Cleomenes herein showed his great honesty, that he would not accept it; but, perceiving that there were others in Lacedaemon from whom Maeandrius would get help by offering them the cups, he went to the ephors and told them it were best for Sparta that this Samian stranger should quit the country, lest he should persuade Cleomenes himself or some other Spartan to do evil. The ephors listened to his counsel and banished Maeandrius by proclamation.

149. As for Samos, the Persians swept it clear and delivered it over uninhabited to Syloson. But

ὑστέρῳ μέντοι χρόνῳ καὶ συγκατοίκισε αὐτὴν ὁ
στρατηγὸς Ὀτάνης ἔκ τε ὄψιος ὀνείρου καὶ νούσου
ἥ μιν κατέλαβε νοσῆσαι τὰ αἰδοῖα.

150. Ἐπὶ δὲ Σάμον στρατεύματος ναυτικοῦ
οἰχομένου Βαβυλώνιοι ἀπέστησαν, κάρτα εὖ παρε-
σκευασμένοι· ἐν ὅσῳ γὰρ ὅ τε Μάγος ἦρχε καὶ οἱ
ἑπτὰ ἐπανέστησαν, ἐν τούτῳ παντὶ τῷ χρόνῳ καὶ
τῇ ταραχῇ ἐς τὴν πολιορκίην παρεσκευάζοντο.
καί κως ταῦτα ποιεῦντες ἐλάνθανον. ἐπείτε δὲ
ἐκ τοῦ ἐμφανέος ἀπέστησαν, ἐποίησαν τοιόνδε·
τὰς μητέρας ἐξελόντες, γυναῖκα ἕκαστος μίαν
προσεξαιρέετο τὴν ἐβούλετο ἐκ τῶν ἑωυτοῦ οἰκίων,
τὰς δὲ λοιπὰς ἁπάσας συναγαγόντες ἀπέπνιξαν·
τὴν δὲ μίαν ἕκαστος σιτοποιὸν ἐξαιρέετο· ἀπέ-
πνιξαν δὲ αὐτάς, ἵνα μή σφεων τὸν σῖτον ἀναισι-
μώσωσι.

151. Πυθόμενος δὲ ταῦτα ὁ Δαρεῖος καὶ συλλέ-
ξας πᾶσαν τὴν ἑωυτοῦ δύναμιν ἐστρατεύετο ἐπ᾽
αὐτούς, ἐπελάσας δὲ ἐπὶ τὴν Βαβυλῶνα ἐπο-
λιόρκεε φροντίζοντας οὐδὲν τῆς πολιορκίης. ἀνα-
βαίνοντες γὰρ ἐπὶ τοὺς προμαχεῶνας τοῦ τείχεος
οἱ Βαβυλώνιοι κατωρχέοντο καὶ κατέσκωπτον
Δαρεῖον καὶ τὴν στρατιὴν αὐτοῦ, καί τις αὐτῶν
εἶπε τοῦτο τὸ ἔπος. "Τί κάτησθε ὦ Πέρσαι
ἐνθαῦτα, ἀλλ᾽ οὐκ ἀπαλλάσσεσθε; τότε γὰρ αἱρή-
σετε ἡμέας, ἐπεὰν ἡμίονοι τέκωσι." τοῦτο εἶπε
τῶν τις Βαβυλωνίων οὐδαμὰ ἐλπίζων ἂν ἡμίονον
τεκεῖν.

152. Ἑπτὰ δὲ μηνῶν καὶ ἐνιαυτοῦ διεληλυ-
θότος ἤδη ὁ Δαρεῖός τε ἤσχαλλε καὶ ἡ στρατιὴ
πᾶσα οὐ δυνατὴ ἐοῦσα ἑλεῖν τοὺς Βαβυλωνίους.
καίτοι πάντα σοφίσματα καὶ πάσας μηχανὰς

afterwards Otanes, the Persian general, gave his aid to settle the land, being moved thereto by a dream, and a sickness which attacked his secret parts.

150. When the fleet had gone to Samos, the Babylonians revolted ;[1] for which they had made very good preparation ; for during the reign of the Magian, and the rebellion of the seven, they had taken advantage of the time and the disorders to prepare themselves against the siege ; and (I cannot tell how) this was unknown. At the last they revolted openly and did this :—sending away all the mothers, they chose each one woman from his own household, whom he would, as a bread-maker ; as for the rest, they gathered them together and strangled them, that they should not consume their bread.

151. When Darius heard of this he mustered all his power and led it against Babylon, and he marched to the town and laid siege to it; but the townsmen cared nothing for what he did. They came up on to the bastions of the wall, and mocked Darius and his army with gesture and word ; and this saying came from one of them : "Why sit you there, Persians, instead of departing ? You will take our city when mules bear offspring." This said the Babylonian, supposing that no mule would ever bear offspring.

152. A year and seven months passed and Darius and all his army were vexed by ever failing to take Babylon. Yet Darius had used every trick and

[1] According to the course of Herodotus' narrative, this revolt would seem to have taken place some considerable time after Darius' accession (521 B.C.). But the Behistun inscription apparently makes it one of the earliest events of his reign.

HERODOTUS

ἐπεποιήκεε ἐς αὐτοὺς Δαρεῖος· ἀλλ' οὐδ' ὡς ἐδύνατο
ἑλεῖν σφεας, ἄλλοισί τε σοφίσμασι πειρησάμενος,
καὶ δὴ καὶ τῷ Κῦρος εἷλε σφέας, καὶ τούτῳ
ἐπειρήθη. ἀλλὰ γὰρ δεινῶς ἦσαν ἐν φυλακῇσι οἱ
Βαβυλώνιοι, οὐδὲ σφέας οἷός τε ἦν ἑλεῖν.

153. Ἐνθαῦτα εἰκοστῷ μηνὶ Ζωπύρῳ τῷ Μεγα-
βύζου, τούτου ὃς τῶν ἑπτὰ ἀνδρῶν ἐγένετο τῶν
τὸν Μάγον κατελόντων, τούτῳ τῷ Μεγαβύζου
παιδὶ Ζωπύρῳ ἐγένετο τέρας τόδε· τῶν οἱ σιτο-
φόρων ἡμιόνων μία ἔτεκε. ὡς δέ οἱ ἐξαγγέλθη καὶ
ὑπὸ ἀπιστίης αὐτὸς ὁ Ζώπυρος εἶδε τὸ βρέφος,
ἀπείπας τοῖσι ἰδοῦσι μηδενὶ φράζειν τὸ γεγονὸς
ἐβουλεύετο. καὶ οἱ πρὸς τὰ τοῦ Βαβυλωνίου
ῥήματα, ὃς κατ' ἀρχὰς ἔφησε, ἐπεάν περ ἡμίονοι
τέκωσι, τότε τὸ τεῖχος ἁλώσεσθαι, πρὸς ταύτην
τὴν φήμην Ζωπύρῳ ἐδόκεε εἶναι ἁλώσιμος ἡ Βαβυ-
λών· σὺν γὰρ θεῷ ἐκεῖνόν τε εἰπεῖν καὶ ἑωυτῷ
τεκεῖν τὴν ἡμίονον.

154. Ὡς δέ οἱ ἐδόκεε μόρσιμον εἶναι ἤδη τῇ
Βαβυλῶνι ἁλίσκεσθαι, προσελθὼν Δαρείου ἀπε-
πυνθάνετο εἰ περὶ πολλοῦ κάρτα ποιέεται τὴν
Βαβυλῶνα ἑλεῖν. πυθόμενος δὲ ὡς πολλοῦ τιμῷτο,
ἄλλο ἐβουλεύετο, ὅκως αὐτός τε ἔσται ὁ ἑλὼν
αὐτὴν καὶ ἑωυτοῦ τὸ ἔργον ἔσται· κάρτα γὰρ ἐν
τοῖσι Πέρσῃσι αἱ ἀγαθοεργίαι ἐς τὸ πρόσω μεγά-
θεος τιμῶνται. ἄλλῳ μέν νυν οὐκ ἐφράζετο ἔργῳ
δυνατὸς εἶναί μιν ὑποχειρίην ποιῆσαι, εἰ δ' ἑωυτὸν
λωβησάμενος αὐτομολήσειε ἐς αὐτούς. ἐνθαῦτα
ἐν ἐλαφρῷ ποιησάμενος ἑωυτὸν λωβᾶται λώβην
ἀνήκεστον· ἀποταμὼν γὰρ ἑωυτοῦ τὴν ῥῖνα καὶ
τὰ ὦτα καὶ τὴν κόμην κακῶς περικείρας καὶ μαστι-
γώσας ἦλθε παρὰ Δαρεῖον.

every device against it. He essayed the stratagem whereby Cyrus took the city, and every other stratagem and device, yet with no success; for the Babylonians kept a marvellous strict watch and he could not take them.

153. But in the twentieth month of the siege a miraculous thing befell Zopyrus, son of that Megabyzus who was one of the seven destroyers of the Magian: one of his food-carrying mules bore offspring. Zopyrus would not believe the news; but when he saw the foal for himself, he bade those who had seen it to tell no one; then taking counsel he bethought him of the Babylonian's word at the beginning of the siege—that the city would be taken when mules bore offspring—and having this utterance in mind he conceived that Babylon might be taken; for the hand of heaven, he supposed, was in the man's word and the birth from his own mule.

154. Being then persuaded that Babylon was fated to fall, he came and inquired of Darius if he set great store by the taking of the city; and when he was assured that this was so, he next looked about for a plan whereby the city's fall should be wrought by himself alone; for good service among the Persians is much honoured, and rewarded by high preferment. He could think of no way of mastering the city but to do violence to himself and then desert to the Babylonians; so he accounted it but a little thing to mishandle himself past cure; cutting off his nose and ears, shaving his head for a disfigurement, and scourging himself, he came in this guise before Darius.

155. Δαρεῖος δὲ κάρτα βαρέως ἤνεικε ἰδὼν
ἄνδρα δοκιμώτατον λελωβημένον, ἔκ τε τοῦ
θρόνου ἀναπηδήσας ἀνέβωσέ τε καὶ εἴρετό μιν
ὅστις εἴη ὁ λωβησάμενος καὶ ὅ τι ποιήσαντα. ὁ
δὲ εἶπε "Οὐκ ἔστι οὗτος ὡνήρ, ὅτι μὴ σύ, τῷ ἐστὶ
δύναμις τοσαύτη ἐμὲ δὴ ὧδε διαθεῖναι· οὐδέ τις
ἀλλοτρίων ὦ βασιλεῦ τάδε ἔργασται, ἀλλ᾽ αὐτὸς
ἐγὼ ἐμεωυτόν, δεινόν τι ποιεύμενος Ἀσσυρίους
Πέρσῃσι καταγελᾶν." ὁ δ᾽ ἀμείβετο "Ὦ σχετ-
λιώτατε ἀνδρῶν, ἔργῳ τῷ αἰσχίστῳ οὔνομα τὸ
κάλλιστον ἔθευ, φὰς διὰ τοὺς πολιορκεομένους
σεωυτὸν ἀνηκέστως διαθεῖναι. τί δ᾽, ὦ μάταιε,
λελωβημένου σευ θᾶσσον οἱ πολέμιοι παραστή-
σονται; κῶς οὐκ ἐξέπλωσας τῶν φρενῶν σεωυτὸν
διαφθείρας;" ὁ δὲ εἶπε "Εἰ μέν τοι ὑπερετίθεα τὸ
ἔμελλον ποιήσειν, οὐκ ἄν με περιεῖδες· νῦν δ᾽ ἐπ᾽
ἐμεωυτοῦ βαλόμενος ἔπρηξα. ἤδη ὦν ἢν μὴ τῶν
σῶν δεήσῃ, αἱρέομεν Βαβυλῶνα. ἐγὼ μὲν γὰρ ὡς
ἔχω αὐτομολήσω ἐς τὸ τεῖχος καὶ φήσω πρὸς
αὐτοὺς ὡς ὑπὸ σεῦ τάδε ἔπαθον· καὶ δοκέω
πείσας σφέας ταῦτα ἔχειν οὕτω, τεύξεσθαι στρα-
τιῆς. σὺ δέ, ἀπ᾽ ἧς ἂν ἡμέρης ἐγὼ ἐσέλθω ἐς
τὸ τεῖχος, ἀπὸ ταύτης ἐς δεκάτην ἡμέρην τῆς
σεωυτοῦ στρατιῆς, τῆς οὐδεμία ἔσται ὥρη ἀπολ-
λυμένης, ταύτης χιλίους τάξον κατὰ τὰς Σεμι-
ράμιος καλεομένας πύλας· μετὰ δὲ αὖτις ἀπὸ τῆς
δεκάτης ἐς ἑβδόμην ἄλλους μοι τάξον δισχιλίους
κατὰ τὰς Νινίων καλεομένας πύλας· ἀπὸ δὲ τῆς
ἑβδόμης διαλείπειν εἴκοσι ἡμέρας, καὶ ἔπειτα
ἄλλους κάτισον ἀγαγὼν κατὰ τὰς Χαλδαίων
καλεομένας πύλας, τετρακισχιλίους. ἐχόντων δὲ
μήτε οἱ πρότεροι μηδὲν τῶν ἀμυνεύντων μήτε

155. The king was greatly moved at the sight of so notable a man thus mishandled. Leaping up with a cry from where he sat he asked Zopyrus who had done him this outrage and why. "There is no man," answered Zopyrus, "save yourself, who could bring me to this plight; this, O King! is the work of none other but myself; for I could not bear that Persians should be mocked by Assyrians." Darius answered, "Hard-hearted man; if you say that it is to win the city that you have maltreated yourself past cure, you do but give a fair name to a foul deed. Foolish man! think you that our enemies will yield the sooner for this violence done to you? Nay, you were clean out of your wits to destroy yourself thus." "Had I told you," said Zopyrus, "what I was minded to do, you would have forbidden it; as it is, I have considered with myself alone and done it. Now, then, matters so stand that if you but play your part Babylon is ours. I will in my present plight desert into the city, pretending to them that you have done this violence upon me; and I think that I shall persuade them that this is so, and thus gain the command of an army. Now, for your part, on the tenth day from my entering the city do you take a thousand men from that part of your army whereof you will least rue the loss, and post them before the gate called the gate of Semiramis; on the seventh day after that, post me again two thousand before the gate called the gate of the Ninevites; and when twenty days are past after that seventh, lead out four thousand more and post them before the Chaldean gate, as they call it; suffering neither these, nor the others that have come before them, to carry any

οὗτοι, πλὴν ἐγχειριδίων· τοῦτο δὲ ἐᾶν ἔχειν. μετὰ
δὲ τὴν εἰκοστὴν ἡμέρην ἰθέως τὴν μὲν ἄλλην
στρατιὴν κελεύειν πέριξ προσβάλλειν πρὸς τὸ
τεῖχος, Πέρσας δέ μοι τάξον κατά τε τὰς Βηλίδας
καλεομένας καὶ Κισσίας πύλας. ὡς γὰρ ἐγὼ
δοκέω, ἐμέο μεγάλα ἔργα ἀποδεξαμένου, τά τε
ἄλλα ἐπιτρέψονται ἐμοὶ Βαβυλώνιοι καὶ δὴ καὶ
τῶν πυλέων τὰς βαλανάγρας· τὸ δὲ ἐνθεῦτεν ἐμοί
τε καὶ Πέρσῃσι μελήσει τὰ δεῖ ποιέειν."

156. Ταῦτα ἐντειλάμενος ἤιε ἐπὶ τὰς πύλας,
ἐπιστρεφόμενος ὡς δὴ ἀληθέως αὐτόμολος. ὁρῶν-
τες δὲ ἀπὸ τῶν πύργων οἱ κατὰ τοῦτο τεταγμένοι
κατέτρεχον κάτω καὶ ὀλίγον τι παρακλίναντες
τὴν ἑτέρην πύλην εἰρώτων τίς τε εἴη καὶ ὅτευ
δεόμενος ἥκοι. ὁ δέ σφι ἠγόρευε ὡς εἴη τε Ζώ-
πυρος καὶ αὐτομολέοι ἐς ἐκείνους. ἦγον δή μιν οἱ
πυλουροί, ταῦτα ὡς ἤκουσαν, ἐπὶ τὰ κοινὰ τῶν
Βαβυλωνίων· καταστὰς δὲ ἐπ' αὐτὰ κατοικτίζετο,
φὰς ὑπὸ Δαρείου πεπονθέναι τὰ ἐπεπόνθεε ὑπ'
ἑωυτοῦ, παθεῖν δὲ ταῦτα διότι συμβουλεῦσαι οἱ
ἀπανιστάναι τὴν στρατιήν, ἐπείτε δὴ οὐδεὶς πόρος
ἐφαίνετο τῆς ἁλώσιος. "Νῦν τε" ἔφη λέγων
"ἐγὼ ὑμῖν ὦ Βαβυλώνιοι ἥκω μέγιστον ἀγαθόν,
Δαρείῳ δὲ καὶ τῇ στρατιῇ καὶ Πέρσῃσι μέγιστον
κακόν· οὐ γὰρ δὴ ἐμέ γε ὧδε λωβησάμενος κατα-
προΐξεται· ἐπίσταμαι δ' αὐτοῦ πάσας τὰς διεξ-
όδους τῶν βουλευμάτων." τοιαῦτα ἔλεγε.

157. Οἱ δὲ Βαβυλώνιοι ὁρῶντες ἄνδρα τὸν ἐν
Πέρσῃσι δοκιμώτατον ῥινός τε καὶ ὤτων ἐστερη-
μένον, μάστιξί τε καὶ αἵματι ἀναπεφυρμένον,
πάγχυ ἐλπίσαντες λέγειν μιν ἀληθέα καί σφι
ἥκειν σύμμαχον, ἐπιτράπεσθαι ἕτοιμοι ἦσαν τῶν

weapons of war save daggers; leave them these. But immediately after the twentieth day bid the rest of your army to assault the whole circuit of the walls, and, I pray you, post the Persians before the gate of Belus and the gate called Cissian. For I think that I shall have achieved such exploits that the Babylonians will give into my charge the keys of their gates, and all else besides; and it will thenceforward be my business and the Persians' to do what is needful."

156. With this charge, he went towards the city gate, turning and looking back as though he were in truth a deserter. When the watchers posted on the towers saw him, they ran down, and opening half the gate a little asked him who he was and for what purpose he was come; he told them that he was Zopyrus, come to them as a deserter. Hearing this the gate-wardens brought him before the general assembly of the Babylonians, where he bade them see his lamentable plight, saying of his own work that it was Darius' doing, because that he had advised the king to lead his army away, seeing that they could find no way to take the city. "Now," said he in his speech to them, "I am come greatly to aid you, men of Babylon, and greatly to harm Darius and his army and the Persians; not unpunished shall he go for the outrage he has wrought upon me; and I know all the plan and order of his counsels." Thus he spoke.

157. When the Babylonians saw the most honoured man in Persia with his nose and ears cut off and all bedabbled with blood from the scourging, they were fully persuaded that he spoke truth and was come to be their ally, and were ready to grant him all that he asked, which was, that he

ἐδέετο σφέων· ἐδέετο δὲ στρατιῆς. ὁ δὲ ἔπειτε
αὐτῶν τοῦτο παρέλαβε, ἐποίεε τά περ τῷ Δαρείῳ
συνεθήκατο· ἐξαγαγὼν γὰρ τῇ δεκάτῃ ἡμέρῃ τὴν
στρατιὴν τῶν Βαβυλωνίων καὶ κυκλωσάμενος
τοὺς χιλίους, τοὺς πρώτους ἐνετείλατο Δαρείῳ
τάξαι, τούτους κατεφόνευσε. μαθόντες δέ μιν οἱ
Βαβυλώνιοι τοῖσι ἔπεσι τὰ ἔργα παρεχόμενον
ὅμοια, πάγχυ περιχαρέες ἐόντες πᾶν δὴ ἕτοιμοι
ἦσαν ὑπηρετέειν. ὁ δὲ διαλιπὼν ἡμέρας τὰς συγ-
κειμένας, αὖτις ἐπιλεξάμενος τῶν Βαβυλωνίων
ἐξήγαγε καὶ κατεφόνευσε τῶν Δαρείου στρατιω-
τέων τοὺς δισχιλίους. ἰδόντες δὲ καὶ τοῦτο τὸ
ἔργον οἱ Βαβυλώνιοι πάντες Ζώπυρον εἶχον ἐν
στόμασι αἰνέοντες. ὁ δὲ αὖτις διαλιπὼν τὰς
συγκειμένας ἡμέρας ἐξήγαγε ἐς τὸ προειρημένον,
καὶ κυκλωσάμενος κατεφόνευσε τοὺς τετρακισχι-
λίους. ὡς δὲ καὶ τοῦτο κατέργαστο, πάντα δὴ
ἦν ἐν τοῖσι Βαβυλωνίοισι Ζώπυρος, καὶ στρα-
τάρχης τε οὗτός σφι καὶ τειχοφύλαξ ἀπεδέδεκτο.
158. Προσβολὴν δὲ Δαρείου κατὰ τὰ συγκεί-
μενα ποιευμένου πέριξ τὸ τεῖχος, ἐνθαῦτα δὴ
πάντα τὸν δόλον ὁ Ζώπυρος ἐξέφαινε. οἱ μὲν γὰρ
Βαβυλώνιοι ἀναβάντες ἐπὶ τὸ τεῖχος ἡμύνοντο
τὴν Δαρείου στρατιὴν προσβάλλουσαν, ὁ δὲ
Ζώπυρος τάς τε Κισσίας καὶ Βηλίδας καλεομένας
πύλας ἀναπετάσας ἐσῆκε τοὺς Πέρσας ἐς τὸ
τεῖχος. τῶν δὲ Βαβυλωνίων οἱ μὲν εἶδον τὸ ποιη-
θέν, οὗτοι μὲν ἔφευγον ἐς τοῦ Διὸς τοῦ Βήλου τὸ
ἱρόν· οἳ δὲ οὐκ εἶδον, ἔμενον ἐν τῇ ἑωυτοῦ τάξι
ἕκαστος, ἐς ὃ δὴ καὶ οὗτοι ἔμαθον προδεδομένοι.
159. Βαβυλὼν μέν νυν οὕτω τὸ δεύτερον αἱρέθη.
Δαρεῖος δὲ ἐπείτε ἐκράτησε τῶν Βαβυλωνίων,

might have an army; and having received this from them he did according to his agreement with Darius. On the tenth day he led out the Babylonian army, and surrounded and put to the sword the thousand whom he had charged Darius to set first in the field. Seeing that his deeds answered his words, the Babylonians were overjoyed and ready to serve him in every way. When the agreed number of days was past, he led out again a chosen body of Babylonians, and slew the two thousand men of Darius' army. When the Babylonians saw this second feat of arms, the praise of Zopyrus was in every man's mouth. The agreed number of days being again past, he led out his men to the place he had named, where he surrounded the four thousand and put them to the sword. After this his third exploit, Zopyrus was the one man for Babylon: he was made the captain of their armies and the warden of their walls.

158. So when Darius assaulted the whole circuit of the wall, according to the agreed plan, then Zopyrus' treason was fully revealed. For while the townsmen were on the wall defending it against Darius' assault, he opened the gates called Cissian and Belian, and let in the Persians within the walls. Those Babylonians who saw what he did fled to the temple of that Zeus whom they call Belus; those who had not seen it abode each in his place, till they too perceived how they had been betrayed.

159. Thus was Babylon the second time taken. Having mastered the Babylonians, Darius destroyed

τοῦτο μὲν σφέων τὸ τεῖχος περιεῖλε καὶ τὰς πύλας
πάσας ἀπέσπασε· τὸ γὰρ πρότερον ἑλὼν Κῦρος
τὴν Βαβυλῶνα ἐποίησε τούτων οὐδέτερον· τοῦτο
δὲ ὁ Δαρεῖος τῶν ἀνδρῶν τοὺς κορυφαίους μά-
λιστα ἐς τρισχιλίους ἀνεσκολόπισε, τοῖσι δὲ
λοιποῖσι Βαβυλωνίοισι ἀπέδωκε τὴν πόλιν οἰ-
κέειν. ὡς δ᾽ ἕξουσι γυναῖκας οἱ Βαβυλώνιοι ἵνα
σφι γενεὴ ὑπογίνηται, τάδε Δαρεῖος προϊδὼν
ἐποίησε· τὰς γὰρ ἑωυτῶν, ὡς καὶ κατ᾽ ἀρχὰς
δεδήλωται, ἀπέπνιξαν οἱ Βαβυλώνιοι τοῦ σίτου
προορέοντες· ἐπέταξε τοῖσι περιοίκοισι ἔθνεσι
γυναῖκας ἐς Βαβυλῶνα κατιστάναι, ὅσας δὴ
ἑκάστοισι ἐπιτάσσων, ὥστε πέντε μυριάδων τὸ
κεφαλαίωμα τῶν γυναικῶν συνῆλθε· ἐκ τουτέων
δὲ τῶν γυναικῶν οἱ νῦν Βαβυλώνιοι γεγόνασι.

160. Ζωπύρου δὲ οὐδεὶς ἀγαθοεργίην Περσέων
ὑπερεβάλετο παρὰ Δαρείῳ κριτῇ οὔτε τῶν ὕστερον
γενομένων οὔτε τῶν πρότερον, ὅτι μὴ Κῦρος
μοῦνος· τούτῳ γὰρ οὐδεὶς Περσέων ἠξίωσέ κω
ἑωυτὸν συμβαλεῖν. πολλάκις δὲ Δαρεῖον λέγεται
γνώμην τήνδε ἀποδέξασθαι, ὡς βούλοιτο ἂν
Ζώπυρον εἶναι ἀπαθέα τῆς ἀεικείης μᾶλλον ἢ
Βαβυλῶνάς οἱ εἴκοσι πρὸς τῇ ἐούσῃ προσγε-
νέσθαι. ἐτίμησε δέ μιν μεγάλως· καὶ γὰρ δῶρά
οἱ ἀνὰ πᾶν ἔτος ἐδίδου ταῦτα τὰ Πέρσῃσι ἐστὶ
τιμιώτατα, καὶ τὴν Βαβυλῶνά οἱ ἔδωκε ἀτελέα
νέμεσθαι μέχρι τῆς ἐκείνου ζόης, καὶ ἄλλα πολλὰ
ἐπέδωκε. Ζωπύρου δὲ τούτου γίνεται Μεγάβυζος,
ὃς ἐν Αἰγύπτῳ ἀντία Ἀθηναίων καὶ τῶν συμ-
μάχων ἐστρατήγησε· Μεγαβύζου δὲ τούτου
γίνεται Ζώπυρος, ὃς ἐς Ἀθήνας ηὐτομόλησε ἐκ
Περσέων.

their walls and reft away all their gates, neither of
which things Cyrus had done at the first taking of
Babylon; moreover he impaled about three thousand
men that were chief among them; as for the rest,
he gave them back their city to dwell in. Further,
as the Babylonians, fearing for their food, had
strangled their own women, as I have shown above,
Darius provided that they should have wives to bear
them children, by appointing that each of the
neighbouring nations should send a certain tale of
women to Babylon; the whole sum of the women
thus collected was fifty thousand: these were the
mothers of those who now inhabit the city.

160. There never was in Darius' judgment any
Persian before or since who did better service than
Zopyrus, save only Cyrus, with whom no Persian
could compare himself. Many times Darius is said
to have declared that he would rather have Zopyrus
whole and not foully mishandled than twenty more
Babylons. Very greatly the king honoured him;
every year he sent Zopyrus such gifts as the Persians
hold most precious, and suffered him to govern
Babylon for all his life with no tribute to pay,
giving him many other things besides. This Zopyrus
was father of Megabyzus, who was general of an
army in Egypt against the Athenians and their
allies; and Megabyzus' son was that Zopyrus who
deserted from the Persians to Athens.

BOOK IV

Δ

1. Μετὰ δὲ τὴν Βαβυλῶνος αἴρεσιν ἐγένετο ἐπὶ
Σκύθας αὐτοῦ Δαρείου ἔλασις. ἀνθεύσης γὰρ τῆς
Ἀσίης ἀνδράσι καὶ χρημάτων μεγάλων συνιόν-
των, ἐπεθύμησε ὁ Δαρεῖος τίσασθαι Σκύθας, ὅτι
ἐκεῖνοι πρότεροι ἐσβαλόντες ἐς τὴν Μηδικὴν καὶ
νικήσαντες μάχῃ τοὺς ἀντιουμένους ὑπῆρξαν
ἀδικίης. τῆς γὰρ ἄνω Ἀσίης ἦρξαν, ὡς καὶ πρό-
τερόν μοι εἴρηται, Σκύθαι ἔτεα δυῶν δέοντα τριή-
κοντα. Κιμμερίους γὰρ ἐπιδιώκοντες ἐσέβαλον
ἐς τὴν Ἀσίην, καταπαύσαντες τῆς ἀρχῆς Μήδους·
οὗτοι γὰρ πρὶν ἢ Σκύθας ἀπικέσθαι ἦρχον τῆς
Ἀσίης. τοὺς δὲ Σκύθας ἀποδημήσαντας ὀκτὼ
καὶ εἴκοσι ἔτεα καὶ διὰ χρόνου τοσούτου κατιόντας
ἐς τὴν σφετέρην ἐξεδέξατο οὐκ ἐλάσσων πόνος
τοῦ Μηδικοῦ· εὗρον γὰρ ἀντιουμένην σφίσι στρα-
τιὴν οὐκ ὀλίγην. αἱ γὰρ τῶν Σκυθέων γυναῖκες,
ὥς σφι οἱ ἄνδρες ἀπῆσαν χρόνον πολλόν, ἐφοίτεον
παρὰ τοὺς δούλους.

2. Τοὺς δὲ δούλους οἱ Σκύθαι πάντας τυφλοῦσι
τοῦ γάλακτος εἵνεκεν τοῦ πίνουσι ποιεῦντες ὧδε.

BOOK IV

1. AFTER the taking of Babylon, Darius himself marched against the Scythians. For seeing that Asia abounded in men and that he gathered from it a great revenue, he became desirous of punishing the Scythians for the unprovoked wrong they had done when they invaded Media and defeated those who encountered them. For the Scythians, as I have before shown, ruled the upper country of Asia [1] for twenty-eight years; they invaded Asia in their pursuit of the Cimmerians, and made an end of the power of the Medes, who were the rulers of Asia before the coming of the Scythians. But when the Scythians had been away from their homes for eight and twenty years and returned to their country after so long a time, there awaited them another task as hard as their Median war. They found themselves encountered by a great host; for their husbands being now long away, the Scythian women consorted with their slaves.

2. Now the Scythians blind all their slaves, by reason of the milk [2] whereof they drink; and this is

[1] That is, the western highlands of the Persian empire.
[2] Herodotus means that the slaves are blinded to prevent their stealing the best of the milk. Probably the story of blind slaves arises from some Scythian name for slaves, misunderstood by the Greeks.

HERODOTUS

ἐπεὰν φυσητῆρας λάβωσι ὀστεΐνους αὐλοῖσι προσ-
εμφερεστάτους, τούτους ἐσθέντες ἐς τῶν θηλέων
ἵππων τὰ ἄρθρα φυσῶσι τοῖσι στόμασι, ἄλλοι δὲ
ἄλλων φυσώντων ἀμέλγουσι. φασὶ δὲ τοῦδε
εἵνεκα τοῦτο ποιέειν· τὰς φλέβας τε πίμπλασθαι
φυσωμένας τῆς ἵππου καὶ τὸ οὖθαρ κατίεσθαι.
ἐπεὰν δὲ ἀμέλξωσι τὸ γάλα, ἐσχέαντες ἐς ξύλινα
ἀγγήια κοῖλα καὶ περιστίξαντες κατὰ τὰ ἀγγήια
τοὺς τυφλοὺς δονέουσι τὸ γάλα, καὶ τὸ μὲν αὐτοῦ
ἐπιστάμενον ἀπαρύσαντες ἡγεῦνται εἶναι τιμιώ-
τερον, τὸ δ' ὑπιστάμενον ἧσσον τοῦ ἑτέρου.
τούτων μὲν εἵνεκα ἅπαντα τὸν ἂν λάβωσι οἱ
Σκύθαι ἐκτυφλοῦσι· οὐ γὰρ ἀρόται εἰσὶ ἀλλὰ
νομάδες.

3. Ἐκ τούτων δὴ ὦν σφι τῶν δούλων καὶ τῶν
γυναικῶν ἐτράφη νεότης· οἳ ἐπείτε ἔμαθον τὴν
σφετέρην γένεσιν, ἠντιοῦντο αὐτοῖσι κατιοῦσι ἐκ
τῶν Μήδων. καὶ πρῶτα μὲν τὴν χώρην ἀπετά-
μοντο, τάφρον ὀρυξάμενοι εὐρέαν κατατείνουσαν
ἐκ τῶν Ταυρικῶν ὀρέων ἐς τὴν Μαιῆτιν λίμνην,
τῇ περ ἐστὶ μεγίστη· μετὰ δὲ πειρωμένοισι ἐσ-
βάλλειν τοῖσι Σκύθῃσι ἀντικατιζόμενοι ἐμάχοντο.
γινομένης δὲ μάχης πολλάκις καὶ οὐ δυναμένων
οὐδὲν πλέον ἔχειν τῶν Σκυθέων τῇ μάχῃ, εἷς
αὐτῶν ἔλεξε τάδε. "Οἶα ποιεῦμεν, ἄνδρες Σκύθαι·
δούλοισι τοῖσι ἡμετέροισι μαχόμενοι αὐτοί τε
κτεινόμενοι ἐλάσσονες γινόμεθα καὶ ἐκείνους κτεί-
νοντες ἐλασσόνων τὸ λοιπὸν ἄρξομεν. νῦν ὦν

the way of their getting it : taking pipes of bone
very like flutes, they thrust these into the secret
parts of the mares and blow into them, some blowing
and others milking. By what they say, their reason
for so doing is that the blowing makes the mare's
veins to swell and her udder to be let down. When
milking is done, they pour the milk into deep wooden
buckets, and make their slaves to stand about the
buckets and shake the milk ; the surface part of it
they draw off, and this they most value ; what lies
at the bottom is less esteemed. It is for this cause
that the Scythians blind all prisoners whom they
take ; for they are not tillers of the soil, but wander-
ing graziers.

3. So it came about that a younger race grew up,
born of these slaves and the women ; and when the
youths learnt of their lineage, they came out to do
battle with the Scythians in their return from
Media. First they barred the way to their country
by digging a wide trench from the Tauric mountains
to the broadest part of the Maeetian lake[1] ; and
presently when the Scythians tried to force a
passage they encamped over against them and met
them in battle. Many fights there were, and the
Scythians could gain no advantage thereby ; at last
one of them said, " Men of Scythia, see what we
are about ! We are fighting our own slaves ; they
slay us, and we grow fewer ; we slay them, and
thereafter shall have fewer slaves. Now therefore

---

[1] The Sea of Azov. It is not clear where the τάφρος was.
Some think that Herodotus may have had in his mind the so-
called "Putrid Sea," the narrow stretch of water between
the Arabat isthmus and the Crimea. This at least corre-
sponds with the "point of greatest breadth" of the Sea of
Azov.

μοι δοκέει αἰχμὰς μὲν καὶ τόξα μετεῖναι, λαβόντα
δὲ ἕκαστον τοῦ ἵππου τὴν μάστιγα ἰέναι ἆσσον
αὐτῶν. μέχρι μὲν γὰρ ὥρων ἡμέας ὅπλα ἔχοντας,
οἳ δὲ ἐνόμιζον ὅμοιοί τε καὶ ἐξ ὁμοίων ἡμῖν εἶναι·
ἐπεὰν δὲ ἴδωνται μάστιγας ἀντὶ ὅπλων ἔχοντας,
μαθόντες ὡς εἰσὶ ἡμέτεροι δοῦλοι καὶ συγγνόντες
τοῦτο, οὐκ ὑπομενέουσι."

4. Ταῦτα ἀκούσαντες οἱ Σκύθαι ἐποίευν ἐπι-
τελέα· οἳ δὲ ἐκπλαγέντες τῷ γινομένῳ τῆς μάχης
τε ἐπελάθοντο καὶ ἔφευγον. οὕτω οἱ Σκύθαι τῆς
τε Ἀσίης ἦρξαν καὶ ἐξελασθέντες αὖτις ὑπὸ
Μήδων κατῆλθον τρόπῳ τοιούτῳ ἐς τὴν σφετέρην.
τῶνδε εἵνεκα ὁ Δαρεῖος τίσασθαι βουλόμενος
συνήγειρε ἐπ' αὐτοὺς στράτευμα.

5. Ὡς δὲ Σκύθαι λέγουσι, νεώτατον πάντων
ἐθνέων εἶναι τὸ σφέτερον, τοῦτο δὲ γενέσθαι ὧδε.
ἄνδρα γενέσθαι πρῶτον ἐν τῇ γῇ ταύτῃ ἐούσῃ
ἐρήμῳ τῷ οὔνομα εἶναι Ταργιτάον· τοῦ δὲ Ταρ-
γιτάου τούτου τοὺς τοκέας λέγουσι εἶναι, ἐμοὶ
μὲν οὐ πιστὰ λέγοντες, λέγουσι δ' ὦν, Δία τε
καὶ Βορυσθένεος τοῦ ποταμοῦ θυγατέρα. γένεος
μὲν τοιούτου δή τινος γενέσθαι τὸν Ταργιτάον,
τούτου δὲ γενέσθαι παῖδας τρεῖς, Λιπόξαϊν καὶ
Ἀρπόξαϊν καὶ νεώτατον Κολάξαϊν. ἐπὶ τούτων
ἀρχόντων ἐκ τοῦ οὐρανοῦ φερόμενα χρύσεα ποιή-
ματα, ἄροτρόν τε καὶ ζυγὸν καὶ σάγαριν καὶ
φιάλην, πεσεῖν ἐς τὴν Σκυθικήν· καὶ τῶν ἰδόντα
πρῶτον τὸν πρεσβύτατον ἆσσον ἰέναι βουλόμενον
αὐτὰ λαβεῖν, τὸν δὲ χρυσὸν ἐπιόντος καίεσθαι·
ἀπαλλαχθέντος δὲ τούτου προσιέναι τὸν δεύτερον,
καὶ τὸν αὖτις ταὐτὰ ποιεῖν. τοὺς μὲν δὴ καιό-
μενον τὸν χρυσὸν ἀπώσασθαι, τρίτῳ δὲ τῷ νεω-

my counsel is that we drop our spears and bows, and go to meet them each with his horsewhip in hand. As long as they saw us armed, they thought themselves to be our peers and the sons of our peers; let them see us with whips and no weapons of war, and they will perceive that they are our slaves; and taking this to heart they will not abide our attack."

4. This the Scythians heard, and acted thereon; and their enemies, amazed by what they saw, had no more thought of fighting, but fled. Thus the Scythians ruled Asia and were driven out again by the Medes, and by such means they won their return to their own land. Desiring to punish them for what they did, Darius mustered an army against them.

5. The Scythians say that their nation is the youngest in all the world, and that it came into being on this wise. There appeared in this country, being then desert, a man whose name was Targitaus. His parents, they say—for my part I do not believe the tale, but it is told—were Zeus and a daughter of the river Borysthenes.[1] Such (it is said) was Targitaus' lineage; and he had three sons, Lipoxaïs, Arpoxaïs, and Colaxaïs, youngest of the three. In the time of their rule (so the story goes) there fell down from the sky into Scythia certain implements, all of gold, namely, a plough, a yoke, a sword, and a flask. The eldest of them, seeing this, came near with intent to take them; but the gold began to burn as he came, and he ceased from his essay; then the second approached, and the gold did again as before; when these two had been driven away by the burning of the gold, last came the youngest brother,

---

[1] The Dnieper.

τάτῳ ἐπελθόντι καταϲβῆναι, καί μιν ἐκεῖνον
κομίϲαι ἐϲ ἑωυτοῦ· καὶ τοὺϲ πρεϲβυτέρουϲ ἀδελ-
φεοὺϲ πρὸϲ ταῦτα ϲυγγνόνταϲ τὴν βαϲιληίην
πᾶϲαν παραδοῦναι τῷ νεωτάτῳ.

6. Ἀπὸ μὲν δὴ Λιποξάιοϲ γεγονέναι τούτουϲ
τῶν Σκυθέων οἳ Αὐχάται γένοϲ καλέονται, ἀπὸ
δὲ τοῦ μέϲου Ἀρποξάιοϲ οἳ Κατίαροί τε καὶ
Τράϲπιεϲ καλέονται, ἀπὸ δὲ τοῦ νεωτάτου αὐτῶν
τοῦ βαϲιλέοϲ οἳ καλέονται Παραλάται· ϲύμπαϲι
δὲ εἶναι οὔνομα Σκολότουϲ, τοῦ βαϲιλέοϲ ἐπω-
νυμίην. Σκύθαϲ δὲ Ἕλληνεϲ ὠνόμαϲαν.

7. Γεγονέναι μέν νυν ϲφέαϲ ὧδε λέγουϲι οἱ
Σκύθαι, ἔτεα δὲ ϲφίϲι ἐπείτε γεγόναϲι τὰ ϲύμ-
παντα λέγουϲι εἶναι ἀπὸ τοῦ πρώτου βαϲιλέοϲ
Ταργιτάου ἐϲ τὴν Δαρείου διάβαϲιν τὴν ἐπὶ
ϲφέαϲ χιλίων οὐ πλέω ἀλλὰ τοϲαῦτα. τὸν δὲ
χρυϲὸν τοῦτον τὸν ἱρὸν φυλάϲϲουϲι οἱ βαϲιλέεϲ
ἐϲ τὰ μάλιϲτα, καὶ θυϲίῃϲι μεγάλῃϲι ἱλαϲκό-
μενοι μετέρχονται ἀνὰ πᾶν ἔτοϲ. ὃϲ δ᾽ ἂν ἔχων
τὸν χρυϲὸν τὸν ἱρὸν ἐν τῇ ὁρτῇ ὑπαίθριοϲ κατα-
κοιμηθῇ, οὗτοϲ λέγεται ὑπὸ Σκυθέων οὐ διενιαυτί-
ζειν· δίδοϲθαι δέ οἱ διὰ τοῦτο ὅϲα ἂν ἵππῳ ἐν
ἡμέρῃ μιῇ περιελάϲῃ αὐτόϲ. τῆϲ δὲ χώρηϲ ἐούϲηϲ
μεγάληϲ τριφαϲίαϲ τὰϲ βαϲιληίαϲ τοῖϲι παιϲὶ
τοῖϲι ἑωυτοῦ καταϲτήϲαϲθαι Κολάξαϊν, καὶ του-
τέων μίαν ποιῆϲαι μεγίϲτην, ἐν τῇ τὸν χρυϲὸν
φυλάϲϲεϲθαι. τὰ δὲ κατύπερθε πρὸϲ βορέην
λέγουϲι ἄνεμον τῶν ὑπεροίκων τῆϲ χώρηϲ οὐκ οἷά
τε εἶναι ἔτι προϲωτέρω οὔτε ὁρᾶν οὔτε διεξιέναι
ὑπὸ πτερῶν κεχυμένων· πτερῶν γὰρ καὶ τὴν γῆν
καὶ τὸν ἠέρα εἶναι πλέον, καὶ ταῦτα εἶναι τὰ
ἀποκληίοντα τὴν ὄψιν.

and the burning was quenched at his approach; so he took the gold to his own house. At this his elder brothers saw how matters stood, and made over the whole royal power to the youngest.

6. Lipoxaïs, it is said, was the father of the Scythian clan called Auchatae; Arpoxaïs, the second brother, of those called Katiari and Traspians; the youngest, who was king, of those called Paralatae. All these together bear the name of Skoloti, after their king; "Scythians" is a name given them by Greeks.

7. Such then is the Scythians' account of their origin; they reckon that neither more nor less than a thousand years in all passed from the time of their first king Targitäus and the crossing over of Darius into their country. The kings guard this sacred gold most jealously, and every year offer to it solemn sacrifices of propitiation. Whoever at this festival falls asleep in the open air, having with him the sacred gold, is said by the Scythians not to live out the year; for which reason [1] (they say) there is given him as much land as he can himself ride round in one day. Because of the great size of the country, the lordships established by Colaxaïs for his sons were three, one of which, where they keep the gold, was the greatest. Above and northward of the neighbours of their country none (they say) can see or travel further, by reason of showers of feathers [2]; for earth and sky are overspread by these, and it is this which hinders sight.

---

[1] The "reason" is obscure; perhaps the gift of land is a compensation for his shortness of life.

[2] See ch. 31 for Herodotus' explanation.

HERODOTUS

8. Σκύθαι μὲν ὧδε ὑπὲρ σφέων τε αὐτῶν καὶ τῆς χώρης τῆς κατύπερθε λέγουσι, Ἑλλήνων δὲ οἱ τὸν Πόντον οἰκέοντες ὧδε. Ἡρακλέα ἐλαύνοντα τὰς Γηρυόνεω βοῦς ἀπικέσθαι ἐς γῆν ταύτην ἐοῦσαν ἐρήμην, ἥντινα νῦν Σκύθαι νέμονται. Γηρυόνεα δὲ οἰκέειν ἔξω τοῦ Πόντου, κατοικημένον τὴν Ἕλληνες λέγουσι Ἐρύθειαν νῆσον τὴν πρὸς Γαδείροισι τοῖσι ἔξω Ἡρακλέων στηλέων ἐπὶ τῷ Ὠκεανῷ. τὸν δὲ Ὠκεανὸν λόγῳ μὲν λέγουσι ἀπὸ ἡλίου ἀνατολέων ἀρξάμενον γῆν περὶ πᾶσαν ῥέειν, ἔργῳ δὲ οὐκ ἀποδεικνῦσι. ἐνθεῦτεν τὸν Ἡρακλέα ἀπικέσθαι ἐς τὴν νῦν Σκυθίην χώρην καλεομένην, καὶ καταλαβεῖν γὰρ αὐτὸν χειμῶνά τε καὶ κρυμόν, ἐπειρυσάμενον τὴν λεοντέην κατυπνῶσαι, τὰς δέ οἱ ἵππους τὰς¹ ὑπὸ τοῦ ἅρματος νεμομένας ἐν τούτῳ τῷ χρόνῳ ἀφανισθῆναι θείῃ τύχῃ.

9. Ὡς δ' ἐγερθῆναι τὸν Ἡρακλέα, δίζησθαι, πάντα δὲ τῆς χώρης ἐπεξελθόντα τέλος ἀπικέσθαι ἐς τὴν Ὑλαίην καλεομένην γῆν· ἐνθαῦτα δὲ αὐτὸν εὑρεῖν ἐν ἄντρῳ μιξοπάρθενον τινά, ἔχιδναν διφυέα, τῆς τὰ μὲν ἄνω ἀπὸ τῶν γλουτῶν εἶναι γυναικός, τὰ δὲ ἔνερθε ὄφιος. ἰδόντα δὲ καὶ θωμάσαντα ἐπειρέσθαι μιν εἴ κου ἴδοι ἵππους πλανωμένας· τὴν δὲ φάναι ἑωυτὴν ἔχειν καὶ οὐκ ἀποδώσειν ἐκείνῳ πρὶν ἢ οἱ μιχθῇ· τὸν δὲ Ἡρακλέα μιχθῆναι ἐπὶ τῷ μισθῷ τούτῳ. κείνην τε δὴ ὑπερβάλλεσθαι τὴν ἀπόδοσιν τῶν ἵππων, βουλομένην ὡς πλεῖστον χρόνον συνεῖναι τῷ Ἡρακλέι, καὶ τὸν κομισάμενον ἐθέλειν ἀπαλλάσσεσθαι· τέλος δὲ ἀποδιδοῦσαν αὐτὴν εἰπεῖν

¹ [τάς] Stein.

8. Such is the Scythians' account of themselves and the country north of them. But the story told by the Greeks who dwell in Pontus is as follows. Heracles, driving the kine of Geryones, came to this land, which was then desert, but is now inhabited by the Scythians. Geryones dwelt westward of the Pontus,[1] being settled in the island called by the Greeks Erythea, on the shore of the Ocean near Gadira, outside the pillars of Heracles. As for the Ocean, the Greeks say that it flows from the sun's rising round the whole world, but they cannot prove that this is so. Heracles came thence to the country now called Scythia, where, meeting with wintry and frosty weather, he drew his lion's skin over him and fell asleep, and while he slept his mares, that were grazing yoked to the chariot, were marvellously spirited away.

9. When Heracles awoke he searched for them, visiting every part of the country, till at last he came to the land called the Woodland, and there he found in a cave a creature of double form that was half damsel and half serpent; above the buttocks she was a woman, below them a snake. When he saw her he was astonished, and asked her if she had anywhere seen his mares straying; she said that she had them, and would not restore them to him before he had intercourse with her; which Heracles did, in hope of this reward. But though he was fain to take the horses and depart, she delayed to restore them, that she might have Heracles with her for as long as might be; at last she gave them back, saying

---

[1] Very far west, Gadira being identified with Cadiz.

HERODOTUS

"Ἵππους μὲν δὴ ταύτας ἀπικομένας ἐνθάδε
ἔσωσά τοι ἐγώ, σῶστρά τε σὺ παρέσχες· ἐγὼ γὰρ
ἐκ σεῦ τρεῖς παῖδας ἔχω. τούτους, ἐπεὰν γένων-
ται τρόφιες, ὅ τι χρὴ ποιέειν, ἐξηγέο σύ, εἴτε
αὐτοῦ κατοικίζω (χώρης γὰρ τῆσδε ἔχω τὸ κράτος
αὐτή) εἴτε ἀποπέμπω παρὰ σέ." τὴν μὲν δὴ
ταῦτα ἐπειρωτᾶν, τὸν δὲ λέγουσι πρὸς ταῦτα
εἰπεῖν "'Επεὰν ἀνδρωθέντας ἴδῃ τοὺς παῖδας,
τάδε ποιεῦσα οὐκ ἂν ἁμαρτάνοις· τὸν μὲν ἂν ὁρᾷς
αὐτῶν τόδε τὸ τόξον ὧδε διατεινόμενον καὶ τῷ
ζωστῆρι τῷδε κατὰ τάδε ζωννύμενον, τοῦτον μὲν
τῆσδε τῆς χώρης οἰκήτορα ποιεῦ· ὃς δ' ἂν τούτων
τῶν ἔργων τῶν ἐντέλλομαι λείπηται, ἔκπεμπε ἐκ
τῆς χώρης. καὶ ταῦτα ποιεῦσα αὐτή τε εὐφρανέαι
καὶ τὰ ἐντεταλμένα ποιήσεις."

10. Τὸν μὲν δὴ εἰρύσαντα τῶν τόξων τὸ ἕτερον
(δύο γὰρ δὴ φορέειν τέως Ἡρακλέα) καὶ τὸν
ζωστῆρα προδέξαντα, παραδοῦναι τὸ τόξον τε καὶ
τὸν ζωστῆρα ἔχοντα ἐπ' ἄκρης τῆς συμβολῆς
φιάλην χρυσέην, δόντα δὲ ἀπαλλάσσεσθαι. τὴν
δ', ἐπεί οἱ γενομένους τοὺς παῖδας ἀνδρωθῆναι,
τοῦτο μέν σφι οὐνόματα θέσθαι, τῷ μὲν 'Αγά-
θυρσον αὐτῶν, τῷ δ' ἑπομένῳ Γελωνόν, Σκύθην δὲ
τῷ νεωτάτῳ, τοῦτο δὲ τῆς ἐπιστολῆς μεμνημένην
αὐτὴν ποιῆσαι τὰ ἐντεταλμένα. καὶ δὴ δύο μέν
οἱ τῶν παίδων, τόν τε 'Αγάθυρσον καὶ τὸν Γελω-
νόν, οὐκ οἵους τε γενομένους ἐξικέσθαι πρὸς τὸν
προκείμενον ἄεθλον, οἴχεσθαι ἐκ τῆς χώρης ἐκ-
βληθέντας ὑπὸ τῆς γειναμένης, τὸν δὲ νεώτατον
αὐτῶν Σκύθην ἐπιτελέσαντα καταμεῖναι ἐν τῇ
χώρῃ. καὶ ἀπὸ μὲν Σκύθεω τοῦ Ἡρακλέος
γενέσθαι τοὺς αἰεὶ βασιλέας γινομένους Σκυθέων,

to him, "These mares came, and I kept them safe here for you, and you have paid me for keeping them, for I have three sons by you. Do you now tell me what I must do when they are grown big: shall I make them to dwell here (for I am the queen of this country), or shall I send them away to you?" Thus she inquired, and then (it is said) Heracles answered her: "When you see the boys grown to man's estate, act as I bid you and you will do rightly; whichever of them you see bending this bow thus and girding himself in this fashion with this girdle, make him a dweller in this land; but whoever fails to achieve these tasks which I command, send him away out of the country. Thus do and you will yourself have comfort, and my bidding will be done."

10. So he drew one of his bows (for till then Heracles ever bore two), and showed her the girdle, and delivered to her the bow and the girdle, that had a golden vessel on the end of its clasp; and, having given them, so departed. But she, when the sons born to her were grown men, gave them names, calling one of them Agathyrsus and the next Gelonus and the youngest Scythes; moreover, remembering the charge, she did as she was commanded. Two of her sons, Agathyrsus and Gelonus, not being able to achieve the appointed task, were cast out by their mother and left the country, but Scythes, the youngest, accomplished it and so abode in the land. From Scythes son of Heracles comes the whole line of the kings of Scythia; and it is because of the

ἀπὸ δὲ τῆς φιάλης ἔτι καὶ ἐς τόδε φιάλας ἐκ τῶν
ζωστήρων φορέειν Σκύθας· τὸ δὴ μοῦνον μηχα-
νήσασθαι τὴν μητέρα Σκύθῃ.¹ ταῦτα δὲ Ἑλλήνων
οἱ τὸν Πόντον οἰκέοντες λέγουσι.

11. Ἔστι δὲ καὶ ἄλλος λόγος ἔχων ὧδε, τῷ
μάλιστα λεγομένῳ αὐτὸς πρόσκειμαι, Σκύθας
τοὺς νομάδας οἰκέοντας ἐν τῇ Ἀσίῃ, πολέμῳ
πιεσθέντας ὑπὸ Μασσαγετέων, οἴχεσθαι δια-
βάντας ποταμὸν Ἀράξην ἐπὶ γῆν τὴν Κιμμερίην
(τὴν γὰρ νῦν νέμονται Σκύθαι, αὕτη λέγεται τὸ
παλαιὸν εἶναι Κιμμερίων), τοὺς δὲ Κιμμερίους
ἐπιόντων Σκυθέων βουλεύεσθαι ὡς στρατοῦ ἐπι-
όντος μεγάλου, καὶ δὴ τὰς γνώμας σφέων κεχω-
ρισμένας, ἐντόνους μὲν ἀμφοτέρας, ἀμείνω δὲ τὴν
τῶν βασιλέων· τὴν μὲν γὰρ δὴ τοῦ δήμου φέρειν
γνώμην ὡς ἀπαλλάσσεσθαι πρῆγμα εἴη μηδὲ
πρὸ σποδοῦ μένοντας κινδυνεύειν, τὴν δὲ τῶν
βασιλέων διαμάχεσθαι περὶ τῆς χώρης τοῖσι
ἐπιοῦσι. οὔκων δὴ ἐθέλειν πείθεσθαι οὔτε τοῖσι
βασιλεῦσι τὸν δῆμον οὔτε τῷ δήμῳ τοὺς βα-
σιλέας· τοὺς μὲν δὴ ἀπαλλάσσεσθαι βουλεύεσθαι
ἀμαχητὶ τὴν χώρην παραδόντας τοῖσι ἐπιοῦσι·
τοῖσι δὲ βασιλεῦσι δόξαι ἐν τῇ ἑωυτῶν κεῖσθαι ἀπο-
θανόντας μηδὲ συμφεύγειν τῷ δήμῳ, λογισαμένους
ὅσα τε ἀγαθὰ πεπόνθασι καὶ ὅσα φεύγοντας
ἐκ τῆς πατρίδος κακὰ ἐπίδοξα καταλαμβάνειν.
ὡς δὲ δόξαι σφι ταῦτα, διαστάντας καὶ ἀριθμὸν
ἴσους γενομένους μάχεσθαι πρὸς ἀλλήλους. καὶ

---

¹ This is not intelligible to me. If τῇ μητέρι Σκύθην could
be read, some sense might be obtained : Scythes, and he
alone, contrived this (τόδε for τὸ δή, "this" being the προ-
κείμενος ἄεθλος) for his mother.

vessel that the Scythians carry vessels on their
girdles to this day. This alone his mother contrived
for Scythes. Such is the tale told by the Greek
dwellers in Pontus.

11. There is yet another tale, to the tradition
whereof I myself do especially incline. It is to this
purport: the nomad Scythians inhabiting Asia, being
hard pressed in war by the Massagetae, fled away
across the river Araxes[1] to the Cimmerian country
(for the country which the Scythians now inhabit is
said to have belonged of old to the Cimmerians), and
the Cimmerians, at the advance of the Scythians,
took such counsel as behoved men threatened by a
great host. Their opinions were divided; both were
strongly held, but that of the princes was the more
honourable; for the commonalty deemed that their
business was to withdraw themselves and that there
was no need to risk their lives for the dust of the
earth; but the princes were for fighting to defend
their country against the attackers. Neither side
would be persuaded by the other, neither the people
by the princes nor the princes by the people; the
one part planned to depart without fighting and
deliver the country to their enemies, but the princes
were resolved to lie slain in their own country and
not to flee with the people, for they considered how
happy their state had been and what ills were like
to come upon them if they fled from their native
land. Being thus resolved they parted asunder into
two equal bands and fought with each other till they

[1] Herodotus' idea of the course of this river is uncertain;
cp. i. 202.

τοὺς μὲν ἀποθανόντας πάντας ὑπ' ἑωυτῶν θάψαι
τὸν δῆμον τῶν Κιμμερίων παρὰ ποταμὸν Τύρηι
(καί σφεων ἔτι δῆλος ἐστὶ ὁ τάφος), θάψαντας δὲ
οὕτω τὴν ἔξοδον ἐκ τῆς χώρης ποιέεσθαι· Σκύθας
δὲ ἐπελθόντας λαβεῖν τὴν χώρην ἐρήμην.

12. Καὶ νῦν ἔστι μὲν ἐν τῇ Σκυθικῇ Κιμμέρια
τείχεα, ἔστι δὲ πορθμήια Κιμμέρια, ἔστι δὲ καὶ
χώρη οὔνομα Κιμμερίη, ἔστι δὲ Βόσπορος Κιμ-
μέριος καλεόμενος· φαίνονται δὲ οἱ Κιμμέριοι
φεύγοντες ἐς τὴν Ἀσίην τοὺς Σκύθας καὶ τὴν
χερσόνησον κτίσαντες, ἐν τῇ νῦν Σινώπη πόλις
Ἑλλὰς οἴκισται. φανεροὶ δὲ εἰσὶ καὶ οἱ Σκύθαι
διώξαντες αὐτοὺς καὶ ἐσβαλόντες ἐς γῆν τὴν Μη-
δικήν, ἁμαρτόντες τῆς ὁδοῦ· οἱ μὲν γὰρ Κιμμέριοι
αἰεὶ τὴν παρὰ θάλασσαν ἔφευγον, οἱ δὲ Σκύθαι
ἐν δεξιῇ τὸν Καύκασον ἔχοντες ἐδίωκον ἐς οἳ
ἐσέβαλον ἐς γῆν τὴν Μηδικήν, ἐς μεσόγαιαν τῆς
ὁδοῦ τραφθέντες. οὗτος δὲ ἄλλος ξυνὸς Ἑλλήνων
τε καὶ βαρβάρων λεγόμενος λόγος εἴρηται.

13. Ἔφη δὲ Ἀριστέης ὁ Καϋστροβίου ἀνὴρ
Προκοννήσιος ποιέων ἔπεα, ἀπικέσθαι ἐς Ἰσση-
δόνας φοιβόλαμπτος γενόμενος, Ἰσσηδόνων δὲ
ὑπεροικέειν Ἀριμασποὺς ἄνδρας μουνοφθάλμους,
ὑπὲρ δὲ τούτων τοὺς χρυσοφύλακας γρῦπας, τού-
των δὲ τοὺς Ὑπερβορέους κατήκοντας ἐπὶ θάλασ-
σαν. τούτους ὦν πάντας πλὴν Ὑπερβορέων,
ἀρξάντων Ἀριμασπῶν, αἰεὶ τοῖσι πλησιοχώροισι
ἐπιτίθεσθαι, καὶ ὑπὸ μὲν Ἀριμασπῶν ἐξωθέεσθαι

were all slain by their own hands; then the commonalty of the Cimmerians buried them by the river Tyras, where their tombs are still to be seen, and having buried them departed out of the land; and the country being empty, the Scythians came and took possession of it.

12. And to this day there are in Scythia Cimmerian walls, and a Cimmerian ferry, and there is a country Cimmeria[1] and a strait named Cimmerian. Moreover, it is clearly seen that the Cimmerians in their flight from the Scythians into Asia did also make a colony on the peninsula where now the Greek city of Sinope has been founded; and it is manifest that the Scythians pursued after them and invaded Media, missing their way; for the Cimmerians ever fled by the way of the coast, and the Scythians pursued with the Caucasus on their right till where they came into the Median land, turning inland on their way. I have now related this other tale, which is told alike by Greeks and foreigners.

13. There is also a story related in a poem by Aristeas son of Caÿstrobius, a man of Proconnesus. This Aristeas, being then possessed by Phoebus, visited the Issedones; beyond these (he said) dwell the one-eyed Arimaspians, beyond whom are the griffins that guard gold, and beyond these again the Hyperboreans, whose territory reaches to the sea. Except the Hyperboreans, all these nations (and first the Arimaspians) ever make war upon their neighbours; the Issedones were pushed from their lands

---

[1] The name survives in "Crimea." The "Cimmerian ferry" is probably the narrow entrance of the Sea of Azov.

For some notice of geographical difficulties here and elsewhere in this Book, see the introduction to this volume.

HERODOTUS

ἐκ τῆς χώρης Ἰσσηδόνας, ὑπὸ δὲ Ἰσσηδόνων
Σκύθας, Κιμμερίους δὲ οἰκέοντας ἐπὶ τῇ νοτίῃ
θαλάσσῃ ὑπὸ Σκυθέων πιεζομένους ἐκλείπειν τὴν
χώρην. οὕτω οὐδὲ οὗτος συμφέρεται περὶ τῆς
χώρης ταύτης Σκύθῃσι.

14. Καὶ ὅθεν μὲν ἦν Ἀριστέης ὁ ταῦτα εἴπας,
εἴρηκα, τὸν δὲ περὶ αὐτοῦ ἤκουον λόγον ἐν Προκον-
νήσῳ καὶ Κυζίκῳ, λέξω. Ἀριστέην γὰρ λέγουσι,
ἐόντα τῶν ἀστῶν οὐδενὸς γένος ὑποδεέστερον, ἐσελ-
θόντα ἐς κναφήιον ἐν Προκοννήσῳ ἀποθανεῖν, καὶ
τὸν κναφέα κατακληίσαντα τὸ ἐργαστήριον οἴχε-
σθαι ἀγγελέοντα τοῖσι προσήκουσι τῷ νεκρῷ.
ἐσκεδασμένου δὲ ἤδη τοῦ λόγου ἀνὰ τὴν πόλιν ὡς
τεθνεὼς εἴη ὁ Ἀριστέης, ἐς ἀμφισβασίας τοῖσι
λέγουσι ἀπικνέεσθαι ἄνδρα Κυζικηνὸν ἤκοντα ἐξ
Ἀρτάκης πόλιος, φάντα συντυχεῖν τέ οἱ ἰόντι ἐπὶ
Κυζίκου καὶ ἐς λόγους ἀπικέσθαι. καὶ τοῦτον μὲν
ἐντεταμένως ἀμφισβατέειν, τοὺς δὲ προσήκοντας
τῷ νεκρῷ ἐπὶ τὸ κναφήιον παρεῖναι ἔχοντας τὰ
πρόσφορα ὡς ἀναιρησομένους· ἀνοιχθέντος δὲ τοῦ
οἰκήματος οὔτε τεθνεῶτα οὔτε ζῶντα φαίνεσθαι
Ἀριστέην. μετὰ δὲ ἑβδόμῳ ἔτεϊ φανέντα αὐτὸν
ἐς Προκόννησον ποιῆσαι τὰ ἔπεα ταῦτα τὰ νῦν
ὑπ' Ἑλλήνων Ἀριμάσπεα καλέεται, ποιήσαντα δὲ
ἀφανισθῆναι τὸ δεύτερον.

15. Ταῦτα μὲν αἱ πόλιες αὗται λέγουσι, τάδε
δὲ οἶδα Μεταποντίνοισι τοῖσι ἐν Ἰταλίῃ συγκυ-
ρήσαντα μετὰ τὴν ἀφάνισιν τὴν δευτέρην Ἀριστέω
ἔτεσι τεσσεράκοντα καὶ διηκοσίοισι, ὡς ἐγὼ συμ-
βαλλόμενος ἐν Προκοννήσῳ τε καὶ Μεταποντίῳ
εὕρισκον. Μεταποντῖνοι φασὶ αὐτὸν Ἀριστέην
φανέντα σφι ἐς τὴν χώρην κελεῦσαι βωμὸν Ἀπόλ-
214

by the Arimaspians, and the Scythians by the Issedones, and the Cimmerians, dwelling by the southern sea, were hard pressed by the Scythians and left their country. Thus neither does Aristeas' story agree concerning this country with the Scythian account.

14. Whence Aristeas came who wrote this I have already said; I will now tell the story which I heard concerning him at Proconnesus and Cyzicus. It is said that this Aristeas, who was as nobly born as any of his townsmen, went into a fuller's shop at Proconnesus and there died; the fuller shut his workshop and went away to tell the dead man's kinsfolk, and the report of Aristeas' death being now spread about in the city, it was disputed by a man of Cyzicus, who had come from the town of Artace,[1] and said that he had met Aristeas going towards Cyzicus and spoken with him. While he vehemently disputed, the kinsfolk of the dead man had come to the fuller's shop with all that was needful for burial; but when the house was opened there was no Aristeas there, dead or alive. But in the seventh year after that Aristeas appeared at Proconnesus and made that poem which the Greeks now call the Arimaspeia, after which he vanished once again.

15. Such is the tale told in these two towns. But this, I know, befell the Metapontines in Italy, two hundred and forty years after the second disappearance of Aristeas, as reckoning made at Proconnesus and Metapontium shows me : Aristeas, so the Metapontines say, appeared in their country and bade them set up an altar to Apollo, and set

---

[1] A Milesian colony, the port of Cyzicus.

HERODOTUS

λωνος ἱδρύσασθαι καὶ ᾿Αριστέω τοῦ Προκοννησίου
ἐπωνυμίην ἔχοντα ἀνδριάντα παρ᾿ αὐτὸν ἱστάναι·
φάναι γάρ σφι τὸν ᾿Απόλλωνα ᾿Ιταλιωτέων μού-
νοισι δὴ ἀπικέσθαι ἐς τὴν χώρην, καὶ αὐτός οἱ
ἔπεσθαι ὁ νῦν ἐὼν ᾿Αριστέης· τότε δέ, ὅτε εἵπετο
τῷ θεῷ, εἶναι κόραξ. καὶ τὸν μὲν εἰπόντα ταῦτα
ἀφανισθῆναι, σφέας δὲ Μεταποντῖνοι λέγουσι ἐς
Δελφοὺς πέμψαντας τὸν θεὸν ἐπειρωτᾶν ὅ τι τὸ
φάσμα τοῦ ἀνθρώπου εἴη. τὴν δὲ Πυθίην σφέας
κελεύειν πείθεσθαι τῷ φάσματι, πειθομένοισι δὲ
ἄμεινον συνοίσεσθαι. καὶ σφέας δεξαμένους ταῦτα
ποιῆσαι ἐπιτελέα. καὶ νῦν ἔστηκε ἀνδριὰς ἐπω-
νυμίην ἔχων ᾿Αριστέω παρ᾿ αὐτῷ τῷ ἀγάλματι
τοῦ ᾿Απόλλωνος, πέριξ δὲ αὐτὸν δάφναι ἑστᾶσι·
τὸ δὲ ἄγαλμα ἐν τῇ ἀγορῇ ἵδρυται. ᾿Αριστέω μέν
νυν πέρι τοσαῦτα εἰρήσθω.

16. Τῆς δὲ γῆς, τῆς πέρι ὅδε ὁ λόγος ὅρμηται
λέγεσθαι, οὐδεὶς οἶδε ἀτρεκέως ὅ τι τὸ κατύπερθε
ἐστί· οὐδενὸς γὰρ δὴ αὐτόπτεω εἰδέναι φαμένου
δύναμαι πυθέσθαι· οὐδὲ γὰρ οὐδὲ ᾿Αριστέης, τοῦ
περ ὀλίγῳ πρότερον τούτων μνήμην ἐποιεύμην,
οὐδὲ οὗτος προσωτέρω ᾿Ισσηδόνων ἐν αὐτοῖσι τοῖσι
ἔπεσι ποιέων ἔφησε ἀπικέσθαι, ἀλλὰ τὰ κατύ-
περθε ἔλεγε ἀκοῇ, φὰς ᾿Ισσηδόνας εἶναι τοὺς ταῦτα
λέγοντας. ἀλλ᾿ ὅσον μὲν ἡμεῖς ἀτρεκέως ἐπὶ
μακρότατον οἷοί τε ἐγενόμεθα ἀκοῇ ἐξικέσθαι, πᾶν
εἰρήσεται.

17. ᾿Απὸ τοῦ Βορυσθενεϊτέων ἐμπορίου (τοῦτο
γὰρ τῶν παραθαλασσίων μεσαίτατον ἐστὶ πάσης
τῆς Σκυθίης), ἀπὸ τούτου πρῶτοι Καλλιππίδαι
νέμονται ἐόντες ῞Ελληνες Σκύθαι, ὑπὲρ δὲ τούτων
ἄλλο ἔθνος οἳ ᾿Αλαζόνες καλέονται. οὗτοι δὲ καὶ

beside it a statue bearing the name of Aristeas
the Proconnesian; for, he said, Apollo had come to
their country alone of all Italiot lands, and he him-
self—who was now Aristeas, but then when he
followed the god had been a crow—had come with
him. Having said this, he vanished away. The
Metapontines, so they say, sent to Delphi and in-
quired of the god what the vision of the man might
be; and the Pythian priestess bade them obey the
vision, saying that their fortune would be the better;
having received which answer they did as com-
manded. And now there stands beside the very
image of Apollo a statue bearing the name of
Aristeas; a grove of bay-trees surrounds it; the
image is set in the market-place. Suffice it then
that I have said thus much of Aristeas.

16. As for the land of which my history has begun
to speak, no one exactly knows what lies northward
of it; for I can learn from none who claims to know
as an eyewitness. For even Aristeas, of whom I
lately made mention—even he did not claim to have
gone beyond the Issedones, no, not even in his poems;
but he spoke of what lay northward by hearsay; say-
ing that the Issedones had so told him. But as far
as we have been able to hear an exact report of the
farthest lands, all shall be set forth.

17. Northward of the port of the Borysthenites,[1]
which lies midway in the coastline of all Scythia, the
first inhabitants are the Callippidae, who are Scythian
Greeks; and beyond them another tribe called
Alazones; these and the Callippidae, though in other

[1] Another Milesian colony, called by Greeks generally
Olbia (the Fortunate) or Miletopolis; it was the most im-
portant Greek centre north of the Euxine.

HERODOTUS

οἱ Καλλιππίδαι τὰ μὲν ἄλλα κατὰ ταὐτὰ Σκύθῃσι
ἐπασκέουσι, σῖτον δὲ καὶ σπείρουσι καὶ σιτέονται,
καὶ κρόμμυα καὶ σκόροδα καὶ φακοὺς καὶ κέγχρους.
ὑπὲρ δὲ Ἀλαζόνων οἰκέουσι Σκύθαι ἀροτῆρες, οἳ
οὐκ ἐπὶ σιτήσι σπείρουσι τὸν σῖτον ἀλλ᾿ ἐπὶ
πρήσι. τούτων δὲ κατύπερθε οἰκέουσι Νευροί.
Νευρῶν δὲ τὸ πρὸς βορέην ἄνεμον ἔρημον ἀνθρώ-
πων, ὅσον ἡμεῖς ἴδμεν.

18. Ταῦτα μὲν παρὰ τὸν Ὕπανιν ποταμόν ἐστι
ἔθνεα πρὸς ἑσπέρης τοῦ Βορυσθένεος· ἀτὰρ δια-
βάντι τὸν Βορυσθένεα ἀπὸ θαλάσσης πρῶτον μὲν
ἡ Ὑλαίη, ἀπὸ δὲ ταύτης ἄνω ἰόντι οἰκέουσι Σκύθαι
γεωργοί, τοὺς Ἕλληνες οἱ οἰκέοντες ἐπὶ τῷ Ὑπάνι
ποταμῷ καλέουσι Βορυσθενεΐτας, σφέας δὲ αὐτοὺς
Ὀλβιοπολίτας. οὗτοι ὦν οἱ γεωργοὶ Σκύθαι
νέμονται τὸ μὲν πρὸς τὴν ἠῶ ἐπὶ τρεῖς ἡμέρας
ὁδοῦ, κατήκοντες ἐπὶ ποταμὸν τῷ οὔνομα κεῖται
Παντικάπης, τὸ δὲ πρὸς βορέην ἄνεμον πλόον ἀνὰ
τὸν Βορυσθένεα ἡμερέων ἕνδεκα. ἤδη δὲ κατύ-
περθε τούτων ἡ ἔρημος ἐστὶ ἐπὶ πολλόν. μετὰ
δὲ τὴν ἔρημον Ἀνδροφάγοι οἰκέουσι, ἔθνος ἐὸν
ἴδιον καὶ οὐδαμῶς Σκυθικόν. τὸ δὲ τούτων κατύ-
περθε ἔρημον ἤδη ἀληθέως καὶ ἔθνος ἀνθρώπων
οὐδέν, ὅσον ἡμεῖς ἴδμεν.

19. Τὸ δὲ πρὸς τὴν ἠῶ τῶν γεωργῶν τούτων
Σκυθέων, διαβάντι τὸν Παντικάπην ποταμόν,
νομάδες ἤδη Σκύθαι νέμονται, οὔτε τι σπείροντες
οὐδὲν οὔτε ἀροῦντες· ψιλὴ δὲ δενδρέων ἡ πᾶσα
αὕτη πλὴν τῆς Ὑλαίης. οἱ δὲ νομάδες οὗτοι τὸ πρὸς
τὴν ἠῶ ἡμερέων τεσσέρων καὶ δέκα ὁδὸν νέμονται
χώρην κατατείνουσαν ἐπὶ ποταμὸν Γέρρον.

20. Πέρην δὲ τοῦ Γέρρου ταῦτα δὴ τὰ καλεύ-

218

matters they live like the Scythians, sow and eat corn, and onions, garlic, lentils, and millet. Above the Alazones dwell Scythian tillers of the land, who sow corn not for eating but for selling; north of these, the Neuri; to the north of the Neuri the land is uninhabited so far as we know.

18. These are the tribes by the river Hypanis,[1] westwards of the Borysthenes. But on the other side of the Borysthenes the tribe nearest to the sea is the tribe of the Woodlands; and north of these dwell Scythian farmers, whom the Greek dwellers on the Hypanis river (who call themselves Olbiopolitae) call Borystheneitae. These farming Scythians inhabit a land stretching eastward a three days' journey to a river called Panticapes,[2] and northward as far as an eleven days' voyage up the Borysthenes; and north of these the land is uninhabited for a long way; after which desert is the country of the Man-eaters, who are a nation by themselves and by no means Scythian; and beyond them is true desert, wherein no nation of men dwells, as far as we know.

19. But to the east of these farming Scythians, cross the river Panticapes, and you are in the land of nomad Scythians, who sow nothing, nor plough; and all these lands except the Woodlands are bare of trees. These nomads inhabit to the eastward a country that stretches fourteen days' journey to the river Gerrus.[3]

20. Across the Gerrus are those lands called

[1] The Bug.   [2] Not identified.   [3] Not identified.

μένα βασιλήια ἐστὶ καὶ Σκύθαι οἱ ἄριστοί τε καὶ
πλεῖστοι καὶ τοὺς ἄλλους νομίζοντες Σκύθας δού-
λους σφετέρους εἶναι· κατήκουσι δὲ οὗτοι τὸ μὲν
πρὸς μεσαμβρίην ἐς τὴν Ταυρικήν, τὸ δὲ πρὸς ἠῶ
ἐπί τε τάφρον, τὴν δὴ οἱ ἐκ τῶν τυφλῶν γενόμενοι
ὥρυξαν, καὶ ἐπὶ τῆς λίμνης τῆς Μαιήτιδος τὸ
ἐμπόριον τὸ καλέεται Κρημνοί· τὰ δὲ αὐτῶν κατή-
κουσι ἐπὶ ποταμὸν Τάναϊν. τὰ δὲ κατύπερθε
πρὸς βορέην ἄνεμον τῶν βασιληίων Σκυθέων οἰκέ-
ουσι Μελάγχλαινοι, ἄλλο ἔθνος καὶ οὐ Σκυθικόν.
Μελαγχλαίνων δὲ τὸ κατύπερθε λίμναι καὶ ἔρημος
ἐστὶ ἀνθρώπων, κατόσον ἡμεῖς ἴδμεν.

21. Τάναϊν δὲ ποταμὸν διαβάντι οὐκέτι Σκυ-
θική, ἀλλ᾽ ἡ μὲν πρώτη τῶν λαξίων Σαυρομάτεων
ἐστί, οἳ ἐκ τοῦ μυχοῦ ἀρξάμενοι τῆς Μαιήτιδος
λίμνης νέμονται τὸ πρὸς βορέην ἄνεμον ἡμερέων
πεντεκαίδεκα ὁδόν, πᾶσαν ἐοῦσαν ψιλὴν καὶ
ἀγρίων καὶ ἡμέρων δενδρέων· ὑπεροικέουσι δὲ
τούτων δευτέρην λάξιν ἔχοντες Βουδῖνοι, γῆν νεμό-
μενοι πᾶσαν δασέαν ὕλῃ παντοίῃ.

22. Βουδίνων δὲ κατύπερθε πρὸς βορέην ἐστὶ
πρώτη μὲν ἔρημος ἐπ᾽ ἡμερέων ἑπτὰ ὁδόν, μετὰ δὲ
τὴν ἔρημον ἀποκλίνοντι μᾶλλον πρὸς ἀπηλιώτην
ἄνεμον νέμονται Θυσσαγέται, ἔθνος πολλὸν καὶ
ἴδιον· ζῶσι δὲ ἀπὸ θήρης. συνεχέες δὲ τούτοισι
ἐν τοῖσι αὐτοῖσι τόποισι κατοικημένοι εἰσὶ τοῖσι
οὔνομα κεῖται Ἰύρκαι, καὶ οὗτοι ἀπὸ θήρης ζῶντες
τρόπῳ τοιῷδε· λοχᾷ ἐπὶ δένδρεον ἀναβάς, τὰ δὲ
ἐστι πυκνὰ ἀνὰ πᾶσαν τὴν χώρην· ἵππος δὲ
ἑκάστῳ δεδιδαγμένος ἐπὶ γαστέρα κεῖσθαι ταπει-
νότητος εἵνεκα ἕτοιμος ἐστὶ καὶ κύων· ἐπεὰν δὲ
ἀπίδῃ τὸ θηρίον ἀπὸ τοῦ δενδρέου, τοξεύσας ἐπι-

Royal, where are the best and most in number
of the Scythians, who deem all other Scythians their
slaves; their territory stretches southward to the
Tauric land, and eastward to the fosse that was
dug by the sons of the blind men, and on the
Maeetian lake to the port called The Cliffs [1];
and part of it stretches to the river Tanais. Above
the Royal Scythians to the north dwell the Black-
cloaks, who are of another and not a Scythian
stock; and beyond the Blackcloaks the land is
all marshes and uninhabited by men, so far as
we know.

21. Across the Tanais it is no longer Scythia; the
first of the divisions belongs to the Sauromatae, whose
country begins at the inner end of the Maeetian lake
and stretches fifteen days' journey to the north, and
is all bare of both forest and garden trees. Above
these in the second division dwell the Budini, in-
habiting a country thickly overgrown with trees of
all kinds.

22. Northward of the Budini the land is unin-
habited for seven days' journey; after this desert,
and somewhat more towards the east wind, dwell
the Thyssagetae, a numerous and a separate nation,
living by the chase. Adjoining these and in the
same country dwell the people called Iyrkae; these
also live by the chase, in such manner as I will show.
The hunter climbs a tree, and there sits ambushed;
for trees grow thick all over the land; and each man
has his horse at hand, trained to couch upon its
belly for lowliness' sake, and his dog; and when he
marks the quarry from the tree, he shoots with the

[1] Apparently on the west coast of the Sea of Azov;
cp. 110.

βὰς ἐπὶ τὸν ἵππον διώκει, καὶ ὁ κύων ἔχεται.
ὑπὲρ δὲ τούτων τὸ πρὸς τὴν ἠῶ ἀποκλίνοντι οἰκέ-
ουσι Σκύθαι ἄλλοι, ἀπὸ τῶν βασιληίων Σκυθέων
ἀποστάντες καὶ οὕτω ἀπικόμενοι ἐς τοῦτον τὸν
χῶρον.

23. Μέχρι μὲν δὴ τῆς τούτων τῶν Σκυθέων
χώρης ἐστὶ ἡ καταλεχθεῖσα πᾶσα πεδιάς τε γῆ
καὶ βαθύγαιος, τὸ δ' ἀπὸ τούτου λιθώδης τ' ἐστὶ
καὶ τρηχέα. διεξελθόντι δὲ καὶ τῆς τρηχέης χώρης
πολλὸν οἰκέουσι ὑπώρεαν ὀρέων ὑψηλῶν ἄνθρωποι
λεγόμενοι εἶναι πάντες φαλακροὶ ἐκ γενετῆς γινό-
μενοι, καὶ ἔρσενες καὶ θήλεαι ὁμοίως, καὶ σιμοὶ
καὶ γένεια ἔχοντες μεγάλα, φωνὴν δὲ ἰδίην ἱέντες,
ἐσθῆτι δὲ χρεώμενοι Σκυθικῇ, ζῶντες δὲ ἀπὸ
δενδρέων. ποντικὸν μὲν οὔνομα τῷ δενδρέῳ ἀπ'
οὗ ζῶσι, μέγαθος δὲ κατὰ συκέην μάλιστά κη.
καρπὸν δὲ φορέει κυάμῳ ἴσον, πυρῆνα δὲ ἔχει.
τοῦτο ἐπεὰν γένηται πέπον, σακκέουσι ἱματίοισι,
ἀπορρέει δὲ ἀπ' αὐτοῦ παχὺ καὶ μέλαν· οὔνομα
δὲ τῷ ἀπορρέοντι ἐστὶ ἄσχυ· τοῦτο καὶ λείχουσι
καὶ γάλακτι συμμίσγοντες πίνουσι, καὶ ἀπὸ τῆς
παχύτητος αὐτοῦ τῆς τρυγὸς παλάθας συντιθεῖσι
καὶ ταύτας σιτέονται. πρόβατα γάρ σφι οὐ
πολλά ἐστι· οὐ γάρ τι σπουδαῖαι αἱ νομαὶ αὐτόθι
εἰσί. ὑπὸ δενδρέῳ δὲ ἕκαστος κατοίκηται, τὸν
μὲν χειμῶνα ἐπεὰν τὸ δένδρεον περικαλύψῃ πίλῳ
στεγνῷ λευκῷ, τὸ δὲ θέρος ἄνευ πίλου. τούτους
οὐδεὶς ἀδικέει ἀνθρώπων· ἱροὶ γὰρ λέγονται εἶναι·
οὐδέ τι ἀρήιον ὅπλον ἐκτέαται. καὶ τοῦτο μὲν
τοῖσι περιοικέουσι οὗτοι εἰσὶ οἱ τὰς διαφορὰς

bow and mounts his horse and pursues after it, and
the dog follows closely after. Beyond these and
somewhat towards the east dwell Scythians again,
who revolted from the Royal Scythians and so came
to this country.

23. As far as the country of these Scythians all
the aforesaid land is level and its soil is deep; but
thereafter it is stony and rough. After a long
passage through this rough country, there are men
inhabiting the foothills of high mountains, who are
said to be all bald from their birth (male and female
alike) and snub-nosed and with long beards; they
speak a tongue of their own, and wear Scythian
raiment, and their fare comes from trees. The tree
wherefrom they live is called "Pontic"; it is about
the size of a fig-tree, and bears a fruit as big as a
bean, with a stone in it. When this fruit is ripe,
they strain it through cloth, and a thick black
liquid flows from it, which they call "aschu"[1];
they lick this up or mix it with milk for drinking,
and of the thickest of the lees of it they make cakes,
and eat them. For they have but few of smaller
cattle, the pasture in their land not being good.
They dwell each man under a tree, covering it in
winter with a white felt cloth, but using no felt in
summer. These people are wronged by no man, for
they are said to be sacred; nor have they any
weapon of war. These are they who judge in the
quarrels between their neighbours; moreover, what-

---

[1] The fruit of the "Prunus Padus" is said to be made by
the Cossacks into a drink called "atschi."

διαιρέοντες, τοῦτο δὲ ὃς ἂν φεύγων καταφύγῃ ἐς τούτους, ὑπ᾽ οὐδενὸς ἀδικέεται. οὔνομα δέ σφι ἐστὶ Ἀργιππαῖοι.

24. Μέχρι μέν νυν τῶν φαλακρῶν τούτων πολλὴ περιφανείη τῆς χώρης ἐστὶ καὶ τῶν ἔμπρο-σθε ἐθνέων· καὶ γὰρ Σκυθέων τινὲς ἀπικνέονται ἐς αὐτούς, τῶν οὐ χαλεπόν ἐστι πυθέσθαι καὶ Ἑλλήνων τῶν ἐκ Βορυσθένεός τε ἐμπορίου καὶ τῶν ἄλλων Ποντικῶν ἐμπορίων· Σκυθέων δὲ οἳ ἂν ἔλθωσι ἐς αὐτούς, δι᾽ ἑπτὰ ἑρμηνέων καὶ δι᾽ ἑπτὰ γλωσσέων διαπρήσσονται.

25. Μέχρι μὲν δὴ τούτων γινώσκεται, τὸ δὲ τῶν φαλακρῶν κατύπερθε οὐδεὶς ἀτρεκέως οἶδε φράσαι. ὄρεα γὰρ ὑψηλὰ ἀποτάμνει ἄβατα καὶ οὐδείς σφεα ὑπερβαίνει. οἱ δὲ φαλακροὶ οὗτοι λέγουσι, ἐμοὶ μὲν οὐ πιστὰ λέγοντες, οἰκέειν τὰ ὄρεα αἰγίποδας ἄνδρας, ὑπερβάντι δὲ τούτους ἀνθρώπους ἄλλους οἳ τὴν ἑξάμηνον κατεύδουσι. τοῦτο δὲ οὐκ ἐνδέ-κομαι τὴν ἀρχήν, ἀλλὰ τὸ μὲν πρὸς ἠῶ τῶν φαλακρῶν γινώσκεται ἀτρεκέως ὑπὸ Ἰσσηδόνων οἰκεόμενον, τὸ μέντοι κατύπερθε πρὸς βορέην ἄνεμον οὐ γινώσκεται οὔτε τῶν φαλακρῶν οὔτε τῶν Ἰσσηδόνων, εἰ μὴ ὅσα αὐτῶν τούτων λεγόντων.

26. Νόμοισι δὲ Ἰσσηδόνες τοῖσιδε λέγονται χρᾶσθαι. ἐπεὰν ἀνδρὶ ἀποθάνῃ πατήρ, οἱ προσ-ήκοντες πάντες προσάγουσι πρόβατα, καὶ ἔπειτα ταῦτα θύσαντες καὶ καταταμόντες τὰ κρέα κατα-τάμνουσι καὶ τὸν τοῦ δεκομένου τεθνεῶτα γονέα, ἀναμίξαντες δὲ πάντα τὰ κρέα δαῖτα προτίθενται· τὴν δὲ κεφαλὴν αὐτοῦ ψιλώσαντες καὶ ἐκκαθή-ραντες καταχρυσοῦσι καὶ ἔπειτα ἅτε ἀγάλματι χρέωνται, θυσίας μεγάλας ἐπετείους ἐπιτελέοντες.

ever banished man has taken refuge with them is wronged by none. They are called Argippeans.

24. Now as far as the land of these bald men we have full knowledge of the country and the nations on the hither side of them; for some of the Scythians make their way to them, from whom it is easy to get knowledge, and from some too of the Greeks from the Borysthenes port and the other ports of Pontus; such Scythians as visit them do their business with seven interpreters and in seven languages.

25. So far then as these men this country is known; but, for what lies north of the bald men, no one can speak with exact knowledge; for mountains high and impassable bar the way, and no man crosses them. These bald men say (but for my part I believe them not) that the mountains are inhabited by men with goats' feet; and that beyond these again are men who sleep for six months of the twelve. This I cannot at all accept for true. But the country east of the bald-heads is known for certain to be inhabited by the Issedones; howbeit, of what lies northward either of the bald-heads or the Issedones we have no knowledge, save what comes from the report of these latter.

26. It is said to be the custom of the Issedones, that whenever a man's father dies, all the nearest of kin bring beasts of the flock, and having killed these and cut up the flesh they cut up also the dead father of their host, and set out all the flesh mingled together for a feast. As for his head, they strip it bare and cleanse and gild it, and keep it for a sacred relic, whereto they offer yearly solemn sacrifice. Every

HERODOTUS

παῖς δὲ πατρὶ τοῦτο ποιέει, κατά περ Ἕλληνες τὰ
γενέσια. ἄλλως δὲ δίκαιοι καὶ οὗτοι λέγονται εἶναι,
ἰσοκρατέες δὲ ὁμοίως αἱ γυναῖκες τοῖσι ἀνδράσι.

27. Γινώσκονται μὲν δὴ καὶ οὗτοι, τὸ δὲ ἀπὸ
τούτων τὸ κατύπερθε Ἰσσηδόνες εἰσὶ οἱ λέγοντες
μουνοφθάλμους ἀνθρώπους καὶ χρυσοφύλακας
γρῦπας εἶναι· παρὰ δὲ τούτων Σκύθαι παραλα-
βόντες λέγουσι, παρὰ δὲ Σκυθέων ἡμεῖς οἱ ἄλλοι
νενομίκαμεν καὶ ὀνομάζομεν αὐτοὺς σκυθιστὶ
Ἀριμασπούς· ἄριμα γὰρ ἓν καλέουσι Σκύθαι,
σποῦ δὲ ὀφθαλμόν.

28. Δυσχείμερος δὲ αὕτη ἡ καταλεχθεῖσα πᾶσα
χώρη οὕτω δή τι ἐστί, ἔνθα τοὺς μὲν ὀκτὼ τῶν
μηνῶν ἀφόρητος οἷος γίνεται κρυμός, ἐν τοῖσι ὕδωρ
ἐκχέας πηλὸν οὐ ποιήσεις, πῦρ δὲ ἀνακαίων ποιή-
σεις πηλόν·[1] ἡ δὲ θάλασσα πήγνυται καὶ ὁ
Βόσπορος πᾶς ὁ Κιμμέριος, καὶ ἐπὶ τοῦ κρυ-
στάλλου οἱ ἐντὸς τάφρου Σκύθαι κατοικημένοι
στρατεύονται καὶ τὰς ἁμάξας ἐπελαύνουσι πέρην
ἐς τοὺς Σίνδους. οὕτω μὲν δὴ τοὺς ὀκτὼ μῆνας
διατελέει χειμὼν ἐών, τοὺς δ' ἐπιλοίπους τέσσερας
ψύχεα αὐτόθι ἐστί. κεχώρισται δὲ οὗτος ὁ χειμὼν
τοὺς τρόπους πᾶσι τοῖσι ἐν ἄλλοισι χωρίοισι
γινομένοισι χειμῶσι, ἐν τῷ τὴν μὲν ὡραίην οὐκ
ὕει λόγου ἄξιον οὐδέν, τὸ δὲ θέρος ὕων οὐκ ἀνιεῖ·
βρονταί τε ἦμος τῇ ἄλλῃ γίνονται, τηνικαῦτα μὲν
οὐ γίνονται, θέρεος δὲ ἀμφιλαφέες· ἢν δὲ χειμῶνος
βροντὴ γένηται, ὡς τέρας νενόμισται θωμάζεσθαι.
ὡς δὲ καὶ ἢν σεισμὸς γένηται ἤν τε θέρεος ἤν τε
χειμῶνος ἐν τῇ Σκυθικῇ, τέρας νενόμισται. ἵπποι
δὲ ἀνεχόμενοι φέρουσι τὸν χειμῶνα τοῦτον, ἡμίονοι

[1] [πηλόν] Stein.

226

son does so by his father, even as the Greeks in their festivals in honour of the dead. For the rest, these also are said to be a law-abiding people; and the women have equal power with the men.

27. Of these then also we have knowledge; but for what is northward of them, it is from the Isse-dones that the tale comes of the one-eyed men and the griffins that guard gold; this is told by the Scythians, who have heard it from them; and we again have taken it for true from the Scythians, and call these people by the Scythian name, Arimaspians; for in the Scythian tongue *arima* is one, and *spou* is the eye.

28. All this aforementioned country is exceed-ing cold; for eight months of every year there is frost unbearable, and in these you shall not make mud by pouring out water but by lighting a fire; the sea freezes, and all the Cimmerian Bosporus; and the Scythians dwelling this side of the fosse lead armies over the ice, and drive their wains across to the land of the Sindi. So it is ever winter for eight months, and it is cold in that country for the four that remain. Here is a winter of a different sort from the winters that come in other lands; for in the season for rain there falls scarce any, but for all the summer there is rain unceasing; and when there are thunderstorms in other lands, here there are none, but in summer there is great plenty of them; if there come a thunderstorm in winter they are wont to marvel at it for a portent. And so too if there come an earthquake, be it in summer or winter, it is esteemed a portent in Scythia. Horses have endurance to bear the Scythian winter, mules

227

HERODOTUS

δὲ οὐδὲ ὄνοι οὐκ ἀνέχονται ἀρχήν· τῇ δὲ ἄλλῃ
ἵπποι μὲν ἐν κρυμῷ ἑστεῶτες ἀποσφακελίζουσι,
ὄνοι δὲ καὶ ἡμίονοι ἀνέχονται.

29. Δοκέει δέ μοι καὶ τὸ γένος τῶν βοῶν τὸ
κόλον διὰ ταῦτα οὐ φύειν κέρεα αὐτόθι· μαρτυρέει
δέ μοι τῇ γνώμῃ καὶ Ὁμήρου ἔπος ἐν Ὀδυσσείῃ
ἔχον ὧδε,

καὶ Λιβύην, ὅθι τ' ἄρνες ἄφαρ κεραοὶ τελέ-
θουσι,

ὀρθῶς εἰρημένον, ἐν τοῖσι θερμοῖσι ταχὺ παραγί-
νεσθαι τὰ κέρεα, ἐν δὲ τοῖσι ἰσχυροῖσι ψύχεσι ἢ
οὐ φύειν κέρεα τὰ κτήνεα ἀρχὴν ἢ φύοντα φύειν
μόγις.

30. Ἐνθαῦτα μέν νυν διὰ τὰ ψύχεα γίνεται
ταῦτα. θωμάζω δέ (προσθήκας γὰρ δή μοι ὁ λό-
γος ἐξ ἀρχῆς ἐδίζητο) ὅτι ἐν τῇ Ἠλείῃ πάσῃ χώρῃ
οὐ δυνέαται γίνεσθαι ἡμίονοι, οὔτε ψυχροῦ τοῦ
χώρου ἐόντος οὔτε ἄλλου φανεροῦ αἰτίου οὐδενός.
φασὶ δὲ αὐτοὶ Ἠλεῖοι ἐκ κατάρης τευ οὐ γίνεσθαι
σφίσι ἡμιόνους, ἀλλ' ἐπεὰν προσίῃ ἡ ὥρη κυΐ-
σκεσθαι τὰς ἵππους, ἐξελαύνουσι ἐς τοὺς πλησιο-
χώρους αὐτάς, καὶ ἔπειτά σφι ἐν τῇ τῶν πέλας
ἐπιεῖσι τοὺς ὄνους, ἐς οὗ ἂν σχῶσι αἱ ἵπποι ἐν
γαστρί· ἔπειτα δὲ ἀπελαύνουσι.

31. Περὶ δὲ τῶν πτερῶν τῶν Σκύθαι λέγουσι
ἀνάπλεον εἶναι τὸν ἠέρα, καὶ τούτων εἵνεκα οὐκ
οἷοί τε εἶναι οὔτε ἰδεῖν τὸ πρόσω τῆς ἠπείρου οὔτε
διεξιέναι, τήνδε ἔχω περὶ αὐτῶν γνώμην· τὰ κατ-
ύπερθε ταύτης τῆς χώρης αἰεὶ νίφεται, ἐλάσσονι
δὲ τοῦ θέρεος ἢ τοῦ χειμῶνος, ὥσπερ καὶ οἰκός.
ἤδη ὦν ὅστις ἀγχόθεν χιόνα ἀδρὴν πίπτουσαν

and asses cannot at all bear it; yet in other lands, whereas asses and mules can endure frost, horses that stand in it are frostbitten.

29. And to my thinking it is for this cause that the hornless kind of oxen grows no horns in Scythia. There is a verse of Homer in the Odyssey that witnesses to my judgment; it is this:

"Libya, the land where lambs are born with horns on their foreheads,"

wherein it is rightly signified, that in hot countries the horns grow quickly, whereas in very cold countries beasts grow horns hardly, or not at all.

30. In Scythia, then, this happens because of the cold. But I hold it strange (for it was ever the way of my history to seek after subsidiary matters) that in the whole of Elis no mules can be begotten, albeit neither is the country cold nor is there any manifest cause. The Eleans themselves say that it is by reason of a curse that mules cannot be begotten among them; but whenever the season is at hand for the mares to conceive, they drive them away into the countries of their neighbours, and then send the asses to them in the neighbouring land, till the mares be pregnant; and then they drive them home again.

31. But as touching the feathers whereof the Scythians say that the air is full, insomuch that none can see or traverse the land beyond, I hold this opinion. Northward of that country snow falls continually, though less in summer than in winter, as is to be expected. Whoever has seen snow falling thickly near him knows of himself my meaning; for

HERODOTUS

εἶδε, οἶδε τὸ λέγω· ἔοικε γὰρ ἡ χιὼν πτεροῖσι
καὶ διὰ τὸν χειμῶνα τοῦτον ἐόντα τοιοῦτον ἀνοί-
κητα τὰ πρὸς βορέην ἐστὶ τῆς ἠπείρου ταύτης.
τὰ ὦν πτερὰ εἰκάζοντας τὴν χιόνα τοὺς Σκύθας τε
καὶ τοὺς περιοίκους δοκέω λέγειν. ταῦτα μέν νυν
τὰ λέγεται μακρότατα εἴρηται.

32. Ὑπερβορέων δὲ πέρι ἀνθρώπων οὔτε τι
Σκύθαι λέγουσι οὐδὲν οὔτε τινὲς ἄλλοι τῶν ταύτῃ
οἰκημένων, εἰ μὴ ἄρα Ἰσσηδόνες. ὡς δὲ ἐγὼ
δοκέω, οὐδ᾽ οὗτοι λέγουσι οὐδέν· ἔλεγον γὰρ ἂν
καὶ Σκύθαι, ὡς περὶ τῶν μουνοφθάλμων λέγουσι.
ἀλλ᾽ Ἡσιόδῳ μὲν ἐστὶ περὶ Ὑπερβορέων εἰρη-
μένα, ἔστι δὲ καὶ Ὁμήρῳ ἐν Ἐπιγόνοισι, εἰ δὴ τῷ
ἐόντι γε Ὅμηρος ταῦτα τὰ ἔπεα ἐποίησε.

33. Πολλῷ δέ τι πλεῖστα περὶ αὐτῶν Δήλιοι
λέγουσι, φάμενοι ἱρὰ ἐνδεδεμένα ἐν καλάμῃ πυρῶν
ἐξ Ὑπερβορέων φερόμενα ἀπικνέεσθαι ἐς Σκύθας,
ἀπὸ δὲ Σκυθέων ἤδη δεκομένους αἰεὶ τοὺς πλησιο-
χώρους ἑκάστους κομίζειν αὐτὰ τὸ πρὸς ἑσπέρης
ἑκαστάτω ἐπὶ τὸν Ἀδρίην, ἐνθεῦτεν δὲ πρὸς
μεσαμβρίην προπεμπόμενα πρώτους Δωδωναίους
Ἑλλήνων δέκεσθαι, ἀπὸ δὲ τούτων καταβαίνειν
ἐπὶ τὸν Μηλιέα κόλπον καὶ διαπορεύεσθαι ἐς
Εὔβοιαν, πόλιν τε ἐς πόλιν πέμπειν μέχρι Καρύ-
στου, τὸ δ᾽ ἀπὸ ταύτης ἐκλιπεῖν Ἄνδρον· Καρυ-
στίους γὰρ εἶναι τοὺς κομίζοντας ἐς Τῆνον,
Τηνίους δὲ ἐς Δῆλον. ἀπικνέεσθαι μέν νυν οὕτω

the snow is like feathers; and by reason of the winter, which is such as I have said, the parts to the north of this continent are uninhabited. I think therefore that in this tale of feathers the Scythians and their neighbours do but speak of snow in a figure. Thus then I have spoken of those parts that are said to be most distant.

32. Concerning the Hyperborean people neither the Scythians nor any other dwellers in these lands tell us anything, except perchance the Issedones. And, as I think, even they tell nothing; for were it not so, then the Scythians too would have told, even as they tell of the one-eyed men. But Hesiod speaks of Hyperboreans, and Homer too in his poem The Heroes' Sons,[1] if that be truly the work of Homer.

33. But the Delians [2] tell much more concerning them than do any others. They say that offerings wrapt in wheat-straw are brought from the Hyperboreans to Scythia; when they have passed Scythia, each nation in turn receives them from its neighbours till they are carried to the Adriatic sea, which is the most westerly limit of their journey; thence they are brought on to the south, the people of Dodona being the first Greeks to receive them. From Dodona they come down to the Melian gulf, and are carried across to Euboea, and city sends them on to city till they come to Carystus; after this, Andros is left out of their journey, for it is Carystians who carry them to Tenos, and Tenians to Delos. Thus (they

[1] One of the "Cyclic" poems; a sequel to the "Thebais" (story of the seven against Thebes).
[2] This Delian story about the Hyperboreans is additional evidence of the known fact that trade routes from the earliest times linked northern with south-eastern Europe. Amber in especial was carried from the Baltic to the Aegean.

ταῦτα τὰ ἱρὰ λέγουσι ἐς Δῆλον· πρῶτον δε τοὺς
Ὑπερβορέους πέμψαι φερούσας τὰ ἱρὰ δύο κόρας,
τὰς ὀνομάζουσι Δήλιοι εἶναι Ὑπερόχην τε καὶ
Λαοδίκην· ἅμα δὲ αὐτῆσι ἀσφαλείης εἵνεκεν
πέμψαι τοὺς Ὑπερβορέους τῶν ἀστῶν ἄνδρας
πέντε πομπούς, τούτους οἳ νῦν Περφερέες καλέ-
ονται τιμὰς μεγάλας ἐν Δήλῳ ἔχοντες. ἐπεὶ δὲ
τοῖσι Ὑπερβορέοισι τοὺς ἀποπεμφθέντας ὀπίσω
οὐκ ἀπονοστέειν, δεινὰ ποιευμένους εἰ σφέας αἰεὶ
καταλάμψεται ἀποστέλλοντας μὴ ἀποδέκεσθαι,
οὕτω δὴ φέροντας ἐς τοὺς οὔρους τὰ ἱρὰ ἐνδεδε-
μένα ἐν πυρῶν καλάμῃ τοὺς πλησιοχώρους
ἐπισκήπτειν κελεύοντας προπέμπειν σφέα ἀπὸ
ἑωυτῶν ἐς ἄλλο ἔθνος. καὶ ταῦτα μὲν οὕτω προ-
πεμπόμενα ἀπικνέεσθαι λέγουσι ἐς Δῆλον. οἶδα
δὲ αὐτὸς τούτοισι τοῖσι ἱροῖσι τόδε ποιεύμενον
προσφερές, τὰς Θρηικίας καὶ τὰς Παιονίδας
γυναῖκας, ἐπεὰν θύωσι τῇ Ἀρτέμιδι τῇ βασιλείῃ,
οὐκ ἄνευ πυρῶν καλάμης ἐχούσας τὰ ἱρά.

34. Καὶ ταῦτα μὲν δὴ ταῦτα οἶδα ποιεύσας·
τῇσι δὲ παρθένοισι ταύτῃσι τῇσι ἐξ Ὑπερβορέων
τελευτησάσῃσι ἐν Δήλῳ κείρονται καὶ αἱ κόραι
καὶ οἱ παῖδες οἱ Δηλίων· αἱ μὲν πρὸ γάμου πλό-
καμον ἀποταμνόμεναι καὶ περὶ ἄτρακτον εἱλί-
ξασαι ἐπὶ τὸ σῆμα τιθεῖσι (τὸ δὲ σῆμα ἐστὶ ἔσω
ἐς τὸ Ἀρτεμίσιον ἐσιόντι ἀριστερῆς χειρός, ἐπι-
πέφυκε δέ οἱ ἐλαίη), ὅσοι δὲ παῖδες τῶν Δηλίων,
περὶ χλόην τινὰ εἱλίξαντες τῶν τριχῶν τιθεῖσι
καὶ οὗτοι ἐπὶ τὸ σῆμα.

35. Αὗται μὲν δὴ ταύτην τιμὴν ἔχουσι πρὸς
τῶν Δήλου οἰκητόρων. φασὶ δὲ οἱ αὐτοὶ οὗτοι
καὶ τὴν Ἄργην τε καὶ τὴν Ὦπιν ἐούσας παρθέ-

say) these offerings come to Delos. But on the first journey the Hyperboreans sent two maidens bearing the offerings, to whom the Delians give the names Hyperoche and Laodice, sending with them for safe conduct five men of their people as escort, those who are now called Perpherees[1] and greatly honoured at Delos. But when the Hyperboreans found that those whom they sent never returned, they were very ill content that it should ever be their fate not to receive their messengers back; wherefore they carry the offerings, wrapt in wheat-straw, to their borders, and charge their neighbours to send them on from their own country to the next; and the offerings, it is said, come by this conveyance to Delos. I can say of my own knowledge that there is a custom like these offerings, namely, that when the Thracian and Paeonian women sacrifice to the Royal Artemis, they have wheat-straw with them while they sacrifice.

34. This I know that they do. The Delian girls and boys cut their hair in honour of these Hyperborean maidens, who died at Delos; the girls before their marriage cut off a tress and lay it on the tomb, wound about a spindle; this tomb is at the foot of an olive-tree, on the left hand of the entrance of the temple of Artemis; the Delian boys twine some of their hair round a green stalk, and they likewise lay it on the tomb.

35. Thus then are these maidens honoured by the inhabitants of Delos. These same Delians relate that two virgins, Arge and Opis, came from the

[1] That is, probably, the Bearers.

νους ἐξ Ὑπερβορέων κατὰ τοὺς αὐτοὺς τούτους
ἀνθρώπους πορευομένας ἀπικέσθαι ἐς Δῆλον ἔτι
πρότερον Ὑπερόχης τε καὶ Λαοδίκης. ταύτας
μέν νυν τῇ Εἰλειθυίῃ ἀποφερούσας ἀντὶ τοῦ
ὠκυτόκου τὸν ἐτάξαντο φόρον ἀπικέσθαι, τὴν δὲ
Ἄργην τε καὶ τὴν Ὦπιν ἅμα αὐτοῖσι θεοῖσι
ἀπικέσθαι λέγουσι καί σφι τιμὰς ἄλλας δεδόσθαι
πρὸς σφέων· καὶ γὰρ ἀγείρειν σφι τὰς γυναῖκας
ἐπονομαζούσας τὰ οὐνόματα ἐν τῷ ὕμνῳ τόν σφι
Ὠλὴν ἀνὴρ Λύκιος ἐποίησε, παρὰ δὲ σφέων μα-
θόντας νησιώτας τε καὶ Ἴωνας ὑμνέειν Ὦπίν τε
καὶ Ἄργην ὀνομάζοντάς τε καὶ ἀγείροντας (οὗτος
δὲ ὁ Ὠλὴν καὶ τοὺς ἄλλους τοὺς παλαιοὺς ὕμνους
ἐποίησε ἐκ Λυκίης ἐλθὼν τοὺς ἀειδομένους ἐν
Δήλῳ), καὶ τῶν μηρίων καταγιζομένων ἐπὶ τῷ
βωμῷ τὴν σποδὸν ταύτην ἐπὶ τὴν θήκην τῆς
Ὠπιός τε καὶ Ἄργης ἀναισιμοῦσθαι ἐπιβαλλο-
μένην. ἡ δὲ θήκη αὐτέων ἐστὶ ὄπισθε τοῦ Ἀρτε-
μισίου, πρὸς ἠῶ τετραμμένη, ἀγχοτάτω τοῦ
Κηίων ἱστιητορίου.

36. Καὶ ταῦτα μὲν Ὑπερβορέων πέρι εἰρήσθω·
τὸν γὰρ περὶ Ἀβάριος λόγον τοῦ λεγομένου εἶναι
Ὑπερβορέου οὐ λέγω, ὡς[1] τὸν οἰστὸν περιέφερε
κατὰ πᾶσαν γῆν οὐδὲν σιτεόμενος. εἰ δὲ εἰσὶ
ὑπερβόρεοι τινὲς ἄνθρωποι, εἰσὶ καὶ ὑπερνότιοι
ἄλλοι. γελῶ δὲ ὁρέων γῆς περιόδους γράψαντας
πολλοὺς ἤδη καὶ οὐδένα νοονεχόντως ἐξηγησά-
μενον· οἳ Ὠκεανόν τε ῥέοντα γράφουσι πέριξ τὴν
γῆν ἐοῦσαν κυκλοτερέα ὡς ἀπὸ τόρνου, καὶ τὴν
Ἀσίην τῇ Εὐρώπῃ ποιεύντων ἴσην. ἐν ὀλίγοισι
γὰρ ἐγὼ δηλώσω μέγαθός τε ἑκάστης αὐτέων καὶ
οἵη τις ἐστὶ ἐς γραφὴν ἑκάστη.

[1] [λέγων] ὡς Stein.

Hyperboreans by way of the peoples aforesaid to Delos, yet earlier than the coming of Hyperoche and Laodice ; these latter came to bring to Ilithyia the tribute whereto they had bound themselves for ease of child-bearing ; but Arge and Opis, they say, came with the gods themselves,[1] and received honours of their own from the Delians. For the women collected gifts for them, calling upon their names in the hymn made for them by Olen a man of Lycia ; it was from Delos that the islanders and Ionians learnt to sing hymns to Opis and Arge, calling upon their names and collecting gifts (this Olen after his coming from Lycia made also the other and ancient hymns that are sung at Delos). Further they say that when the thighbones are burnt in sacrifice on the altar, the ashes of them are all used for casting on the burial-place of Opis and Arge ; which burial-place is behind the temple of Artemis, looking eastwards, nearest to the refectory of the people of Ceos.

36. Thus far have I spoken of the Hyperboreans, and let it suffice ; for I do not tell the story of that Abaris, alleged to be a Hyperborean, who carried the arrow over the whole world, fasting the while. But if there be men beyond the north wind, then there are others beyond the south. And I laugh to see how many have ere now drawn maps of the world, not one of them showing the matter reasonably ; for they draw the world as round as if fashioned by compasses, encircled by the river of Ocean, and Asia and Europe of a like bigness. For myself, I will in a few words show the extent of the two, and how each should be drawn.

[1] Apollo and Artemis, probably.

HERODOTUS

37. Πέρσαι οἰκέουσι κατήκοντες ἐπὶ τὴν νοτίην θάλασσαν τὴν Ἐρυθρὴν καλεομένην, τούτων δὲ ὑπεροικέουσι πρὸς βορέην ἄνεμον Μῆδοι, Μήδων δὲ Σάσπειρες, Σασπείρων δὲ Κόλχοι κατήκοντες ἐπὶ τὴν βορηίην θάλασσαν, ἐς τὴν Φᾶσις ποταμὸς ἐκδιδοῖ. ταῦτα τέσσερα ἔθνεα οἰκέει ἐκ θαλάσσης ἐς θάλασσαν.

38. Ἐνθεῦτεν δὲ τὸ πρὸς ἑσπέρης ἀκταὶ διφάσιαι ἀπ᾿ αὐτῆς κατατείνουσι ἐς θάλασσαν, τὰς ἐγὼ ἀπηγήσομαι· ἔνθεν μὲν ἡ ἀκτὴ ἡ ἑτέρη τὰ πρὸς βορέην ἀπὸ Φάσιος ἀρξαμένη παρατέταται ἐς θάλασσαν παρά τε τὸν Πόντον καὶ τὸν Ἑλλήσποντον μέχρι Σιγείου τοῦ Τρωικοῦ· τὰ δὲ πρὸς νότου ἡ αὐτὴ αὕτη ἀκτὴ ἀπὸ τοῦ Μυριανδικοῦ κόλπου τοῦ πρὸς Φοινίκῃ κειμένου τείνει τὰ ἐς θάλασσαν μέχρι Τριοπίου ἄκρης. οἰκέει δὲ ἐν τῇ ἀκτῇ ταύτῃ ἔθνεα ἀνθρώπων τριήκοντα.

39. Αὕτη μέν νυν ἡ ἑτέρη τῶν ἀκτέων, ἡ δὲ δὴ ἑτέρη ἀπὸ Περσέων ἀρξαμένη παρατέταται ἐς τὴν Ἐρυθρὴν θάλασσαν, ἥ τε Περσικὴ καὶ ἀπὸ ταύτης ἐκδεκομένη ἡ Ἀσσυρίη καὶ ἀπὸ Ἀσσυρίης ἡ Ἀραβίη· λήγει δὲ αὕτη, οὐ λήγουσα εἰ μὴ νόμῳ, ἐς τὸν κόλπον τὸν Ἀράβιον, ἐς τὸν Δαρεῖος ἐκ τοῦ Νείλου διώρυχα ἐσήγαγε. μέχρι μέν νυν Φοινίκης ἀπὸ Περσέων χῶρος πλατὺς καὶ πολλός ἐστι· τὸ δὲ ἀπὸ Φοινίκης παρήκει διὰ τῆσδε τῆς θαλάσσης ἡ ἀκτὴ αὕτη παρά τε Συρίην τὴν Παλαιστίνην καὶ Αἴγυπτον, ἐς τὴν τελευτᾷ· ἐν τῇ ἔθνεα ἐστὶ τρία μοῦνα.

40. Ταῦτα μὲν ἀπὸ Περσέων τὰ πρὸς ἑσπέρην τῆς Ἀσίης ἔχοντά ἐστί· τὰ δὲ κατύπερθε Περ-

37. The land where the Persians dwell reaches to the southern sea, that sea which is called Red; beyond these to the north are the Medes, and beyond the Medes the Saspires, and beyond the Saspires the Colchians, whose country reaches to the northern sea[1] into which issues the river Phasis; so these four nations dwell between the one sea and the other.

38. But westwards of this region two peninsulas stretch out from it into the sea, which I will now describe. On the north side one of the peninsulas begins at the Phasis and stretches seaward along the Pontus and the Hellespont, as far as Sigeum in the Troad; on the south side the same peninsula has a seacoast beginning at the Myriandric gulf that is near Phoenice, and stretching seaward as far as the Triopian headland. On this peninsula dwell thirty nations.

39. This is the first peninsula. But the second, beginning with Persia, stretches to the Red Sea, being the Persian land, and next the neighbouring country of Assyria, and after Assyria, Arabia; this peninsula ends (yet not truly but only by common consent) at the Arabian Gulf, whereunto Darius brought a canal from the Nile. Now from the Persian country to Phoenice there is a wide and great tract of land; and from Phoenice this peninsula runs beside our sea by the way of the Syrian Palestine and Egypt, which is at the end of it; in this peninsula there are but three nations.

43. So much for the parts of Asia west of the Persians. But what is beyond the Persians, and

[1] Here, the Black Sea; in 42 the "northern sea" is the Mediterranean.

HERODOTUS

σέων καὶ Μήδων καὶ Σασπείρων καὶ Κόλχων, τὰ
πρὸς ἠῶ τε καὶ ἥλιον ἀνατέλλοντα, ἔνθεν μὲν ἡ
Ἐρυθρὴ παρήκει θάλασσα, πρὸς βορέω δὲ ἡ
Κασπίη τε θάλασσα καὶ ὁ Ἀράξης ποταμός, ῥέων
πρὸς ἥλιον ἀνίσχοντα. μέχρι δὲ τῆς Ἰνδικῆς
οἰκέεται Ἀσίη· τὸ δὲ ἀπὸ ταύτης ἔρημος ἤδη τὸ
πρὸς τὴν ἠῶ, οὐδὲ ἔχει οὐδεὶς φράσαι οἷον δή τι
ἐστί.

41. Τοιαύτη μὲν καὶ τοσαύτη ἡ Ἀσίη ἐστί, ἡ
δὲ Λιβύη ἐν τῇ ἀκτῇ τῇ ἑτέρῃ ἐστί· ἀπὸ γὰρ Αἰγύ-
πτου Λιβύη ἤδη ἐκδέκεται. κατὰ μέν νυν Αἴγυπτον
ἡ ἀκτὴ αὕτη στεινή ἐστι· ἀπὸ γὰρ τῆσδε τῆς
θαλάσσης ἐς τὴν Ἐρυθρὴν θάλασσαν δέκα μυρι-
άδες εἰσὶ ὀργυιέων, αὗται δ' ἂν εἶεν χίλιοι στάδιοι·
τὸ δὲ ἀπὸ τοῦ στεινοῦ τούτου κάρτα πλατέα
τυγχάνει ἐοῦσα ἡ ἀκτὴ ἥτις Λιβύη κέκληται.

42. Θωμάζω ὦν τῶν διουρισάντων καὶ διελόν-
των Λιβύην τε καὶ Ἀσίην καὶ Εὐρώπην· οὐ γὰρ
σμικρὰ τὰ διαφέροντα αὐτέων ἐστί· μήκεϊ μὲν
γὰρ παρ' ἀμφοτέρας παρήκει ἡ Εὐρώπη, εὔρεος
δὲ πέρι οὐδὲ συμβάλλειν ἀξίη φαίνεταί μοι εἶναι.
Λιβύη μὲν γὰρ δηλοῖ ἑωυτήν[1] ἐοῦσα περίρρυτος,
πλὴν ὅσον αὐτῆς πρὸς τὴν Ἀσίην οὐρίζει, Νεκῶ
τοῦ Αἰγυπτίων βασιλέος πρώτου τῶν ἡμεῖς ἴδμεν
καταδέξαντος· ὃς ἐπείτε τὴν διώρυχα ἐπαύσατο
ὀρύσσων τὴν ἐκ τοῦ Νείλου διέχουσαν ἐς τὸν
Ἀράβιον κόλπον, ἀπέπεμψε Φοίνικας ἄνδρας
πλοίοισι, ἐντειλάμενος ἐς τὸ ὀπίσω δι' Ἡρακλέων
στηλέων ἐκπλέειν ἕως ἐς τὴν βορηίην θάλασσαν
καὶ οὕτω ἐς Αἴγυπτον ἀπικνέεσθαι. ὁρμηθέντες
ὦν οἱ Φοίνικες ἐκ τῆς Ἐρυθρῆς θαλάσσης ἔπλεον

[1] [ἑωυτήν] Stein.

238

Medes, and Saspires, and Colchians, eastward and toward the rising sun, this is bounded on the one hand by the Red Sea, and to the north by the Caspian Sea, and the river Araxes, that flows towards the sun's rising. As far as India, Asia is an inhabited land; but thereafter all to the east is desert, nor can any man say what kind of land is there.

41. Such is Asia and such its extent. But Libya is on this second peninsula; for Libya comes next after Egypt. The Egyptian part of this peninsula is narrow; for from our sea to the Red Sea it is a distance of an hundred thousand fathoms, that is, a thousand furlongs; but after this narrow part the peninsula which is called Libya is very broad.

42. I wonder, then, at those who have mapped out and divided the world into Libya, Asia, and Europe; for the difference between them is great, seeing that in length Europe stretches along both the others together, and it appears to me to be beyond all comparison broader. For Libya shows clearly that it is encompassed by the sea, save only where it borders on Asia; and this was proved first (as far as we know) by Necos king of Egypt. He, when he had made an end of digging the canal which leads from the Nile to the Arabian Gulf, sent Phoenicians in ships, charging them to sail on their return voyage past the Pillars of Heracles till they should come into the northern sea and so to Egypt. So the Phoenicians set out from the Red Sea and

HERODOTUS

τὴν νοτίην θάλασσαν· ὅκως δὲ γίνοιτο φθινό-
πωρον, προσσχόντες ἂν σπείρεσκον τὴν γῆν, ἵνα
ἑκάστοτε τῆς Λιβύης πλέοντες γινοίατο, καὶ μέ-
νεσκον τὸν ἄμητον· θερίσαντες δ' ἂν τὸν σῖτον
ἔπλεον, ὥστε δύο ἐτέων διεξελθόντων τρίτῳ ἔτεϊ
κάμψαντες Ἡρακλέας στήλας ἀπίκοντο ἐς Αἴ-
γυπτον. καὶ ἔλεγον ἐμοὶ μὲν οὐ πιστά, ἄλλῳ δὲ
δή τεῳ, ὡς περιπλώοντες τὴν Λιβύην τὸν ἥλιον
ἔσχον ἐς τὰ δεξιά.

43. Οὕτω μὲν αὕτη ἐγνώσθη τὸ πρῶτον, μετὰ
δὲ Καρχηδόνιοι εἰσὶ οἱ λέγοντες· ἐπεὶ Σατάσπης
γε ὁ Τεάσπιος ἀνὴρ Ἀχαιμενίδης οὐ περιέπλωσε
Λιβύην, ἐπ' αὐτὸ τοῦτο πεμφθείς, ἀλλὰ δείσας
τό τε μῆκος τοῦ πλόου καὶ τὴν ἐρημίην ἀπῆλθε
ὀπίσω, οὐδ' ἐπετέλεσε τὸν ἐπέταξέ οἱ ἡ μήτηρ
ἄεθλον. θυγατέρα γὰρ Ζωπύρου τοῦ Μεγαβύζου
ἐβιήσατο παρθένον· ἔπειτα μέλλοντος αὐτοῦ διὰ
ταύτην τὴν αἰτίην ἀνασκολοπιεῖσθαι ὑπὸ Ξέρξεω
βασιλέος, ἡ μήτηρ τοῦ Σατάσπεος ἐοῦσα Δαρείου
ἀδελφεὴ παραιτήσατο, φᾶσά οἱ αὐτὴ μέζω ζημίην
ἐπιθήσειν ἤ περ ἐκεῖνον· Λιβύην γάρ οἱ ἀνάγκην
ἔσεσθαι περιπλώειν, ἐς ὃ ἂν ἀπίκηται περιπλέων
αὐτὴν ἐς τὸν Ἀράβιον κόλπον. συγχωρήσαντος
δὲ Ξέρξεω ἐπὶ τούτοισι, ὁ Σατάσπης ἀπικόμενος
ἐς Αἴγυπτον καὶ λαβὼν νέα τε καὶ ναύτας παρὰ
τούτων ἔπλεε ἐπὶ Ἡρακλέας στήλας· διεκπλώσας
δὲ καὶ κάμψας τὸ ἀκρωτήριον τῆς Λιβύης τῷ
οὔνομα Σολόεις ἐστί, ἔπλεε πρὸς μεσαμβρίην· περή-
240

sailed the southern sea; whenever autumn came
they would put in and sow the land, to whatever part
of Libya they might come, and there await the
harvest; then, having gathered in the crop, they
sailed on, so that after two years had passed, it
was in the third that they rounded the Pillars of
Heracles and came to Egypt. There they said (what
some may believe, though I do not) that in sailing
round Libya they had the sun on their right hand.[1]

43. Thus the first knowledge of Libya was gained.
The next story is that of the Carchedonians: for as
for Sataspes son of Teaspes, an Achaemenid, he did
not sail round Libya, though he was sent for that end;
but he feared the length and the loneliness of the
voyage and so returned back without accomplishing
the task laid upon him by his mother. For he had
raped the virgin daughter of Zopyrus son of Mega-
byzus; and when on this charge he was to be im-
paled by King Xerxes, Sataspes' mother, who was
Darius' sister, begged for his life, saying that she
would lay a heavier punishment on him than did
Xerxes; for he should be compelled to sail round
Libya, till he completed his voyage and came to the
Arabian Gulf. Xerxes agreeing to this, Sataspes
went to Egypt, where he received a ship and a crew
from the Egyptians, and sailed past the Pillars of
Heracles. Having sailed out beyond them, and
rounded the Libyan promontory called Solois,[2] he

---

[1] The detail which Herodotus does not believe incidentally
confirms the story; as the ship sailed west round the Cape
of Good Hope, the sun of the southern hemisphere would be
on its right. Most authorities now accept the story of the
circumnavigation.

[2] Probably Cape Cantin, in the latitude of Madeira.

HERODOTUS

σας δὲ θάλασσαν πολλὴν ἐν πολλοῖσι μησί, ἐπείτε
τοῦ πλεῦνος αἰεὶ ἔδεε, ἀποστρέψας ὀπίσω ἀπέπλεε
ἐς Αἴγυπτον. ἐκ δὲ ταύτης ἀπικόμενος παρὰ
βασιλέα Ξέρξεα ἔλεγε φὰς τὰ προσωτάτω ἀν-
θρώπους μικροὺς παραπλέειν ἐσθῆτι φοινικηίη
διαχρεωμένους, οἳ ὅκως σφεῖς καταγοίατο τῇ νηὶ
φεύγεσκον πρὸς τὰ ὄρεα λείποντες τὰς πόλιας·
αὐτοὶ δὲ ἀδικέειν οὐδὲν ἐσιόντες, βρωτὰ δὲ μοῦνα
ἐξ αὐτέων λαμβάνειν. τοῦ δὲ μὴ περιπλῶσαι
Λιβύην παντελέως αἴτιον τόδε ἔλεγε, τὸ πλοῖον
τὸ πρόσω οὐ δυνατὸν ἔτι εἶναι προβαίνειν ἀλλ᾿
ἐνίσχεσθαι. Ξέρξης δὲ οὔ οἱ συγγινώσκων λέγειν
ἀληθέα οὐκ ἐπιτελέσαντά τε τὸν προκείμενον
ἄεθλον ἀνεσκολόπισε, τὴν ἀρχαίην δίκην ἐπιτι-
μῶν. τούτου δὲ τοῦ Σατάσπεος εὐνοῦχος ἀπέδρη
ἐς Σάμον, ἐπείτε ἐπύθετο τάχιστα τὸν δεσπότεα
τετελευτηκότα, ἔχων χρήματα μεγάλα, τὰ Σάμιος
ἀνὴρ κατέσχε, τοῦ ἐπιστάμενος τὸ οὔνομα ἑκὼν
ἐπιλήθομαι.

44. Τῆς δὲ Ἀσίης τὰ πολλὰ ὑπὸ Δαρείου
ἐξευρέθη, ὃς βουλόμενος Ἰνδὸν ποταμόν, ὃς κροκο-
δείλους δεύτερος οὗτος ποταμῶν πάντων παρέ-
χεται, τοῦτον τὸν ποταμὸν εἰδέναι τῇ ἐς θάλασσαν
ἐκδιδοῖ, πέμπει πλοίοισι ἄλλους τε τοῖσι ἐπίστευε
τὴν ἀληθείην ἐρέειν καὶ δὴ καὶ Σκύλακα ἄνδρα
Καρυανδέα. οἳ δὲ ὁρμηθέντες ἐκ Κασπατύρου τε
πόλιος καὶ τῆς Πακτυϊκῆς γῆς ἔπλεον κατὰ ποτα-
μὸν πρὸς ἠῶ τε καὶ ἡλίου ἀνατολὰς ἐς θάλασσαν,
διὰ θαλάσσης δὲ πρὸς ἑσπέρην πλέοντες τριη-
κοστῷ μηνὶ ἀπικνέονται ἐς τοῦτον τὸν χῶρον ὅθεν
ὁ Αἰγυπτίων βασιλεὺς τοὺς Φοίνικας τοὺς πρό-
τερον εἶπα ἀπέστειλε περιπλώειν Λιβύην. μετὰ

sailed southward; but when he had been many
months sailing far over the sea, and ever there was
more before him, he turned back and made sail for
Egypt.   Thence coming to Xerxes, he told in his
story how when he was farthest distant he sailed by
a country of little men, who wore palm-leaf raiment;
these, whenever he and his men put in to land with
their ship, would ever leave their towns and flee
to the hills; he and his men did no wrong when
they landed, and took naught from the people but
what they needed for eating.   As to his not sailing
wholly round Libya, the reason (he said) was that
the ship could move no farther, but was stayed.
But Xerxes did not believe that Sataspes spoke
truth, and as the task appointed was unfulfilled he
impaled him, punishing him on the charge first
brought against him.   This Sataspes had an eunuch,
who as soon as he heard of his master's death es-
caped to Samos, with a great store of wealth, of
which a man of Samos possessed himself.   I know
the man's name but of set purpose forget it.

44. But as to Asia, most of it was discovered
by Darius.   There is a river Indus, which of all
rivers comes second in producing crocodiles.
Darius, desiring to know where this Indus issues
into the sea, sent ships manned by Scylax, a
man of Caryanda, and others in whose word he
trusted; these set out from the city Caspatyrus
and the Pactyic country, and sailed down the
river towards the east and the sunrise till they
came to the sea; and voyaging over the sea west-
wards, they came in the thirtieth month to that
place whence the Egyptian king sent the Phoeni-
cians afore-mentioned to sail round Libya.   After

HERODOTUS

δὲ τούτους περιπλώσαντας Ἰνδούς τε κατεστρέ-
ψατο Δαρεῖος καὶ τῇ θαλάσσῃ ταύτῃ ἐχρᾶτο.
οὕτω καὶ τῆς Ἀσίης, πλὴν τὰ πρὸς ἥλιον ἀνί-
σχοντα, τὰ ἄλλα ἀνεύρηται ὅμοια παρεχομένη τῇ
Λιβύῃ.

45. Ἡ δὲ Εὐρώπη πρὸς οὐδαμῶν φανερή ἐστι
γινωσκομένη, οὔτε τὰ πρὸς ἥλιον ἀνατέλλοντα
οὔτε τὰ πρὸς βορέην, εἰ περίρρυτος ἐστί· μήκεϊ
δὲ γινώσκεται παρ᾽ ἀμφοτέρας παρήκουσα. οὐδ᾽
ἔχω συμβαλέσθαι ἐπ᾽ ὅτευ μιῇ ἐούσῃ γῇ οὐνόματα
τριφάσια κέεται ἐπωνυμίας ἔχοντα γυναικῶν, καὶ
οὐρίσματα αὐτῇ Νεῖλός τε ὁ Αἰγύπτιος ποταμὸς
ἐτέθη καὶ Φᾶσις ὁ Κόλχος (οἱ δὲ Τάναϊν ποταμὸν
τὸν Μαιήτην καὶ πορθμήια τὰ Κιμμέρια λέγουσι),
οὐδὲ τῶν διουρισάντων τὰ οὐνόματα πυθέσθαι,
καὶ ὅθεν ἔθεντο τὰς ἐπωνυμίας. ἤδη γὰρ Λιβύη
μὲν ἐπὶ Λιβύης λέγεται ὑπὸ τῶν πολλῶν Ἑλλή-
νων ἔχειν τὸ οὔνομα γυναικὸς αὐτόχθονος, ἡ δὲ
Ἀσίη ἐπὶ τῆς Προμηθέος γυναικὸς τὴν ἐπωνυμίην.
καὶ τούτου μὲν μεταλαμβάνονται τοῦ οὐνόματος
Λυδοί, φάμενοι ἐπὶ Ἀσίεω τοῦ Κότυος τοῦ Μάνεω
κεκλῆσθαι τὴν Ἀσίην, ἀλλ᾽ οὐκ ἐπὶ τῆς Προμη-
θέος Ἀσίης· ἀπ᾽ ὅτευ καὶ τὴν ἐν Σάρδισι φυλὴν
κεκλῆσθαι Ἀσιάδα. ἡ δὲ δὴ Εὐρώπη οὔτε εἰ
περίρρυτος ἐστὶ γινώσκεται πρὸς οὐδαμῶν ἀνθρώ-
πων, οὔτε ὁκόθεν τὸ οὔνομα ἔλαβε τοῦτο, οὔτε
ὅστις οἱ ἦν ὁ θέμενος φαίνεται, εἰ μὴ ἀπὸ τῆς
Τυρίης φήσομεν Εὐρώπης λαβεῖν τὸ οὔνομα τὴν
χώρην· πρότερον δὲ ἦν ἄρα ἀνώνυμος ὥσπερ αἱ
ἕτεραι. ἀλλ᾽ αὕτη γε ἐκ τῆς Ἀσίης τε φαίνεται
ἐοῦσα καὶ οὐκ ἀπικομένη ἐς τὴν γῆν ταύτην ἥτις
νῦν ὑπὸ Ἑλλήνων Εὐρώπη καλέεται, ἀλλ᾽ ὅσον

this circumnavigation Darius subdued the Indians and made use of this sea. Thus was it discovered that Asia, saving the parts towards the rising sun, was in other respects like Libya.

45. But of Europe it is plain that none have obtained knowledge of its eastern or its northern parts so as to say if it is encompassed by seas; its length is known to be enough to stretch along both Asia and Libya. Nor can I guess for what reason the earth, which is one, has three names, all of women, and why the boundary lines set for it are the Egyptian river Nile and the Colchian river Phasis (though some say that the Maeetian river Tanaïs and the Cimmerian Ferries[1] are boundaries); nor can I learn the names of those who divided the world, or whence they got the names which they gave. For Libya is said by most Greeks to be called after a native woman of that name, and Asia after the wife of Prometheus[2]; yet the Lydians claim a share in the latter name, saying that Asia was not called after Prometheus' wife Asia, but after Asies, the son of Cotys, who was the son of Manes, and that from him the Asiad clan at Sardis also takes its name. But as for Europe, no men have any knowledge whether it be surrounded or not by seas, nor whence it took its name, nor is it clear who gave the name, unless we are to say that the land took its name from the Tyrian Europa, having been (as it would seem) till then nameless like the others. But it is plain that this woman was of Asiatic birth, and never came to this land which the Greeks now call

---

[1] cp. ch. 12.

[2] The Fire-giver celebrated by Aeschylus and Shelley; Asia is one of the principal characters in *Prometheus Unbound*.

ἐκ Φοινίκης ἐς Κρήτην, ἐκ Κρήτης δὲ ἐς Λυκίην.
ταῦτα μέν νυν ἐπὶ τοσοῦτον εἰρήσθω· τοῖσι γὰρ
νομιζομένοισι αὐτῶν χρησόμεθα.

46. Ὁ δὲ Πόντος ὁ Εὔξεινος, ἐπ᾽ ὃν ἐστρα-
τεύετο ὁ Δαρεῖος, χωρέων πασέων παρέχεται ἔξω
τοῦ Σκυθικοῦ ἔθνεα ἀμαθέστατα. οὔτε γὰρ ἔθνος
τῶν ἐντὸς τοῦ Πόντου οὐδὲν ἔχομεν προβαλέσθαι
σοφίης πέρι οὔτε ἄνδρα λόγιον οἴδαμεν γενόμενον,
πάρεξ τοῦ Σκυθικοῦ ἔθνεος καὶ Ἀναχάρσιος. τῷ
δὲ Σκυθικῷ γένεϊ ἓν μὲν τὸ μέγιστον τῶν ἀνθρω-
πηίων πρηγμάτων σοφώτατα πάντων ἐξεύρηται
τῶν ἡμεῖς ἴδμεν, τὰ μέντοι ἄλλα οὐκ ἄγαμαι· τὸ
δὲ μέγιστον οὕτω σφι ἀνεύρηται ὥστε ἀποφυγεῖν
τε μηδένα ἐπελθόντα ἐπὶ σφέας, μὴ βουλομένους
τε ἐξευρεθῆναι καταλαβεῖν μὴ οἷόν τε εἶναι. τοῖσι
γὰρ μήτε ἄστεα μήτε τείχεα ἢ ἐκτισμένα, ἀλλὰ
φερέοικοι ἐόντες πάντες ἔωσι ἱπποτοξόται, ζῶντες
μὴ ἀπ᾽ ἀρότου ἀλλ᾽ ἀπὸ κτηνέων, οἰκήματά τε
σφι ᾖ ἐπὶ ζευγέων, κῶς οὐκ ἂν εἴησαν οὗτοι ἄμαχοί
τε καὶ ἄποροι προσμίσγειν;

47. Ἐξεύρηται δέ σφι ταῦτα τῆς τε γῆς ἐούσης
ἐπιτηδέης καὶ τῶν ποταμῶν ἐόντων σφι συμμάχων.
ἥ τε γὰρ γῆ ἐοῦσα πεδιὰς αὕτη ποιώδης τε καὶ
εὔυδρος ἐστί, ποταμοί τε δι᾽ αὐτῆς ῥέουσι οὐ πολλῷ
τεῳ ἀριθμὸν ἐλάσσονες τῶν ἐν Αἰγύπτῳ διωρύχων.
ὅσοι δὲ ὀνομαστοί τε εἰσὶ αὐτῶν καὶ προσπλωτοὶ
ἀπὸ θαλάσσης, τούτους ὀνομανέω[1] . . . . Ἴστρος
μὲν πεντάστομος, μετὰ δὲ Τύρης τε καὶ Ὕπανις
καὶ Βορυσθένης καὶ Παντικάπης καὶ Ὑπάκυρις
καὶ Γέρρος καὶ Τάναϊς. ῥέουσι δὲ οἵδε κατὰ τάδε.

48. Ἴστρος μέν, ἐὼν μέγιστος ποταμῶν πάντων

[1] Something is omitted, εἰσὶ δὲ ὀκτὼ οἵδε or the like.

246

Europe, but only from Phoenice to Crete and from Crete to Lycia. Thus far have I spoken of these matters, and let it suffice; we will use the names by custom established.

46. Nowhere are men seen so dull-witted (I say not this of the Scythian nation) as in the lands by the Euxine Pontus, against which Darius led his army. For we cannot show that any nation within the region of the Pontus has aught of cleverness, nor do we know (not reckoning the Scythian nation and Anacharsis) of any notable man born there. But the Scythian race has in that matter which of all human affairs is of greatest import made the cleverest discovery that we know; I praise not the Scythians in all respects, but in this greatest matter they have so devised that none who attacks them can escape, and none can catch them if they desire not to be found. For when men have no stablished cities or fortresses, but all are house-bearers and mounted archers, living not by tilling the soil but by cattle-rearing and carrying their dwellings on waggons, how should these not be invincible and unapproachable?

47. This invention they have made in a land which suits their purpose and has rivers which are their allies; for their country is level and grassy and well watered and rivers run through it not much less in number than the canals of Egypt. As many of them as are famous and can be entered from the sea, these I will name. . . . There is the Ister, that has five mouths, and next, the Tyras, and Hypanis, and Borysthenes, and Panticapes, and Hypacuris, and Gerrhus, and Tanais. Their courses are as I will show.

48. The Ister, the greatest of all rivers known to

HERODOTUS

τῶν ἡμεῖς ἴδμεν, ἴσος αἰεὶ αὐτὸς ἑωυτῷ ῥέει καὶ
θέρεος καὶ χειμῶνος, πρῶτος δὲ τὸ ἀπ᾽ ἑσπέρης
τῶν ἐν τῇ Σκυθικῇ ῥέων κατὰ τοιόνδε μέγιστος
γέγονε· ποταμῶν καὶ ἄλλων ἐς αὐτὸν ἐκδιδόντων
εἰσὶ δὴ οἵδε οἱ μέγαν αὐτὸν ποιεῦντες, διὰ μέν
γε τῆς Σκυθικῆς χώρης πέντε μὲν οἱ ῥέοντες,
τόν τε Σκύθαι Πόρατα καλέουσι Ελληνες δὲ
Πυρετόν, καὶ ἄλλος Τιάραντος καὶ Ἄραρός τε
καὶ Νάπαρις καὶ Ὀρδησσός. ὁ μὲν πρῶτος
λεχθεὶς τῶν ποταμῶν μέγας καὶ πρὸς ἠῶ ῥέων
ἀνακοινοῦται τῷ Ἴστρῳ τὸ ὕδωρ, ὁ δὲ δεύτερος
λεχθεὶς Τιάραντος πρὸς ἑσπέρης τε μᾶλλον καὶ
ἐλάσσων, ὁ δὲ δὴ Ἄραρός τε καὶ ὁ Νάπαρις καὶ
ὁ Ὀρδησσὸς διὰ μέσου τούτων ἰόντες ἐσβάλλουσι
ἐς τὸν Ἴστρον.

49. Οὗτοι μὲν αὐθιγενέες Σκυθικοὶ ποταμοὶ
συμπληθύουσι αὐτόν, ἐκ δὲ Ἀγαθύρσων Μάρις
ποταμὸς ῥέων συμμίσγεται τῷ Ἴστρῳ, ἐκ δὲ τοῦ
Αἵμου τῶν κορυφέων τρεῖς ἄλλοι μεγάλοι ῥέοντες
πρὸς βορέην ἄνεμον ἐσβάλλουσι ἐς αὐτόν, Ἄτλας
καὶ Αὔρας καὶ Τίβισις. διὰ δὲ Θρηίκης καὶ
Θρηίκων τῶν Κροβύζων ῥέοντες Ἄθρυς καὶ Νόης
καὶ Ἀρτάνης ἐκδιδοῦσι ἐς τὸν Ἴστρον· ἐκ δὲ
Παιόνων καὶ ὄρεος Ῥοδόπης Κίος ποταμὸς μέσον
σχίζων τὸν Αἷμον ἐκδιδοῖ ἐς αὐτόν. ἐξ Ἰλλυριῶν
δὲ ῥέων πρὸς βορέην ἄνεμον Ἄγγρος ποταμὸς
ἐσβάλλει ἐς πεδίον τὸ Τριβαλλικὸν καὶ ἐς ποταμὸν
Βρόγγον, ὁ δὲ Βρόγγος ἐς τὸν Ἴστρον· οὕτω ἀμφο-
τέρους ἐόντας μεγάλους ὁ Ἴστρος δέκεται. ἐκ δὲ
τῆς κατύπερθε χώρης Ὀμβρικῶν Κάρπις ποταμὸς
καὶ ἄλλος Ἄλπις ποταμὸς πρὸς βορέην ἄνεμον

us, flows with ever the same volume in summer and winter; it is the farthest westward of all the Scythian rivers, and the reason of its greatness is as follows: Many other rivers are its tributaries, but these are those that make it great, five flowing through the Scythian country: the river called by Scythians Porata and by Greeks Pyretus,[1] and besides this the Tiarantus, the Ararus, the Naparis, and the Ordessus. The first-named of these rivers is a great stream flowing eastwards and uniting its waters with the Ister, the second, the Tiarantus, is more to the west and smaller; the Ararus, Naparis, and Ordessus flow between these two and pour their waters into the Ister.

49. These are the native-born Scythian rivers that help to swell it; but the river Maris, which commingles with the Ister, flows from the Agathyrsi; the Atlas, Auras, and Tibisis, three other great rivers that pour into it, flow northward from the heights of Haemus.[2] The Athrys, the Noes, and the Artanes issue into the Ister from the country of the Crobyzi in Thrace; the river Cius, which cuts through the midst of Haemus, from the Paeonians and the mountain range of Rhodope. The river Angrus flows northward from Illyria into the Triballic plain and the river Brongus, and the Brongus into the Ister, which so receives these two great rivers into itself. The Carpis and another river called Alpis also flow northward, from the country north of the Ombrici,

---

[1] Probably the Pruth; the modern names of the other four rivers mentioned here are matters of conjecture.

[2] The Balkan range. None of the rivers in this chapter can be certainly identified; the names Κάρπις and Ἄλπις must indicate tributaries descending from the Alps.

καὶ οὗτοι ῥέοντες ἐκδιδοῦσι ἐς αὐτόν· ῥέει γὰρ δὴ διὰ
πάσης τῆς Εὐρώπης ὁ Ἴστρος, ἀρξάμενος ἐκ Κελ-
τῶν, οἳ ἔσχατοι πρὸς ἡλίου δυσμέων μετὰ Κύνητας
οἰκέουσι τῶν ἐν τῇ Εὐρώπῃ· ῥέων δὲ διὰ πάσης
τῆς Εὐρώπης ἐς τὰ πλάγια τῆς Σκυθίης ἐσβάλλει.

50. Τούτων ὦν τῶν καταλεχθέντων καὶ ἄλλων
πολλῶν συμβαλλομένων τὸ σφέτερον ὕδωρ γίνεται
ὁ Ἴστρος ποταμῶν μέγιστος, ἐπεὶ ὕδωρ γε ἓν πρὸς
ἓν συμβάλλειν ὁ Νεῖλος πλήθεϊ ἀποκρατέει. ἐς
γὰρ δὴ τοῦτον οὔτε ποταμὸς οὔτε κρήνη οὐδεμία
ἐσδιδοῦσα ἐς πλῆθός οἱ συμβάλλεται. ἴσος δὲ
αἰεὶ ῥέει ἔν τε θέρεϊ καὶ χειμῶνι ὁ Ἴστρος κατὰ
τοιόνδε τι, ὡς ἐμοὶ δοκέει· τοῦ μὲν χειμῶνος ἐστὶ
ὅσος περ ἐστί, ὀλίγῳ τε μέζων τῆς ἑωυτοῦ φύσιος
γίνεται· ὕεται γὰρ ἡ γῆ αὕτη τοῦ χειμῶνος πάμπαν
ὀλίγῳ, νιφετῷ δὲ πάντα χρᾶται· τοῦ δὲ θέρεος ἡ
χιὼν ἡ ἐν τῷ χειμῶνι πεσοῦσα, ἐοῦσα ἀμφιλαφής,
τηκομένη πάντοθεν ἐσδιδοῖ ἐς τὸν Ἴστρον. αὕτη
τε δὴ ἡ χιὼν ἐσδιδοῦσα ἐς αὐτὸν συμπληθύει καὶ
ὄμβροι πολλοί τε καὶ λάβροι σὺν αὐτῇ· ὕει γὰρ
δὴ τὸ θέρος. ὅσῳ δὲ πλέον ἐπ᾽ ἑωυτοῦ ὕδωρ ὁ
ἥλιος ἐπέλκεται ἐν τῷ θέρεϊ ἢ ἐν τῷ χειμῶνι,
τοσούτῳ τὰ συμμισγόμενα τῷ Ἴστρῳ πολλα-
πλήσιά ἐστι τοῦ θέρεος ἤ περ τοῦ χειμῶνος· ἀντιτι-
θέμενα δὲ ταῦτα ἀντισήκωσις γίνεται, ὥστε ἴσον
μιν αἰεὶ φαίνεσθαι ἐόντα.

51. Εἷς μὲν δὴ τῶν ποταμῶν τοῖσι Σκύθῃσι ἐστὶ
ὁ Ἴστρος, μετὰ δὲ τοῦτον Τύρης, ὃς ἀπὸ βορέω
μὲν ἀνέμου ὁρμᾶται, ἄρχεται δὲ ῥέων ἐκ λίμνης
μεγάλης ἣ οὐρίζει τήν τε Σκυθικὴν καὶ Νευρίδα
γῆν. ἐπὶ δὲ τῷ στόματι αὐτοῦ κατοίκηνται
Ἕλληνες οἳ Τυρῖται καλέονται.

to issue into it; for the Ister traverses the whole of Europe, rising among the Celts who, save only the Cynetes, are the most westerly dwellers in Europe, and flowing thus clean across Europe it issues forth along the borders of Scythia.

50. Seeing, then, that these aforesaid rivers, and many others too, are its tributaries, the Ister becomes the greatest of all rivers; stream for stream, indeed, the Nile has a greater volume, for no river or spring joins it to swell its volume of water. But the Ister is ever of the same height in summer and winter, whereof I think this to be the reason. In winter it is of its customary size, or only a little greater than is natural to it, for in that country in winter there is very little rain, but snow everywhere. But in the summer the abundant snow which has fallen in winter melts and pours from all sides into the Ister; so this snow pours into the river and helps to swell it with much violent rain besides, the summer being the season of rain. And in the same degree as the sun draws to itself more water in summer than in winter, the water that commingles with the Ister is many times more abundant in summer than it is in winter; these opposites keep the balance true, so that the volume of the river appears ever the same.

51. One of the rivers of the Scythians, then, is the Ister. The next is the Tyras[1]; this comes from the north, flowing at first out of a great lake, which is the boundary between the Scythian and the Neurian countries; at the mouth of the river there is a settlement of Greeks, who are called Tyritae.

[1] The Dniester.

52. Τρίτος δὲ Ὕπανις ποταμὸς ὁρμᾶται μὲν ἐκ τῆς Σκυθικῆς, ῥέει δὲ ἐκ λίμνης μεγάλης τὴν πέριξ νέμονται ἵπποι ἄγριοι λευκοί· καλέεται δὲ ἡ λίμνη αὕτη ὀρθῶς μήτηρ Ὑπάνιος. ἐκ ταύτης ὦν ἀνατέλλων ὁ Ὕπανις ποταμὸς ῥέει ἐπὶ μὲν πέντε ἡμερέων πλόον βραχὺς καὶ γλυκύς ἐστι, ἀπὸ δὲ τούτου πρὸς θαλάσσης τεσσέρων ἡμερέων πλόον πικρὸς δεινῶς· ἐκδιδοῖ γὰρ ἐς αὐτὸν κρήνη πικρή, οὕτω δή τι ἐοῦσα πικρή, ἣ μεγάθεϊ σμικρὴ ἐοῦσα κιρνᾷ τὸν Ὕπανιν ἐόντα ποταμὸν ἐν ὀλίγοισι μέγαν. ἔστι δὲ ἡ κρήνη αὕτη ἐν οὔροισι χώρης τῆς τε ἀροτήρων Σκυθέων καὶ Ἀλαζόνων· οὔνομα δὲ τῇ κρήνῃ καὶ ὅθεν ῥέει τῷ χώρῳ σκυθιστὶ μὲν Ἐξαμπαῖος, κατὰ δὲ τὴν Ἑλλήνων γλῶσσαν Ἱραὶ ὁδοί. συνάγουσι δὲ τὰ τέρματα ὅ τε Τύρης καὶ ὁ Ὕπανις κατὰ Ἀλαζόνας, τὸ δὲ ἀπὸ τούτου ἀποστρέψας ἑκάτερος ῥέει εὐρύνων τὸ μέσον.

53. Τέταρτος δὲ Βορυσθένης ποταμός, ὃς ἐστί τε μέγιστος μετὰ Ἴστρον τούτων καὶ πολυαρκέστατος κατὰ γνώμας τὰς ἡμετέρας οὔτι μοῦνον τῶν Σκυθικῶν ποταμῶν ἀλλὰ καὶ τῶν ἄλλων ἁπάντων, πλὴν Νείλου τοῦ Αἰγυπτίου· τούτῳ γὰρ οὐκ οἷά τε ἐστὶ συμβαλεῖν ἄλλον ποταμόν· τῶν δὲ λοιπῶν Βορυσθένης ἐστὶ πολυαρκέστατος, ὃς νομάς τε καλλίστας καὶ εὐκομιδεστάτας κτήνεσι παρέχεται ἰχθύας τε ἀρίστους διακριδὸν καὶ πλείστους, πίνεσθαί τε ἥδιστος ἐστί, ῥέει τε καθαρὸς παρὰ θολεροῖσι, σπόρος τε παρ' αὐτὸν ἄριστος γίνεται, πόη τε, τῇ οὐ σπείρεται ἡ χώρη, βαθυτάτη· ἅλες τε ἐπὶ τῷ στόματι αὐτοῦ αὐτόματοι πήγνυνται ἄπλετοι· κήτεά τε μεγάλα ἀνάκανθα, τὰ ἀντακαίους καλέουσι, παρέχεται ἐς ταρίχευσιν,

52. The third river is the Hypanis; this comes from Scythia, flowing out of a great lake, round which wild white horses graze. This lake is truly called the mother of the Hypanis. Here, then, the Hypanis rises; for five days' journey its waters are shallow and still sweet; after that for four days' journey seaward it is wondrous bitter, for a spring issues into it which is so bitter that although its volume is small its admixture taints the Hypanis, one of the few great rivers of the world. This spring is on the borderland between the farming Scythians[1] and the Alazones; the name of it and of the place whence it flows is in Scythian Exampaeus, in the Greek tongue Sacred Ways. The Tyras and the Hypanis draw their courses near together in the Alazones' country; after that they flow divergent, making the intervening space wider.

53. The fourth is the river Borysthenes. This is the next greatest of them after the Ister, and the most serviceable, according to our judgment, not only of the Scythian rivers but of all, except the Egyptian Nile, with which no other river can be compared. But of the rest the Borysthenes is the most serviceable; it provides for beasts the fairest pasture lands and best nurturing, and the fish in it are beyond all in their excellence and their abundance. Its water is most sweet to drink, flowing with a clear current, whereas the other rivers are turbid. There is excellent tilth on its banks, and very rich grass where the land is not sown; and self-formed crusts of salt abound at its mouth; it provides great spineless fish, called sturgeons, for the

---

[1] See ch. 17.

HERODOTUS

ἄλλα τε πολλὰ θωμάσαι ἄξια. μέχρι μέν νυν
Γερρέων χώρου, ἐς τὸν τεσσεράκοντα ἡμερέων
πλόος ἐστί, γινώσκεται ῥέων ἀπὸ βορέω ἀνέμου·
τὸ δὲ κατύπερθε δι᾽ ὧν ῥέει ἀνθρώπων οὐδεὶς ἔχει
φράσαι· φαίνεται δὲ ῥέων δι᾽ ἐρήμου ἐς τῶν
γεωργῶν Σκυθέων τὴν χώρην· οὗτοι γὰρ οἱ Σκύθαι
παρ᾽ αὐτὸν ἐπὶ δέκα ἡμερέων πλόον νέμονται.
μούνου δὲ τούτου τοῦ ποταμοῦ καὶ Νείλου οὐκ
ἔχω φράσαι τὰς πηγάς, δοκέω δέ, οὐδὲ οὐδεὶς
Ἑλλήνων. ἀγχοῦ τε δὴ θαλάσσης ὁ Βορυσθένης
ῥέων γίνεται καί οἱ συμμίσγεται ὁ Ὕπανις ἐς
τὠυτὸ ἕλος ἐκδιδούς. τὸ δὲ μεταξὺ τῶν ποταμῶν
τούτων, ἐὸν ἔμβολον τῆς χώρης, Ἱππόλεω ἄκρη
καλέεται, ἐν δὲ αὐτῷ ἱρὸν Δήμητρος ἐνίδρυται·
πέρην δὲ τοῦ ἱροῦ ἐπὶ τῷ Ὑπάνι Βορυσθενεῖται
κατοίκηνται.

54. Ταῦτα μὲν τὰ ἀπὸ τούτων τῶν ποταμῶν,
μετὰ δὲ τούτους πέμπτος ποταμὸς ἄλλος, τῷ
οὔνομα Παντικάπης, ῥέει μὲν καὶ οὗτος ἀπὸ βορέω
τε καὶ ἐκ λίμνης, καὶ τὸ μεταξὺ τούτου τε καὶ τοῦ
Βορυσθένεος νέμονται οἱ γεωργοὶ Σκύθαι, ἐκδιδοῖ
δὲ ἐς τὴν Ὑλαίην, παραμειψάμενος δὲ ταύτην τῷ
Βορυσθένεϊ συμμίσγεται.

55. Ἕκτος δὲ Ὑπάκυρις ποταμός, ὃς ὁρμᾶται
μὲν ἐκ λίμνης, διὰ μέσων δὲ τῶν νομάδων Σκυθέων
ῥέων ἐκδιδοῖ κατὰ Καρκινῖτιν πόλιν, ἐς δεξιὴν
ἀπέργων τήν τε Ὑλαίην καὶ τὸν Ἀχιλλήιον
δρόμον καλεόμενον.

56. Ἕβδομος δὲ Γέρρος ποταμὸς ἀπέσχισται

salting, and many other wondrous things besides. Its course is from the north, and there is knowledge of it as far as the Gerrhan land, that is, for forty days' voyage; beyond that, no man can say through what nations it flows; but it is plain that it flows through desert country to the land of the farming Scythians, who dwell beside it for a ten days' voyage. This is the only river, besides the Nile, whereof I cannot say what is the source; nor, I think, can any Greek. When the stream of the Borysthenes comes near the sea, the Hypanis mingles with it, issuing into the same marsh; the land between these rivers, where the land projects like a ship's beak, is called Hippolaus' promontory; a temple of Demeter stands there. The settlement of the Borystheneitae is beyond the temple, on the Hypanis.

54. This is the knowledge that comes to us from these rivers. After these there is a fifth river called Panticapas; this also flows from the north out of a lake, and the land between it and the Borysthenes is inhabited by the farming Scythians; it issues into the Woodland country; which having passed it mingles with the Borysthenes.

55. The sixth is the river Hypacuris,[1] which rises from a lake, and flowing through the midst of the nomad Scythians issues out near the city of Carcine, bordering on its right the Woodland and the region called the Racecourse of Achilles.

56. The seventh river, the Gerrhus, parts from

[1] Perhaps in the Molotschna region, considerably east of the Dnieper. The "city of Carcine" lay at the eastern end of the Scythian sea-coast, close to the Tauric Chersonese (Crimea). The Racecourse of Achilles was a strip of land, now broken into islands, about 80 miles long, between the Crimea and the mouth of the Dnieper.

HERODOTUS

μὲν ἀπὸ τοῦ Βορυσθένεος κατὰ τοῦτο τῆς χώρης
ἐς ὃ γινώσκεται ὁ Βορυσθένης· ἀπέσχισται μέν
νυν ἐκ τούτου τοῦ χώρου, οὔνομα δὲ ἔχει τό περ
ὁ χῶρος αὐτός, Γέρρος, ῥέων δὲ ἐς θάλασσαν
οὐρίζει τήν τε τῶν νομάδων χώρην καὶ τὴν τῶν
βασιληίων Σκυθέων, ἐκδιδοῖ δὲ ἐς τὸν Ὑπάκυριν.

57. Ὄγδοος δὲ δὴ Τάναϊς ποταμός, ὃς ῥέει τἀνέ-
καθεν ἐκ λίμνης μεγάλης ὁρμώμενος, ἐκδιδοῖ δὲ ἐς
μέζω ἔτι λίμνην καλεομένην Μαιῆτιν, ἢ οὐρίζει
Σκύθας τε τοὺς βασιληίους καὶ Σαυρομάτας. ἐς
δὲ Τάναϊν τοῦτον ἄλλος ποταμὸς ἐσβάλλει τῷ
οὔνομα ἐστὶ Ὕργις.

58. Τοῖσι μὲν δὴ ὀνομαστοῖσι ποταμοῖσι οὕτω
δή τι οἱ Σκύθαι ἐσκευάδαται, τοῖσι δὲ κτήνεσι ἡ
ποίη ἀναφυομένη ἐν τῇ Σκυθικῇ ἐστὶ ἐπιχολω-
τάτη πασέων ποιέων τῶν ἡμεῖς ἴδμεν· ἀνοιγο-
μένοισι δὲ τοῖσι κτήνεσι ἐστὶ σταθμώσασθαι ὅτι
τοῦτο οὕτω ἔχει.

59. Τὰ μὲν δὴ μέγιστα οὕτω σφι εὔπορα ἐστί,
τὰ δὲ λοιπὰ νόμαια κατὰ τάδε σφι διακέεται.
θεοὺς μὲν μούνους τούσδε ἱλάσκονται, Ἱστίην μὲν
μάλιστα, ἐπὶ δὲ Δία καὶ Γῆν, νομίζοντες τὴν Γῆν
τοῦ Διὸς εἶναι γυναῖκα, μετὰ δὲ τούτους Ἀπόλ-
λωνά τε καὶ οὐρανίην Ἀφροδίτην καὶ Ἡρακλέα
καὶ Ἄρεα. τούτους μὲν πάντες Σκύθαι νενομί-
κασι, οἱ δὲ καλεόμενοι βασιλήιοι Σκύθαι καὶ τῷ
Ποσειδέωνι θύουσι. ὀνομάζεται δὲ σκυθιστὶ Ἱσ-
τίη μὲν Ταβιτί, Ζεὺς δὲ ὀρθότατα κατὰ γνώμην
γε τὴν ἐμὴν καλεόμενος Παπαῖος, Γῆ δὲ Ἀπί.
Ἀπόλλων δὲ Γοιτόσυρος, οὐρανίη δὲ Ἀφροδίτη
Ἀργίμπασα, Ποσειδέων δὲ Θαγιμασάδας. ἀγάλ-

256

the Borysthenes at about the place which is the end
of our knowledge of that river; at this place it parts,
and has the same name as the place itself, Gerrhus;
then in its course to the sea it divides the country
of the Nomads and the country of the Royal
Scythians, and issues into the Hypacuris.

57. The eighth is the river Tanaïs[1]; this in its
upper course begins by flowing out of a great lake,
and enters a yet greater lake called the Maeetian,
which divides the Royal Scythians from the Sauro-
matae; another river, called Hyrgis,[2] is a tributary of
this Tanaïs.

58. These are the rivers of name with which the
Scythians are provided. For the rearing of cattle
the grass growing in Scythia is the most bile-making
of all pastures known to us; it can be judged by the
opening of the bodies of the cattle that this is so.

59. The Scythians then have what most concerns
them ready to hand. It remains now to show the
customs which are established among them. The
only gods whom they propitiate by worship are
these: Hestia in especial, and secondly Zeus and
Earth, whom they deem to be the wife of Zeus;
after these, Apollo, and the Heavenly Aphrodite,
and Heracles, and Ares. All the Scythians worship
these as gods; the Scythians called Royal sacrifice
also to Poseidon. In the Scythian tongue Hestia is
called Tabiti: Zeus (in my judgment most rightly so
called) Papaeus[3]; Earth is Api, Apollo Goetosyrus,
the Heavenly Aphrodite Argimpasa, and Poseidon

[1] The Don.
[2] Perhaps the "Syrgis" of ch. 123; it may be the modern
Donetz.
[3] As the "All-Father"; cp. such words as πάπας, παπίας,
etc.

257

ματα δὲ καὶ βωμοὺς καὶ νηοὺς οὐ νομίζουσι
ποιέειν πλὴν Ἄρεϊ· τούτῳ δὲ νομίζουσι.

60. Θυσίη δὲ ἡ αὐτὴ πᾶσι κατέστηκε περὶ
πάντα τὰ ἱρὰ ὁμοίως, ἐρδομένη ὧδε· τὸ μὲν ἱρήιον
αὐτὸ ἐμπεποδισμένον τοὺς ἐμπροσθίους πόδας
ἔστηκε, ὁ δὲ θύων ὄπισθε τοῦ κτήνεος ἑστεὼς
σπάσας τὴν ἀρχὴν τοῦ στρόφου καταβάλλει μιν,
πίπτοντος δὲ τοῦ ἱρηίου ἐπικαλέει τὸν θεὸν τῷ ἂν
θύῃ, καὶ ἔπειτα βρόχῳ περὶ ὧν ἔβαλε τὸν αὐχένα,
σκυταλίδα δὲ ἐμβαλὼν περιάγει καὶ ἀποπνίγει,
οὔτε πῦρ ἀνακαύσας οὔτε καταρξάμενος οὔτ' ἐπι-
σπείσας· ἀποπνίξας δὲ καὶ ἀποδείρας τράπεται
πρὸς ἕψησιν.

61. Τῆς δὲ γῆς τῆς Σκυθικῆς αἰνῶς ἀξύλου
ἐούσης ὧδέ σφι ἐς τὴν ἕψησιν τῶν κρεῶν ἐξεύ-
ρηται· ἐπειδὰν ἀποδείρωσι τὰ ἱρήια, γυμνοῦσι τὰ
ὀστέα τῶν κρεῶν, ἔπειτα ἐσβάλλουσι, ἢν μὲν
τύχωσι ἔχοντες, ἐς λέβητας ἐπιχωρίους, μάλιστα
Λεσβίοισι κρητῆρσι προσεικέλους, χωρὶς ἢ ὅτι
πολλῷ μέζονας· ἐς τούτους ἐσβάλλοντες ἕψουσι
ὑποκαίοντες τὰ ὀστέα τῶν ἱρηίων. ἢν δὲ μή σφι
παρῇ ὁ λέβης, οἳ δὲ ἐς τὰς γαστέρας τῶν ἱρηίων
ἐσβάλλοντες τὰ κρέα πάντα καὶ παραμίξαντες
ὕδωρ ὑποκαίουσι τὰ ὀστέα· τὰ δὲ αἴθεται κάλ-
λιστα, αἱ δὲ γαστέρες χωρέουσι εὐπετέως τὰ κρέα
ἐψιλωμένα τῶν ὀστέων· καὶ οὕτω βοῦς τε ἑωυτὸν
ἐξέψει καὶ τἆλλα ἱρήια ἑωυτὸ ἕκαστον. ἐπεὰν
δὲ ἑψηθῇ τὰ κρέα, ὁ θύσας τῶν κρεῶν καὶ τῶν
σπλάγχνων ἀπαρξάμενος ῥίπτει ἐς τὸ ἔμπροσθε.
θύουσι δὲ καὶ τὰ ἄλλα πρόβατα καὶ ἵππους
μάλιστα.

62. Τοῖσι μὲν δὴ ἄλλοισι τῶν θεῶν οὕτω θύουσι

Thagimasadas. It is their practice to make images and altars and shrines for Ares, but for no other god.

60. In all their sacred services alike they follow the same method of sacrifice; this is how it is offered. The victim itself stands with its forefeet shackled together; the sacrificer stands behind the beast, and throws it down by plucking the end of the rope; as the victim falls, he invokes whatever god it is to whom he sacrifices. Then, throwing a noose round the beast's neck, he thrusts in a stick and twists it and so strangles the victim, lighting no fire nor offering the firstfruits, nor pouring any libation; and having strangled and flayed the beast, he sets about cooking it.

61. Now the Scythian land is wondrous bare of wood: so this is their device for cooking the flesh. When they have flayed the victims, they strip the flesh from the bones and throw it into the cauldrons of the country, if they have such : these are most like to Lesbian bowls, save that they are much bigger; into these then they throw the flesh, and cook it by lighting a fire beneath with the bones of the victims. But if they have no cauldron, then they cast all the flesh into the victim's stomachs, adding water thereto, and make a fire beneath of the bones, which burn finely; the stomachs easily hold the flesh when it is stripped from the bones; thus an ox serves to cook itself, and every other victim does likewise. When the flesh is cooked, the sacrificer takes the firstfruits of the flesh and the entrails and casts it before him. They use all beasts of the flock for sacrifice, but chiefly horses.

62. Such is their way of sacrificing to all other

HERODOTUS

καὶ ταῦτα τῶν κτηνέων, τῷ δὲ Ἀρεῖ ὧδε. κατὰ
νομοὺς ἑκάστους τῶν ἀρχέων ἐσίδρυταί σφι Ἄρεος
ἱρὸν τοιόνδε· φρυγάνων φάκελοι συννενέαται ὅσον
τ' ἐπὶ σταδίους τρεῖς μῆκος καὶ εὖρος, ὕψος δὲ
ἔλασσον· ἄνω δὲ τούτου τετράγωνον ἄπεδον πε-
ποίηται, καὶ τὰ μὲν τρία τῶν κώλων ἐστὶ ἀπό-
τομα, κατὰ δὲ τὸ ἓν ἐπιβατόν. ἔτεος δὲ ἑκάστου
ἁμάξας πεντήκοντα καὶ ἑκατὸν ἐπινέουσι φρυγά-
νων· ὑπονοστέει γὰρ δὴ αἰεὶ ὑπὸ τῶν χειμώνων.
ἐπὶ τούτου δὴ τοῦ σηκοῦ ἀκινάκης σιδήρεος
ἵδρυται ἀρχαῖος ἑκάστοισι, καὶ τοῦτ' ἐστὶ τοῦ
Ἄρεος τὸ ἄγαλμα. τούτῳ δὲ τῷ ἀκινάκῃ θυσίας
ἐπετείους προσάγουσι προβάτων καὶ ἵππων, καὶ
δὴ καὶ τοῖσιδ' ἔτι πλέω θύουσι ἢ τοῖσι ἄλλοισι
θεοῖσι· ὅσους ἂν τῶν πολεμίων ζωγρήσωσι, ἀπὸ
τῶν ἑκατὸν ἀνδρῶν ἄνδρα θύουσι τρόπῳ οὐ τῷ
αὐτῷ καὶ τὰ πρόβατα, ἀλλ' ἑτεροίῳ. ἐπεὰν γὰρ
οἶνον ἐπισπείσωσι κατὰ τῶν κεφαλέων, ἀποσφά-
ζουσι τοὺς ἀνθρώπους ἐς ἄγγος καὶ ἔπειτα ἀνενεί-
καντες ἄνω ἐπὶ τὸν ὄγκον τῶν φρυγάνων καταχέ-
ουσι τὸ αἷμα τοῦ ἀκινάκεω. ἄνω μὲν δὴ φορέουσι
τοῦτο, κάτω δὲ παρὰ τὸ ἱρὸν ποιεῦσι τάδε· τῶν
ἀποσφαγέντων ἀνδρῶν τοὺς δεξιοὺς ὤμους πάντας
ἀποταμόντες σὺν τῇσι χερσὶ ἐς τὸν ἠέρα ἱεῖσι,
καὶ ἔπειτα καὶ τὰ ἄλλα ἀπέρξαντες ἱρήια ἀπαλ-
λάσσονται. χεὶρ δὲ τῇ ἂν πέσῃ κέεται, καὶ
χωρὶς ὁ νεκρός.

63. Θυσίαι μέν νυν αὐταί σφι κατεστᾶσι. ὑσὶ
δὲ οὗτοι οὐδὲ νομίζουσι, οὐδὲ τρέφειν ἐν τῇ χώρῃ
τὸ παράπαν θέλουσι.

64. Τὰ δ' ἐς πόλεμον ἔχοντα ὧδέ σφι δια-
κέαται· ἐπεὰι τὸν πρῶτον ἄνδρα καταβάλῃ ἀνὴρ

gods and such are the beasts offered; but their
sacrifices to Ares are on this wise. Every district in
each of the governments has in it a structure sacred
to Ares, to wit, a pile of fagots of sticks three
furlongs broad and long, but of a less height, on the
top of which there is a flattened four-sided surface;
three of its sides are sheer, but the fourth can be
ascended. In every year an hundred and fifty
waggon-loads of sticks are heaped upon this; for the
storms of winter ever make it sink down. On this
sacred pile there is set for each people an ancient
scimitar of iron, which is their image of Ares; to
this scimitar they bring yearly sacrifice of sheep
and goats and horses, offering to these symbols even
more than they do to the other gods. Of all their
enemies that they take alive, they sacrifice one man
in every hundred, not according to their fashion of
sacrificing sheep and goats, but differently. They
pour wine on the men's heads and cut their throats
over a vessel; then they carry the blood up on to
the pile of sticks and pour it on the scimitar. So
they carry the blood aloft, but below by the sacred
pile they cut off all the slain men's right arms and
hands and throw these into the air, and presently
depart when they have sacrificed the rest of the
victims; the arm lies where it has fallen, and the
body apart from it.

63. These then are their established fashions of
sacrifice; but of swine these Scythians make no
offerings; nor are they willing for the most part
to rear them in their country.

64. As to war, these are their customs. A Scythian
drinks of the blood of the first man whom he has

Σκύθης, τοῦ αἵματος ἐμπίνει, ὅσους δ' ἂν φονεύσῃ
ἐν τῇ μάχῃ, τούτων τὰς κεφαλὰς ἀποφέρει τῷ
βασιλέι. ἀπενείκας μὲν γὰρ κεφαλὴν τῆς ληίης
μεταλαμβάνει τὴν ἂν λάβωσι, μὴ ἐνείκας δὲ οὔ.
ἀποδείρει δὲ αὐτὴν τρόπῳ τοιῷδε· περιταμὼν
κύκλῳ περὶ τὰ ὦτα καὶ λαβόμενος τῆς κεφαλῆς
ἐκσείει, μετὰ δὲ σαρκίσας βοὸς πλευρῇ δέψει τῇσι
χερσί, ὀργάσας δὲ αὐτὸ ἅτε χειρόμακτρον ἔκτηται,
ἐκ δὲ τῶν χαλινῶν τοῦ ἵππου τὸν αὐτὸς ἐλαύνει,
ἐκ τούτου ἐξάπτει καὶ ἀγάλλεται· ὃς γὰρ ἂν
πλεῖστα δέρματα χειρόμακτρα ἔχῃ, ἀνὴρ ἄριστος
οὗτος κέκριται. πολλοὶ δὲ αὐτῶν ἐκ τῶν ἀπο-
δαρμάτων καὶ χλαίνας ἐπείνυσθαι ποιεῦσι, συρ-
ράπτοντες κατά περ βαίτας. πολλοὶ δὲ ἀνδρῶν
ἐχθρῶν τὰς δεξιὰς χεῖρας νεκρῶν ἐόντων ἀποδεί-
ραντες αὐτοῖσι ὄνυξι καλύπτρας τῶν φαρετρέων
ποιεῦνται. δέρμα δὲ ἀνθρώπου καὶ παχὺ καὶ
λαμπρὸν ἦν ἄρα, σχεδὸν δερμάτων πάντων λαμ-
πρότατον λευκότητι. πολλοὶ δὲ καὶ ὅλους ἄνδρας
ἐκδείραντες καὶ διατείναντες ἐπὶ ξύλων ἐπ' ἵππων
περιφέρουσι.

65. Ταῦτα μὲν δὴ οὕτω σφι νενόμισται, αὐτὰς
δὲ τὰς κεφαλάς, οὔτι πάντων ἀλλὰ τῶν ἐχθίστων,
ποιεῦσι τάδε· ἀποπρίσας ἕκαστος [1] πᾶν τὸ ἔνερθε
τῶν ὀφρύων ἐκκαθαίρει· καὶ ἢν μὲν ᾖ πένης, ὁ δὲ
ἔξωθεν ὠμοβοέην μούνην περιτείνας οὕτω χρᾶται,
ἢν δὲ ᾖ πλούσιος, τὴν μὲν ὠμοβοέην περιτείνει,
ἔσωθεν δὲ καταχρυσώσας οὕτω χρᾶται ποτηρίῳ.
ποιεῦσι δὲ τοῦτο καὶ ἐκ τῶν οἰκηίων ἤν σφι
διάφοροι γένωνται καὶ ἢν ἐπικρατήσῃ αὐτοῦ παρὰ
τῷ βασιλέι. ξείνων δέ οἱ ἐλθόντων τῶν ἂν λόγον

---

[1] [ἕκαστος] Stein.

overthrown. He carries to his king the heads of all
whom he has slain in the battle; for he receives a
share of the booty taken if he bring a head, but not
otherwise. He scalps the head by making a cut
round it by the ears, then grasping the scalp and
shaking the head off. Then he scrapes out the flesh
with the rib of an ox, and kneads the skin with his
hands, and having made it supple he keeps it for a
napkin, fastening it to the bridle of the horse which
he himself rides, and taking pride in it; for he is
judged the best man who has most scalps for napkins.
Many Scythians even make garments for wear out of
these scalps, sewing them together like coats of skin.
Many too take off the skin, nails and all, from their
dead enemies' right hands, and make thereof cover-
ings for their quivers; it would seem that the human
skin is thick and shining, of all skins, one may say,
the brightest and whitest. There are many too that
flay the skin from the whole body and carry it about
on horseback stretched on a wooden frame.

65. The heads themselves, not of all but of their
bitterest foes, they treat in this wise. Each saws off
all the part beneath the eyebrows, and cleanses the
rest. If he be a poor man, then he does but cover
the outside with a piece of raw hide, and so makes
use of it ; but if he be rich, he covers the head with
the raw hide, and gilds the inside of it and so uses
it for a drinking-cup. Such cups a man makes also
of the head of his own kinsman with whom he has
been at feud, and whom he has vanquished in single
combat before the king; and if guests whom he

HERODOTUS

ποιέηται, τὰς κεφαλὰς ταύτας παραφέρει καὶ
ἐπιλέγει ὡς οἱ ἐόντες οἰκήιοι πόλεμον προσεθή-
καντο καί σφεων αὐτὸς ἐπεκράτησε, ταύτην
ἀνδραγαθίην λέγοντες.

66. Ἅπαξ δὲ τοῦ ἐνιαυτοῦ ἑκάστου ὁ *νομάρχης*
ἕκαστος ἐν τῷ ἑωυτοῦ νομῷ κιρνᾷ κρητῆρα οἴνου,
ἀπ᾽ οὗ πίνουσι τῶν Σκυθέων τοῖσι ἂν ἄνδρες
πολέμιοι ἀραιρημένοι ἔωσι· τοῖσι δ᾽ ἂν μὴ κατερ-
γασμένον ᾖ τοῦτο, οὐ γεύονται τοῦ οἴνου τούτου,
ἀλλ᾽ ἠτιμωμένοι ἀποκατέαται· ὄνειδος δέ σφι ἐστὶ
μέγιστον τοῦτο. ὅσοι δὲ ἂν αὐτῶν καὶ κάρτα
πολλοὺς ἄνδρας ἀραιρηκότες ἔωσι, οὗτοι δὲ
σύνδυο κύλικας ἔχοντες πίνουσι ὁμοῦ.

67. Μάντιες δὲ Σκυθέων εἰσὶ πολλοί, οἳ μαν-
τεύονται ῥάβδοισι ἰτεΐνῃσι πολλῇσι ὧδε· ἐπεὰν
φακέλους ῥάβδων μεγάλους ἐνείκωνται, θέντες
χαμαὶ διεξειλίσσουσι αὐτούς, καὶ ἐπὶ μίαν ἑκά-
στην ῥάβδον τιθέντες θεσπίζουσι, ἅμα τε λέγοντες
ταῦτα συνειλέουσι τὰς ῥάβδους ὀπίσω καὶ αὖτις
κατὰ μίαν συντιθεῖσι. αὕτη μέν σφι ἡ μαντικὴ
πατρωίη ἐστί. οἱ δὲ Ἐνάρεες οἱ ἀνδρόγυνοι τὴν
Ἀφροδίτην σφίσι λέγουσι μαντικὴν δοῦναι· φι-
λύρης δ᾽ ὧν φλοιῷ μαντεύονται· ἐπεὰν τὴν
φιλύρην τρίχα σχίσῃ, διαπλέκων ἐν τοῖσι δακτύ-
λοισι τοῖσι ἑωυτοῦ καὶ διαλύων χρᾷ.

68. Ἐπεὰν δὲ βασιλεὺς ὁ Σκυθέων κάμῃ,
μεταπέμπεται τῶν μαντίων ἄνδρας τρεῖς τοὺς
εὐδοκιμέοντας μάλιστα, οἳ τρόπῳ τῷ εἰρημένῳ
μαντεύονται· καὶ λέγουσι οὗτοι ὡς τὸ ἐπίπαν
μάλιστα τάδε, ὡς τὰς βασιληίας ἱστίας ἐπιώρ-
κηκε ὃς καὶ ὅς, λέγοντες τῶν ἀστῶν τὸν ἂν δὴ
λέγωσι. τὰς δὲ βασιληίας ἱστίας νόμος Σκύθῃσι

264

honours visit him he will serve them with these
heads, and show how the dead were his kinsfolk who
made war upon him and were worsted by him ; this
they call manly valour.

66. Moreover once in every year each governor of
a province brews a bowl of wine in his own province,
whereof those Scythians drink who have slain
enemies ; those who have not achieved this taste
not this wine but sit apart dishonoured ; and this
they count a very great disgrace ; but as many as
have slain not one but many enemies, they have each
two cups and so drink of them both.

67. There are among the Scythians many diviners,
who divine by means of many willow wands as I will
show. They bring great bundles of wands, which
they lay on the ground and unfasten, and utter their
divinations laying the rods down one by one ; and
while they yet speak they gather up the rods once
more and again place them together ; this manner
of divination is hereditary among them. The Enareis,
who are epicene, say that Aphrodite gave them the
art of divination, which they practise by means of
lime-tree bark. They cut this bark into three
portions, and prophesy while they plait and unplait
these in their fingers.

68. But whenever the king of the Scythians falls
sick, he sends for the three diviners most in repute,
who prophesy in the aforesaid manner ; and they for
the most part tell him that such and such a man
(naming whoever it is of the people of the country)
has forsworn himself by the king's hearth ; for when
the Scythians will swear their mightiest oath, it is

HERODOTUS

τὰ μάλιστα ἐστὶ ὀμνύναι τότε ἐπεὰν τὸν μέγιστον
ὅρκον ἐθέλωσι ὀμνύναι. αὐτίκα δὲ διαλελαμ-
μένος ἄγεται οὗτος τὸν ἂν δὴ φῶσι ἐπιορκῆσαι,
ἀπιγμένον δὲ ἐλέγχουσι οἱ μάντιες ὡς ἐπιορκήσας
φαίνεται ἐν τῇ μαντικῇ τὰς βασιληίας ἱστίας καὶ
διὰ ταῦτα ἀλγέει ὁ βασιλεύς· ὁ δὲ ἀρνέεται, οὐ
φάμενος ἐπιορκῆσαι, καὶ δεινολογέεται. ἀρνεο-
μένου δὲ τούτου ὁ βασιλεὺς μεταπέμπεται ἄλλους
διπλησίους μάντιας· καὶ ἢν μὲν καὶ οὗτοι ἐσο-
ρῶντες ἐς τὴν μαντικὴν καταδήσωσι ἐπιορκῆσαι,
τοῦ δὲ ἰθέως τὴν κεφαλὴν ἀποτάμνουσι, καὶ τὰ
χρήματα αὐτοῦ διαλαγχάνουσι οἱ πρῶτοι τῶν
μαντίων· ἢν δὲ οἱ ἐπελθόντες μάντιες ἀπολύσωσι,
ἄλλοι πάρεισι μάντιες καὶ μάλα ἄλλοι. ἢν ὦν οἱ
πλεῦνες τὸν ἄνθρωπον ἀπολύσωσι, δέδοκται τοῖσι
πρώτοισι τῶν μαντίων αὐτοῖσι ἀπόλλυσθαι.

69. Ἀπολλῦσι δῆτα αὐτοὺς τρόπῳ τοιῷδε·
ἐπεὰν ἄμαξαν φρυγάνων πλήσωσι καὶ ὑποζεύξωσι
βοῦς, ἐμποδίσαντες τοὺς μάντιας καὶ χεῖρας
ὀπίσω δήσαντες καὶ στομώσαντες κατεργνῦσι ἐς
μέσα τὰ φρύγανα, ὑποπρήσαντες δὲ αὐτὰ ἀπιεῖσι
φοβήσαντες τοὺς βοῦς. πολλοὶ μὲν δὴ συγκατα-
καίονται τοῖσι μάντισι βόες, πολλοὶ δὲ περι-
κεκαυμένοι ἀποφεύγουσι, ἐπεὰν αὐτῶν ὁ ῥυμὸς
κατακαυθῇ. κατακαίουσι δὲ τρόπῳ τῷ εἰρημένῳ
καὶ δι' ἄλλας αἰτίας τοὺς μάντιας, ψευδομάντιας
καλέοντες. τοὺς δ' ἂν ἀποκτείνῃ βασιλεύς, τού-
των οὐδὲ τοὺς παῖδας λείπει, ἀλλὰ πάντα τὰ
ἔρσενα κτείνει, τὰ δὲ θήλεα οὐκ ἀδικέει.

70. Ὅρκια δὲ ποιεῦνται Σκύθαι ὧδε πρὸς τοὺς
ἂν ποιέωνται· ἐς κύλικα μεγάλην κεραμίνην οἶνον
ἐγχέαντες αἷμα συμμίσγουσι τῶν τὸ ὅρκιον ταμ-

by the king's hearth that they are usually accustomed to swear. Forthwith the man whom they allege to be forsworn is seized and brought in, and when he comes the diviners accuse him, saying that their divination shows him to have forsworn himself by the king's hearth, and that this is the cause of the king's sickness; and the man vehemently denies that he is forsworn. So when he denies it the king sends for twice as many diviners: and if they too, looking into their art, prove him guilty of perjury, then straightway he is beheaded and his goods are divided among the first diviners; but if the later diviners acquit him, then other diviners come, and yet again others. If then the greater number of them acquit the man, it is decreed that the first diviners shall themselves be put to death.

69. And this is the manner of their death. Men yoke oxen to a waggon laden with sticks and make the diviners fast amid these, fettering their legs and binding their hands behind them and gagging them; then they set fire to the sticks and drive the oxen away, affrighting them. Often the oxen are burnt to death with the diviners, and often the pole of their waggon is burnt through and the oxen escape with a scorching. They burn their diviners for other reasons, too, in the manner aforesaid, calling them false prophets. When the king puts a man to death, neither does he leave the sons alive, but kills all the males of the family; to the females he does no hurt.

70. As for the giving of sworn pledges to such as are to receive them, this is the Scythian fashion: they take blood from the parties to the agreement

HERODOTUS

νομένων, τύψαντες ὑπέατι ἢ ἐπιταμόντες μαχαίρῃ σμικρὸν τοῦ σώματος, καὶ ἔπειτα ἀποβάψαντες ἐς τὴν κύλικα ἀκινάκην καὶ οἰστοὺς καὶ σάγαριν καὶ ἀκόντιον· ἐπεὰν δὲ ταῦτα ποιήσωσι, κατεύχονται πολλὰ καὶ ἔπειτα ἀποπίνουσι αὐτοί τε οἱ τὸ ὅρκιον ποιεύμενοι καὶ τῶν ἑπομένων οἱ πλείστου ἄξιοι.

71. Ταφαὶ δὲ τῶν βασιλέων ἐν Γέρροισι εἰσὶ ἐς ὃ ὁ Βορυσθένης ἐστὶ προσπλωτός.[1] ἐνθαῦτα, ἐπεάν σφι ἀποθάνῃ ὁ βασιλεύς, ὄρυγμα γῆς μέγα ὀρύσσουσι τετράγωνον, ἕτοιμον δὲ τοῦτο ποιήσαντες ἀναλαμβάνουσι τὸν νεκρόν, κατακεκηρωμένον μὲν τὸ σῶμα, τὴν δὲ νηδὺν ἀνασχισθεῖσαν καὶ καθαρθεῖσαν, πλέην κυπέρου κεκομμένου καὶ θυμιήματος καὶ σελίνου σπέρματος καὶ ἀννήσου, συνερραμμένην ὀπίσω, καὶ κομίζουσι ἐν ἁμάξῃ ἐς ἄλλο ἔθνος. οἳ δὲ ἂν παραδέξωνται κομισθέντα τὸν νεκρόν, ποιεῦσι τά περ οἱ βασιλήιοι Σκύθαι· τοῦ ὠτὸς ἀποτάμνονται, τρίχας περικείρονται, βραχίονας περιτάμνονται, μέτωπον καὶ ῥῖνα καταμύσσονται, διὰ τῆς ἀριστερῆς χειρὸς οἰστοὺς διαβυνέονται. ἐνθεῦτεν δὲ κομίζουσι ἐν τῇ ἁμάξῃ τοῦ βασιλέος τὸν νέκυν ἐς ἄλλο ἔθνος τῶν ἄρχουσι· οἳ δέ σφι ἕπονται ἐς τοὺς πρότερον ἦλθον. ἐπεὰν δὲ πάντας περιέλθωσι τὸν νέκυν κομίζοντες, ἔν τε Γέρροισι ἔσχατα κατοικημένοισι εἰσὶ τῶν ἐθνέων τῶν ἄρχουσι καὶ ἐν τῇσι ταφῇσι. καὶ ἔπειτα, ἐπεὰν θέωσι τὸν νέκυν ἐν τῇσι θήκῃσι ἐπὶ στιβάδος, παραπήξαντες αἰχμὰς ἔνθεν καὶ ἔνθεν τοῦ νεκροῦ ξύλα ὑπερτείνουσι καὶ ἔπειτα ῥιψὶ

---

[1] ἐς ὃ—προσπλωτός is bracketed by Stein, chiefly on the ground of inconsistency with ch. 53.

268

by making a little hole or cut in the body with an awl or a knife, and pour it mixed with wine into a great earthenware bowl, wherein they then dip a scimitar and arrows and an axe and a javelin ; and when this is done the makers of the sworn agreement themselves, and the most honourable of their followers, drink of the blood after solemn imprecations.

71. The burial-places of the kings are in the land of the Gerrhi, which is the end of the navigation of the Borysthenes. There, whenever their king has died, the Scythians dig a great four-cornered pit in the ground; when this is ready they take up the dead man—his body enclosed in wax, his belly cut open and cleansed and filled with cut marsh-plants and frankincense, and parsley and anise seed, and sewn up again—and carry him on a waggon to another tribe. Then those that receive the dead man at his coming do the same as do the Royal Scythians; that is, they cut off a part of their ears, shave their heads, make cuts round their arms, tear their foreheads and noses, and pierce their left hands with arrows. Thence the bearers carry the king's body on the waggon to another of the tribes which they rule, and those to whom they have already come follow them ; and having carried the dead man to all in turn, they are in the country of the Gerrhi, the farthest distant of all tribes under their rule, and at the place of burial. Then, having laid the dead in the tomb on a couch, they plant spears on each side of the body and lay across them wooden planks, which they then roof over with plaited oziers; in the

κατστεγάζουσι, ἐν δὲ τῇ λοιπῇ εὐρυχωρίῃ τῆς
θήκης τῶν παλλακέων τε μίαν ἀποπνίξαντες
θάπτουσι καὶ τὸν οἰνοχόον καὶ μάγειρον καὶ
ἱπποκόμον καὶ διήκονον καὶ ἀγγελιηφόρον καὶ
ἵππους καὶ τῶν ἄλλων πάντων ἀπαρχὰς καὶ
φιάλας χρυσέας· ἀργύρῳ δὲ οὐδὲν οὐδὲ χαλκῷ
χρέωνται. ταῦτα δὲ ποιήσαντες χοῦσι πάντες
χῶμα μέγα, ἀμιλλώμενοι καὶ προθυμεόμενοι ὡς
μέγιστον ποιῆσαι.

72. Ἐνιαυτοῦ δὲ περιφερομένου αὖτις ποιεῦσι
τοιόνδε· λαβόντες τῶν λοιπῶν θεραπόντων τοὺς
ἐπιτηδεοτάτους (οἳ δέ εἰσι Σκύθαι ἐγγενέες· οὗτοι
γὰρ θεραπεύουσι τοὺς ἂν αὐτὸς ὁ βασιλεὺς κελεύσῃ,
ἀργυρώνητοι δὲ οὐκ εἰσί σφι θεράποντες), τούτων
ὦν τῶν διηκόνων ἐπεὰν ἀποπνίξωσι πεντήκοντα καὶ
ἵππους τοὺς καλλίστους πεντήκοντα, ἐξελόντες
αὐτῶν τὴν κοιλίην καὶ καθήραντες ἐμπιπλᾶσι
ἀχύρων καὶ συρράπτουσι. ἁψῖδος δὲ ἥμισυ ἐπὶ
δύο ξύλα στήσαντες ὕπτιον καὶ τὸ ἕτερον ἥμισυ
τῆς ἁψῖδος ἐπ' ἕτερα δύο, καταπήξαντες τρόπῳ
τοιούτῳ πολλὰ ταῦτα, ἔπειτα τῶν ἵππων κατὰ τὰ
μήκεα ξύλα παχέα διελάσαντες μέχρι τῶν τραχή-
λων ἀναβιβάζουσι αὐτοὺς ἐπὶ τὰς ἁψῖδας· τῶν
δὲ αἱ μὲν πρότεραι ἁψῖδες ὑπέχουσι τοὺς ὤμους
τῶν ἵππων, αἱ δὲ ὄπισθε παρὰ τοὺς μηροὺς τὰς
γαστέρας ὑπολαμβάνουσι· σκέλεα δὲ ἀμφότερα
κατακρέμαται μετέωρα. χαλινοὺς δὲ καὶ στόμια
ἐμβαλόντες ἐς τοὺς ἵππους κατατείνουσι ἐς τὸ
πρόσθε αὐτῶν καὶ ἔπειτα ἐκ πασσάλων δέουσι.
τῶν δὲ δὴ νεηνίσκων τῶν ἀποπεπνιγμένων τῶν
πεντήκοντα ἕνα ἕκαστον ἀναβιβάζουσι ἐπὶ τὸν
ἵππον, ὧδε ἀναβιβάζοντες, ἐπεὰν νεκροῦ ἑκάστου

open space which is left in the tomb they bury, after strangling, one of the king's concubines, his cup-bearer, his cook, his groom, his squire, and his messenger, besides horses, and first-fruits of all else, and golden cups; for the Scythians make no use of silver or bronze. Having done this they all build a great barrow of earth, vying zealously with one another to make this as great as may be.

72. With the completion of a year they begin a fresh practice. Taking the trustiest of the rest of the king's servants (and these are native-born Scythians, for only those serve the king whom he bids so to do, and none of the Scythians have servants bought by money) they strangle fifty of these squires and fifty of their best horses and empty and cleanse the bellies of all, fill them with chaff, and sew them up again. Then they make fast the half of a wheel to two posts, the hollow upwards, and the other half to another pair of posts, till many posts thus furnished are planted in the ground, and, presently, driving thick stakes lengthways through the horses' bodies to their necks, they lay the horses aloft on the wheels so that the wheel in front supports the horse's shoulders and the wheel behind takes the weight of the belly by the hindquarters, and the forelegs and hindlegs hang free; and putting bridles and bits in the horses' mouths they stretch the bridles to the front and make them fast with pegs. Then they take each one of the fifty strangled young men and mount him on the horse; their way of doing it is to drive an upright stake through each

παρὰ τὴν ἄκανθαν ξύλον ὀρθὸν διελάσωσι μέχρι
τοῦ τραχήλου· κάτωθεν δὲ ὑπερέχει τοῦ ξύλου
τούτου τὸ ἐς τόρμον πηγνύουσι τοῦ ἑτέρου ξύλου
τοῦ διὰ τοῦ ἵππου. ἐπιστήσαντες δὲ κύκλῳ τὸ
σῆμα ἱππέας τοιούτους ἀπελαύνουσι.

73. Οὕτω μὲν τοὺς βασιλέας θάπτουσι· τοὺς
δὲ ἄλλους Σκύθας, ἐπεὰν ἀποθάνωσι, περιάγουσι
οἱ ἀγχοτάτω προσήκοντες κατὰ τοὺς φίλους ἐν
ἁμάξῃσι κειμένους· τῶν δὲ ἕκαστος ὑποδεκόμενος
εὐωχέει τοὺς ἑπομένους, καὶ τῷ νεκρῷ ἁπάντων
παραπλησίως παρατίθησι ὅσα τοῖσι ἄλλοισι.
ἡμέρας δὲ τεσσεράκοντα οὕτω οἱ ἰδιῶται περιά-
γονται, ἔπειτα θάπτονται. θάψαντες δὲ οἱ Σκύθαι
καθαίρονται τρόπῳ τοιῷδε. σμησάμενοι τὰς κεφα-
λὰς καὶ ἐκπλυνάμενοι ποιεῦσι περὶ τὸ σῶμα τάδε·
ἐπεὰν ξύλα στήσωσι τρία ἐς ἄλληλα κεκλιμένα,
περὶ ταῦτα πίλους εἰρινέους περιτείνουσι, συμφρά-
ξαντες δὲ ὡς μάλιστα λίθους ἐκ πυρὸς διαφανέας
ἐσβάλλουσι ἐς σκάφην κειμένην ἐν μέσῳ τῶν
ξύλων τε καὶ τῶν πίλων.

74. Ἔστι δέ σφι κάνναβις φυομένη ἐν τῇ χώρῃ
πλὴν παχύτητος καὶ μεγάθεος τῷ λίνῳ ἐμφερε-
στάτη· ταύτῃ δὲ πολλῷ ὑπερφέρει ἡ κάνναβις.
αὕτη καὶ αὐτομάτη καὶ σπειρομένη φύεται, καὶ
ἐξ αὐτῆς Θρήικες μὲν καὶ εἵματα ποιεῦνται τοῖσι
λινέοισι ὁμοιότατα· οὐδ᾽ ἄν, ὅστις μὴ κάρτα
τρίβων εἴη αὐτῆς, διαγνοίη λίνου ἢ κανναβίος
ἐστί· ὃς δὲ μὴ εἶδέ κω τὴν κανναβίδα, λίνεον
δοκήσει εἶναι τὸ εἷμα.

75. Ταύτης ὦν οἱ Σκύθαι τῆς κανναβίος τὸ
σπέρμα ἐπεὰν λάβωσι, ὑποδύνουσι ὑπὸ τοὺς
πίλους, καὶ ἔπειτα ἐπιβάλλουσι τὸ σπέρμα ἐπὶ

body passing up by the spine to the neck, and enough of the stake projects below to be fixed in a hole made in the other stake, that which passes through the horse. So having set horsemen of this fashion round about the tomb they ride away.

73. Such is their way of burying their kings. All other Scythians, when they die, are laid in waggons and carried about among their friends by their nearest of kin; each receives them and entertains the retinue hospitably, setting before the dead man about as much of the fare as he serves to the rest. All but the kings are thus borne about for forty days and then buried. After the burial the Scythians cleanse themselves as I will show: they anoint and wash their heads; as for their bodies, they set up three poles leaning together to a point and cover these over with woollen mats; then, in the place so enclosed to the best of their power, they make a pit in the centre beneath the poles and the mats and throw red-hot stones into it.

74. They have hemp growing in their country, very like flax, save that the hemp is by much the thicker and taller. This grows both of itself and also by their sowing, and of it the Thracians even make garments which are very like linen; nor could any, save he were a past master in hemp, know whether they be hempen or linen; whoever has never yet seen hemp will think the garment to be linen.

75. The Scythians then take the seed of this hemp and, creeping under the mats, they throw it

τοὺς διαφανέας λίθους τῷ πυρί· τὸ δὲ θυμιᾶται
ἐπιβαλλόμενον καὶ ἀτμίδα παρέχεται τοσαύτην
ὥστε Ἑλληνικὴ οὐδεμία ἄν μιν πυρίη ἀποκρα-
τήσειε. οἱ δὲ Σκύθαι ἀγάμενοι τῇ πυρίῃ ὠρύονται.
τοῦτό σφι ἀντὶ λουτροῦ ἐστι· οὐ γὰρ δὴ λούονται
ὕδατι τὸ παράπαν τὸ σῶμα. αἱ δὲ γυναῖκες αὐτῶν
ὕδωρ παραχέουσαι κατασώχουσι περὶ λίθον τρη-
χὺν τῆς κυπαρίσσου καὶ κέδρου καὶ λιβάνου ξύλου,
καὶ ἔπειτα τὸ κατασωχόμενον τοῦτο παχὺ ἐὸν
καταπλάσσονται πᾶν τὸ σῶμα καὶ τὸ πρόσωπον·
καὶ ἅμα μὲν εὐωδίη σφέας ἀπὸ τούτου ἴσχει, ἅμα
δὲ ἀπαιρέουσαι τῇ δευτέρῃ ἡμέρῃ τὴν κατα-
πλαστὺν γίνονται καθαραὶ καὶ λαμπραί.

76. Ξεινικοῖσι δὲ νομαίοισι καὶ οὗτοι φεύγουσι
αἰνῶς χρᾶσθαι, μήτε τεῶν ἄλλων, Ἑλληνικοῖσι
δὲ καὶ ἥκιστα, ὡς διέδεξαν Ἀνάχαρσίς τε καὶ
δεύτερα αὖτις Σκύλης. τοῦτο μὲν γὰρ Ἀνάχαρσις
ἐπείτε γῆν πολλὴν θεωρήσας καὶ ἀποδεξάμενος
κατ' αὐτὴν σοφίην πολλὴν ἐκομίζετο ἐς ἤθεα τὰ
Σκυθέων, πλέων δι' Ἑλλησπόντου προσίσχει ἐς
Κύζικον· καὶ εὗρε γὰρ τῇ μητρὶ τῶν θεῶν ἀνά-
γοντας τοὺς Κυζικηνοὺς ὁρτὴν μεγαλοπρεπέως
κάρτα, εὔξατο τῇ μητρὶ ὁ Ἀνάχαρσις, ἢν σῶς καὶ
ὑγιὴς ἀπονοστήσῃ ἐς ἑωυτοῦ, θύσειν τε κατὰ
ταὐτὰ κατὰ ὥρα τοὺς Κυζικηνοὺς ποιεῦντας καὶ
παννυχίδα στήσειν. ὡς δὲ ἀπίκετο ἐς τὴν Σκυ-
θικήν, καταδὺς ἐς τὴν καλεομένην Ὑλαίην (ἡ δ'
ἔστι μὲν παρὰ τὸν Ἀχιλλήιον δρόμον, τυγχάνει
δὲ πᾶσα ἐοῦσα δενδρέων παντοίων πλέη), ἐς ταύ-
την δὴ καταδὺς ὁ Ἀνάχαρσις τὴν ὁρτὴν ἐπετέλεε
πᾶσαν τῇ θεῷ, τύμπανόν τε ἔχων καὶ ἐκδησάμενος
ἀγάλματα. καὶ τῶν τις Σκυθέων καταφρασθεὶς

on the red-hot stones; and, being so thrown, it smoulders and sends forth so much steam that no Greek vapour-bath could surpass it. The Scythians howl in their joy at the vapour-bath. This serves them instead of bathing, for they never wash their bodies with water. But their women pound on a rough stone cypress and cedar and frankincense wood, pouring water also thereon, and with the thick stuff so pounded they anoint all their bodies and faces, whereby not only does a fragrant scent abide upon them, but when on the second day they take off the ointment their skin becomes clean and shining.

76. But as regards foreign usages, the Scythians (as others) are wondrous loth to practise those of any other country, and particularly of Hellas, as was proved in the case of Anacharsis and again also of Scyles. For when Anacharsis, having seen much of the world in his travels and given many proofs of his wisdom therein, was coming back to the Scythian country, he sailed through the Hellespont and put in at Cyzicus; where, finding the Cyzicenes celebrating the feast of the Mother of the Gods with great pomp, he vowed to this same Mother that, if he returned to his own country safe and sound, he would sacrifice to her as he saw the Cyzicenes do, and establish a nightly rite of worship. So when he came to Scythia, he hid himself in the country called Woodland (which is beside the Race of Achilles, and is all overgrown with every kind of wood); hiding himself there Anacharsis celebrated the goddess's ritual with exactness, carrying a small drum and hanging about himself images. Then some

HERODOTUS

αὐτὸν ταῦτα ποιεῦντα ἐσήμηνε τῷ βασιλέι Σαυλίῳ·
ὁ δὲ καὶ αὐτὸς ἀπικόμενος ὡς εἶδε τὸν Ἀνάχαρσιν
ποιεῦντα ταῦτα, τοξεύσας αὐτὸν ἀπέκτεινε. καὶ
νῦν ἤν τις εἴρηται περὶ Ἀναχάρσιος, οὐ φασί μιν
Σκύθαι γινώσκειν, διὰ τοῦτο ὅτι ἐξεδήμησέ τε ἐς
τὴν Ἑλλάδα καὶ ξεινικοῖσι ἔθεσι διεχρήσατο. ὡς
δ' ἐγὼ ἤκουσα Τύμνεω τοῦ Ἀριαπείθεος ἐπιτρόπου,
εἶναι αὐτὸν Ἰδανθύρσου τοῦ Σκυθέων βασιλέος
πάτρων, παῖδα δὲ εἶναι Γνούρου τοῦ Λύκου τοῦ
Σπαργαπείθεος. εἰ ὦν ταύτης ἦν τῆς οἰκίης ὁ
Ἀνάχαρσις, ἴστω ὑπὸ τοῦ ἀδελφεοῦ ἀποθανών·
Ἰδάνθυρσος γὰρ ἦν παῖς Σαυλίου, Σαύλιος δὲ ἦν
ὁ ἀποκτείνας Ἀνάχαρσιν.

77. Καίτοι τινὰ ἤδη ἤκουσα λόγον ἄλλον ὑπὸ
Πελοποννησίων λεγόμενον, ὡς ὑπὸ τοῦ Σκυθέων
βασιλέος Ἀνάχαρσις ἀποπεμφθεὶς τῆς Ἑλλάδος
μαθητὴς γένοιτο, ὀπίσω τε ἀπονοστήσας φαίη
πρὸς τὸν ἀποπέμψαντα Ἕλληνας πάντας ἀσχό-
λους εἶναι ἐς πᾶσαν σοφίην πλὴν Λακεδαιμονίων,
τούτοισι δὲ εἶναι μούνοισι σωφρόνως δοῦναί τε καὶ
δέξασθαι λόγον. ἀλλ' οὗτος μὲν ὁ λόγος ἄλλως
πέπλασται ὑπ' αὐτῶν Ἑλλήνων, ὁ δ' ὦν ἀνὴρ
ὥσπερ πρότερον εἰρέθη διεφθάρη.

78. Οὗτος μέν νυν οὕτω δὴ ἔπρηξε διὰ ξεινικά
τε νόμαια καὶ Ἑλληνικὰς ὁμιλίας. πολλοῖσι δὲ
κάρτα ἔτεσι ὕστερον Σκύλης ὁ Ἀριαπείθεος ἔπαθε
παραπλήσια τούτῳ. Ἀριαπείθεΐ γὰρ τῷ Σκυθέων
βασιλέι γίνεται μετ' ἄλλων παίδων Σκύλης· ἐξ
Ἰστριηνῆς δὲ γυναικὸς οὗτος γίνεται καὶ οὐδαμῶς
ἐγχωρίης· τὸν ἡ μήτηρ αὕτη γλῶσσάν τε Ἑλλάδα
καὶ γράμματα ἐδίδαξε. μετὰ δὲ χρόνῳ ὕστερον

276

Scythian marked him doing this and told it to the king, Saulius; who, coming himself to the place and seeing Anacharsis performing these rites, shot an arrow at him and slew him. And now the Scythians, if they are asked about Anacharsis, say they have no knowledge of him; this is because he left his country for Hellas and followed the customs of strangers. But according to what I heard from Tymnes, the deputy for Ariapithes, Anacharsis was uncle to Idanthyrsus king of Scythia, and he was the son of Gnurus, son of Lycus, son of Spargapithes. Now if Anacharsis was truly of this family, then I would have him know that he was slain by his own brother; for Idanthyrsus was the son of Saulius, and it was Saulius who slew Anacharsis.

77. It is true that I have heard another story told by the Pelponnesians; namely, that Anacharsis had been sent by the king of Scythia and had been a learner of the ways of Hellas, and after his return told the king who sent him that all Greeks were zealous for every kind of learning, save only the Lacedaemonians; but that these were the only Greeks who spoke and listened with discretion. But this is a tale vainly invented by the Greeks themselves; and be this as it may, the man was put to death as I have said.

78. Such-like, then, was the fortune that befell Anacharsis, all for his foreign usages and his companionship with Greeks; and a great many years afterwards, Scyles, son of Ariapithes, suffered a like fate. Scyles was one of the sons born to Ariapithes, king of Scythia; but his mother was of Istria,[1] and not native-born; and she taught him to speak and read Greek.

[1] In what is now the Dobrudja.

HERODOTUS

Ἀριαπείθης μὲν τελευτᾷ δόλῳ ὑπὸ Σπαργαπείθεος τοῦ Ἀγαθύρσων βασιλέος, Σκύλης δὲ τήν τε βασιληίην παρέλαβε καὶ τὴν γυναῖκα τοῦ πατρός, τῇ οὔνομα ἦν Ὀποίη· ἦν δὲ αὕτη ἡ Ὀποίη ἀστή, ἐξ ἧς ἦν Ὄρικος Ἀριαπείθεϊ παῖς. βασιλεύων δὲ Σκυθέων ὁ Σκύλης διαίτῃ οὐδαμῶς ἠρέσκετο Σκυθικῇ, ἀλλὰ πολλὸν πρὸς τὰ Ἑλληνικὰ μᾶλλον τετραμμένος ἦν ἀπὸ παιδεύσιος τῆς ἐπεπαίδευτο, ἐποίεέ τε τοιοῦτο· εὖτε ἀγάγοι τὴν στρατιὴν τὴν Σκυθέων ἐς τὸ Βορυσθενεϊτέων ἄστυ (οἱ δὲ Βορυσθενεῖται οὗτοι λέγουσι σφέας αὐτοὺς εἶναι Μιλησίους), ἐς τούτους ὅκως ἔλθοι ὁ Σκύλης, τὴν μὲν στρατιὴν καταλίπεσκε ἐν τῷ προαστείῳ, αὐτὸς δὲ ὅκως ἔλθοι ἐς τὸ τεῖχος καὶ τὰς πύλας ἐγκληίσειε, τὴν στολὴν ἀποθέμενος τὴν Σκυθικὴν λάβεσκε ἂν Ἑλληνίδα ἐσθῆτα, ἔχων δ' ἂν ταύτην ἠγόραζε οὔτε δορυφόρων ἑπομένων οὔτε ἄλλου οὐδενός· τὰς δὲ πύλας ἐφύλασσον, μή τίς μιν Σκυθέων ἴδοι ἔχοντα ταύτην τὴν στολήν· καὶ τά τε ἄλλα ἐχρᾶτο διαίτῃ Ἑλληνικῇ καὶ θεοῖσι ἱρὰ ἐποίεε κατὰ νόμους τοὺς Ἑλλήνων. ὅτε δὲ διατρίψειε μῆνα ἢ πλέον τούτου, ἀπαλλάσσετο ἐνδὺς τὴν Σκυθικὴν στολήν. ταῦτα ποιέεσκε πολλάκις καὶ οἰκία τε ἐδείματο ἐν Βορυσθένεϊ καὶ γυναῖκα ἔγημε ἐς αὐτὰ ἐπιχωρίην.

79. Ἐπείτε δὲ ἔδεέ οἱ κακῶς γενέσθαι, ἐγίνετο ἀπὸ προφάσιος τοιῆσδε. ἐπεθύμησε Διονύσῳ Βακχείῳ τελεσθῆναι· μέλλοντι δέ οἱ ἐς χεῖρας ἄγεσθαι τὴν τελετὴν ἐγένετο φάσμα μέγιστον. ἦν οἱ ἐν Βορυσθενεϊτέων τῇ πόλι οἰκίης μεγάλης καὶ πολυτελέος περιβολή, τῆς καὶ ὀλίγῳ τι πρότερον τούτων μνήμην εἶχον, τὴν πέριξ λευκοῦ λίθου σφίγγες τε καὶ γρῦπες ἕστασαν· ἐς ταύτην ὁ θεὸς

As time passed, Ariapithes was treacherously slain
by Spargapithes, king of the Agathyrsi, and Scyles
inherited the kingship and his father's wife, whose
name was Opoea, a Scythian woman, and she bore to
Scyles a son, Oricus. So Scyles was king of Scythia ;
but he was in no wise content with the Scythian
manner of life, and was much more inclined to Greek
ways, from the bringing up which he had received ;
so this is what he did : having led the Scythian army
to the city of the Borysthenites (who say that they
are Milesians)—having, I say, come thither, he would
ever leave his army in the suburb of the city, but he
himself, entering within the walls and shutting the
gates would doff his Scythian apparel and don a
Greek dress ; and in it he went among the towns-
men unattended by spearmen or any others (the
people guarding the gates, lest any Scythian should
see him wearing this apparel), and in every way
followed the Greek manner of life, and worshipped
the gods according to Greek usage. Then having
so spent a month or more, he put on Scythian
dress and left the city. This he did often ; and he
built him a house in Borysthenes, and married
and brought thither a wife of the people of the
country.

79. But when the time came that evil should
befall him, this was the cause of it : he conceived a
desire to be initiated into the rites of the Bacchic
Dionysus ; and when he was about to begin the
sacred mysteries, he saw a wondrous vision. He
had in the city of the Borysthenites a spacious house,
great and costly (that same house whereof I have
just made mention), all surrounded by sphinxes and
griffins wrought in white marble ; this house was

HERODOTUS

ἐνέσκηψε βέλος. καὶ ἡ μὲν κατεκάη πᾶσα, Σκύλης
δὲ οὐδὲν τούτου εἵνεκα ἧσσον ἐπετέλεσε τὴν τελε-
τήν. Σκύθαι δὲ τοῦ βακχεύειν πέρι Ἕλλησι
ὀνειδίζουσι· οὐ γὰρ φασὶ οἰκὸς εἶναι θεὸν ἐξευρί-
σκειν τοῦτον ὅστις μαίνεσθαι ἐνάγει ἀνθρώπους.
ἐπείτε δὲ ἐτελέσθη τῷ βακχείῳ ὁ Σκύλης, διεπρή-
στευσε τῶν τις Βορυσθενειτέων πρὸς τοὺς Σκύθας
λέγων "Ἡμῖν γὰρ καταγελᾶτε, ὦ Σκύθαι, ὅτι
βακχεύομεν καὶ ἡμέας ὁ θεὸς λαμβάνει· νῦν οὗτος
ὁ δαίμων καὶ τὸν ὑμέτερον βασιλέα λελάβηκε,
καὶ βακχεύει τε καὶ ὑπὸ τοῦ θεοῦ μαίνεται. εἰ
δέ μοι ἀπιστέετε, ἔπεσθε, καὶ ὑμῖν ἐγὼ δέξω."
εἵποντο τῶν Σκύθεων οἱ προεστεῶτες, καὶ αὐτοὺς
ἀναγαγὼν ὁ Βορυσθενεΐτης λάθρῃ ἐπὶ πύργον
κατεῖσε. ἐπείτε δὲ παρήιε σὺν τῷ θιάσῳ ὁ Σκύ-
λης καὶ εἶδόν μιν βακχεύοντα οἱ Σκύθαι, κάρτα
συμφορὴν μεγάλην ἐποιήσαντο, ἐξελθόντες δὲ
ἐσήμαινον πάσῃ τῇ στρατιῇ τὰ ἴδοιεν.
80. Ὡς δὲ μετὰ ταῦτα ἐξήλαυνε ὁ Σκύλης ἐς
ἤθεα τὰ ἑωυτοῦ, οἱ Σκύθαι προστησάμενοι τὸν
ἀδελφεὸν αὐτοῦ Ὀκταμασάδην, γεγονότα ἐκ τῆς
Τήρεω θυγατρός, ἐπανιστέατο τῷ Σκύλῃ. ὁ δὲ
μαθὼν τὸ γινόμενον ἐπ' ἑωυτῷ καὶ τὴν αἰτίην δι'
ἣν ἐποιέετο, καταφεύγει ἐς τὴν Θρηίκην. πυθό-
μενος δὲ ὁ Ὀκταμασάδης ταῦτα ἐστρατεύετο ἐπὶ
τὴν Θρηίκην. ἐπείτε δὲ ἐπὶ τῷ Ἴστρῳ ἐγένετο,
ἠντίασάν μιν οἱ Θρήικες, μελλόντων δὲ αὐτῶν
συνάψειν ἔπεμψε Σιτάλκης παρὰ τὸν Ὀκταμα-
σάδην λέγων τοιάδε. "Τί δεῖ ἡμέας ἀλλήλων
πειρηθῆναι; εἷς μέν μευ τῆς ἀδελφεῆς παῖς, ἔχεις
δέ μευ ἀδελφεόν. σὺ δέ μοι ἀπόδος τοῦτον, καὶ ἐγὼ
σοὶ τὸν σὸν Σκύλην παραδίδωμι· στρατιῇ δὲ μήτε

smitten by a thunderbolt and wholly destroyed by fire. But none the less for this did Scyles perform the rite to the end. Now the Scythians make this Bacchic revelling a reproach against the Greeks, saying that it is not reasonable to set up a god who leads men on to madness. So when Scyles had been initiated into the Bacchic rite, some one of the Borysthenites scoffed at the Scythians : " Why," said he, "you Scythians mock us for revelling and being possessed by the god ; but now this deity has taken possession of your own king, so that he is revelling and is maddened by the god. If you will not believe me, follow me now and I will show him to you." The chief men among the Scythians followed him, and the Borysthenite brought them up secretly and set them on a tower; whence presently, when Scyles passed by with his company of worshippers, they saw him among the revellers ; whereat being greatly moved, they left the city and told the whole army what they had seen.

80. After this Scyles rode away to his own place ; but the Scythians rebelled against him, setting up for their king his brother Octamasades, son of the daughter of Teres. Scyles, learning how they dealt with him and the reason of their so doing, fled into Thrace ; and when Octamasades heard this he led his army thither. But when he was beside the Ister, the Thracians barred his way ; and when the armies were like to join battle Sitalces sent this message to Octamasades : "Wherefore should we essay each other's strength ? You are my sister's son, and you have with you my brother; do you give him back to me, and I give up your Scyles to you ; and let

281

σὺ κινδυνεύσῃς μήτ᾽ ἐγώ." ταῦτά οἱ πέμψας
ὁ Σιτάλκης ἐπεκηρυκεύετο· ἦν γὰρ παρὰ τῷ
Ὀκταμασάδῃ ἀδελφεὸς Σιτάλκεω πεφευγώς. ὁ
δὲ Ὀκταμασάδης καταινέει ταῦτα, ἐκδοὺς δὲ
τὸν ἑωυτοῦ μήτρωα Σιτάλκῃ ἔλαβε τὸν ἀδελ-
φεὸν Σκύλην. καὶ Σιτάλκης μὲν παραλαβὼν τὸν
ἀδελφεὸν ἀπήγετο, Σκύλεω δὲ Ὀκταμασάδης
αὐτοῦ ταύτῃ ἀπέταμε τὴν κεφαλήν. οὕτω μὲν
περιστέλλουσι τὰ σφέτερα νόμαια Σκύθαι, τοῖσι
δὲ παρακτωμένοισι ξεινικοὺς νόμους τοιαῦτα
ἐπιτίμια διδοῦσι.

81. Πλῆθος δὲ τὸ Σκυθέων οὐκ οἷός τε ἐγενόμην
ἀτρεκέως πυθέσθαι, ἀλλὰ διαφόρους λόγους περὶ
τοῦ ἀριθμοῦ ἤκουον· καὶ γὰρ κάρτα πολλοὺς εἶναι
σφέας καὶ ὀλίγους ὡς Σκύθας εἶναι. τοσόνδε
μέντοι ἀπέφαινόν μοι ἐς ὄψιν. ἔστι μεταξὺ Βορυ-
σθένεός τε ποταμοῦ καὶ Ὑπάνιος χῶρος, οὔνομα
δέ οἱ ἐστὶ Ἐξαμπαῖος· τοῦ καὶ ὀλίγῳ τι πρότερον
τούτων μνήμην εἶχον, φάμενος ἐν αὐτῷ κρήνην
ὕδατος πικροῦ εἶναι, ἀπ᾽ ἧς τὸ ὕδωρ ἀπορρέον τὸν
Ὕπανιν ἄποτον ποιέειν. ἐν τούτῳ τῷ χώρῳ
κέεται χαλκίον, μεγάθεϊ καὶ ἑξαπλήσιον τοῦ ἐπὶ
στόματι τοῦ Πόντου κρητῆρος, τὸν Παυσανίης ὁ
Κλεομβρότου ἀνέθηκε. ὃς δὲ μὴ εἶδέ κω τοῦτον,
ὧδε δηλώσω· ἑξακοσίους ἀμφορέας εὐπετέως
χωρέει τὸ ἐν Σκύθῃσι χαλκίον, πάχος δὲ τὸ
Σκυθικὸν τοῦτο χαλκίον ἐστὶ δακτύλων ἕξ. τοῦτο
ὦν ἔλεγον οἱ ἐπιχώριοι ἀπὸ ἀρδίων γενέσθαι.
βουλόμενον γὰρ τὸν σφέτερον βασιλέα, τῷ οὔνομα
εἶναι Ἀριάνταν, τοῦτον εἰδέναι τὸ πλῆθος τὸ
Σκυθέων κελεύειν μιν πάντας Σκύθας ἄρδιν ἕκα-

neither of us endanger our armies." Such was the offer sent to him by Sitalces; for Sitalces' brother had fled from him and was with Octamasades. The Scythian agreed to this, and received his brother Scyles, giving up his own uncle to Sitalces. Sitalces then took his brother and carried him away, but Octamasades beheaded Scyles on the spot. So closely do the Scythians guard their usages, and such penalties do they lay on those who add foreign customs to their own.

81. How many the Scythians are I was not able to learn with exactness, but the accounts which I heard concerning the number did not tally, some saying that they are very many, and some that they are but few, so far as they are true Scythians. But thus much they made me to see for myself:—There is a region between the rivers Borysthenes and Hypanis, the name of which is Exampaeus; this is the land whereof I lately made mention when I said that there is a spring of salt water in it, the water from which makes the Hypanis unfit to drink. In this region stands a bronze vessel, as much as six times greater than the cauldron dedicated by Pausanias son of Cleombrotus at the entrance of the Pontus.[1] To any who has not yet seen this latter I will thus make my meaning plain: the Scythian bronze vessel easily contains five thousand and four hundred gallons, and it is of six fingers' thickness. This vessel (so said the people of the country) was made out of arrow-heads. For their king, whose name was Ariantas, desiring to know the numbers of the Scythians, commanded every Scythian to bring him the point

[1] Pausanias, the victor of Plataea, set up this cauldron in 477 B.C. to commemorate the taking of Byzantium.

στον μίαν ἀπὸ τοῦ οἰστοῦ [1] κομίσαι· ὃς δ' ἂν μὴ
κομίσῃ, θάνατον ἀπείλεε. κομισθῆναί τε δὴ χρῆμα
πολλὸν ἀρδίων καί οἱ δόξαι ἐξ αὐτέων μνημόσυ-
νον ποιήσαντι λιπέσθαι. ἐκ τουτέων δή μιν τὸ
χαλκήιον ποιῆσαι τοῦτο καὶ ἀναθεῖναι ἐς τὸν
Ἐξαμπαῖον τοῦτον. ταῦτα δὲ περὶ τοῦ πλήθεος
τοῦ Σκυθέων ἤκουον.

82. Θωμάσια δὲ ἡ χώρη αὕτη οὐκ ἔχει, χωρὶς
ἢ ὅτι ποταμούς τε πολλῷ μεγίστους καὶ ἀριθμὸν
πλείστους. τὸ δὲ ἀποθωμάσαι ἄξιον καὶ πάρεξ
τῶν ποταμῶν καὶ τοῦ μεγάθεος τοῦ πεδίου παρέ-
χεται, εἰρήσεται· ἴχνος Ἡρακλέος φαίνουσι ἐν
πέτρῃ ἐνεόν, τὸ ἔοικε μὲν βήματι ἀνδρός, ἔστι δὲ
τὸ μέγαθος δίπηχυ, παρὰ τὸν Τύρην ποταμόν.
τοῦτο μέν νυν τοιοῦτο ἐστί, ἀναβήσομαι δὲ ἐς τὸν
κατ' ἀρχὰς ἦια λέξων λόγον.

83. Παρασκευαζομένου Δαρείου ἐπὶ τοὺς Σκύ-
θας καὶ ἐπιπέμποντος ἀγγέλους ἐπιτάξοντας τοῖσι
μὲν πεζὸν στρατόν, τοῖσι δὲ νέας παρέχειν, τοῖσι
δὲ ζεύγνυσθαι τὸν Θρηίκιον Βόσπορον, Ἀρτά-
βανος ὁ Ὑστάσπεος, ἀδελφεὸς ἐὼν Δαρείου,
ἐχρήιζε μηδαμῶς αὐτὸν στρατηίην ἐπὶ Σκύθας
ποιέεσθαι, καταλέγων τῶν Σκυθέων τὴν ἀπορίην.
ἀλλ' οὐ γὰρ ἔπειθε συμβουλεύων οἱ χρηστά,
ὃ μὲν ἐπέπαυτο, ὃ δέ, ἐπειδή οἱ τὰ ἄπαντα
παρεσκεύαστο, ἐξήλαυνε τὸν στρατὸν ἐκ
Σούσων.

84. Ἐνθαῦτα τῶν Περσέων Οἰόβαζος ἐδεήθη
Δαρείου τριῶν ἐόντων οἱ παίδων καὶ πάντων
στρατευομένων ἕνα αὐτῷ καταλειφθῆναι. ὃ δὲ

[1] [ἀπὸ τοῦ οἰστοῦ] Stein.

from an arrow, threatening all who should not so do with death. So a vast number of arrow-heads was brought, and he resolved to make and leave a memorial out of them; and he made of these this bronze vessel, and set it up in this country Exampaeus. Thus much I heard concerning the number of the Scythians.

82. As for marvels, there are none in the land, save that it has rivers by far the greatest and the most numerous in the world; and over and above the rivers and the great extent of the plains there is one most wondrous thing for me to tell of: they show a footprint of Heracles by the river Tyras stamped on rock, like the mark of a man's foot, but two cubits in length. Having so described this I will now return to the story which I began to relate.[1]

83. While Darius was making preparations[2] against the Scythians, and sending messengers to charge some to furnish an army and some to furnish ships, and others again to bridge the Thracian Bosporus, Artabanus, son of Hystaspes and Darius' brother, desired of him by no means to make an expedition against the Scythians, telling him how hard that people were to deal withal. But when he could not move the king for all his good counsel, Artabanus ceased to advise, and Darius, all his preparations being now made, led his army from Susa.

84. Then Oeobazus a Persian, who had three sons, all with the army, entreated Darius that one might be left behind. "Nay," said the king, "you

---

[1] In ch. 1.
[2] The date of Darius' expedition is uncertain. Grote thinks it probable that it took place before 514 B.C.

ἔφη ὡς φίλῳ ἐόντι καὶ μετρίων δεομένῳ πάντας
τοὺς παῖδας καταλείψειν. ὁ μὲν δὴ Οἰόβαζος
περιχαρὴς ἦν, ἐλπίζων τοὺς υἱέας στρατηίης
ἀπολελύσθαι· ὁ δὲ ἐκέλευσε τοὺς ἐπὶ τούτων
ἐπεστεῶτας ἀποκτεῖναι πάντας τοὺς Οἰοβάζου
παῖδας.

85. Καὶ οὗτοι μὲν ἀποσφαγέντες αὐτοῦ ταύτῃ
ἐλείποντο· Δαρεῖος δὲ ἐπείτε πορευόμενος ἐκ
Σούσων ἀπίκετο τῆς Καλχηδονίης ἐπὶ τὸν Βόσ-
πορον ἵνα ἔζευκτο ἡ γέφυρα, ἐνθεῦτεν ἐσβὰς ἐς
νέα ἔπλεε ἐπὶ τὰς Κυανέας καλευμένας, τὰς πρό-
τερον πλαγκτὰς "Ελληνες φασὶ εἶναι, ἑζόμενος δὲ
ἐπὶ ῥίῳ ἐθηεῖτο τὸν Πόντον ἐόντα ἀξιοθέητον.
πελαγέων γὰρ ἁπάντων πέφυκε θωμασιώτατος·
τοῦ τὸ μὲν μῆκος στάδιοι εἰσὶ ἑκατὸν καὶ χίλιοι
καὶ μύριοι, τὸ δὲ εὖρος, τῇ εὐρύτατος αὐτὸς ἑωυτοῦ,
στάδιοι τριηκόσιοι καὶ τρισχίλιοι. τούτου τοῦ
πελάγεος τὸ στόμα ἐστὶ εὖρος τέσσερες στάδιοι·
μῆκος δέ, τοῦ στόματος ὁ αὐχήν, τὸ δὴ Βόσπορος
κέκληται, κατ᾽ ὃ δὴ ἔζευκτο ἡ γέφυρα, ἐπὶ
σταδίους εἴκοσι καὶ ἑκατόν ἐστι. τείνει δ᾽ ἐς τὴν
Προποντίδα ὁ Βόσπορος· ἡ δὲ Προποντὶς ἐοῦσα
εὖρος μὲν σταδίων πεντακοσίων, μῆκος δὲ τετρα-
κοσίων καὶ χιλίων, καταδιδοῖ ἐς τὸν Ἑλλήσποντον
ἐόντα στεινότητα μὲν ἑπτὰ σταδίους, μῆκος δὲ
τετρακοσίους. ἐκδιδοῖ δὲ ὁ Ἑλλήσποντος ἐς
χάσμα πελάγεος τὸ δὴ Αἰγαῖον καλέεται.

86. Μεμέτρηται δὲ ταῦτα ὧδε. νηῦς ἐπίπαν

---

[1] Rocks (the "Wandering" or "Clashing" Rocks of Greek
legend) off the northern end of the Bosporus.
[2] Herodotus is wrong. The Black Sea is 720 miles long

are my friend, and your desire is but reasonable ; I will leave all your sons." Oeobazus rejoiced greatly, supposing that his sons were released from service ; but Darius bade those whose business it was to put all Oeobazus' sons to death.

85. So their throats were cut, and they were all left there ; but Darius, when in his march from Susa he came to that place in the territory of Calchedon where the Bosporus was bridged, took ship and sailed to the Dark Rocks[1] (as they are called) which the Greeks say did formerly move upon the waters ; there he sat on a headland and viewed the Pontus, a marvellous sight. For it is of all seas the most wonderful. Its length is eleven thousand one hundred furlongs, and its breadth, at the place where it is widest, three thousand three hundred.[2] The channel at the entrance of this sea is four furlongs broad ; and in length, the narrow neck of the channel called Bosporus, across which the bridge was thrown, is as much as an hundred and twenty furlongs. The Bosporus reaches as far as to the Propontis ; and the Propontis is five hundred furlongs wide and fourteen hundred long ; its outlet is the Hellespont, which is no wider than seven furlongs, and four hundred in length. The Hellespont issues into a gulf of the sea which we call Aegaean.

86. These measurements have been made after

(about 6280 stades), and, at the point of Herodotus' measurement, about 270 miles broad ; its greatest breadth is 380 miles. His estimates for the Propontis and Hellespont are also in excess, though not by much ; the Bosporus is a little longer than he says, but its breadth is correctly given.

HERODOTUS

μάλιστα κῃ κατανύει ἐν μακρημερίῃ ὀργυιὰς
ἑπτακισμυρίας, νυκτὸς δὲ ἑξακισμυρίας. ἤδη ὦν
ἐς μὲν Φᾶσιν ἀπὸ τοῦ στόματος (τοῦτο γὰρ ἐστὶ
τοῦ Πόντου μακρότατον) ἡμερέων ἐννέα πλόος
ἐστὶ καὶ νυκτῶν ὀκτώ· αὗται ἔνδεκα μυριάδες καὶ
ἑκατὸν ὀργυιέων γίνονται, ἐκ δὲ τῶν ὀργυιέων
τουτέων στάδιοι ἑκατὸν καὶ χίλιοι καὶ μύριοι
εἰσί. ἐς δὲ Θεμισκύρην τὴν ἐπὶ Θερμώδοντι
ποταμῷ ἐκ τῆς Σινδικῆς (κατὰ τοῦτο γὰρ ἐστὶ
τοῦ Πόντου εὐρύτατον) τριῶν τε ἡμερέων καὶ δύο
νυκτῶν πλόος· αὗται δὲ τρεῖς μυριάδες καὶ τριή-
κοντα ὀργυιέων γίνονται, στάδιοι δὲ τριηκόσιοι
καὶ τρισχίλιοι. ὁ μέν νυν Πόντος οὗτος καὶ Βόσ-
πορός τε καὶ Ἑλλήσποντος οὕτω τέ μοι μεμετρέ-
αται καὶ κατὰ τὰ εἰρημένα πεφύκασι, παρέχεται
δὲ καὶ λίμνην ὁ Πόντος οὗτος ἐκδιδοῦσαν ἐς αὐτὸν
οὐ πολλῷ τεῳ ἐλάσσω ἑωυτοῦ, ἣ Μαιῆτίς τε
καλέεται καὶ μήτηρ τοῦ Πόντου.

87. Ὁ δὲ Δαρεῖος ὡς ἐθεήσατο τὸν Πόντον,
ἔπλεε ὀπίσω ἐπὶ τὴν γέφυραν, τῆς ἀρχιτέκτων
ἐγένετο Μανδροκλέης Σάμιος· θεησάμενος δὲ καὶ
τὸν Βόσπορον στήλας ἔστησε δύο ἐπ᾽ αὐτοῦ λίθου
λευκοῦ, ἐνταμὼν γράμματα ἐς μὲν τὴν Ἀσσύρια
ἐς δὲ τὴν Ἑλληνικά, ἔθνεα πάντα ὅσα περ ἦγε·
ἦγε δὲ πάντα τῶν ἦρχε. τούτων μυριάδες ἐξηρι-
θμήθησαν, χωρὶς τοῦ ναυτικοῦ, ἑβδομήκοντα σὺν
ἱππεῦσι, νέες δὲ ἑξακόσιαι συνελέχθησαν. τῇσι
μέν νυν στήλῃσι ταύτῃσι Βυζάντιοι κομίσαντες ἐς
τὴν πόλιν ὕστερον τούτων ἐχρήσαντο πρὸς τὸν

this manner: a ship will for the most part accomplish seventy thousand fathoms in a long day's voyage, and sixty thousand by night. This being granted, seeing that from the Pontus' mouth to the Phasis (which is the greatest length of the sea) it is a voyage of nine days and eight nights, the length of it will be eleven hundred and ten thousand fathoms, which make eleven thousand one hundred furlongs. From the Sindic region to Themiscura on the river Thermodon (for here is the greatest width of the Pontus) it is a voyage of three days and two nights, that is of three hundred and thirty thousand fathoms, or three thousand three hundred furlongs. Thus have I measured this Pontus and the Bosporus and Hellespont, and they are such as I have said. Moreover, there is seen a lake issuing into the Pontus and not much smaller than the sea itself; it is called the Maeetian lake, and the mother of the Pontus.

87. Having viewed the Pontus, Darius sailed back to the bridge, of which Mandrocles of Samos was the chief builder; and when he had viewed the Bosporus also, he set up by it two pillars of white marble, engraving on the one in Assyrian and on the other in Greek characters the names of all the nations that were in his army; in which were all the nations subject to him. The full tale of these, over and above the fleet, was seven hundred thousand men, reckoning therewith horsemen, and the number of ships that mustered was six hundred. These pillars were afterwards carried by the Byzantines into their city and there used to build the altar of Orthosian [1]

---

[1] A deity worshipped especially at Sparta; the meaning of the epithet is uncertain.

βωμὸν τῆς Ὀρθωσίης Ἀρτέμιδος, χωρὶς ἑνὸς
λίθου· οὗτος δὲ κατελείφθη παρὰ τοῦ Διονύσου
τὸν νηὸν ἐν Βυζαντίῳ, γραμμάτων Ἀσσυρίων
πλέος. τοῦ δὲ Βοσπόρου ὁ χῶρος τὸν ἔζευξε βα-
σιλεὺς Δαρεῖος, ὡς ἐμοὶ δοκέει συμβαλλομένῳ,
μέσον ἐστὶ Βυζαντίου τε καὶ τοῦ ἐπὶ στόματι
ἱροῦ.

88. Δαρεῖος δὲ μετὰ ταῦτα ἡσθεὶς τῇ σχεδίῃ
τὸν ἀρχιτέκτονα αὐτῆς Μανδροκλέα τὸν Σάμιον
ἐδωρήσατο πᾶσι δέκα· ἀπ᾿ ὧν δὴ Μανδροκλέης
ἀπαρχὴν ζῷα γραψάμενος πᾶσαν τὴν ζεῦξιν τοῦ
Βοσπόρου καὶ βασιλέα τε Δαρεῖον ἐν προεδρίῃ
κατήμενον καὶ τὸν στρατὸν αὐτοῦ διαβαίνοντα
ταῦτα γραψάμενος ἀνέθηκε ἐς τὸ Ἥραιον, ἐπι-
γράψας τάδε.

Βόσπορον ἰχθυόεντα γεφυρώσας ἀνέθηκε
    Μανδροκλέης Ἥρῃ μνημόσυνον σχεδίης,
αὐτῷ μὲν στέφανον περιθείς, Σαμίοισι δὲ κῦδος,
    Δαρείου βασιλέος ἐκτελέσας κατὰ νοῦν.

89. Ταῦτα μέν νυν τοῦ ζεύξαντος τὴν γέφυραν
μνημόσυνα ἐγένετο· Δαρεῖος δὲ δωρησάμενος
Μανδροκλέα διέβαινε ἐς τὴν Εὐρώπην, τοῖσι Ἴωσι
παραγγείλας πλέειν ἐς τὸν Πόντον μέχρι Ἴστρου
ποταμοῦ, ἐπεὰν δὲ ἀπίκωνται ἐς τὸν Ἴστρον, ἐν-
θαῦτα αὐτὸν περιμένειν ζευγνύντας τὸν ποταμόν.
τὸ γὰρ δὴ ναυτικὸν ἦγον Ἴωνές τε καὶ Αἰολέες
καὶ Ἑλλησπόντιοι. ὁ μὲν δὴ ναυτικὸς στρατὸς
Κυανέας διεκπλώσας ἔπλεε ἰθὺ τοῦ Ἴστρου,
ἀναπλώσας δὲ ἀνὰ ποταμὸν δυῶν ἡμερέων πλόον
ἀπὸ θαλάσσης, τοῦ ποταμοῦ τὸν αὐχένα, ἐκ τοῦ

Artemis, save for one column covered with Assyrian writing that was left beside the temple of Dionysus at Byzantium. Now if my reckoning be true, the place where king Darius bridged the Bosporus was midway between Byzantium and the temple at the entrance of the sea.

88. After this, Darius, being well content with his bridge of boats, made to Mandrocles the Samian a gift of ten of every kind;[1] wherefrom Mandrocles took the firstfruits and therewith had a picture made showing the whole bridge of the Bosporus, and Darius sitting aloft on his throne and his army crossing; this he set up in the temple of Here, with this inscription:

> "This Picture Mandrocles to Here gives,
>   Whereby for ever his Achievement lives;
> A Bridge of Boats o'er *Bosp'rus'* fishful Flood
>   He built; Darius saw, and judg'd it good;
> Thus for himself won Mandrocles a Crown,
>   And for his isle of *Samos* high Renown."

89. This then was done to preserve the name of the builder of the bridge. Darius, having rewarded Mandrocles, crossed over to Europe; he had bidden the Ionians to sail into the Pontus as far as the river Ister, and when they should come thither to wait for him there, bridging the river meanwhile; for the fleet was led by Ionians and Aeolians and men of the Hellespont. So the fleet passed between the Dark Rocks and made sail straight for the Ister, and, having gone a two days' voyage up the river from the sea, set about bridging the narrow channel

---

[1] Apparently a proverbial expression for great abundance; *cp.* a similar phrase in ix. 81.

HERODOTUS

σχίζεται τὰ στόματα τοῦ Ἴστρου, ἐξεύγνυε.
Δαρεῖος δὲ ὡς διέβη τὸν Βόσπορον κατὰ τὴν
σχεδίην, ἐπορεύετο διὰ τῆς Θρηίκης, ἀπικόμενος
δὲ ἐπὶ Τεάρου ποταμοῦ τὰς πηγὰς ἐστρατοπεδεύ-
σατο ἡμέρας τρεῖς.
90. Ὁ δὲ Τέαρος λέγεται ὑπὸ τῶν περιοίκων
εἶναι ποταμῶν ἄριστος τά τε ἄλλα τὰ ἐς ἄκεσιν
φέροντα καὶ δὴ καὶ ἀνδράσι καὶ ἵπποισι ψώρην
ἀκέσασθαι. εἰσὶ δὲ αὐτοῦ αἱ πηγαὶ δυῶν δέουσαι
τεσσεράκοντα, ἐκ πέτρης τῆς αὐτῆς ῥέουσαι, καὶ
αἱ μὲν αὐτέων εἰσὶ ψυχραὶ αἱ δὲ θερμαί. ὁδὸς δ'
ἐπ' αὐτάς ἐστι ἴση ἐξ Ἡραίου τε πόλιος τῆς παρὰ
Περίνθῳ καὶ ἐξ Ἀπολλωνίης τῆς ἐν τῷ Εὐξείνῳ
πόντῳ, δυῶν ἡμερέων ἑκατέρη. ἐκδιδοῖ δὲ ὁ
Τέαρος οὗτος ἐς τὸν Κοντάδεσδον ποταμόν, ὁ δὲ
Κοντάδεσδος ἐς τὸν Ἀγριάνην, ὁ δὲ Ἀγριάνης ἐς
τὸν Ἕβρον, ὃ δὲ ἐς θάλασσαν τὴν παρ' Αἴνῳ
πόλι.
91. Ἐπὶ τοῦτον ὦν τὸν ποταμὸν ἀπικόμενος ὁ
Δαρεῖος ὡς ἐστρατοπεδεύσατο, ἡσθεὶς τῷ ποταμῷ
στήλην ἔστησε καὶ ἐνθαῦτα, γράμματα ἐγγράψας
λέγοντα τάδε. "Τεάρου ποταμοῦ κεφαλαὶ ὕδωρ
ἄριστόν τε καὶ κάλλιστον παρέχονται πάντων
ποταμῶν· καὶ ἐπ' αὐτὰς ἀπίκετο ἐλαύνων ἐπὶ
Σκύθας στρατὸν ἀνὴρ ἄριστός τε καὶ κάλλιστος
πάντων ἀνθρώπων, Δαρεῖος ὁ Ὑστάσπεος, Περ-
σέων τε καὶ πάσης τῆς ἠπείρου βασιλεύς." ταῦτα
δὲ ἐνθαῦτα ἐγράφη.
92. Δαρεῖος δὲ ἐνθεῦτεν ὁρμηθεὶς ἀπίκετο ἐπ'
ἄλλον ποταμὸν τῷ οὔνομα Ἀρτησκός ἐστι, ὃς διὰ
Ὀδρυσέων ῥέει. ἐπὶ τοῦτον δὴ τὸν ποταμὸν ἀπι-
κόμενος ἐποίησε τοιόνδε· ἀποδέξας χωρίον τῇ

of the river where its divers mouths part asunder.
But Darius, having passed over the Bosporus on the
bridge of ships, journeyed through Thrace to the
sources of the river Tearus, where he encamped for
three days.

90. The Tearus is said in the country round to
be the best of all rivers for all purposes of healing,
but especially for the healing of the scab in men
and horses. Its springs are thirty-eight in number,
some cold and some hot, all flowing from the same
rock. There are two roads to the place, one from
the town of Heraeum near to Perinthus, one from
Apollonia on the Euxine sea; each is a two days'
journey. This Tearus is a tributary of the river
Contadesdus, and that of the Agrianes, and that
again of the Hebrus, which issues into the sea near
the city of Aenus.

91. Having then come to this river and there
encamped, Darius was pleased with the sight of it,
and set up yet another pillar there, graven with this
inscription, "From the sources of the river Tearus
flows the best and fairest of all river waters; hither
came, leading his army against the Scythians, the
best and fairest of all men, even Darius son of
Hystaspes and king of Persia and all the mainland."
Such was the inscription.

92. Thence Darius set forth and came to another
river called Artescus, which flows through the
country of the Odrysae; whither having come, he
marked a place for the army to see, and bade every

στρατιῇ ἐκέλευε πάντα ἄνδρα λίθον ἕνα παρεξ-
ιόντα τιθέναι ἐς τὸ ἀποδεδεγμένον τοῦτο χωρίον.
ὡς δὲ ταῦτα ἡ στρατιὴ ἐπετέλεσε, ἐνθαῦτα κολω-
νοὺς μεγάλους τῶν λίθων καταλιπὼν ἀπήλαυνε
τὴν στρατιήν.

93. Πρὶν δὲ ἀπικέσθαι ἐπὶ τὸν Ἴστρον, πρώ-
τους αἱρέει Γέτας τοὺς ἀθανατίζοντας. οἱ μὲν
γὰρ τὸν Σαλμυδησσὸν ἔχοντες Θρήικες καὶ ὑπὲρ
Ἀπολλωνίης τε καὶ Μεσαμβρίης πόλιος οἰκη-
μένοι, καλεύμενοι δὲ Κυρμιάναι καὶ Νιψαῖοι,
ἀμαχητὶ σφέας αὐτοὺς παρέδοσαν Δαρείῳ· οἱ δὲ
Γέται πρὸς ἀγνωμοσύνην τραπόμενοι αὐτίκα
ἐδουλώθησαν, Θρηίκων ἐόντες ἀνδρηιότατοι καὶ
δικαιότατοι.

94. Ἀθανατίζουσι δὲ τόνδε τὸν τρόπον· οὔτε
ἀποθνήσκειν ἑωυτοὺς νομίζουσι ἰέναι τε τὸν ἀπολ-
λύμενον παρὰ Σάλμοξιν δαίμονα· οἱ δὲ αὐτῶν τὸν
αὐτὸν τοῦτον ὀνομάζουσι Γεβελέιζιν· διὰ πεντε-
τηρίδος τε τὸν πάλῳ λαχόντα αἰεὶ σφέων αὐτῶν
ἀποπέμπουσι ἄγγελον παρὰ τὸν Σάλμοξιν, ἐντελ-
λόμενοι τῶν ἂν ἑκάστοτε δέωνται, πέμπουσι δὲ
ὧδε· οἱ μὲν αὐτῶν ταχθέντες ἀκόντια τρία ἔχουσι,
ἄλλοι δὲ διαλαβόντες τοῦ ἀποπεμπομένου παρὰ
τὸν Σάλμοξιν τὰς χεῖρας καὶ τοὺς πόδας, ἀνακινή-
σαντες αὐτὸν μετέωρον ῥίπτουσι ἐς τὰς λόγχας.
ἢν μὲν δὴ ἀποθάνῃ ἀναπαρείς, τοῖσι δὲ ἵλεος ὁ
θεὸς δοκέει εἶναι· ἢν δὲ μὴ ἀποθάνῃ, αἰτιῶνται
αὐτὸν τὸν ἄγγελον, φάμενοί μιν ἄνδρα κακὸν εἶναι,
αἰτιησάμενοι δὲ τοῦτον ἄλλον ἀποπέμπουσι· ἐν-
τέλλονται δὲ ἔτι ζῶντι. οὗτοι οἱ αὐτοὶ Θρήικες
καὶ πρὸς βροντήν τε καὶ ἀστραπὴν τοξεύοντες

man as he passed by lay one stone in this place
which he had shown. His army having so done, he
made and left great hillocks of the stones and led
his army away.

93. But before he came to the Ister, he first sub-
dued the Getae, who pretend to be immortal. The
Thracians of Salmydessus and of the country above
the towns of Apollonia and Mesambria, who are
called Cyrmianae and Nipsaei, surrendered them-
selves unresisting to Darius; but the Getae, who are
the bravest and most law-abiding of all Thracians,
resisted with obstinacy, and were enslaved forthwith.

94. As to their claim to be immortal, this is how
they show it: they believe that they do not die,
but that he who perishes goes to the god Salmoxis,
or Gebeleïzis, as some of them call him. Once in
every five years they choose by lot one of their
people and send him as a messenger to Salmoxis,
charged to tell of their needs; and this is their
manner of sending: Three lances are held by men
thereto appointed; others seize the messenger to
Salmoxis by his hands and feet, and swing and
hurl him aloft on to the spear-points. If he be
killed by the cast, they believe that the god regards
them with favour; but if he be not killed, they
blame the messenger himself, deeming him a bad
man, and send another messenger in place of him
whom they blame. It is while the man yet lives
that they charge him with the message. Moreover
when there is thunder and lightning these same

HERODOTUS

ἄνω πρὸς τὸν οὐρανὸν ἀπειλέουσι τῷ θεῷ, οὐδένα
ἄλλον θεὸν νομίζοντες εἶναι εἰ μὴ τὸν σφέτερον.

95. Ὡς δὲ ἐγὼ πυνθάνομαι τῶν τὸν Ἑλλήσ-
ποντον οἰκεόντων Ἑλλήνων καὶ Πόντον, τὸν
Σάλμοξιν τοῦτον ἐόντα ἄνθρωπον δουλεῦσαι ἐν
Σάμῳ, δουλεῦσαι δὲ Πυθαγόρῃ τῷ Μνησάρχου,
ἐνθεῦτεν δὲ αὐτὸν γενόμενον ἐλεύθερον χρήματα
κτήσασθαι μεγάλα, κτησάμενον δὲ ἀπελθεῖν ἐς
τὴν ἑωυτοῦ. ἅτε δὲ κακοβίων τε ἐόντων τῶν
Θρηίκων καὶ ὑπαφρονεστέρων, τὸν Σάλμοξιν
τοῦτον ἐπιστάμενον δίαιτάν τε Ἰάδα καὶ ἤθεα
βαθύτερα ἢ κατὰ Θρήικας, οἷα Ἕλλησί τε ὁμιλή-
σαντα καὶ Ἑλλήνων οὐ τῷ ἀσθενεστάτῳ σοφιστῇ
Πυθαγόρῃ, κατασκευάσασθαι ἀνδρεῶνα, ἐς τὸν
πανδοκεύοντα τῶν ἀστῶν τοὺς πρώτους καὶ εὐω-
χέοντα ἀναδιδάσκειν ὡς οὔτε αὐτὸς οὔτε οἱ
συμπόται αὐτοῦ οὔτε οἱ ἐκ τούτων αἰεὶ γινόμενοι
ἀποθανέονται, ἀλλ᾿ ἥξουσι ἐς χῶρον τοῦτον ἵνα
αἰεὶ περιεόντες ἕξουσι τὰ πάντα ἀγαθά. ἐν ᾧ δὲ
ἐποίεε τὰ καταλεχθέντα καὶ ἔλεγε ταῦτα, ἐν
τούτῳ κατάγαιον οἴκημα ἐποιέετο. ὡς δέ οἱ
παντελέως εἶχε τὸ οἴκημα, ἐκ μὲν τῶν Θρηίκων
ἠφανίσθη, καταβὰς δὲ κάτω ἐς τὸ κατάγαιον
οἴκημα διαιτᾶτο ἐπ᾿ ἔτεα τρία· οἱ δέ μιν ἐπό-
θεόν τε καὶ ἐπένθεον ὡς τεθνεῶτα. τετάρτῳ δὲ
ἔτεϊ ἐφάνη τοῖσι Θρήιξι, καὶ οὕτω πιθανά σφι
ἐγένετο τὰ ἔλεγε ὁ Σάλμοξις. ταῦτα φασί μιν
ποιῆσαι.

96. Ἐγὼ δὲ περὶ μὲν τούτου καὶ τοῦ κατα-
γαίου οἰκήματος οὔτε ἀπιστέω οὔτε ὦν πιστεύω
τι λίην, δοκέω δὲ πολλοῖσι ἔτεσι πρότερον τὸν
Σάλμοξιν τοῦτον γενέσθαι Πυθαγόρεω. εἴτε δὲ

296

Thracians shoot arrows skyward as a threat to the god, believing in no other god but their own.

95. For myself, I have been told by the Greeks who dwell beside the Hellespont and Pontus that this Salmoxis was a man who was once a slave in Samos, his master being Pythagoras son of Mnesarchus; presently, after being freed and gaining great wealth, he returned to his own country. Now the Thracians were a meanly-living and simple-witted folk, but this Salmoxis knew Ionian usages and a fuller way of life than the Thracian; for he had consorted with Greeks, and moreover with one of the greatest Greek teachers, Pythagoras; wherefore he made himself a hall, where he entertained and feasted the chief among his countrymen, and taught them that neither he nor his guests nor any of their descendants should ever die, but that they should go to a place where they would live for ever and have all good things. While he was doing as I have said and teaching this doctrine, he was all the while making him an underground chamber. When this was finished, he vanished from the sight of the Thracians, and descended into the underground chamber, where he lived for three years, the Thracians wishing him back and mourning him for dead; then in the fourth year he appeared to the Thracians, and thus they came to believe what Salmoxis had told them. Such is the Greek story about him.

96. For myself, I neither disbelieve nor fully believe the tale about Salmoxis and his underground chamber; but I think that he lived many years before Pythagoras; and whether there was a man called

ἐγένετό τις Σάλμοξις ἄνθρωπος, εἴτ' ἐστὶ δαίμων
τις Γέτῃσι οὗτος ἐπιχώριος, χαιρέτω.

97. Οὗτοι μὲν δὴ τρόπῳ τοιούτῳ χρεώμενοι ὡς
ἐχειρώθησαν ὑπὸ Περσέων, εἵποντο τῷ ἄλλῳ
στρατῷ. Δαρεῖος δὲ ὡς ἀπίκετο καὶ ὁ πεζὸς ἅμ'
αὐτῷ στρατὸς ἐπὶ τὸν Ἴστρον, ἐνθαῦτα διαβάντων
πάντων Δαρεῖος ἐκέλευσε τούς τε Ἴωνας τὴν
σχεδίην λύσαντας ἔπεσθαι κατ' ἤπειρον ἑωυτῷ
καὶ τὸν ἐκ τῶν νεῶν στρατόν. μελλόντων δὲ τῶν
Ἰώνων λύειν καὶ ποιέειν τὰ κελευόμενα, Κώης ὁ
Ἐρξάνδρου στρατηγὸς ἐὼν Μυτιληναίων ἔλεξε
Δαρείῳ τάδε, πυθόμενος πρότερον εἴ οἱ φίλον εἴη
γνώμην ἀποδέκεσθαι παρὰ τοῦ βουλομένου ἀπο-
δείκνυσθαι. "Ὦ βασιλεῦ, ἐπὶ γῆν γὰρ μέλλεις
στρατεύεσθαι τῆς οὔτε ἀρηρομένον φανήσεται
οὐδὲν οὔτε πόλις οἰκεομένη· σύ νυν γέφυραν ταύ-
την ἔα κατὰ χώρην ἑστάναι, φυλάκους αὐτῆς
λιπὼν τούτους οἵπερ μιν ἔζευξαν. καὶ ἤν τε κατὰ
νόον πρήξωμεν εὑρόντες Σκύθας, ἔστι ἄποδος ἡμῖν,
ἤν τε καὶ μὴ σφεας εὑρεῖν δυνώμεθα, ἥ γε ἄποδος
ἡμῖν ἀσφαλής· οὐ γὰρ ἔδεισά κω μὴ ἑσσωθέωμεν
ὑπὸ Σκυθέων μάχῃ, ἀλλὰ μᾶλλον μὴ οὐ δυνά-
μενοι σφέας εὑρεῖν πάθωμέν τι ἀλώμενοι. καὶ
τάδε λέγειν φαίη τις ἄν με ἐμεωυτοῦ εἵνεκεν, ὡς
καταμένω· ἐγὼ δὲ γνώμην μὲν τὴν εὕρισκον ἀρί-
στην σοί, βασιλεῦ, ἐς μέσον φέρω, αὐτὸς μέντοι
ἕψομαί τοι καὶ οὐκ ἂν λειφθείην." κάρτα τε
ἥσθη τῇ γνώμῃ Δαρεῖος καί μιν ἀμείψατο τοῖσιδε.
"Ξεῖνε Λέσβιε, σωθέντος ἐμεῦ ὀπίσω ἐς οἶκον τὸν
ἐμὸν ἐπιφάνηθί μοι πάντως, ἵνα σε ἀντὶ χρηστῆς
συμβουλίης χρηστοῖσι ἔργοισι ἀμείψωμαι."

98. Ταῦτα δὲ εἴπας καὶ ἀπάψας ἅμματα ἐξή-

Salmoxis, or this be a name among the Getae for a god of their country, I have done with him.

97. Such were the ways of the Getae, who were now subdued by the Persians and followed their army. When Darius and the land army with him had come to the Ister, and all had crossed, he bade the Ionians break the bridge and follow him in his march across the mainland, together with the men of the fleet. So the Ionians were preparing to break the bridge and do Darius' behest; but Cöes son of Erxander, the general of the Mytilenaeans, having first enquired if Darius were willing to receive counsel from any man desiring to give it, said, "Seeing, O king! that you are about to march against a country where you will find neither tilled lands nor inhabited cities, do you now suffer this bridge to stand where it is, leaving those who made it to be its guards. Thus, if we find the Scythians and accomplish our will, we have a way of return; and even if we find them not, yet at least our way back is safe; for my fear has never yet been lest we be overcome by the Scythians in the field, but rather lest we should not be able to find them, and so wander astray to our hurt. Now perchance it may be said that I speak thus for my own sake, because I desire to remain behind; but it is not so; I do but declare before all that counsel which I judge best for you, and as for myself I would not be left here but will follow you." With this counsel Darius was greatly pleased, and he answered Cöes thus: "My good Lesbian, fail not to show yourself to me when I return safe to my house, that so I may make you a good return for your good advice."

98. Having thus spoken, he tied sixty knots in a

κοντα ἐν ἱμάντι, καλέσας ἐς λόγους τοὺς Ἰώνων
τυράννους ἔλεγε τάδε. "Ἄνδρες Ἴωνες, ἡ μὲν
πρότερον γνώμη ἀποδεχθεῖσα ἐς τὴν γέφυραν
μετείσθω μοι, ἔχοντες δὲ τὸν ἱμάντα τόνδε ποιέετε
τάδε· ἐπεὰν ἐμὲ ἴδητε τάχιστα πορευόμενον ἐπὶ
Σκύθας, ἀπὸ τούτου ἀρξάμενοι τοῦ χρόνου λύετε
ἅμμα ἓν ἑκάστης ἡμέρης· ἢν δὲ ἐν τούτῳ τῷ
χρόνῳ μὴ παρέω ἀλλὰ διεξέλθωσι ὑμῖν αἱ ἡμέραι
τῶν ἀμμάτων, ἀποπλέετε ἐς τὴν ὑμετέρην αὐτῶν.
μέχρι δὲ τούτου, ἐπείτε οὕτω μετέδοξε, φυλάσ-
σετε τὴν σχεδίην, πᾶσαν προθυμίην σωτηρίης τε
καὶ φυλακῆς παρεχόμενοι. ταῦτα δὲ ποιεῦντες
ἐμοὶ μεγάλως χαριεῖσθε." Δαρεῖος μὲν ταῦτα
εἴπας ἐς τὸ πρόσω ἐπείγετο.

99. Τῆς δὲ Σκυθικῆς γῆς ἡ Θρηίκη τὸ ἐς θά-
λασσαν πρόκειται· κόλπου δὲ ἀγομένου τῆς γῆς
ταύτης, ἡ Σκυθικὴ τε ἐκδέκεται καὶ ὁ Ἴστρος
ἐκδιδοῖ ἐς αὐτήν, πρὸς εὖρον ἄνεμον τὸ στόμα
τετραμμένος. τὸ δὲ ἀπὸ Ἴστρου ἔρχομαι σημα-
νέων τὸ πρὸς θάλασσαν αὐτῆς τῆς Σκυθικῆς
χώρης ἐς μέτρησιν. ἀπὸ Ἴστρου αὕτη ἤδη ἡ
ἀρχαίη Σκυθίη ἐστί, πρὸς μεσαμβρίην τε καὶ
νότον ἄνεμον κειμένη, μέχρι πόλιος Καρκινίτιδος
καλεομένης. τὸ δὲ ἀπὸ ταύτης τὴν μὲν ἐπὶ θά-
λασσαν τὴν αὐτὴν φέρουσαν, ἐοῦσαν ὀρεινήν τε
χώρην καὶ προκειμένην τὸ ἐς Πόντον, νέμεται τὸ
Ταυρικὸν ἔθνος μέχρι χερσονήσου τῆς τρηχέης
καλεομένης· αὕτη δὲ ἐς θάλασσαν τὴν πρὸς ἀπη-
λιώτην ἄνεμον κατήκει. ἔστι γὰρ τῆς Σκυθικῆς
τὰ δύο μέρεα τῶν οὔρων ἐς θάλασσαν φέροντα,
τήν τε πρὸς μεσαμβρίην καὶ τὴν πρὸς τὴν ἠῶ,
κατά περ τῆς Ἀττικῆς χώρης· καὶ παραπλήσια

thong, and calling the despots of the Ionians to
an audience he said to them: "Ionians, I renounce
the opinion which I before declared concerning the
bridge; do you now take this thong and do as I
command you. Begin to reckon from the day when
you shall see me march away against the Scythians,
and loose one knot each day: and if the days marked
by the knots have all passed and I have not returned
ere then, take ship for your own homes. But till
then, seeing that my counsel is thus changed, I bid
you guard the bridge, using all zeal to save and
defend it. This do, and you will render me a most
acceptable service." Having thus spoken, Darius
made haste to march further.

99. Thrace runs farther out into the sea than
Scythia; and where a bay is formed in its coast,
Scythia begins, and the mouth of the Ister, which
faces to the south-east, is in that country. Now I
will describe the coast of the true Scythia from the
Ister, and give its measurements. At the Ister
begins the ancient Scythian land, which lies facing
the south and the south wind, as far as the city
called Carcinitis. Beyond this place, the country
fronting the same sea is hilly and projects into the
Pontus; it is inhabited by the Tauric nation as far
as what is called the Rough Peninsula; and this ends
in the eastern sea.[1] For the sea to the south and the
sea to the east are two of the four boundary lines of
Scythia, even as the seas are boundaries of Attica; and

[1] Here = the Sea of Azov.

ταύτῃ καὶ οἱ Ταῦροι νέμονται τῆς Σκυθικῆς, ὡς
εἰ τῆς Ἀττικῆς ἄλλο ἔθνος καὶ μὴ Ἀθηναῖοι
νεμοίατο τὸν γουνὸν τὸν Σουνιακόν, μᾶλλον ἐς τὸν
πόντον τὴν ἄκρην [1] ἀνέχοντα, τὸν ἀπὸ Θορικοῦ
μέχρι Ἀναφλύστου δήμου· λέγω δὲ ὡς εἶναι ταῦ-
τα σμικρὰ μεγάλοισι συμβάλλειν· τοιοῦτον ἡ
Ταυρική ἐστι. ὃς δὲ τῆς Ἀττικῆς ταῦτα μὴ
παραπέπλωκε, ἐγὼ δὲ ἄλλως δηλώσω· ὡς εἰ τῆς
Ἰηπυγίης ἄλλο ἔθνος καὶ μὴ Ἰήπυγες ἀρξάμενοι
ἐκ Βρεντεσίου λιμένος ἀποταμοίατο μέχρι Τά-
ραντος καὶ νεμοίατο τὴν ἄκρην. δύο δὲ λέγων
ταῦτα πολλὰ λέγω παρόμοια, τοῖσι ἄλλοισι ἔοικε
ἡ Ταυρική.

100. Τὸ δ᾽ ἀπὸ τῆς Ταυρικῆς ἤδη Σκύθαι τὰ
κατύπερθε τῶν Ταύρων καὶ τὰ πρὸς θαλάσσης
τῆς ἠοίης νέμονται, τοῦ τε Βοσπόρου τοῦ Κιμ-
μερίου τὰ πρὸς ἑσπέρης καὶ τῆς λίμνης τῆς Μαιή-
τιδος μέχρι Τανάιδος ποταμοῦ, ὃς ἐκδιδοῖ ἐς μυχὸν
τῆς λίμνης ταύτης. ἤδη ὦν ἀπὸ μὲν Ἴστρου τὰ
κατύπερθε ἐς τὴν μεσόγαιαν φέροντα ἀποκληίεται
ἡ Σκυθικὴ ὑπὸ πρώτων Ἀγαθύρσων, μετὰ δὲ
Νευρῶν, ἔπειτα δὲ Ἀνδροφάγων, τελευταίων δὲ
Μελαγχλαίνων.

101. Ἔστι ὦν τῆς Σκυθικῆς ὡς ἐούσης τετρα-
γώνου, τῶν δύο μερέων κατηκόντων ἐς θάλασσαν,
πάντῃ ἴσον τό τε ἐς τὴν μεσόγαιαν φέρον καὶ τὸ
παρὰ τὴν θάλασσαν. ἀπὸ γὰρ Ἴστρου ἐπὶ Βορυ-

---

[1] τὴν ἄκρην is bracketed by Stein, ἀνέχειν being generally
(in the required sense) intransitive.

the Tauri dwelling as they do in a part of Scythia
which is like Attica, it is as though some other people,
not Attic, were to inhabit the heights of Sunium from
Thoricus to the township of Anaphlystus, did Sunium
but jut farther out into the sea. I say this in so far
as one may compare small things with great. Such
a land is the Tauric country. But those who have
not coasted along that part of Attica may understand
from this other way of showing: it is as though in
Iapygia some other people, not Iapygian, were to
dwell on the promontory within a line drawn from
the harbour of Brentesium to Taras. Of these two
countries I speak, but there are many others of a
like kind which Tauris resembles.[1]

100. Beyond the Tauric country the Scythians
begin, dwelling north of the Tauri and beside the
eastern sea, westward of the Cimmerian Bosporus
and the Maeetian lake, as far as the river Tanais,
which issues into the end of that lake. Now it has
been seen that on its northern and inland side, which
runs from the Ister, Scythia is bounded first by the
Agathyrsi, next by the Neuri, next by the Man-eaters,
and last by the Black-cloaks.

101. Scythia, then, being a four-sided country,
whereof two sides are sea-board, the frontiers run-
ning inland and those that are by the sea make it a
perfect square; for it is a ten days' journey from the

---

[1] All this is no more than to say that the Tauri live on a
promontory (the Tauric Chersonese), which is like the south-
eastern promontory of Attica (Sunium) or the " heel " of
Italy, *i.e.* the country east of a line drawn between the
modern Brindisi and Taranto. The only difference is, says
Herodotus, that the Tauri inhabit a part of Scythia yet are
not Scythians, while the inhabitants of the Attic and Italian
promontories are of the same stock as their neighbours.

σθένεα δέκα ἡμερέων ὁδός, ἀπὸ Βορυσθένεός τε
ἐπὶ τὴν λίμνην τὴν Μαιῆτιν ἑτερέων δέκα· καὶ
τὸ ἀπὸ θαλάσσης ἐς μεσόγαιαν ἐς τοὺς Μελαγ-
χλαίνους τοὺς κατύπερθε Σκυθέων οἰκημένους
εἴκοσι ἡμερέων ὁδός. ἡ δὲ ὁδὸς ἡ ἡμερησίη ἀνὰ
διηκόσια στάδια συμβέβληταί μοι. οὕτω ἂν
εἴη τῆς Σκυθικῆς τὰ ἐπικάρσια τετρακισχιλίων
σταδίων καὶ τὰ ὄρθια τὰ ἐς τὴν μεσόγαιαν φέ-
ροντα ἑτέρων τοσούτων σταδίων. ἡ μέν νυν γῆ
αὕτη ἐστὶ μέγαθος τοσαύτη.

102. Οἱ δὲ Σκύθαι δόντες σφίσι. λόγον ὡς οὐκ
οἷοί τε εἰσὶ τὸν Δαρείου στρατὸν ἰθυμαχίῃ διώ-
σασθαι μοῦνοι, ἔπεμπον ἐς τοὺς πλησιοχώρους
ἀγγέλους· τῶν δὲ καὶ δὴ οἱ βασιλέες συνελθόντες
ἐβουλεύοντο ὡς στρατοῦ ἐπελαύνοντος μεγάλου.
ἦσαν δὲ οἱ συνελθόντες βασιλέες Ταύρων καὶ
Ἀγαθύρσων καὶ Νευρῶν καὶ Ἀνδροφάγων καὶ
Μελαγχλαίνων καὶ Γελωνῶν καὶ Βουδίνων καὶ
Σαυροματέων.

103. Τούτων Ταῦροι μὲν νόμοισι τοιοῖσιδε
χρέωνται· θύουσι μὲν τῇ Παρθένῳ τούς τε ναυη-
γοὺς καὶ τοὺς ἂν λάβωσι Ἑλλήνων ἐπαναχθέντες
τρόπῳ τοιῷδε· καταρξάμενοι ῥοπάλῳ παίουσι τὴν
κεφαλήν. οἱ μὲν δὴ λέγουσι ὡς τὸ σῶμα ἀπὸ
τοῦ κρημνοῦ ὠθέουσι κάτω (ἐπὶ γὰρ κρημνοῦ
ἵδρυται τὸ ἱρόν), τὴν δὲ κεφαλὴν ἀνασταυροῦσι·
οἱ δὲ κατὰ μὲν τὴν κεφαλὴν ὁμολογέουσι, τὸ
μέντοι σῶμα οὐκ ὠθέεσθαι ἀπὸ τοῦ κρημνοῦ λέ-
γουσι ἀλλὰ γῇ κρύπτεσθαι. τὴν δὲ δαίμονα ταύ-
την τῇ θύουσι λέγουσι αὐτοὶ Ταῦροι Ἰφιγένειαν
τὴν Ἀγαμέμνονος εἶναι. πολεμίους δὲ ἄνδρας τοὺς
ἂν χειρώσωνται ποιεῦσι τάδε· ἀποταμὼν ἕκα-

Ister to the Borysthenes, and the same from the Borysthenes to the Maeetian lake; and it is a twenty days' journey from the sea inland to the country of the Black-cloaks who dwell north of Scythia. Now as I reckon a day's journey at two hundred furlongs, the cross-measurement of Scythia would be a distance of four thousand furlongs, and the line drawn straight up inland the same. Such then is the extent of this land.

102. The Scythians, reckoning that they were not able by themselves to repel Darius' army in open warfare, sent messengers to their neighbours, whose kings had already met and were taking counsel, as knowing that a great army was marching against them. Those that had so met were the kings of the Tauri, Agathyrsi, Neuri, Man-eaters, Black-cloaks, Geloni, Budini, and Sauro-matae.

103. Among these, the Tauri have the following customs: all ship-wrecked men, and any Greeks whom they take in their sea-raiding, they sacrifice to the Virgin goddess[1] as I will show: after the first rites of sacrifice, they smite the victim on the head with a club; according to some, they then throw down the body from the cliff whereon their temple stands, and place the head on a pole; others agree with this as to the head, but say that the body is buried, not thrown down from the cliff. This deity to whom they sacrifice is said by the Tauri them-selves to be Agamemnon's daughter Iphigenia. As for the enemies whom they overcome, each man cuts off

---

[1] A deity locally worshipped, identified by the Greeks with Artemis.

στος [1] κεφαλὴν ἀποφέρεται ἐς τὰ οἰκία, ἔπειτα ἐπὶ
ξύλου μεγάλου ἀναπείρας ἱστᾷ ὑπὲρ τῆς οἰκίης
ὑπερέχουσαν πολλόν, μάλιστα δὲ ὑπὲρ τῆς καπνο-
δόκης. φασὶ δὲ τούτους φυλάκους τῆς οἰκίης
πάσης ὑπεραιωρέεσθαι. ζῶσι δὲ ἀπὸ ληίης τε
καὶ πολέμου.

104. Ἀγάθυρσοι δὲ ἁβρότατοι ἀνδρῶν εἰσι καὶ
χρυσοφόροι τὰ μάλιστα, ἐπίκοινον δὲ τῶν γυναι-
κῶν τὴν μῖξιν ποιεῦνται, ἵνα κασίγνητοί τε ἀλλή-
λων ἔωσι καὶ οἰκήιοι ἐόντες πάντες μήτε φθόνῳ
μήτε ἔχθεϊ χρέωνται ἐς ἀλλήλους. τὰ δὲ ἄλλα
νόμαια Θρήιξι προσκεχωρήκασι.

105. Νευροὶ δὲ νόμοισι μὲν χρέωνται Σκυθι-
κοῖσι, γενεῇ δὲ μιῇ πρότερον σφέας τῆς Δαρείου
στρατηλασίης κατέλαβε ἐκλιπεῖν τὴν χώρην πᾶ-
σαν ὑπὸ ὀφίων· ὄφιας γάρ σφι πολλοὺς μὲν ἡ
χώρη ἀνέφαινε, οἱ δὲ πλεῦνες ἄνωθέν σφι ἐκ τῶν
ἐρήμων ἐπέπεσον, ἐς ὃ πιεζόμενοι οἴκησαν μετὰ
Βουδίνων τὴν ἑωυτῶν ἐκλιπόντες. κινδυνεύουσι
δὲ οἱ ἄνθρωποι οὗτοι γόητες εἶναι. λέγονται γὰρ
ὑπὸ Σκυθέων καὶ Ἑλλήνων τῶν ἐν τῇ Σκυθικῇ
κατοικημένων ὡς ἔτεος ἑκάστου ἅπαξ τῶν Νευρῶν
ἕκαστος λύκος γίνεται ἡμέρας ὀλίγας καὶ αὖτις
ὀπίσω ἐς τὠυτὸ κατίσταται. ἐμὲ μέν νυν ταῦτα
λέγοντες οὐ πείθουσι, λέγουσι δὲ οὐδὲν ἧσσον, καὶ
ὀμνῦσι δὲ λέγοντες.

106. Ἀνδροφάγοι δὲ ἀγριώτατα πάντων ἀν-
θρώπων ἔχουσι ἤθεα, οὔτε δίκην νομίζοντες οὔτε
νόμῳ οὐδενὶ χρεώμενοι· νομάδες δὲ εἰσί, ἐσθῆτά
τε φορέουσι τῇ Σκυθικῇ ὁμοίην, γλῶσσαν δὲ ἰδίην,
ἀνδροφαγέουσι δὲ μοῦνοι τούτων.

---

[1] [ἕκαστος] Stein.

his enemy's head and carries it away to his house, where he places it on a tall pole and sets it standing high above the dwelling, above the smoke-vent for the most part. These heads, they say, are set aloft to guard the whole house. The Tauri live by plundering and war.

104. The Agathyrsi live more delicately than all other men, and are greatly given to wearing gold. Their intercourse with women is promiscuous, that they may be brothers and that as they are all kinsfolk to each other they may neither envy nor hate their fellows. In the rest of their customs they are like to the Thracians.

105. The Neuri follow Scythian usages; but one generation before the coming of Darius' army it fell out that they were driven from their country by snakes; for their land brought forth great numbers of these, and yet more came down upon them out of the desert on the north, till at last the Neuri were so hard pressed that they left their own country and dwelt among the Budini. It may be that they are wizards; for the Scythians, and the Greeks settled in Scythia, say that once a year every one of the Neuri is turned into a wolf, and after remaining so for a few days returns again to his former shape. For myself, I cannot believe this tale; but they tell it nevertheless, yea, and swear to its truth.

106. The Man-eaters are of all men the most savage in their manner of life; they know no justice and obey no law. They are nomads, wearing a dress like the Scythian, but speaking a language of their own; they are the only people of all these that eat men.

HERODOTUS

107. Μελάγχλαινοι δὲ εἵματα μὲν μέλανα
φορέουσι πάντες, ἐπ' ὧν καὶ τὰς ἐπωνυμίας
ἔχουσι, νόμοισι δὲ Σκυθικοῖσι χρέωνται.

108. Βουδῖνοι δὲ ἔθνος ἐὸν μέγα καὶ πολλὸν
γλαυκόν τε πᾶν ἰσχυρῶς ἐστι καὶ πυρρόν. πόλις
δὲ ἐν αὐτοῖσι πεπόλισται ξυλίνη, οὔνομα δὲ τῇ
πόλι ἐστὶ Γελωνός· τοῦ δὲ τείχεος μέγαθος κῶλον
ἕκαστον τριήκοντα σταδίων ἐστί, ὑψηλὸν δὲ καὶ
πᾶν ξύλινον, καὶ αἱ οἰκίαι αὐτῶν ξύλιναι καὶ τὰ
ἱρά. ἔστι γὰρ δὴ αὐτόθι Ἑλληνικῶν θεῶν ἱρὰ
Ἑλληνικῶς κατεσκευασμένα ἀγάλμασί τε καὶ
βωμοῖσι καὶ νηοῖσι ξυλίνοισι, καὶ τῷ Διονύσῳ
τριετηρίδας ἀνάγουσι καὶ βακχεύουσι. εἰσὶ γὰρ
οἱ Γελωνοὶ τὸ ἀρχαῖον Ἕλληνες, ἐκ τῶν δὲ ἐμ-
πορίων ἐξαναστάντες οἴκησαν ἐν τοῖσι Βουδίνοισι·
καὶ γλώσσῃ τὰ μὲν Σκυθικῇ τὰ δὲ Ἑλληνικῇ
χρέωνται. Βουδῖνοι δὲ οὐ τῇ αὐτῇ γλώσσῃ χρέ-
ωνται καὶ Γελωνοί, οὐδὲ δίαιτα ἡ αὐτή.

109. Οἱ μὲν γὰρ Βουδῖνοι ἐόντες αὐτόχθονες
νομάδες τε εἰσὶ καὶ φθειροτραγέουσι μοῦνοι τῶν
ταύτῃ, Γελωνοὶ δὲ γῆς τε ἐργάται καὶ σιτοφάγοι
καὶ κήπους ἐκτημένοι, οὐδὲν τὴν ἰδέην ὅμοιοι οὐδὲ
τὸ χρῶμα. ὑπὸ μέντοι Ἑλλήνων καλέονται καὶ
οἱ Βουδῖνοι Γελωνοί, οὐκ ὀρθῶς καλεόμενοι. ἡ δὲ
χώρη σφέων πᾶσα ἐστὶ δασέα ἴδῃσι παντοίῃσι·
ἐν δὲ τῇ ἴδῃ τῇ πλείστῃ ἐστὶ λίμνη μεγάλη τε καὶ
πολλὴ καὶ ἕλος καὶ κάλαμος περὶ αὐτήν. ἐν δὲ
ταύτῃ ἐνύδριες ἁλίσκονται καὶ κάστορες καὶ ἄλλα
θηρία τετραγωνοπρόσωπα, τῶν τὰ δέρματα παρὰ
τὰς σισύρνας παραρράπτεται, καὶ οἱ ὄρχιες αὐ-
τοῖσι εἰσὶ χρήσιμοι ἐς ὑστερέων ἄκεσιν.

110. Σαυρομἀτέων δὲ πέρι ὧδε λέγεται. ὅτε

107. The Black-cloaks all wear black raiment, whence they take their name; their usages are Scythian.

108. The Budini are a great and numerous nation; the eyes of all of them are very bright, and they are ruddy. They have a city built of wood, called Gelonus. The wall of it is thirty furlongs in length on each side of the city; this wall is high and all of wood; and their houses are wooden, and their temples; for there are among them temples of Greek gods, furnished in Greek fashion with images and altars and shrines of wood; and they honour Dionysus every two years with festivals and revels. For the Geloni are by their origin Greeks, who left their trading ports to settle among the Budini; and they speak a language half Greek and half Scythian. But the Budini speak not the same language as the Geloni, nor is their manner of life the same.

109. The Budini are native to the soil; they are nomads, and the only people in these parts that eat fir-cones; the Geloni are tillers of the soil, eating grain and possessing gardens; they are wholly unlike the Budini in form and in complexion. Yet the Greeks call the Budini too Geloni; but this is wrong. All their country is thickly wooded with every kind of tree; in the depth of the forests there is a great and wide lake and marsh surrounded by reeds; otters are caught in it, and beavers, besides certain square-faced creatures whose skins serve for the trimming of mantles, and their testicles are used by the people to heal sicknesses of the womb.

110. The history of the Sauromatae is as I will

309

Ἕλληνες Ἀμαζόσι ἐμαχέσαντο (τὰς δὲ Ἀμαζόνας καλέουσι Σκύθαι Οἰόρπατα, δύναται δὲ τὸ οὔνομα τοῦτο κατὰ Ἑλλάδα γλῶσσαν ἀνδροκτόνοι· οἰὸρ γὰρ καλέουσι ἄνδρα, τὸ δὲ πατὰ κτείνειν), τότε λόγος τοὺς Ἕλληνας νικήσαντας τῇ ἐπὶ Θερμώδοντι μάχῃ ἀποπλέειν ἄγοντας τρισὶ πλοίοισι τῶν Ἀμαζόνων ὅσας ἐδυνέατο ζωγρῆσαι, τὰς δὲ ἐν τῷ πελάγεϊ ἐπιθεμένας ἐκκόψαι τοὺς ἄνδρας. πλοῖα δὲ οὐ γινώσκειν αὐτὰς οὐδὲ πηδαλίοισι χρᾶσθαι οὐδὲ ἱστίοισι οὐδὲ εἰρεσίῃ· ἀλλ' ἐπεὶ ἐξέκοψαν τοὺς ἄνδρας ἐφέροντο κατὰ κῦμα καὶ ἄνεμον, καὶ ἀπικνέονται τῆς λίμνης τῆς Μαιήτιδος ἐπὶ Κρημνούς· οἱ δὲ Κρημνοὶ εἰσὶ γῆς τῆς Σκυθέων τῶν ἐλευθέρων. ἐνθαῦτα ἀποβᾶσαι ἀπὸ τῶν πλοίων αἱ Ἀμαζόνες ὁδοιπόρεον ἐς τὴν οἰκεομένην. ἐντυχοῦσαι δὲ πρώτῳ ἱπποφορβίῳ τοῦτο διήρπασαν, καὶ ἐπὶ τούτων ἱππαζόμεναι ἐληίζοντο τὰ τῶν Σκυθέων.

111. Οἱ δὲ Σκύθαι οὐκ εἶχον συμβαλέσθαι τὸ πρῆγμα· οὔτε γὰρ φωνὴν οὔτε ἐσθῆτα οὔτε τὸ ἔθνος ἐγίνωσκον, ἀλλ' ἐν θώματι ἦσαν ὀκόθεν ἔλθοιεν, ἐδόκεον δ' αὐτὰς εἶναι ἄνδρας τὴν αὐτὴν ἡλικίην ἔχοντας, μάχην τε δὴ πρὸς αὐτὰς ἐποιεῦντο. ἐκ δὲ τῆς μάχης τῶν νεκρῶν ἐκράτησαν οἱ Σκύθαι, καὶ οὕτω ἔγνωσαν ἐούσας γυναῖκας. βουλευομένοισι ὦν αὐτοῖσι ἔδοξε κτείνειν μὲν οὐδενὶ τρόπῳ ἔτι αὐτάς, ἑωυτῶν δὲ τοὺς νεωτάτους ἀποπέμψαι ἐς αὐτάς, πλῆθος εἰκάσαντας ὅσαι περ ἐκεῖναι ἦσαν, τούτους δὲ στρατοπεδεύεσθαι πλησίον ἐκεινέων καὶ ποιέειν τά περ ἂν καὶ ἐκεῖναι ποιῶσι· ἢν δὲ αὐτοὺς διώκωσι, μάχεσθαι μὲν μή, ὑποφεύγειν δέ· ἐπεὰν δὲ παύσωνται, ἐλθόντας

now show. When the Greeks warred with the
Amazons (whom the Scythians call Oiorpata, a name
signifying in our tongue killers of men, for in
Scythian a man is *oior*, and to kill is *pata*) the
story runs that after their victory on the Thermo-
don they sailed away carrying in three ships as
many Amazons as they had been able to take
alive; and out at sea the Amazons set upon the
crews and slew them. But they knew nothing of
ships, nor how to use rudder or sail or oar; and
the men having been slain they were borne at
the mercy of waves and winds, till they came
to the Cliffs by the Maeetian lake; this place is
in the country of the free Scythians. There the
Amazons landed, and set forth on their journey to
the inhabited country, and seized the first troop of
horses they met, and mounted on them they raided
the Scythian lands.

111. The Scythians could not understand the
matter; for they knew not the women's speech nor
their dress nor their nation, but wondered whence
they had come, and supposed them to be men all of
the same age; and they met the Amazons in battle.
The end of the fight was that the Scythians got
possession of the dead, and so came to know that
their foes were women. Wherefore taking counsel
they resolved by no means to slay them as here-
tofore, but to send to them their youngest men,
of a number answering (as they guessed) to the
number of the women. They bade these youths
encamp near to the Amazons and to imitate all that
they did; if the women pursued them, then not to
fight, but to flee; and when the pursuit ceased, to

αὖτις πλησίον στρατοπεδεύεσθαι. ταῦτα ἐβου-
λεύσαντο οἱ Σκύθαι βουλόμενοι ἐξ αὐτέων παῖδας
ἐκγενήσεσθαι. ἀποπεμφθέντες δὲ οἱ νεηνίσκοι
ἐποίευν τὰ ἐντεταλμένα.

112. Ἐπεὶ δὲ ἔμαθον αὐτοὺς αἱ Ἀμαζόνες ἐπ᾿
οὐδεμιῇ δηλήσι ἀπιγμένους, ἔων χαίρειν· προσε-
χώρεον δὲ πλησιαιτέρω τὸ στρατόπεδον τῷ
στρατοπέδῳ ἐπ᾿ ἡμέρῃ ἑκάστῃ. εἶχον δὲ οὐδὲν
οὐδ᾿ οἱ νεηνίσκοι, ὥσπερ αἱ Ἀμαζόνες, εἰ μὴ τὰ
ὅπλα καὶ τοὺς ἵππους, ἀλλὰ ζόην ἔζωον τὴν αὐ-
τὴν ἐκείνῃσι, θηρεύοντές τε καὶ ληιζόμενοι.

113. Ἐποίευν δὲ αἱ Ἀμαζόνες ἐς τὴν μεσαμ-
βρίην τοιόνδε· ἐγίνοντο σποράδες κατὰ μίαν τε
καὶ δύο, πρόσω δὴ ἀπ᾿ ἀλληλέων ἐς εὐμαρείην
ἀποσκιδνάμεναι. μαθόντες δὲ καὶ οἱ Σκύθαι
ἐποίευν τὠυτὸ τοῦτο. καί τις μουνωθεισέων τινὶ
αὐτέων ἐνεχρίμπτετο, καὶ ἡ Ἀμαζὼν οὐκ ἀπω-
θέετο ἀλλὰ περιεῖδε χρήσασθαι. καὶ φωνῆσαι
μὲν οὐκ εἶχε, οὐ γὰρ συνίεσαν ἀλλήλων, τῇ δὲ
χειρὶ ἔφραζε ἐς τὴν ὑστεραίην ἐλθεῖν ἐς τωὐτὸ
χωρίον καὶ ἕτερον ἄγειν, σημαίνουσα δύο γενέσθαι,
καὶ αὐτὴ ἑτέρην ἄξειν. ὁ δὲ νεηνίσκος, ἐπεὶ
ἀπῆλθε, ἔλεξε ταῦτα πρὸς τοὺς λοιπούς· τῇ δὲ
δευτεραίῃ ἦλθε ἐς τὸ χωρίον αὐτός τε οὗτος καὶ
ἕτερον ἦγε, καὶ τὴν Ἀμαζόνα εὗρε δευτέρην αὐτὴν
ὑπομένουσαν. οἱ δὲ λοιποὶ νεηνίσκοι ὡς ἐπύθοντο
ταῦτα, καὶ αὐτοὶ ἐκτιλώσαντο τὰς λοιπὰς τῶν
Ἀμαζόνων.

114. Μετὰ δὲ συμμίξαντες τὰ στρατόπεδα
οἴκεον ὁμοῦ, γυναῖκα ἔχων ἕκαστος ταύτην τῇ τὸ
πρῶτον συνεμίχθη. τὴν δὲ φωνὴν τὴν μὲν τῶν
γυναικῶν οἱ ἄνδρες οὐκ ἐδυνέατο μαθεῖν, τὴν δὲ

come and encamp near to them. This was the plan of
the Scythians, for they desired that children should
be born of the women. The young men, being sent,
did as they were charged.

112. When the Amazons perceived that the youths
meant them no harm, they let them be; but every
day the two camps drew nearer to each other. Now
the young men, like the Amazons, had nothing but
their arms and their horses, and lived as did the
women, by hunting and plunder.

113. At midday the Amazons would scatter and go
singly or in pairs away from each other, roaming thus
apart for greater comfort. The Scythians marked
this and did likewise; and as the women wandered
alone, a young man laid hold of one of them, and the
woman made no resistance but suffered him to do
his will; and since they understood not each other's
speech and she could not speak to him, she signed
with the hand that he should come on the next day
to the same place bringing another youth with him
(showing by signs that there should be two), and she
would bring another woman with her. The youth
went away and told his comrades; and the next day
he came himself with another to the place, where he
found the Amazon and another with her awaiting
him. When the rest of the young men learnt of this,
they had intercourse with the rest of the Amazons.

114. Presently they joined their camps and dwelt
together, each man having for his wife the woman
with whom he had had intercourse at first. Now the
men could not learn the women's language, but the

τῶν ἀνδρῶν αἱ γυναῖκες συνέλαβον. ἐπεὶ δὲ
συνῆκαν ἀλλήλων, ἔλεξαν πρὸς τὰς Ἀμαζόνας
τάδε οἱ ἄνδρες. "Ἡμῖν εἰσὶ μὲν τοκέες, εἰσὶ
δὲ κτήσιες· νῦν ὦν μηκέτι πλεῦνα χρόνον ζόην
τοιήνδε ἔχωμεν, ἀλλ' ἀπελθόντες ἐς τὸ πλῆθος
διαιτώμεθα. γυναῖκας δὲ ἕξομεν ὑμέας καὶ
οὐδαμὰς ἄλλας." αἱ δὲ πρὸς ταῦτα ἔλεξαν
τάδε. "Ἡμεῖς οὐκ ἂν δυναίμεθα οἰκέειν μετὰ
τῶν ὑμετερέων γυναικῶν· οὐ γὰρ τὰ αὐτὰ νόμαια
ἡμῖν τε κἀκείνῃσι ἐστί. ἡμεῖς μὲν τοξεύομέν τε
καὶ ἀκοντίζομεν καὶ ἱππαζόμεθα, ἔργα δὲ γυναι-
κήια οὐκ ἐμάθομεν· αἱ δὲ ὑμέτεραι γυναῖκες τού-
των μὲν οὐδὲν τῶν ἡμεῖς κατελέξαμεν ποιεῦσι,
ἔργα δὲ γυναικήια ἐργάζονται μένουσαι ἐν τῇσι
ἁμάξῃσι, οὔτ' ἐπὶ θήρην ἰοῦσαι οὔτε ἄλλῃ οὐδαμῇ.
οὐκ ἂν ὦν δυναίμεθα ἐκείνῃσι συμφέρεσθαι. ἀλλ'
εἰ βούλεσθε γυναῖκας ἔχειν ἡμέας καὶ δοκέειν
εἶναι δίκαιοι, ἐλθόντες παρὰ τοὺς τοκέας ἀπολά-
χετε τῶν κτημάτων τὸ μέρος, καὶ ἔπειτα ἐλθόντες
οἰκέωμεν ἐπὶ ἡμέων αὐτῶν." ἐπείθοντο καὶ ἐποί-
ησαν ταῦτα οἱ νεηνίσκοι.

115. Ἐπείτε δὲ ἀπολαχόντες τῶν κτημάτων τὸ
ἐπιβάλλον ἦλθον ὀπίσω παρὰ τὰς Ἀμαζόνας,
ἔλεξαν αἱ γυναῖκες πρὸς αὐτοὺς τάδε. "Ἡμέας
ἔχει φόβος τε καὶ δέος ὅκως χρὴ οἰκέειν ἐν τῷδε
τῷ χώρῳ, τοῦτο μὲν ὑμέας ἀποστερησάσας πατέ-
ρων, τοῦτο δὲ γῆν τὴν ὑμετέρην δηλησαμένας
πολλά. ἀλλ' ἐπείτε ἀξιοῦτε ἡμέας γυναῖκας ἔχειν,
τάδε ποιέετε ἅμα ἡμῖν· φέρετε ἐξαναστέωμεν ἐκ
τῆς γῆς τῆσδε καὶ περήσαντες Τάναϊν ποταμὸν
οἰκέωμεν."

116. Ἐπείθοντο καὶ ταῦτα οἱ νεηνίσκοι, δια-

women mastered the speech of the men; and when they understood each other, the men said to the Amazons, "We have parents and possessions; now therefore let us no longer live as we do, but return to our people and consort with them; and we will still have you, and no others, for our wives." To this the women replied: "Nay, we could not dwell with your women; for we and they have not the same customs. We shoot with the bow and throw the javelin and ride, but the crafts of women we have never learned; and your women do none of the things whereof we speak, but abide in their waggons working at women's crafts, and never go abroad a-hunting or for aught else. We and they therefore could never agree. Nay, if you desire to keep us for wives and to have the name of just men, go to your parents and let them give you the allotted share of their possessions, and after that let us go and dwell by ourselves." The young men agreed and did this.

115. So when they had been given the allotted share of possessions which fell to them, and returned to the Amazons, the women said to them: "We are in fear and dread, to think how we should dwell in this country; seeing that not only have we bereaved you of your parents, but we have done much hurt to your land. Nay, since you think right to have us for wives, let us all together, we and you, remove out of this country and dwell across the river Tanais."

116. To this too the youths consented; and crossing

βάντες δὲ τὸν Τάναϊν ὁδοιπόρεον πρὸς ἥλιον
ἀνίσχοντα τριῶν μὲν ἡμερέων ἀπὸ τοῦ Τανάιδος
ὁδόν, τριῶν δὲ ἀπὸ τῆς λίμνης τῆς Μαιήτιδος
πρὸς βορέην ἄνεμον. ἀπικόμενοι δὲ ἐς τοῦτον τὸν
χῶρον ἐν τῷ νῦν κατοίκηνται, οἴκησαν τοῦτον.
καὶ διαίτη ἀπὸ τούτου χρέωνται τῇ παλαιῇ τῶν
Σαυρομετέων αἱ γυναῖκες, καὶ ἐπὶ θήρην ἐπ'
ἵππων ἐκφοιτῶσαι ἅμα τοῖσι ἀνδράσι καὶ χωρὶς
τῶν ἀνδρῶν, καὶ ἐς πόλεμον φοιτῶσαι καὶ στολὴν
τὴν αὐτὴν τοῖσι ἀνδράσι φορέουσαι.

117. Φωνῇ δὲ οἱ Σαυρομάται νομίζουσι Σκυθικῇ,
σολοικίζοντες αὐτῇ ἀπὸ τοῦ ἀρχαίου, ἐπεὶ οὐ
χρηστῶς ἐξέμαθον αὐτὴν αἱ Ἀμαζόνες. τὰ περὶ
γάμων δὲ ὧδέ σφι διακέεται· οὐ γαμέεται παρ-
θένος οὐδεμία πρὶν ἂν τῶν πολεμίων ἄνδρα ἀπο-
κτείνῃ· αἱ δὲ τινὲς αὐτέων καὶ τελευτῶσι γηραιαὶ
πρὶν γήμασθαι, οὐ δυνάμεναι τὸν νόμον ἐκπλῆσαι.

118. Ἐπὶ τούτων ὦν τῶν καταλεχθέντων ἐθνέων
τοὺς βασιλέας ἁλισμένους ἀπικόμενοι τῶν Σκυθέων
οἱ ἄγγελοι ἔλεγον ἐκδιδάσκοντες ὡς ὁ Πέρσης,
ἐπειδή οἱ τὰ ἐν τῇ ἠπείρῳ τῇ ἑτέρῃ πάντα κατέ-
στραπται, γέφυραν ζεύξας ἐπὶ τῷ αὐχένι τοῦ
Βοσπόρου διαβέβηκε ἐς τήνδε τὴν ἤπειρον, διαβὰς
δὲ καὶ καταστρεψάμενος Θρήικας γεφυροῖ ποταμὸν
Ἴστρον, βουλόμενος καὶ τάδε πάντα ὑπ' ἑωυτῷ
ποιήσασθαι. "Ὑμεῖς ὦν μηδενὶ τρόπῳ ἐκ τοῦ
μέσου κατήμενοι περιίδητε ἡμέας διαφθαρέντας,
ἀλλὰ τὠυτὸ νοήσαντες ἀντιάζωμεν τὸν ἐπιόντα.
οὔκων ποιήσετε ταῦτα; ἡμεῖς μὲν πιεζόμενοι ἢ
ἐκλείψομεν τὴν χώρην ἢ μένοντες ὁμολογίῃ χρησό-
μεθα. τί γὰρ πάθωμεν μὴ βουλομένων ὑμέων
τιμωρέειν; ὑμῖν δὲ οὐδὲν ἐπὶ τούτῳ ἔσται ἐλα-

the Tanais they went a three days' journey from the river eastwards, and a three days' journey from the Maeetian lake northwards ; and when they came to the region in which they now dwell, they made their abode there. Ever since then the women of the Sauromatae have followed their ancient usage ; they ride a-hunting with their men or without them ; they go to war, and wear the same dress as the men.

117. The language of the Sauromatae is Scythian, but not spoken in its ancient purity, seeing that the Amazons never rightly learnt it. In regard to marriage, it is the custom that no virgin weds till she has slain a man of the enemy ; and some of them grow old and die unmarried, because they cannot fulfil the law.

118. The kings then of these aforesaid nations being assembled, the Scythian messengers came and laid all exactly before them, telling how the Persian, now that the whole of the other continent was subject to him, had crossed over to their continent by a bridge thrown across the gut of the Bosporus, and how having crossed it and subdued the Thracians he was now bridging the Ister, that he might make all that region subject like the others to himself. "Do you, then," said they, "by no means sit apart and suffer us to be destroyed; rather let us unite and encounter this invader. If you will not do this, then shall we either be driven perforce out of our country, or abide and make terms. For what is to become of us if you will not aid us? And thereafter it will be no

HERODOTUS

φρότερον· ἥκει γὰρ ὁ Πέρσης οὐδέν τι μᾶλλον ἐπ᾽
ἡμέας ἢ οὐ καὶ ἐπ᾽ ὑμέας, οὐδέ οἱ καταχρήσει
ἡμέας καταστρεψαμένῳ ὑμέων ἀπέχεσθαι. μέγα
δὲ ὑμῖν λόγων τῶνδε μαρτύριον ἐρέομεν. εἰ γὰρ
ἐπ᾽ ἡμέας μούνους ἐστρατηλάτεε ὁ Πέρσης τίσα-
σθαι τῆς πρόσθε δουλοσύνης βουλόμενος, χρῆν
αὐτὸν πάντων τῶν ἄλλων ἀπεχόμενον ἰέναι οὕτω
ἐπὶ τὴν ἡμετέρην, καὶ ἂν ἐδήλου πᾶσι ὡς ἐπὶ
Σκύθας ἐλαύνει καὶ οὐκ ἐπὶ τοὺς ἄλλους. νῦν δὲ
ἐπείτε τάχιστα διέβη ἐς τήνδε τὴν ἤπειρον, τοὺς
αἰεὶ ἐμποδὼν γινομένους ἡμεροῦται πάντας· τούς
τε δὴ ἄλλους ἔχει ὑπ᾽ ἑωυτῷ Θρήικας καὶ δὴ καὶ
τοὺς ἡμῖν ἐόντας πλησιοχώρους Γέτας."

119. Ταῦτα Σκυθέων ἐπαγγελλομένων ἐβουλεύ-
οντο οἱ βασιλέες οἱ ἀπὸ τῶν ἐθνέων ἥκοντες, καί
σφεων ἐσχίσθησαν αἱ γνῶμαι· ὁ μὲν γὰρ Γελωνὸς
καὶ ὁ Βουδῖνος καὶ ὁ Σαυρομάτης κατὰ τὠυτὸ
γενόμενοι ὑπεδέκοντο Σκύθῃσι τιμωρήσειν, ὁ δὲ
Ἀγάθυρσος καὶ Νευρὸς καὶ Ἀνδροφάγος καὶ οἱ
τῶν Μελαγχλαίνων καὶ Ταύρων τάδε Σκύθῃσι
ὑπεκρίναντο. "Εἰ μὲν μὴ ὑμεῖς ἔατε οἱ πρότεροι
ἀδικήσαντες Πέρσας καὶ ἄρξαντες πολέμου, τού-
των δεόμενοι τῶν νῦν δέεσθε λέγειν τε ἂν
ἐφαίνεσθε ἡμῖν ὀρθά, καὶ ἡμεῖς ὑπακούσαντες
τὠυτὸ ἂν ὑμῖν ἐπρήσσομεν. νῦν δὲ ὑμεῖς τε
ἐς τὴν ἐκείνων ἐσβαλόντες γῆν ἄνευ ἡμέων ἐπε-
κρατέετε Περσέων ὅσον χρόνον ὑμῖν ὁ θεὸς
παρεδίδου, καὶ ἐκεῖνοι, ἐπεί σφεας ωὑτὸς θεὸς
ἐγείρει, τὴν ὁμοίην ὑμῖν ἀποδιδοῦσι. ἡμεῖς δὲ
οὔτε τι τότε ἠδικήσαμεν τοὺς ἄνδρας τούτους
οὐδὲν οὔτε νῦν πρότεροι πειρησόμεθα ἀδικέειν. ἢν
μέντοι ἐπίῃ καὶ ἐπὶ τὴν ἡμετέρην ἄρξῃ τε ἀδικέων,

318

light matter for you yourselves; for the Persian is come to attack you no whit less than us, nor when he has subdued us will he be content to leave you alone. We can give you full proof of what we say: were it we alone against whom the Persian is marching, to be avenged on us for our former enslaving of his country, it is certain that he would leave others alone and make straight for us, thus making it plain to all that Scythia and no other country is his goal. But now, from the day of his crossing over to this continent, he has been ever taming all that come in his way, and he holds in subjection, not only the rest of Thrace, but also our neighbours the Getae."

119. Such being the message of the Scythians, the kings who had come from their nations took counsel, and their opinions were divided. The kings of the Geloni and the Budini and the Sauromatae made common cause and promised to help the Scythians; but the kings of the Agathyrsi and Neuri and Man-eaters and Black-cloaks and Tauri made this answer to the messengers: "Had it not been you who did unprovoked wrong to the Persians and so began the war, this request that you proffer would seem to us right, and we would consent and act jointly with you. But now, you and not we invaded their land and held it for such time as the god permitted; and the Persians, urged on by the same god, are but re-quiting you in like manner. But we did these men no wrong in that former time, nor will we essay to harm them now unprovoked; natheless if the Persian come against our land too and do the first act of

καὶ ἡμεῖς οὐ πεισόμεθα,[1] μέχρι δὲ τοῦτο ἴδωμεν,
μενέομεν παρ' ἡμῖν αὐτοῖσι· ἥκειν γὰρ δοκέομεν
οὐκ ἐπ' ἡμέας Πέρσας ἀλλ' ἐπὶ τοὺς αἰτίους τῆς
ἀδικίης γενομένους."

120. Ταῦτα ὡς ἀπενειχθέντα ἐπύθοντο οἱ
Σκύθαι, ἐβουλεύοντο ἰθυμαχίην μὲν μηδεμίαν
ποιέεσθαι ἐκ τοῦ ἐμφανέος, ὅτε δή σφι οὗτοί γε
σύμμαχοι οὐ προσεγίνοντο, ὑπεξιόντες δὲ καὶ
ὑπεξελαύνοντες τὰ φρέατα τὰ παρεξίοιεν αὐτοὶ
καὶ τὰς κρήνας συγχοῦν, τὴν ποίην τε ἐκ τῆς γῆς
ἐκτρίβειν, διχοῦ σφέας διελόντες. καὶ πρὸς μὲν
τὴν μίαν τῶν μοιρέων, τῆς ἐβασίλευε Σκώπασις,
προσχωρέειν Σαυρομάτας· τούτους μὲν δὴ ὑπά-
γειν, ἢν ἐπὶ τοῦτο τράπηται ὁ Πέρσης, ἰθὺ
Τανάιδος ποταμοῦ παρὰ τὴν Μαιῆτιν λίμνην ὑπο-
φεύγοντας, ἀπελαύνοντός τε τοῦ Πέρσεω ἐπιόντας
διώκειν. αὕτη μέν σφι μία ἦν μοῖρα τῆς βα-
σιληίης, τεταγμένη ταύτην τὴν ὁδὸν ἥ περ εἴρηται·
τὰς δὲ δύο τῶν βασιληίων, τήν τε μεγάλην τῆς
ἦρχε Ἰδάνθυρσος καὶ τὴν τρίτην τῆς ἐβασίλευε
Τάξακις, συνελθούσας ἐς τὠυτὸ καὶ Γελωνῶν τε
καὶ Βουδίνων προσγενομένων, ἡμέρης καὶ τούτους
ὁδῷ προέχοντας τῶν Περσέων ὑπεξάγειν, ὑπιόντας
τε καὶ ποιεῦντας τὰ βεβουλευμένα. πρῶτα μέν
νυν ὑπάγειν σφέας ἰθὺ τῶν χωρέων τῶν ἀπειπα-
μένων τὴν σφετέρην συμμαχίην, ἵνα καὶ τούτους
ἐκπολεμώσωσι· εἰ γὰρ μὴ ἑκόντες γε ὑπέδυσαν
τὸν πόλεμον τὸν πρὸς Πέρσας, ἀλλ' ἀέκοντας
ἐκπολεμώσειν· μετὰ δὲ τοῦτο ὑποστρέφειν ἐς τὴν
σφετέρην καὶ ἐπιχειρέειν, ἢν δὴ βουλευομένοισι
δοκέῃ.

[1] πεισόμεθα MSS.; Stein κεισόμεθα, "lie inactive"; περιοψό-
μεθα Bekker.

wrong, then we two will not consent to it; but till we see that, we will abide where we are by ourselves. For in our judgment the Persians are attacking not us but those at whose door the offence lies."

120. This answer being brought back and made known to the Scythians, they resolved not to meet their enemy in the open field, seeing that they could not get the allies that they sought, but rather to withdraw and drive off their herds, choking the wells and springs on their way and destroying the grass from the earth; and they divided themselves into two companies. It was their will that to one of their divisions, over which Scopasis was king, the Sauromatae should be added; this host should, if the Persian marched that way, retire before him and draw off towards the river Tanais, by the Maeetian lake, and if the Persian turned to depart then they should attack and pursue him. This was one of the divisions of the royal people, and it was appointed to follow the way aforesaid; their two other divisions, namely, the greater whereof the ruler was Idanthyrsus, and the third whose king was Taxakis, were to unite, and taking to them also the Geloni and Budini, to draw off like the others at the Persian approach, ever keeping one day's march in front of the enemy, avoiding a meeting and doing what had been resolved. First, then, they must retreat in a straight course towards the countries which refused their alliance, so that these too might be compelled to fight; for if they would not of their own accord enter the lists against the Persians, they must be driven to war willy-nilly; and after that, the host must turn back to its own country, and attack the enemy, if in debate this should seem good.

121. Ταῦτα οἱ Σκύθαι βουλευσάμενοι ὑπηντία-
ζον τὴν Δαρείου στρατιήν, προδρόμους ἀποστεί-
λαντες τῶν ἱππέων τοὺς ἀρίστους. τὰς δὲ ἁμάξας
ἐν τῇσί σφι διαιτᾶτο τὰ τέκνα καὶ αἱ γυναῖκες
πάσας καὶ τὰ πρόβατα πάντα, πλὴν ὅσα σφι ἐς
φορβὴν ἱκανὰ ἦν τοσαῦτα ὑπολιπόμενοι, τὰ ἄλλα
ἅμα τῇσι ἁμάξῃσι προέπεμψαν, ἐντειλάμενοι αἰεὶ
τὸ πρὸς βορέω ἐλαύνειν.

122. Ταῦτα μὲν δὴ προεκομίζετο· τῶν δὲ Σκυ-
θέων οἱ πρόδρομοι ὡς εὗρον τοὺς Πέρσας ὅσον τε
τριῶν ἡμερέων ὁδὸν ἀπέχοντας ἀπὸ τοῦ Ἴστρου,
οὗτοι μὲν τούτους εὑρόντες, ἡμέρης ὁδῷ προέχοντες,
ἐστρατοπεδεύοντο τὰ ἐκ τῆς γῆς φυόμενα λεαί-
νοντες. οἱ δὲ Πέρσαι ὡς εἶδον ἐπιφανεῖσαν τῶν
Σκυθέων τὴν ἵππον, ἐπήισαν κατὰ στίβον αἰεὶ
ὑπαγόντων· καὶ ἔπειτα (πρὸς γὰρ τὴν μίαν τῶν
μοιρέων ἴθυσαν) οἱ Πέρσαι ἐδίωκον πρὸς ἠῶ τε
καὶ ἰθὺ Τανάιδος· διαβάντων δὲ τούτων τὸν
Τάναϊν ποταμὸν οἱ Πέρσαι ἐπιδιαβάντες ἐδίωκον,
ἐς ὃ τῶν Σαυρομάτεων τὴν χώρην διεξελθόντες
ἀπίκοντο ἐς τὴν τῶν Βουδίνων.

123. Ὅσον μὲν δὴ χρόνον οἱ Πέρσαι ἤισαν διὰ
τῆς Σκυθικῆς καὶ τῆς Σαυρομάτιδος χώρης, οἳ δὲ
εἶχον οὐδὲν σίνεσθαι ἅτε τῆς χώρης ἐούσης
χέρσου· ἐπείτε δὲ ἐς τὴν τῶν Βουδίνων χώρην
ἐσέβαλλον, ἐνθαῦτα δὴ ἐντυχόντες τῷ ξυλίνῳ
τείχεϊ, ἐκλελοιπότων τῶν Βουδίνων καὶ κεκενω-
μένου τοῦ τείχεος πάντων, ἐνέπρησαν αὐτό. τοῦτο
δὲ ποιήσαντες εἵποντο αἰεὶ τὸ πρόσω κατὰ στίβον,
ἐς ὃ διεξελθόντες ταύτην ἐς τὴν ἔρημον ἀπίκοντο.
ἡ δὲ ἔρημος αὕτη ὑπὸ οὐδαμῶν νέμεται ἀνδρῶν,
κέεται δὲ ὑπὲρ τῆς Βουδίνων χώρης ἐοῦσα πλῆθος

121. Being resolved on this plan, the Scythians sent an advance guard of the best of their horsemen to meet Darius' army. As for the waggons in which their children and wives lived, all these they sent forward, charged to drive ever northward; and with the waggons they sent all their flocks, keeping none back save such as were sufficient for their food.

122. This convoy being first sent on its way, the advance guard of the Scythians found the Persians about a three days' march distant from the Ister; and having found them they encamped a day's march ahead of the enemy and set about clearing the land of all growing things. When the Persians saw the Scythian cavalry appearing, they marched on in its tracks, the horsemen ever withdrawing before them; and then, making for the one Scythian division, the Persians held on in pursuit towards the east and the river Tanais; which when the horsemen had crossed the Persians crossed also, and pursued till they had marched through the land of the Sauromatae to the land of the Budini.

123. As long as the Persians were traversing the Scythian and Sauromatic territory there was nothing for them to harm, as the land was dry and barren. But when they entered the country of the Budini, they found themselves before the wooden-walled town; the Budini had deserted it and left nothing therein, and the Persians burnt the town. Then going still forward in the horsemen's tracks they passed through this country into the desert, which is inhabited by no men; it lies to the north of the Budini and its

ἑπτὰ ἡμερέων ὁδοῦ. ὑπὲρ δὲ τῆς ἐρήμου Θυσσαγέται οἰκέουσι, ποταμοὶ δὲ ἐξ αὐτῶν τέσσερες μεγάλοι ῥέοντες διὰ Μαιητέων ἐκδιδοῦσι ἐς τὴν λίμνην τὴν καλεομένην Μαιῆτιν, τοῖσι οὐνόματα κέεται τάδε, Λύκος Ὄαρος Τάναϊς Σύργις.

124. Ἐπεὶ ὧν ὁ Δαρεῖος ἦλθε ἐς τὴν ἔρημον, παυσάμενος τοῦ δρόμου ἵδρυσε τὴν στρατιὴν ἐπὶ ποταμῷ Ὀάρῳ. τοῦτο δὲ ποιήσας ὀκτὼ τείχεα ἐτείχεε μεγάλα, ἴσον ἀπ' ἀλλήλων ἀπέχοντα, σταδίους ὡς ἑξήκοντα μάλιστά κῃ· τῶν ἔτι ἐς ἐμὲ τὰ ἐρείπια σόα ἦν. ἐν ᾧ δὲ οὗτος πρὸς ταῦτα ἐτράπετο, οἱ διωκόμενοι Σκύθαι περιελθόντες τὰ κατύπερθε ὑπέστρεφον ἐς τὴν Σκυθικήν. ἀφανισθέντων δὲ τούτων τὸ παράπαν, ὡς οὐκέτι ἐφαντάζοντό σφι, οὕτω δὴ ὁ Δαρεῖος τείχεα μὲν ἐκεῖνα ἡμίεργα μετῆκε, αὐτὸς δὲ ὑποστρέψας ἤιε πρὸς ἑσπέρην, δοκέων τούτους τε πάντας τοὺς Σκύθας εἶναι καὶ πρὸς ἑσπέρην σφέας φεύγειν.

125. Ἐλαύνων δὲ τὴν ταχίστην τὸν στρατὸν ὡς ἐς τὴν Σκυθικὴν ἀπίκετο, ἐνέκυρσε ἀμφοτέρῃσι τῇσι μοίρῃσι τῶν Σκυθέων, ἐντυχὼν δὲ ἐδίωκε ὑπεκφέροντας ἡμέρης ὁδῷ. καὶ οὐ γὰρ ἀνίει ἐπιὼν ὁ Δαρεῖος, οἱ Σκύθαι κατὰ τὰ βεβουλευμένα ὑπέφευγον ἐς τῶν ἀπειπαμένων τὴν σφετέρην συμμαχίην, πρώτην δὲ ἐς τῶν Μελαγχλαίνων τὴν γῆν. ὡς δὲ ἐσβαλόντες τούτους ἐτάραξαν οἵ τε Σκύθαι καὶ οἱ Πέρσαι, κατηγέοντο οἱ Σκύθαι ἐς τῶν Ἀνδροφάγων τοὺς χώρους· ταραχθέντων δὲ καὶ τούτων ὑπῆγον ἐπὶ τὴν Νευρίδα· ταρασσομένων δὲ καὶ τούτων ἤισαν ὑποφεύγοντες οἱ Σκύθαι ἐς τοὺς Ἀγαθύρσους. Ἀγάθυρσοι δὲ ὁρέοντες καὶ τοὺς ὁμούρους φεύγοντας ὑπὸ Σκυ-

breadth is a seven days' march. Beyond this desert
dwell the Thyssagetae; four great rivers flow from
their country through the land of the Maeetians,
and issue into the lake called the Maeetian; their
names are Lycus, Oarus, Tanais, Syrgis.

124. When Darius came into the desert, he
halted in his race and encamped on the river Oarus,
where he built eight great forts, all at an equal
distance of about sixty furlongs from each other, the
ruins of which were standing even in my lifetime.
While he was busied with these, the Scythians whom
he pursued fetched a compass northwards and turned
back into Scythia. When they had altogether
vanished and were no longer within the Persians'
sight, Darius then left those forts but half finished,
and he too turned about and marched westward,
thinking that those Scythians were the whole army,
and that they were fleeing towards the west.

125. But when he came by forced marches into
Scythia, he met the two divisions of the Scythians,
and pursued them, they keeping ever a day's march
away from him; and because he would not cease
from pursuing them, the Scythians, according to the
plan they had made, fled before him to the countries
of those who had refused their alliance, and first to
the land of the Black-cloaks. Into their land the
Scythians and Persians burst, troubling their peace;
and thence the Scythians led the Persians into the
country of the Man-eaters, troubling them too;
whence they drew off with a like effect into the
country of the Neuri, and troubling them also, fled
to the Agathyrsi. But these, seeing their very neigh-
bours fleeing panic-stricken at the Scythians' approach,

θέων καὶ τεταραγμένους, πρὶν ἤ σφι ἐμβαλεῖν
τοὺς Σκύθας πέμψαντες κήρυκα ἀπηγόρευοι
Σκύθῃσι μὴ ἐπιβαίνειν τῶν σφετέρων οὔρων,
προλέγοντες ὡς εἰ πειρήσονται ἐσβαλόντες, σφίσι
πρῶτα διαμαχήσονται. Ἀγάθυρσοι μὲν προεί-
παντες ταῦτα ἐβοήθεον ἐπὶ τοὺς οὔρους, ἐρύκειν
ἐν νόῳ ἔχοντες τοὺς ἐπιόντας· Μελάγχλαινοι δὲ
καὶ Ἀνδροφάγοι καὶ Νευροὶ ἐσβαλόντων τῶν
Περσέων ἅμα Σκύθῃσι οὔτε πρὸς ἀλκὴν ἐτρά-
ποντο ἐπιλαθόμενοί τε τῆς ἀπειλῆς ἔφευγον αἰεὶ
τὸ πρὸς βορέω ἐς τὴν ἔρημον τεταραγμένοι. οἱ δὲ
Σκύθαι ἐς μὲν τοὺς Ἀγαθύρσους οὐκέτι ἀπεί-
παντας ἀπικνέοντο, οἳ δὲ ἐκ τῆς Νευρίδος χώρης
ἐς τὴν σφετέρην κατηγέοντο τοῖσι Πέρσῃσι.

126. Ὡς δὲ πολλὸν τοῦτο ἐγίνετο καὶ οὐκ
ἐπαύετο, πέμψας Δαρεῖος ἱππέα παρὰ τὸν Σκυ-
θέων βασιλέα Ἰδάνθυρσον ἔλεγε τάδε. "Δαιμό-
νιε ἀνδρῶν, τί φεύγεις αἰεί, ἐξεόν τοι τῶνδε τὰ
ἕτερα ποιέειν; εἰ μὲν γὰρ ἀξιόχρεος δοκέεις εἶναι
σεωυτῷ τοῖσι ἐμοῖσι πρήγμασι ἀντιωθῆναι, σὺ δὲ
στάς τε καὶ παυσάμενος πλάνης μάχεσθαι· εἰ δὲ
συγγινώσκεαι εἶναι ἥσσων, σὺ δὲ καὶ οὕτω παυ-
σάμενος τοῦ δρόμου δεσπότῃ τῷ σῷ δῶρα φέρων
γῆν τε καὶ ὕδωρ ἐλθὲ ἐς λόγους."

127. Πρὸς ταῦτα ὁ Σκυθέων βασιλεὺς Ἰδάν-
θυρσος λέγει τάδε. "Οὕτω τὸ ἐμὸν ἔχει, ὦ
Πέρσα. ἐγὼ οὐδένα κω ἀνθρώπων δείσας ἔφυγον
οὔτε πρότερον οὔτε νῦν σὲ φεύγω, οὐδέ τι νεώ-
τερον εἰμὶ ποιήσας νῦν ἤ καὶ ἐν εἰρήνῃ ἐώθεα
ποιέειν. ὅ τι δὲ οὐκ αὐτίκα μάχομαί τοι, ἐγὼ
καὶ τοῦτο σημανέω. ἡμῖν οὔτε ἄστεα οὔτε γῆ
πεφυτευμένη ἐστί, τῶν πέρι δείσαντες μὴ ἁλῷ ἤ

before the Scythians could break into their land sent
a herald to forbid them to set foot on their borders,
warning the Scythians that if they essayed to break
through they must first fight with the Agathyrsi.
With this warning they mustered on their borders,
with intent to stay the invaders. But the Black-
cloaks and Man-eaters and Neuri, when the Persians
and the Scythians broke into their lands, made no
resistance, but forgot their threats and fled panic-
stricken ever northward into the desert. The
Scythians, being warned off by the Agathyrsi, made
no second attempt on that country, but led the
Persians from the lands of the Neuri into Scythia.

126. All this continuing long, and there being no
end to it, Darius sent a horseman to Idanthyrsus the
Scythian king, with this message: "Sir, these are
strange doings. Why will you ever flee? You can
choose which of two things you will do: if you deem
yourself strong enough to withstand my power,
wander no further, but stand and fight; but if you
know yourself to be the weaker, then make an end
of this running to and fro, and come to terms with
your master, sending him gifts of earth and water."

127. To this Idanthyrsus the Scythian king made
answer: "It is thus with me, Persian: I have never
fled for fear of any man, nor do I now flee
from you; this that I have done is no new thing or
other than my practice in peace. But as to the
reason why I do not straightway fight with you, this
too I will tell you. For we Scythians have no towns
or planted lands, that we might meet you the sooner

καρῇ ταχύτερον ἂν ὑμῖν συμμίσγοιμεν ἐς μάχην. εἰ δὲ δέοι πάντως ἐς τοῦτο κατὰ τάχος ἀπικνέεσθαι, τυγχάνουσι ἡμῖν ἐόντες τάφοι πατρώιοι· φέρετε, τούτους ἀνευρόντες συγχέειν πειρᾶσθε αὐτούς, καὶ γνώσεσθε τότε εἴτε ὑμῖν μαχησόμεθα περὶ τῶν τάφων εἴτε καὶ οὐ μαχησόμεθα. πρότερον δέ, ἢν μὴ ἡμέας λόγος αἱρέῃ, οὐ συμμίξομέν τοι. ἀμφὶ μὲν μάχῃ τοσαῦτα εἰρήσθω, δεσπότας δὲ ἐμοὺς ἐγὼ Δία τε νομίζω τὸν ἐμὸν πρόγονον καὶ Ἱστίην τὴν Σκυθέων βασίλειαν μούνους εἶναι. σοὶ δὲ ἀντὶ μὲν δώρων γῆς τε καὶ ὕδατος δῶρα πέμψω τοιαῦτα οἷα σοὶ πρέπει ἐλθεῖν, ἀντὶ δὲ τοῦ ὅτι δεσπότης ἔφησας εἶναι ἐμός, κλαίειν λέγω." τοῦτο ἐστὶ ἡ ἀπὸ Σκυθέων ῥῆσις.[1]

128. Ὁ μὲν δὴ κῆρυξ οἰχώκεε ἀγγελέων ταῦτα Δαρείῳ, οἱ δὲ Σκυθέων βασιλέες ἀκούσαντες τῆς δουλοσύνης τὸ οὔνομα ὀργῆς ἐπλήσθησαν. τὴν μὲν δὴ μετὰ Σαυροματέων μοῖραν ταχθεῖσαν, τῆς ἦρχε Σκώπασις, πέμπουσι Ἴωσι κελεύοντες ἐς λόγους ἀπικέσθαι, τούτοισι οἳ τὸν Ἴστρον ἐζευγμένον ἐφρούρεον· αὐτῶν δὲ τοῖσι ὑπολειπομένοισι ἔδοξε πλανᾶν μὲν μηκέτι Πέρσας, σῖτα δὲ ἑκάστοτε ἀναιρεομένοισι ἐπιτίθεσθαι. νωμῶντες ὦν σῖτα ἀναιρεομένους τοὺς Δαρείου ἐποίευν τὰ βεβουλευμένα. ἡ μὲν δὴ ἵππος τὴν ἵππον αἰεὶ τράπεσκε ἡ τῶν Σκυθέων, οἱ δὲ τῶν Περσέων ἱππόται φεύγοντες ἐσέπιπτον ἐς τὸν πεζόν, ὁ δὲ πεζὸς ἂν ἐπεκούρεε· οἱ δὲ Σκύθαι ἐσαράξαντες τὴν ἵππον ὑπέστρεφον τὸν πεζὸν φοβεόμενοι. ἐποιέοντο δὲ καὶ τὰς νύκτας παραπλησίας προσβολὰς οἱ Σκύθαι.

[1] This sentence is bracketed by Stein, but there seems to be no conclusive reason for rejecting it.

in battle, fearing lest the one be taken or the other
be wasted.   But if nothing will serve you but fighting
straightway, we have the graves of our fathers ; come,
find these and essay to destroy them ; then shall you
know whether we will fight you for those graves or
no.   Till then we will not join battle unless we think
good.   Thus much I say of fighting ; for my masters,
I hold them to be Zeus my forefather and Hestia
queen of the Scythians, and none other.   Gifts I will
send you, not earth and water, but such as you
should rightly receive ; and for your boast that you
are my master, take my malison for it."   Such is
the proverbial " Scythian speech."

128. So the herald went to carry this message to
Darius ; but the Scythian kings were full of anger
when they heard the name of slavery.   They sent
then the division of the Scythians to which the
Sauromatae were attached, and which was led by
Scopasis, to speak with those Ionians who guarded
the bridge over the Ister ; as for those of the
Scythians who were left behind, it was resolved
that they should no longer lead the Persians astray,
but attack them whenever they were foraging for
provision.   So they watched for the time when
Darius' men were foraging, and did according to
their plan.   The Scythian horse ever routed the
Persian horse, and the Persian horsemen falling back
in flight on their footmen, the foot would come to
their aid ; and the Scythians, once they had driven
in the horse, turned about for fear of the foot.   The
Scythians attacked in this fashion by night as well as
by day.

129. Τὸ δὲ τοῖσι Πέρσῃσί τε ἦν σύμμαχον καὶ τοῖσι Σκύθῃσι ἀντίξοον ἐπιτιθεμένοισι τῷ Δαρείου στρατοπέδῳ, θῶμα μέγιστον ἐρέω, τῶν τε ὄνων ἡ φωνὴ καὶ τῶν ἡμιόνων τὸ εἶδος. οὔτε γὰρ ὄνον οὔτε ἡμίονον γῆ ἡ Σκυθικὴ φέρει, ὡς καὶ πρότερόν μοι δεδήλωται, οὐδὲ ἔστι ἐν τῇ Σκυθικῇ πάσῃ χώρῃ τὸ παράπαν οὔτε ὄνος οὔτε ἡμίονος διὰ τὰ ψύχεα. ὑβρίζοντες ὦν οἱ ὄνοι ἐτάρασσον τὴν ἵππον τῶν Σκυθέων. πολλάκις δὲ ἐπελαυνόντων ἐπὶ τοὺς Πέρσας μεταξὺ ὅκως ἀκούσειαν οἱ ἵπποι τῶν ὄνων τῆς φωνῆς, ἐταράσσοντό τε ὑποστρεφόμενοι καὶ ἐν θώματι ἔσκον, ὀρθὰ ἱστάντες τὰ ὦτα, ἅτε οὔτε ἀκούσαντες πρότερον φωνῆς τοιαύτης οὔτε ἰδόντες τὸ εἶδος.

130. Ταῦτα μέν νυν ἐπὶ σμικρόν τι ἐφέροντο τοῦ πολέμου. οἱ δὲ Σκύθαι ὅκως τοὺς Πέρσας ἴδοιεν τεθορυβημένους, ἵνα παραμένοιέν τε ἐπὶ πλέω χρόνον ἐν τῇ Σκυθικῇ καὶ παραμένοντες ἀνιῷατο τῶν πάντων ἐπιδευέες ἐόντες, ἐποίεον τοιάδε· ὅκως τῶν προβάτων τῶν σφετέρων αὐτῶν καταλίποιεν μετὰ τῶν νομέων, αὐτοὶ ἂν ὑπεξήλαυνον ἐς ἄλλον χῶρον· οἱ δὲ ἂν Πέρσαι ἐπελθόντες λάβεσκον τὰ πρόβατα καὶ λαβόντες ἐπηείροντο ἂν τῷ πεποιημένῳ.

131. Πολλάκις δὲ τοιούτου γινομένου, τέλος Δαρεῖός τε ἐν ἀπορίῃσι εἴχετο, καὶ οἱ Σκυθέων βασιλέες μαθόντες τοῦτο ἔπεμπον κήρυκα δῶρα Δαρείῳ φέροντα ὄρνιθά τε καὶ μῦν καὶ βάτραχον καὶ ὀιστοὺς πέντε. Πέρσαι δὲ τὸν φέροντα τὰ δῶρα ἐπειρώτεον τὸν νόον τῶν διδομένων· ὁ δὲ οὐδὲν ἔφη οἱ ἐπεστάλθαι ἄλλο ἢ δόντα τὴν ταχίστην ἀπαλλάσσεσθαι· αὐτοὺς δὲ τοὺς Πέρσας

129. Most strange it is to relate, but what aided the Persians and thwarted the Scythians in their attacks on Darius' army was the braying of the asses and the appearance of the mules. For, as I have before shown, Scythia bears no asses or mules; nor is there in the whole of Scythia any ass or mule, by reason of the cold. Therefore the asses, when they brayed loudly, alarmed the Scythian horses; and often, when they were in the act of charging the Persians, if the horses heard the asses bray they would turn back in affright or stand astonished with ears erect, never having heard a like noise or seen a like creature.

130. The Persians gained thus very little in the war, for when the Scythians saw that the Persians were shaken, they formed a plan whereby they might remain longer in Scythia and so remaining might be distressed by lack of all things needful: they would leave some of their flocks behind with the shepherds, themselves moving away to another place; and the Persians would come and take the sheep, and be uplifted by this achievement.

131. This having often happened, Darius was in a quandary, and when they perceived this, the Scythian kings sent a herald bringing Darius the gift of a bird, a mouse, a frog, and five arrows. The Persians asked the bringer of these gifts what they might mean; but he said that no charge had been laid on him save to give the gifts and then depart with all speed; let

ἐκέλευε, εἰ σοφοί εἰσι, γνῶναι τὸ θέλει τὰ δῶρα
λέγειν.

132. Ταῦτα ἀκούσαντες οἱ Πέρσαι ἐβουλεύοντο.
Δαρείου μέν νυν ἡ γνώμη ἦν Σκύθας ἑωυτῷ διδό-
ναι σφέας τε αὐτοὺς καὶ γῆν τε καὶ ὕδωρ, εἰκάζων
τῇδε, ὡς μῦς μὲν ἐν γῇ γίνεται καρπὸν τὸν αὐτὸν
ἀνθρώπῳ σιτεόμενος, βάτραχος δὲ ἐν ὕδατι, ὄρνις
δὲ μάλιστα ἔοικε ἵππῳ, τοὺς δὲ οἰστοὺς ὡς τὴν
ἑωυτῶν ἀλκὴν παραδιδοῦσι. αὕτη μὲν Δαρείῳ
ἀπεδέδεκτο ἡ γνώμη. συνεστήκεε δὲ ταύτῃ τῇ
γνώμῃ ἡ Γοβρύεω, τῶν ἀνδρῶν τῶν ἑπτὰ ἑνὸς
τῶν τὸν Μάγον κατελόντων, εἰκάζοντος τὰ δῶρα
λέγειν "'Ἢν μὴ ὄρνιθες γενόμενοι ἀναπτῆσθε ἐς
τὸν οὐρανόν, ὦ Πέρσαι, ἢ μύες γενόμενοι κατὰ
τῆς γῆς καταδύητε, ἢ βάτραχοι γενόμενοι ἐς τὰς
λίμνας ἐσπηδήσητε, οὐκ ἀπονοστήσετε ὀπίσω ὑπὸ
τῶνδε τῶν τοξευμάτων βαλλόμενοι."

133. Πέρσαι μὲν δὴ τὰ δῶρα εἴκαζον. ἡ δὲ
Σκυθέων μία μοῖρα ἡ ταχθεῖσα πρότερον μὲν
παρὰ τὴν Μαιῆτιν λίμνην φρουρέειν, τότε δὲ ἐπὶ
τὸν Ἴστρον Ἴωσι ἐς λόγους ἐλθεῖν, ὡς ἀπίκετο
ἐπὶ τὴν γέφυραν, ἔλεγε τάδε. "'Ἄνδρες Ἴωνες,
ἐλευθερίην ἥκομεν ὑμῖν φέροντες, ἤν πέρ γε ἐθέ-
λητε ἐσακούειν. πυνθανόμεθα γὰρ Δαρεῖον ἐντεί-
λασθαι ὑμῖν ἑξήκοντα ἡμέρας μούνας φρουρή-
σαντας τὴν γέφυραν, αὐτοῦ μὴ παραγενομένου ἐν
τούτῳ τῷ χρόνῳ, ἀπαλλάσσεσθαι ἐς τὴν ὑμετέρην.
νῦν ὦν ὑμεῖς τάδε ποιεῦντες ἐκτὸς μὲν ἔσεσθε πρὸς
ἐκείνου αἰτίης, ἐκτὸς δὲ πρὸς ἡμέων· τὰς προκει-
μένας ἡμέρας παραμείναντες τὸ ἀπὸ τούτου ἀπαλ-
λάσσεσθε." οὗτοι μέν νυν ὑποδεξαμένων Ἰώνων
ποιήσειν ταῦτα ὀπίσω τὴν ταχίστην ἐπείγοντο.

the Persians (he said), if they were clever enough, discover the signification of the presents.

132. The Persians hearing and taking counsel, Darius' judgment was that the Scythians were surrendering to him themselves and their earth and their water; for he reasoned that a mouse is a creature found in the earth and eating the same produce as men, and a frog is a creature of the water and a bird most like to a horse; and the arrows (said he) signified that the Scythians surrendered their fighting power. This was the opinion declared by Darius; but the opinion of Gobryas, one of the seven who had slain the Magian, was contrary to it. He reasoned that the meaning of the gifts was, "Unless you become birds Persians, and fly up into the sky, or mice and hide you in the earth, or frogs and leap into the lakes, you will be shot by these arrows and never return home."

133. Thus the Persians reasoned concerning the gifts. But when the first division of the Scythians came to the bridge—that division which had first been appointed to stand on guard by the Maeetian lake and had now been sent to the Ister to speak with the Ionians—they said, "Ionians, we are come to bring you freedom, if you will but listen to us. We learn that Darius has charged you to guard the bridge for sixty days only, and if he comes not within that time then to go away to your homes. Now therefore do that whereby you will be guiltless in his eyes as in ours: abide here for the days appointed, and after that depart." So the Ionians promised to do this, and the Scythians made their way back with all speed.

134. Πέρσῃσι δὲ μετὰ τὰ δῶρα ἐλθόντα Δαρείῳ
ἀντετάχθησαν οἱ ὑπολειφθέντες Σκύθαι πεζῷ καὶ
ἵπποισι ὡς συμβαλέοντες. τεταγμένοισι δὲ τοῖσι
Σκύθῃσι λαγὸς ἐς τὸ μέσον διήιξε· τῶν δὲ ὡς
ἕκαστοι ὥρων τὸν λαγὸν ἐδίωκον. ταραχθέντων
δὲ τῶν Σκυθέων καὶ βοῇ χρεωμένων, εἴρετο ὁ
Δαρεῖος τῶν ἀντιπολεμίων τὸν θόρυβον· πυθό-
μενος δὲ σφέας τὸν λαγὸν διώκοντας, εἶπε ἄρα
πρὸς τούς περ ἐώθεε καὶ τὰ ἄλλα λέγειν " Οὗτοι
ὦνδρες ἡμέων πολλὸν καταφρονέουσι, καί μοι νῦν
φαίνεται Γοβρύης εἶπαι περὶ τῶν Σκυθικῶν δώρων
ὀρθῶς. ὡς ὦν οὕτω ἤδη δοκεόντων καὶ αὐτῷ μοι
ἔχειν, βουλῆς ἀγαθῆς δεῖ, ὅκως ἀσφαλέως ἡ κομιδὴ
ἡμῖν ἔσται τὸ ὀπίσω." πρὸς ταῦτα Γοβρύης
εἶπε "Ὦ βασιλεῦ, ἐγὼ σχεδὸν μὲν καὶ λόγῳ ἠπι-
στάμην τούτων τῶν ἀνδρῶν τὴν ἀπορίην, ἐλθὼν
δὲ μᾶλλον ἐξέμαθον, ὁρέων αὐτοὺς ἐμπαίζοντας
ἡμῖν. νῦν ὦν μοι δοκέει, ἐπεὰν τάχιστα νὺξ ἐπέλ-
θῃ, ἐκκαύσαντας τὰ πυρὰ ὡς ἐώθαμεν καὶ ἄλλοτε
ποιέειν, τῶν στρατιωτέων τοὺς ἀσθενεστάτους ἐς
τὰς ταλαιπωρίας ἐξαπατήσαντας καὶ τοὺς ὄνους
πάντας καταδήσαντας ἀπαλλάσσεσθαι, πρὶν ἢ
καὶ ἐπὶ τὸν Ἴστρον ἰθῦσαι Σκύθας λύσοντας τὴν
γέφυραν, ἢ καί τι Ἴωσι δόξαι τὸ ἡμέας οἷόν τε
ἔσται ἐξεργάσασθαι."

135. Γοβρύης μὲν ταῦτα συνεβούλευε. μετὰ
δὲ νύξ τε ἐγίνετο καὶ Δαρεῖος ἐχρᾶτο τῇ γνώμῃ
ταύτῃ· τοὺς μὲν καματηροὺς τῶν ἀνδρῶν καὶ τῶν
ἦν ἐλάχιστος ἀπολλυμένων λόγος, καὶ τοὺς ὄνους
πάντας καταδήσας κατέλιπε αὐτοῦ ἐν τῷ στρατο-
πέδῳ. κατέλιπε δὲ τούς τε ὄνους καὶ τοὺς ἀσθε-
νέας τῆς στρατιῆς τῶνδε εἵνεκεν, ἵνα οἱ μὲν ὄνοι

134. But after the sending of the gifts to Darius, the Scythians who had remained there came out with foot and horse and offered battle to the Persians. But when the Scythian ranks were arrayed, a hare ran out between the armies; and every Scythian that saw it gave chase. So there was confusion and shouting among the Scythians; Darius asked what the enemy meant by this clamour; and when he heard that they were chasing the hare, then said he (it would seem) to those wherewith he was ever wont to speak, "These fellows hold us in deep contempt; and I think now that Gobryas' saying concerning the Scythian gifts was true. Seeing therefore that my own judgment of the matter is like his, we need to take sage counsel, whereby we shall have a safe return out of the country." To this said Gobryas: "Sire, reason alone wellnigh showed me how hard it would be to deal with these Scythians; but when I came I was made the better aware of it, seeing that they do but make a sport of us. Now therefore my counsel is, that at nightfall we kindle our camp-fires according to our wont at other times, that we deceive those in our army who are least strong to bear hardship, and tether here all our asses, and so ourselves depart, before the Scythians can march straight to the Ister to break the bridge, or the Ionians take some resolve whereby we may well be ruined."

135. This was Gobryas' advice, and at nightfall Darius followed it. He left there in the camp the men who were worn out, and those whose loss imported least to him, and all the asses too tethered. The reason of his leaving the asses, and the infirm among his soldiers, was, as regarding the asses, that they

βοὴν παρέχωνται· οἱ δὲ ἄνθρωποι ἀσθενείης μὲν
εἵνεκεν κατελείποντο, προφάσιος δὲ τῆσδε δηλαδή,
ὡς αὐτὸς μὲν σὺν τῷ καθαρῷ τοῦ στρατοῦ ἐπιθή-
σεσθαι μέλλοι τοῖσι Σκύθῃσι, οὗτοι δὲ τὸ στρατό-
πεδον τοῦτον τὸν χρόνον ῥυοίατο. ταῦτα τοῖσι
ὑπολελειμμένοισι ὑποθέμενος ὁ Δαρεῖος καὶ πυρὰ
ἐκκαύσας τὴν ταχίστην ἐπείγετο ἐπὶ τὸν Ἴστρον.
οἱ δὲ ὄνοι ἐρημωθέντες τοῦ ὁμίλου οὕτω δὴ μᾶλλον
πολλῷ ἵεσαν τῆς φωνῆς· ἀκούσαντες δὲ οἱ Σκύθαι
τῶν ὄνων πάγχυ κατὰ χώρην ἤλπιζον τοὺς Πέρ-
σας εἶναι.

136. Ἡμέρης δὲ γενομένης γνόντες οἱ ὑπολει-
φθέντες ὡς προδεδομένοι εἶεν ὑπὸ Δαρείου, χεῖράς
τε προετείνοντο τοῖσι Σκύθῃσι καὶ ἔλεγον τὰ
κατήκοντα· οἳ δὲ ὡς ἤκουσαν ταῦτα τὴν ταχίστην
συστραφέντες, αἵ τε δύο μοῖραι τῶν Σκυθέων καὶ
ἡ μία καὶ Σαυρομάται καὶ Βουδῖνοι καὶ Γελωνοί,
ἐδίωκον. τοὺς Πέρσας ἰθὺ τοῦ Ἴστρου. ἅτε δὲ τοῦ
Περσικοῦ μὲν τοῦ πολλοῦ ἐόντος πεζοῦ στρατοῦ
καὶ τὰς ὁδοὺς οὐκ ἐπισταμένου, ὥστε οὐ τετμη-
μενέων τῶν ὁδῶν, τοῦ δὲ Σκυθικοῦ ἱππότεω καὶ
τὰ σύντομα τῆς ὁδοῦ ἐπισταμένου, ἁμαρτόντες
ἀλλήλων, ἔφθησαν πολλῷ οἱ Σκύθαι τοὺς Πέρσας
ἐπὶ τὴν γέφυραν ἀπικόμενοι. μαθόντες δὲ τοὺς
Πέρσας οὔκω ἀπιγμένους ἔλεγον πρὸς τοὺς Ἴωνας
ἐόντας ἐν τῇσι νηυσί "Ἄνδρες Ἴωνες, αἵ τε ἡμέ-
ραι ὑμῖν τοῦ ἀριθμοῦ διοίχηνται καὶ οὐ ποιέετε
δίκαια ἔτι παραμένοντες. ἀλλ' ἐπεὶ πρότερον
δειμαίνοντες ἐμένετε, νῦν λύσαντες τὸν πόρον
τὴν ταχίστην ἄπιτε χαίροντες ἐλεύθεροι, θεοῖσί
τε καὶ Σκύθῃσι εἰδότες χάριν. τὸν δὲ πρότερον
ἐόντα ὑμέων δεσπότην ἡμεῖς παραστησόμεθα

might bray; as to the men, they were left by reason
of their infirmity, but his pretext was, forsooth, that
they should guard the camp while he attacked the
Scythians with the sound part of his army. Giving
this charge to those who were left behind, and light-
ing camp-fires, Darius made all speed to reach the
Ister. When the asses found themselves deserted
by the multitude, they brayed much the louder
for that; and the Scythians by hearing them were
fully persuaded that the Persians were still in the
same place.

136. But when day dawned the men left behind
perceived that Darius had played them false, and they
held out their hands to the Scythians and explained
their position; who, when they heard, gathered their
power with all speed, both the two divisions of
their host and the one division that was with the
Sauromatae and Budini and Geloni, and made
straight for the Ister in pursuit of the Persians. But
seeing that the Persian army was for the most part
of footmen and knew not the roads (these not being
marked), whereas the Scythians were horsemen and
knew the short cuts, they kept wide of each other,
and the Scythians came to the bridge much before
the Persians. There, perceiving that the Persians
were not yet come, they said to the Ionians, who
were in their ships, "Now, Ionians, the numbered
days are past and you do wrongly to remain still
here. Nay—for it is fear which has ere now kept
you from departing—now break the bridge with all
speed and go your ways in freedom and happiness,
thanking the gods and the Scythians. As for him
that was once your master, we will leave him in such

οὕτω ὥστε ἐπὶ μηδαμοὺς ἔτι ἀνθρώπους αὐτὸν
στρατεύσασθαι."

137. Πρὸς ταῦτα Ἴωνες ἐβουλεύοντο. Μιλ-
τιάδεω μὲν τοῦ Ἀθηναίου, στρατηγέοντος καὶ
τυραννεύοντος Χερσονησιτέων τῶν ἐν Ἑλλησπόν-
τῳ, ἦν γνώμη πείθεσθαι Σκύθῃσι καὶ ἐλευθεροῦν
Ἰωνίην, Ἱστιαίου δὲ τοῦ Μιλησίου ἐναντίη ταύ-
τῃ, λέγοντος ὡς νῦν μὲν διὰ Δαρεῖον ἕκαστος
αὐτῶν τυραννεύει πόλιος· τῆς Δαρείου δὲ δυνά-
μιος καταιρεθείσης οὔτε αὐτὸς Μιλησίων οἷός τε
ἔσεσθαι ἄρχειν οὔτε ἄλλον οὐδένα οὐδαμῶν· βου-
λήσεσθαι γὰρ ἑκάστην τῶν πολίων δημοκρατέ-
εσθαι μᾶλλον ἢ τυραννεύεσθαι. Ἱστιαίου δὲ
γνώμην ταύτην ἀποδεικνυμένου αὐτίκα πάντες
ἦσαν τετραμμένοι πρὸς ταύτην τὴν γνώμην, πρό-
τερον τὴν Μιλτιάδεω αἱρεόμενοι.

138. Ἦσαν δὲ οὗτοι οἱ διαφέροντές τε τὴν
ψῆφον καὶ ἐόντες λόγου πρὸς βασιλέος, Ἑλλησ-
ποντίων μὲν τύραννοι Δάφνις τε Ἀβυδηνὸς καὶ
Ἵπποκλος Λαμψακηνὸς καὶ Ἡρόφαντος Παριη-
νὸς καὶ Μητρόδωρος Προκοννήσιος καὶ Ἀριστα-
γόρης Κυζικηνὸς καὶ Ἀρίστων Βυζάντιος. οὗτοι
μὲν ἦσαν οἱ ἐξ Ἑλλησπόντου, ἀπ᾽ Ἰωνίης δὲ
Στράττις τε Χῖος καὶ Αἰάκης Σάμιος καὶ Λαοδά-
μας Φωκαιεὺς καὶ Ἱστιαῖος Μιλήσιος, τοῦ ἦν
γνώμη ἡ προκειμένη ἐναντίη τῇ Μιλτιάδεω. Αἰο-
λέων δὲ παρῆν λόγιμος μοῦνος Ἀρισταγόρης
Κυμαῖος.

139. Οὗτοι ὦν ἐπείτε τὴν Ἱστιαίου αἱρέοντο
γνώμην, ἔδοξέ σφι πρὸς ταύτῃ τάδε ἔργα τε καὶ
ἔπεα προσθεῖναι, τῆς μὲν γεφύρης λύειν τὰ κατὰ
τοὺς Σκύθας ἐόντα, λύειν δὲ ὅσον τόξευμα ἐξικνέ-

plight that never again will he lead his army against any nation."

137. Thereupon the Ionians held a council. Miltiades the Athenian, general and despot of the Chersonesites of the Hellespont, gave counsel that they should do as the Scythians said and set Ionia free. But Histiaeus of Miletus held a contrary opinion. "Now," said he, "it is by help of Darius that each of us is sovereign of his city; if Darius' power be overthrown, we shall no longer be able to rule, neither I in Miletus nor any of you elsewhere; for all the cities will choose democracy rather than despotism." When Histiaeus declared this opinion, all of them straightway inclined to it, albeit they had first sided with Miltiades.

138. Those standing high in Darius' favour who gave their vote were Daphnis of Abydos, Hippoclus of Lampsacus, Herophantus of Parium, Metrodorus of Proconnesus, Aristagoras of Cyzicus, Ariston of Byzantium, all from the Hellespont and despots of cities there; and from Ionia, Strattis of Chios, Aiaces of Samos, Laodamas of Phocaea, and Histiaeus of Miletus who opposed the plan of Miltiades. As for the Aeolians, their only notable man present was Aristagoras of Cymae.

139. These then chose to follow Histiaeus' counsel, and resolved to make it good by act and word: to break as much of the bridge as reached a bowshot from the Scythian bank, that so they might

εται, ἵνα καὶ ποιέειν τι δοκέωσι ποιεῦντες μηδὲν
καὶ οἱ Σκύθαι μὴ πειρῷατο βιώμενοι καὶ βουλό-
μενοι διαβῆναι τὸν Ἴστρον κατὰ τὴν γέφυραν,
εἰπεῖν τε λύοντας τῆς γεφύρης τὸ ἐς τὴν Σκυθικὴν
ἔχον ὡς πάντα ποιήσουσι τὰ Σκύθῃσι ἐστὶ ἐν
ἡδονῇ. ταῦτα μὲν προσέθηκαν τῇ γνώμῃ· μετὰ
δὲ ἐκ πάντων ὑπεκρίνατο Ἱστιαῖος τάδε λέγων.
"Ἄνδρες Σκύθαι, χρηστὰ ἥκετε φέροντες καὶ ἐς
καιρὸν ἐπείγεσθε· καὶ τά τε ἀπ' ὑμέων ἡμῖν χρη-
στῶς ὁδοῦται καὶ τὰ ἀπ' ἡμέων ἐς ὑμέας ἐπιτη-
δέως ὑπηρετέεται. ὡς γὰρ ὁρᾶτε, καὶ λύομεν τὸν
πόρον καὶ προθυμίην πᾶσαν ἕξομεν θέλοντες εἶναι
ἐλεύθεροι. ἐν ᾧ δὲ ἡμεῖς τάδε λύομεν, ὑμέας και-
ρός ἐστι δίζησθαι ἐκείνους, εὑρόντας δὲ ὑπέρ τε
ἡμέων καὶ ὑμέων αὐτῶν τίσασθαι οὕτω ὡς κείνους
πρέπει."

140. Σκύθαι μὲν τὸ δεύτερον Ἴωσι πιστεύ-
σαντες λέγειν ἀληθέα ὑπέστρεφον ἐπὶ ζήτησιν
τῶν Περσέων, καὶ ἡμάρτανον πάσης τῆς ἐκείνων
διεξόδου. αἴτιοι δὲ τούτου αὐτοὶ οἱ Σκύθαι ἐγέ-
νοντο, τὰς νομὰς τῶν ἵππων τὰς ταύτῃ διαφθεί-
ραντες καὶ τὰ ὕδατα συγχώσαντες. εἰ γὰρ ταῦτα
μὴ ἐποίησαν, παρεῖχε ἄν σφι, εἰ ἐβούλοντο, εὐ-
πετέως ἐξευρεῖν τοὺς Πέρσας. νῦν δὲ τά σφι
ἐδόκεε ἄριστα βεβουλεῦσθαι, κατὰ ταῦτα ἐσφά-
λησαν. Σκύθαι μέν νυν τῆς σφετέρης χώρης τῇ
χιλός τε τοῖσι ἵπποισι καὶ ὕδατα ἦν, ταύτῃ δι-
εξιόντες ἐδίζηντο τοὺς ἀντιπολεμίους, δοκέοντες
καὶ ἐκείνους διὰ τοιούτων τὴν ἀπόδρησιν ποιέ-
εσθαι· οἱ δὲ δὴ Πέρσαι τὸν πρότερον ἑωυτῶν
γενόμενον στίβον, τοῦτον φυλάσσοντες ἤισαν, καὶ
οὕτω μόγις εὗρον τὸν πόρον. οἷα δὲ νυκτός τε

seem to do somewhat when in truth they did
nothing, and that the Scythians might not essay to
force a passage across the Ister by the bridge; and
to say while they broke the portion of the bridge on
the Scythian side, that they would do all that the
Scythians desired. This resolve they added to their
decision; and presently Histiaeus answered for them
all, and said, " You have brought us good advice,
Scythians, and your zeal is well timed; you do your
part in guiding us aright and we do ours in serving
your ends as need requires; for as you see, we are
breaking the passage, and will use all diligence, so
much do we desire our freedom. But while we break
this bridge, now is the time for you to seek out the
Persians, and when you have found them to take
such vengeance on our and your behalf as they
deserve."

140. So the Scythians trusted the Ionians' word
once more, and turned back to seek the Persians;
but they mistook the whole way whereby their
enemies returned. For this the Scythians themselves
were to blame, inasmuch as they had destroyed the
horses' grazing-grounds in that region and choked
the wells. Had they not so done, they could
readily have found the Persians if they would. But
as it was, that part of their plan which they had
thought the best was the very cause of their ill-
success. So the Scythians went searching for their
enemies through the parts of their own country
where there was provender for horses and water,
supposing that they too were aiming at such places
in their flight; but the Persians ever kept to their
own former tracks, and so with much ado they found
the passage of the river. But inasmuch as they

HERODOTUS

ἀπικόμενοι καὶ λελυμένης τῆς γεφύρης ἐντυ-
χόντες, ἐς πᾶσαν ἀρρωδίην ἀπίκοντο μή σφεας οἱ
Ἴωνες ἔωσι ἀπολελοιπότες.

141. Ἦν δὲ περὶ Δαρεῖον ἀνὴρ Αἰγύπτιος
φωνέων μέγιστον ἀνθρώπων· τοῦτον τὸν ἄνδρα
καταστάντα ἐπὶ τοῦ χείλεος τοῦ Ἴστρου ἐκέλευε
Δαρεῖος καλέειν Ἱστιαῖον Μιλήσιον. ὁ μὲν
δὴ ἐποίεε ταῦτα, Ἱστιαῖος δὲ ἐπακούσας τῷ
πρώτῳ κελεύσματι τάς τε νέας ἁπάσας παρεῖχε
διαπορθμεύειν τὴν στρατιὴν καὶ τὴν γέφυραν
ἔζευξε.

142. Πέρσαι μὲν ὦν οὕτω ἐκφεύγουσι. Σκύ-
θαι δὲ διζήμενοι καὶ τὸ δεύτερον ἥμαρτον τῶν
Περσέων, καὶ τοῦτο μὲν ὡς ἐόντας Ἴωνας ἐλευ-
θέρους κακίστους τε καὶ ἀνανδροτάτους κρίνουσι
εἶναι ἁπάντων ἀνθρώπων, τοῦτο δέ, ὡς δούλων
ἐόντων τὸν λόγον ποιεύμενοι, ἀνδράποδα φιλοδέ-
σποτα φασὶ εἶναι καὶ ἄδρηστα. ταῦτα μὲν δὴ
Σκύθῃσι ἐς Ἴωνας ἀπέρριπται.

143. Δαρεῖος δὲ διὰ τῆς Θρηίκης πορευόμενος
ἀπίκετο ἐς Σηστὸν τῆς Χερσονήσου· ἐνθεῦτεν δὲ
αὐτὸς μὲν διέβη τῇσι νηυσὶ ἐς τὴν Ἀσίην, λείπει
δὲ στρατηγὸν ἐν τῇ Εὐρώπῃ Μεγάβαζον ἄνδρα
Πέρσην· τῷ Δαρεῖος κοτὲ ἔδωκε γέρας, τοιόνδε
εἴπας ἐν Πέρσῃσι ἔπος. ὁρμημένου Δαρείου
ῥοιὰς τρώγειν, ὡς ἄνοιξε τάχιστα τὴν πρώτην
τῶν ῥοιέων, εἴρετο αὐτὸν ὁ ἀδελφεὸς Ἀρτάβανος
ὅ τι βούλοιτ᾽ ἄν οἱ τοσοῦτο πλῆθος γενέσθαι
ὅσοι ἐν τῇ ῥοιῇ κόκκοι· Δαρεῖος δὲ εἶπε Μεγαβά-
ζους ἄν οἱ τοσούτους ἀριθμὸν γενέσθαι βούλεσθαι
μᾶλλον ἢ τὴν Ἑλλάδα ὑπήκοον. ἐν μὲν δὴ
Πέρσῃσι ταῦτά μιν εἴπας ἐτίμα, τότε δὲ αὐτὸν

came to it at night and found the bridge broken, they were in great terror lest the Ionians had abandoned them.

141. There was with Darius an Egyptian, whose voice was the loudest in the world; Darius bade this man stand on the Ister bank and call to Histiaeus the Milesian. This the Egyptian did; Histiaeus heard and obeyed the first shout, and sent all the ships to ferry the army over, and made the bridge anew.

142. Thus the Persians escaped. The Scythians sought the Persians, but missed them again. Their judgment of the Ionians is that if they are regarded as free men they are the basest cravens in the world; but if they are to be reckoned as slaves, none would love their masters more, or less desire to escape. Thus have the Scythians taunted the Ionians.

143. Darius marched through Thrace to Sestos on the Chersonesus; thence he crossed over with his ships to Asia, leaving as his general in Europe Megabazus, a Persian, to whom he once did honour by saying among Persians what I here set down. Darius was about to eat pomegranates; and no sooner had he opened the first of them than his brother Artabanus asked him of what thing he would wish to have as many as there were seeds in his pomegranate; whereupon Darius said, that he would rather have that number of men like Megabazus than make all Hellas subject to him. By thus speaking among Persians the king did honour to Megabazus; and

ὑπελιπε στρατηγὸν ἔχοντα τῆς στρατιῆς τῆς
ἑωυτοῦ ὀκτὼ μυριάδας.

144. Οὗτος δὲ ὁ Μεγάβαζος εἴπας τόδε τὸ ἔπος
ἐλίπετο ἀθάνατον μνήμην πρὸς Ἑλλησποντίων.
γενόμενος γὰρ ἐν Βυζαντίῳ ἐπύθετο ἑπτακαίδεκα
ἔτεσι πρότερον Καλχηδονίους κτίσαντας τὴν χώ-
ρην Βυζαντίων, πυθόμενος δὲ ἔφη Καλχηδονίους
τοῦτον τὸν χρόνον τυγχάνειν ἐόντας τυφλούς· οὐ
γὰρ ἂν τοῦ καλλίονος παρεόντος κτίζειν χώρου
τὸν αἰσχίονα ἑλέσθαι, εἰ μὴ ἦσαν τυφλοί. οὗτος
δὴ ὦν τότε ὁ Μεγάβαζος στρατηγὸς λειφθεὶς ἐν
τῇ χώρῃ Ἑλλησποντίων τοὺς μὴ μηδίζοντας
κατεστρέφετο.

145. Οὗτος μέν νυν ταῦτα ἔπρησσε. τὸν αὐ-
τὸν δὲ τοῦτον χρόνον ἐγίνετο ἐπὶ Λιβύην ἄλλος
στρατιῆς μέγας στόλος, διὰ πρόφασιν τὴν ἐγὼ
ἀπηγήσομαι προδιηγησάμενος πρότερον τάδε. τῶν
ἐκ τῆς Ἀργοῦς ἐπιβατέων παίδων παῖδες ἐξελα-
σθέντες ὑπὸ Πελασγῶν τῶν ἐκ Βραυρῶνος ληισα-
μένων τὰς Ἀθηναίων γυναῖκας, ὑπὸ τούτων ἐξε-
λασθέντες ἐκ Λήμνου οἴχοντο πλέοντες ἐς Λακε-
δαίμονα, ἱζόμενοι δὲ ἐν τῷ Τηϋγέτῳ πῦρ ἀνέκαιον.
Λακεδαιμόνιοι δὲ ἰδόντες ἄγγελον ἔπεμπον πευσό-
μενοι τίνες τε καὶ ὁκόθεν εἰσί· οἱ δὲ τῷ ἀγγέλῳ
εἰρωτῶντι ἔλεγον ὡς εἴησαν μὲν Μινύαι, παῖδες
δὲ εἶεν τῶν ἐν τῇ Ἀργοῖ πλεόντων ἡρώων, προσ-
σχόντας δὲ τούτους ἐς Λῆμνον φυτεῦσαι σφέας.
οἱ δὲ Λακεδαιμόνιοι ἀκηκοότες τὸν λόγον τῆς
γενεῆς τῶν Μινύεων, πέμψαντες τὸ δεύτερον
εἰρώτων τί θέλοντες ἥκοιέν τε ἐς τὴν χώρην καὶ
πῦρ αἴθοιεν. οἱ δὲ ἔφασαν ὑπὸ Πελασγῶν
ἐκβληθέντες ἥκειν ἐς τοὺς πατέρας· δικαιότατον

344

now he left him behind as his general, at the head
of eighty thousand of his army.

144. This Megabazus is for ever remembered by
the people of the Hellespont for his saying—when,
being at Byzantium, he was told that the people of
Calchedon had founded their town seventeen years
before the Byzantines had founded theirs—that the
Calchedonians must at that time have been blind;
for had they not been so, they would never have
chosen the meaner site for their city when they
might have had the fairer. This Megabazus, being
now left as general in the country, subdued all the
people of the Hellespont who did not take the side
of the Persians.

145. Thus Megabazus did. About this time a
great armament was sent against Libya also, for
a reason which I will show after this story which
I will now relate. The descendants of the crew
of the Argo had been driven out by those Pelas-
gians who carried off the Athenian women from
Brauron; being driven out of Lemnos by these, they
sailed away to Lacedaemon, and there encamped on
Taÿgetum and kindled a fire. Seeing this, the
Lacedaemonians sent a messenger to enquire who
they were and whence they came. They answered
the messenger that they were Minyae, descendants
of the heroes who had sailed in the Argo, and had
put in at Lemnos and there begotten their race.
Hearing the story of the lineage of the Minyae, the
Lacedaemonians sent a second time and asked to
what end they had come into Laconia and kindled a
fire. They replied, that being expelled by the
Pelasgians they had come to the land of their fathers,

345

γὰρ εἶναι οὕτω τοῦτο γίνεσθαι· δέεσθαι δὲ οἰκέειν
ἅμα τούτοισι μοῖράν τε τιμέων μετέχοντες καὶ τῆς
γῆς ἀπολαχόντες. Λακεδαιμονίοισι δὲ ἕαδε δέ-
κεσθαι τοὺς Μινύας ἐπ᾿ οἷσι θέλουσι αὐτοί.
μάλιστα δὲ ἐνῆγε σφέας ὥστε ποιέειν ταῦτα τῶν
Τυνδαριδέων ἡ ναυτιλίη ἐν τῇ ᾿Αργοῖ. δεξάμενοι
δὲ τοὺς Μινύας γῆς τε μετέδοσαν καὶ ἐς φυλὰς
διεδάσαντο. οἱ δὲ αὐτίκα μὲν γάμους ἔγημαν,
τὰς δὲ ἐκ Λήμνου ἤγοντο ἐξέδοσαν ἄλλοισι.

146. Χρόνου δὲ οὐ πολλοῦ διεξελθόντος αὐτίκα
οἱ Μινύαι ἐξύβρισαν, τῆς τε βασιληίης μεταιτέ-
οντες καὶ ἄλλα ποιέοντες οὐκ ὅσια. τοῖσι ὦν
Λακεδαιμονίοισι ἔδοξε αὐτοὺς ἀποκτεῖναι, συλ-
λαβόντες δὲ σφέας κατέβαλον ἐς ἕρκτήν. κτεί-
νουσι δὲ τοὺς ἂν κτείνωσι Λακεδαιμόνιοι νυκτός,
μετ᾿ ἡμέρην δὲ οὐδένα. ἐπεὶ ὦν ἔμελλον σφέας
καταχρήσασθαι, παραιτήσαντο αἱ γυναῖκες τῶν
Μινυέων, ἐοῦσαι ἀσταί τε καὶ τῶν πρώτων Σπαρ-
τιητέων θυγατέρες, ἐσελθεῖν τε ἐς τὴν ἕρκτὴν καὶ
ἐς λόγους ἐλθεῖν ἑκάστη τῷ ἑωυτῆς ἀνδρί. οἱ δὲ
σφέας παρῆκαν, οὐδένα δόλον δοκέοντες ἐξ αὐτέων
ἔσεσθαι. αἱ δὲ ἐπείτε ἐσῆλθον, ποιέουσι τοιάδε·
πᾶσαν τὴν εἶχον ἐσθῆτα παραδοῦσαι τοῖσι ἀν-
δράσι αὐταὶ τὴν τῶν ἀνδρῶν ἔλαβον, οἱ δὲ Μινύαι
ἐνδύντες τὴν γυναικηίην ἐσθῆτα ἅτε γυναῖκες
ἐξήισαν ἔξω, ἐκφυγόντες δὲ τρόπῳ τοιούτῳ ἵζοντο
αὖτις ἐς τὸ Τηΰγετον.

147. Τὸν δὲ αὐτὸν τοῦτον χρόνον Θήρας ὁ

as (they said) was most just; and for their desire, it
was that they might dwell with their father's people,
sharing in their rights and receiving allotted parcels
of land. It pleased the Lacedaemonians to receive
the Minyae [1] on the terms which their guests desired;
the chief cause of their so consenting was that the
Tyndaridae [2] had been in the ship's company of the
Argo; so they received the Minyae and gave them
of their land and divided them among their own
tribes. The Minyae forthwith wedded wives, and
gave in marriage to others the women they had
brought from Lemnos.

146. But in no long time these Minyae waxed
over-proud, demanding an equal right to the king-
ship, and doing other impious things; wherefore the
Lacedaemonians resolved to slay them, and they
seized and cast them into prison. (When the Lace-
daemonians kill, they do it by night, never by day.)
Now when they were about to kill the prisoners,
the wives of the Minyae, who were native to the
country, daughters of the chief among the Spartans,
entreated leave to enter the prison and have speech
each with her husband; the Lacedaemonians
granted this, not suspecting that the women would
deal craftily with them. But when the wives came
into the prison, they gave to their husbands all their
own garments, and themselves put on the men's
dress; so the Minyae donned the female dress and
so passed out in the guise of women, and having
thus escaped once more encamped on Taÿgetum.

147. Now about this same time Theras (who was

---

[1] As descendants of the Argonauts, who were Minyae of
Thessaly, living near the Pagasaean gulf.
[2] Castor and Polydeuces.

Αὐτεσίωνος τοῦ Τισαμενοῦ τοῦ Θερσάνδρου τοῦ
Πολυνείκεος ἔστελλε ἐς ἀποικίην ἐκ Λακεδαί-
μονος. ἦν δὲ ὁ Θήρας οὗτος, γένος ἐὼν Καδμεῖος,
τῆς μητρὸς ἀδελφεὸς τοῖσι Ἀριστοδήμου παισὶ
Εὐρυσθένεϊ καὶ Προκλέι. ἐόντων δὲ ἔτι τῶν
παίδων τούτων νηπίων ἐπιτροπαίην εἶχε ὁ Θήρας
τὴν ἐν Σπάρτῃ βασιληίην. αὐξηθέντων δὲ τῶν
ἀδελφιδέων καὶ παραλαβόντων τὴν ἀρχήν, οὕτω
δὴ ὁ Θήρας δεινὸν ποιεύμενος ἄρχεσθαι ὑπ’ ἄλ-
λων ἐπείτε ἐγεύσατο ἀρχῆς, οὐκ ἔφη μένειν ἐν τῇ
Λακεδαίμονι ἀλλ’ ἀποπλεύσεσθαι ἐς τοὺς συγ-
γενέας. ἦσαν δὲ ἐν τῇ νῦν Θήρῃ καλεομένῃ
νήσῳ, πρότερον δὲ Καλλίστῃ τῇ αὐτῇ ταύτῃ,
ἀπόγονοι Μεμβλιάρου τοῦ Ποικίλεω ἀνδρὸς Φοί-
νικος. Κάδμος γὰρ ὁ Ἀγήνορος Εὐρώπην διζή-
μενος προσέσχε ἐς τὴν νῦν Θήρην καλεομένην·
προσσχόντι δὲ εἴτε δὴ οἱ ἡ χώρη ἤρεσε, εἴτε καὶ
ἄλλως ἠθέλησε ποιῆσαι τοῦτο· καταλείπει γὰρ
ἐν τῇ νήσῳ ταύτῃ ἄλλους τε τῶν Φοινίκων καὶ δὴ
καὶ τῶν ἑωυτοῦ συγγενέων Μεμβλίαρον. οὗτοι
ἐνέμοντο τὴν Καλλίστην καλεομένην ἐπὶ γενεάς,
πρὶν ἢ Θήραν ἐλθεῖν ἐκ Λακεδαίμονος, ὀκτὼ ἀνδρῶν.
148. Ἐπὶ τούτους δὴ ὦν ὁ Θήρας λεὼν ἔχων
ἀπὸ τῶν φυλέων ἔστελλε, συνοικήσων τούτοισι
καὶ οὐδαμῶς ἐξελῶν αὐτοὺς ἀλλὰ κάρτα οἰκηιεύ-
μενος. ἐπείτε δὲ καὶ οἱ Μινύαι ἐκδράντες ἐκ τῆς
ἔρκτης ἵζοντο ἐς τὸ Τηΰγετον, τῶν Λακεδαιμονίων
βουλευομένων σφέας ἀπολλύναι παραιτέεται ὁ
Θήρας, ὅκως μήτε φόνος γένηται, αὐτός τε ὑπε-
δέκετο σφέας ἐξάξειν ἐκ τῆς χώρης. συγχω-
ρησάντων δὲ τῇ γνώμῃ τῶν Λακεδαιμονίων, τρισὶ
τριηκοντέροισι ἐς τοὺς Μεμβλιάρου ἀπογόνους

a descendant of Polynices, through Thersander,
Tisamenus, and Autesion) was preparing to lead out
colonists from Lacedaemon.   This Theras was of the
lineage of Cadmus and an uncle on the mother's side
of Aristodemus' sons Eurysthenes and Procles; and
while these boys were yet children he held the royal
power of Sparta as regent; but when his nephews
grew up and became kings, then Theras could not
brook to be a subject when he had had a taste of
supreme power, and said he would abide no longer
in Lacedaemon but sail away to his kinsfolk.   There
were in the island now called Thera, but then Calliste,
descendants of Membliarus the son of Poeciles, a
Phoenician ; for Cadmus son of Agenor, in his search
for Europa, had put in at the place now called Thera ;
and having put in, either because the land pleased
him, or because for some other reason he desired so
to do, he left in this island, among other Phoenicians,
his own kinsman Membliarus.   These dwelt in the
island Calliste for eight generations before Theras
came from Lacedaemon.

148. It was these whom Theras was preparing to
join, taking with him a company of people from the
tribes ; it was his intent to settle among the folk of
Calliste, and not to drive them out but to claim them as
verily his own people. So when the Minyae escaped
out of prison and encamped on Taÿgetum, and the
Lacedaemonians were taking counsel to put them to
death, Theras entreated for their lives, that there
might be no killing, promising himself to lead them
out of the country. The Lacedaemonians consenting
to this, Theras sailed with three thirty-oared ships to
join the descendants of Membliarus, taking with him

ἔπλωσε, οὔτι πάντας ἄγων τοὺς Μινύας ἀλλ'
ὀλίγους τινάς. οἱ γὰρ πλεῦνες αὐτῶν ἐτράποντο
ἐς τοὺς Παρωρεάτας καὶ Καύκωνας, τούτους δὲ
ἐξελάσαντες ἐκ τῆς χώρης σφέας αὐτοὺς ἐξ μοίρας
διεῖλον, καὶ ἔπειτα ἔκτισαν πόλιας τάσδε ἐν αὐ-
τοῖσι, Λέπρεον Μάκιστον Φρίξας Πύργον Ἔπιον
Νούδιον. τουτέων δὲ τὰς πλεῦνας ἐπ' ἐμέο Ἠλεῖοι
ἐπόρθησαν. τῇ δὲ νήσῳ ἐπὶ τοῦ οἰκιστέω Θήρα
ἡ ἐπωνυμίη ἐγένετο.

149. Ὁ δὲ παῖς οὐ γὰρ ἔφη οἱ συμπλεύσεσθαι,
τοιγαρῶν ἔφη αὐτὸν καταλείψειν οἶν ἐν λύκοισι.
ἐπὶ τοῦ ἔπεος τούτου οὔνομα τῷ νεηνίσκῳ τούτῳ
Οἰόλυκος ἐγένετο, καί κως τὸ οὔνομα τοῦτο ἐπε-
κράτησε. Οἰολύκου δὲ γίνεται Αἰγεύς, ἐπ' οὗ
Αἰγεῖδαι καλέονται φυλὴ μεγάλη ἐν Σπάρτῃ.
τοῖσι δὲ ἐν τῇ φυλῇ ταύτῃ ἀνδράσι οὐ γὰρ ὑπέ-
μειναν τὰ τέκνα, ἱδρύσαντο ἐκ θεοπροπίου Ἐρινύων
τῶν Λαΐου τε καὶ Οἰδιπόδεω ἱρόν· καὶ μετὰ τοῦτο
ὑπέμειναν[1] . . . . τὠυτὸ τοῦτο καὶ ἐν Θήρῃ τοῖσι
ἀπὸ τῶν ἀνδρῶν τούτων γεγονόσι.

150. Μέχρι μέν νυν τούτου τοῦ λόγου Λακε-
δαιμόνιοι Θηραίοισι κατὰ ταὐτὰ λέγουσι, τὸ δὲ
ἀπὸ τούτου μοῦνοι Θηραῖοι ὧδε γενέσθαι λέγουσι.
Γρῖννος ὁ Αἰσανίου ἐὼν Θήρα τούτου ἀπόγονος
καὶ βασιλεύων Θήρης τῆς νήσου ἀπίκετο ἐς Δελ-
φούς, ἄγων ἀπὸ τῆς πόλιος ἑκατόμβην· εἵποντο
δέ οἱ καὶ ἄλλοι τῶν πολιητέων καὶ δὴ καὶ Βάττος

[1] Something is obviously lost, συνέβη δέ or the like.

---

[1] These six towns were in the western Peloponnese, in
Triphylia, a district between Elis and Messenia.
[2] Literally "sheep-wolf."

not all the Minyae but a few only; for the greater part of them made their way to the lands of the Paroreatae and Caucones, whom having driven out of the country they divided themselves into six companies and founded in the land they had won the cities of Lepreum, Macistus, Phrixae, Pyrgus, Epium, Nudium;[1] most of which were in my time taken and sacked by the Eleans. As for the island Calliste, it was called Thera after its colonist.

149. But as Theras' son would not sail with him, his father therefore said that he would leave him behind as a sheep among wolves; after which saying the stripling got the nickname of Oeolycus,[2] and it so fell out that this became his customary name. He had a son born to him, Aegeus, from whom the Aegidae, a great Spartan clan, take their name. The men of this clan, finding that none of their children lived, set up, by the instruction of an oracle, a temple of the avenging spirits of Laïus and Oedipus,[3] after which the children lived. Thus it fared also with the children of the Aegidae at Thera.

150. Thus far in my story the Lacedaemonian and Theraean records agree; for the rest we have only the word of the Theraeans. Grinnus son of Aesanius, king of Thera, a descendant of this same Theras, came to Delphi bringing an hecatomb from his city; there came with him, among others of his

---

[3] Oedipus, son of Laius king of Thebes and his wife Iocasta, was exposed in infancy, but rescued and carried away to a far country. Returning in manhood, ignorant of his lineage, he killed his father and married his mother; after which the truth was revealed to him, too late. The story is first told by Homer, and is the subject of the *Oedipus Tyrannus* of Sophocles.

HERODOTUS

ὁ Πολυμνήστου, ἐὼν γένος Εὐφημίδης τῶν Μιν-
νέων. χρεωμένῳ δὲ τῷ Γρίννῳ τῷ βασιλέι τῶν
Θηραίων περὶ ἄλλων χρᾷ ἡ Πυθίη κτίζειν ἐν
Λιβύῃ πόλιν. ὁ δὲ ἀμείβετο λέγων " Ἐγὼ μὲν
ὦναξ πρεσβύτερός τε ἤδη εἰμὶ καὶ βαρὺς ἀεί-
ρεσθαι· σὺ δὲ τινὰ τῶνδε τῶν νεωτέρων κέλευε
ταῦτα ποιέειν." ἅμα τε ἔλεγε ταῦτα καὶ ἐδείκνυε
ἐς τὸν Βάττον. τότε μὲν τοσαῦτα. μετὰ δὲ
ἀπελθόντες ἀλογίην εἶχον τοῦ χρηστηρίου, οὔτε
Λιβύην εἰδότες ὅκου γῆς εἴη οὔτε τολμῶντες ἐς
ἀφανὲς χρῆμα ἀποστέλλειν ἀποικίην.

151. Ἑπτὰ δὲ ἐτέων μετὰ ταῦτα οὐκ ὗε τὴν
Θήρην, ἐν τοῖσι τὰ δένδρεα πάντα σφι τὰ ἐν τῇ
νήσῳ πλὴν ἑνὸς ἐξαυάνθη. χρεωμένοισι δὲ τοῖσι
Θηραίοισι προέφερε ἡ Πυθίη τὴν ἐς Λιβύην ἀποι-
κίην. ἐπείτε δὲ κακοῦ οὐδὲν ἦν σφι μῆχος, πέμ-
πουσι ἐς Κρήτην ἀγγέλους διζημένους εἴ τις
Κρητῶν ἢ μετοίκων ἀπιγμένος εἴη ἐς Λιβύην.
περιπλανώμενοι δὲ αὐτὴν οὗτοι ἀπίκοντο καὶ ἐς
Ἴτανον πόλιν, ἐν ταύτῃ δὲ συμμίσγουσι ἀνδρὶ
πορφυρέι τῷ οὔνομα ἦν Κορώβιος, ὃς ἔφη ὑπ᾽
ἀνέμων ἀπενειχθεὶς ἀπικέσθαι ἐς Λιβύην καὶ
Λιβύης ἐς Πλατέαν νῆσον. μισθῷ δὲ τοῦτον
πείσαντες ἦγον ἐς Θήρην, ἐκ δὲ Θήρης ἔπλεον
κατάσκοποι ἄνδρες τὰ πρῶτα οὐ πολλοί· κατη-
γησαμένου δὲ τοῦ Κορωβίου ἐς τὴν νῆσον ταύτην
δὴ τὴν Πλατέαν, τὸν μὲν Κορώβιον λείπουσι,
σιτία καταλιπόντες ὅσων δὴ μηνῶν, αὐτοὶ δὲ
ἔπλεον τὴν ταχίστην ἀπαγγελέοντες Θηραίοισι
περὶ τῆς νήσου.

152. Ἀποδημεόντων δὲ τούτων πλέω χρόνον
τοῦ συγκειμένου τὸν Κορώβιον ἐπέλιπε τὰ πάντα.

people, Battus son of Polymnestus, a descendant of
Euphemus of the Minyan clan. When Grinnus king
of Thera inquired of the oracle concerning other
matters, the priestess' answer was that he should
found a city in Libya. "Nay, Lord," answered
Grinnus, "I am grown old and heavy to stir; do
thou lay this command on some one of these younger
men," pointing as he spoke to Battus. No more
was then said. But when they had departed, they
neglected to obey the oracle, seeing that they knew
not where Libya was, and feared to send a colony
out to an uncertain goal.

151. Then for seven years after this there was no
rain in Thera; all their trees in the island save one
were withered. The Theraeans inquired again at
Delphi, and the priestess made mention of the
colony they should send to Libya. So since there
was no remedy for their ills, they sent messengers
to Crete to seek out any Cretan or sojourner there
who had travelled to Libya. These, in their journeys
about the island, came to the town of Itanus, where
they met a fisher of murex called Corobius, who
told them that he had once been driven out of his
course by winds to Libya, to an island there called
Platea.[1] This man they hired to come with them to
Thera; thence but a few men were first sent on
shipboard to spy out the land, who, being guided by
Corobius to the aforesaid island Platea, left him there
with provision for some months, and themselves sailed
back with all speed to Thera to bring news of the
island.

152. But when they had been away for longer
than the agreed time, and Corobius had no provision

---

[1] The island now called Bomba, east of Cyrene.

μετὰ δὲ ταῦτα νηῦς Σαμίη, τῆς ναύκληρος ἦν
Κωλαῖος, πλέουσα ἐπ' Αἰγύπτου ἀπηνείχθη ἐς
τὴν Πλατέαν ταύτην· πυθόμενοι δὲ οἱ Σάμιοι
παρὰ τοῦ Κορωβίου τὸν πάντα λόγον, σιτία οἱ
ἐνιαυτοῦ καταλείπουσι. αὐτοὶ δὲ ἀναχθέντες ἐκ
τῆς νήσου καὶ γλιχόμενοι Αἰγύπτου ἔπλεον, ἀπο-
φερόμενοι ἀπηλιώτῃ ἀνέμῳ· καὶ οὐ γὰρ ἀνίει τὸ
πνεῦμα, Ἡρακλέας στήλας διεκπερήσαντες ἀπί-
κοντο ἐς Ταρτησσόν, θείῃ πομπῇ χρεώμενοι. τὸ
δὲ ἐμπόριον τοῦτο ἦν ἀκήρατον τοῦτον τὸν χρόνον,
ὥστε ἀπονοστήσαντες οὗτοι ὀπίσω μέγιστα δὴ
Ἑλλήνων πάντων τῶν ἡμεῖς ἀτρεκείην ἴδμεν ἐκ
φορτίων ἐκέρδησαν, μετά γε Σώστρατον τὸν
Λαοδάμαντος Αἰγινήτην· τούτῳ γὰρ οὐκ οἷά τε
ἐστὶ ἐρίσαι ἄλλον. οἱ δὲ Σάμιοι τὴν δεκάτην τῶν
ἐπικερδίων ἐξελόντες ἓξ τάλαντα ἐποιήσαντο
χαλκήιον κρητῆρος Ἀργολικοῦ τρόπον· πέριξ δὲ
αὐτοῦ γρυπῶν κεφαλαὶ πρόκροσσοι εἰσί· καὶ
ἀνέθηκαν ἐς τὸ Ἥραιον, ὑποστήσαντες αὐτῷ τρεῖς
χαλκέους κολοσσοὺς ἑπταπήχεας τοῖσι γούνασι
ἐρηρεισμένους. Κυρηναίοισι δὲ καὶ Θηραίοισι ἐς
Σαμίους ἀπὸ τούτου τοῦ ἔργου πρῶτα φιλίαι
μεγάλαι συνεκρήθησαν.

153. Οἱ δὲ Θηραῖοι ἐπείτε τὸν Κορώβιον λι-
πόντες ἐν τῇ νήσῳ ἀπίκοντο ἐς τὴν Θήρην, ἀπήγ-
γελλον ὥς σφι εἴη νῆσος ἐπὶ Λιβύῃ ἐκτισμένη.
Θηραίοισι δὲ ἕαδε ἀδελφεόν τε ἀπ' ἀδελφεοῦ
πέμπειν πάλῳ λαγχάνοντα καὶ ἀπὸ τῶν χώρων
ἁπάντων ἑπτὰ ἐόντων ἄνδρας, εἶναι δὲ σφέων καὶ
ἡγεμόνα καὶ βασιλέα Βάττον. οὕτω δὴ στέλ-
λουσι δύο πεντηκοντέρους ἐς τὴν Πλατέαν.

154. Ταῦτα δὲ Θηραῖοι λέγουσι, τὰ δ' ἐπίλοιπα

left, a Samian ship sailing for Egypt, whereof the
captain was Colaeus, was driven out of her course to
Platea, where the Samians heard the whole story
from Corobius and left him provision for a year;
they then put out to sea from the island and would
have voyaged to Egypt, but an easterly wind drove
them from their course, and ceased not till they had
passed through the Pillars of Heracles and came (by
heaven's providence) to Tartessus. Now this was at
that time a virgin[1] port; wherefore the Samians
brought back from it so great a profit on their wares
as no Greeks ever did of whom we have any exact
knowledge, save only Sostratus of Aegina, son of
Laodamas; with him none could vie. The Samians
took six talents, the tenth part of their profit, and
made therewith a bronze vessel, like an Argolic
cauldron, with griffins' heads projecting from the rim
all round; this they set up in their temple of Here,
supporting it with three colossal kneeling figures
of bronze, each seven cubits high. This that the
Samians had done was the beginning of a close
friendship between them and the men of Cyrene and
Thera.

153. As for the Theraeans, when they came to
Thera after leaving Corobius on the island, they
brought word that they had founded a settlement
on an island off Libya. The Theraeans resolved to
send out men from their seven regions, taking by
lot one of every pair of brothers, and making Battus
leader and king of all. Then they manned two
fifty-oared ships and sent them to Platea.

154. This is what the Theraeans say; and now

[1] That is, as yet unvisited by Greeks. It was at or near
the mouth of the Guadalquivir; *cp.* l. 163.

τοῦ λόγου συμφέρονται ἤδη Θηραῖοι Κυρηναίοισι.
Κυρηναῖοι γὰρ τὰ περὶ Βάττον οὐδαμῶς ὁμολο-
γέουσι Θηραίοισι· λέγουσι γὰρ οὕτω. ἔστι τῆς
Κρήτης Ὀαξὸς πόλις, ἐν τῇ ἐγένετο Ἐτέαρχος
βασιλεύς, ὃς ἐπὶ θυγατρὶ ἀμήτορι τῇ οὔνομα ἦν
Φρονίμη, ἐπὶ ταύτῃ ἔγημε ἄλλην γυναῖκα. ἡ δὲ
ἐπεσελθοῦσα ἐδικαίου καὶ τῷ ἔργῳ εἶναι μητρυιὴ
τῇ Φρονίμῃ, παρέχουσά τε κακὰ καὶ πᾶν ἐπ' αὐτῇ
μηχανωμένη, καὶ τέλος μαχλοσύνην ἐπενείκασά
οἱ πείθει τὸν ἄνδρα ταῦτα ἔχειν οὕτω. ὁ δὲ
ἀναγνωσθεὶς ὑπὸ τῆς γυναικὸς ἔργον οὐκ ὅσιον
ἐμηχανᾶτο ἐπὶ τῇ θυγατρί. ἦν γὰρ δὴ Θεμίσων
ἀνὴρ Θηραῖος ἔμπορος ἐν τῇ Ὀαξῷ· τοῦτον ὁ
Ἐτέαρχος παραλαβὼν ἐπὶ ξείνια ἐξορκοῖ ἦ μέν οἱ
διηκονήσειν ὅ τι ἂν δεηθῇ. ἐπείτε δὴ ἐξώρκωσε,
ἀγαγών οἱ παραδιδοῖ τὴν ἑωυτοῦ θυγατέρα καὶ
ταύτην ἐκέλευε καταποντῶσαι ἀπαγαγόντα. ὁ
δὲ Θεμίσων περιημεκτήσας τῇ ἀπάτῃ τοῦ ὅρκου
καὶ διαλυσάμενος τὴν ξεινίην ἐποίεε τοιάδε· παρα-
λαβὼν τὴν παῖδα ἀπέπλεε· ὡς δὲ ἐγίνετο ἐν τῷ
πελάγεϊ, ἀποσιεύμενος τὴν ἐξόρκωσιν τοῦ Ἐτε-
άρχου, σχοινίοισι αὐτὴν διαδήσας κατῆκε ἐς τὸ
πέλαγος, ἀνασπάσας δὲ ἀπίκετο ἐς τὴν Θήρην.

155. Ἐνθεῦτεν δὲ τὴν Φρονίμην παραλαβὼν
Πολύμνηστος, ἐὼν τῶν Θηραίων ἀνὴρ δόκιμος,
ἐπαλλακεύετο. χρόνου δὲ περιιόντος ἐξεγένετό
οἱ παῖς ἰσχόφωνος καὶ τραυλός, τῷ οὔνομα ἐτέθη
Βάττος, ὡς Θηραῖοί τε καὶ Κυρηναῖοι λέγουσι, ὡς
μέντοι ἐγὼ δοκέω, ἄλλο τι· Βάττος δὲ μετωνο-

begins the part in which the Theraean and Cyre-
naean stories agree, but not till now, for the Cyre-
naeans tell a wholly different tale of Battus, which
is this. There is a town in Crete called Oaxus,
of which one Etearchus became ruler. He had a
motherless daughter called Phronime, but he must
needs marry another wife too. When the second
wife came into his house, she thought fit to be in
very deed a stepmother to Phronime, ill-treating her
and devising all evil against her; at last she accused
the girl of lewdness, and persuaded her husband
that the charge was true. So Etearchus was over-
persuaded by his wife and devised a great sin against
his daughter. There was at Oaxus a Theraean trader,
one Themison; Etearchus made this man his guest
and friend, and took an oath of him that he would
do him whatever service he desired; which done, he
gave the man his own daughter, bidding him take
her away and throw her into the sea. But Themison
was very angry at being so tricked with the oath
and renounced his friendship with Etearchus; pre-
sently he took the girl and sailed away, and that he
might duly fulfil the oath that he had sworn to
Etearchus, when he was on the high seas he bound
her about with ropes and let her down into the
sea and drew her up again, and presently came
to Thera.

155. There Polymnestus, a notable Theraean, took
Phronime and made her his concubine. In time
there was born to him a son of weak and stammering
speech, to whom he gave the name Battus,[1] as the
Theraeans and Cyrenaeans say; but to my thinking
the boy was given some other name, and changed it

---

[1] That is, the Stammerer.

μάσθη, ἐπείτε ἐς Λιβύην ἀπίκετο, ἀπό τε τοῦ
χρηστηρίου τοῦ γενομένου ἐν Δελφοῖσι αὐτῷ καὶ
ἀπὸ τῆς τιμῆς τὴν ἔσχε τὴν ἐπωνυμίην ποιεύ-
μενος. Λίβυες γὰρ βασιλέα βάττον καλέουσι,
καὶ τούτου εἵνεκα δοκέω θεσπίζουσαν τὴν Πυθίην
καλέσαι μιν Λιβυκῇ γλώσσῃ, εἰδυῖαν ὡς βασιλεὺς
ἔσται ἐν Λιβύῃ. ἐπείτε γὰρ ἠνδρώθη οὗτος, ἦλθε
ἐς Δελφοὺς περὶ τῆς φωνῆς· ἐπειρωτῶντι δέ οἱ
χρᾷ ἡ Πυθίη τάδε.

Βάττ᾽, ἐπὶ φωνὴν ἦλθες· ἄναξ δέ σε Φοῖβος
  Ἀπόλλων
ἐς Λιβύην πέμπει μηλοτρόφον οἰκιστῆρα,

ὥσπερ εἰ εἴποι Ἑλλάδι γλώσσῃ χρεωμένη "Ὦ
βασιλεῦ, ἐπὶ φωνὴν ἦλθες." ὃ δ᾽ ἀμείβετο τοῖ-
σιδε. "Ὦναξ, ἐγὼ μὲν ἦλθον παρὰ σὲ χρησά-
μενος περὶ τῆς φωνῆς, σὺ δέ μοι ἄλλα ἀδύνατα
χρᾷς, κελεύων Λιβύην ἀποικίζειν τέῳ δυνάμι,
κοίῃ χειρί;" ταῦτα λέγων οὐκὶ ἔπειθε ἄλλα οἱ
χρᾶν· ὡς δὲ κατὰ ταὐτὰ ἐθέσπιζέ οἱ καὶ πρότερον,
οἴχετο μεταξὺ ἀπολιπὼν ὁ Βάττος ἐς τὴν Θήρην.

156. Μετὰ δὲ αὐτῷ τε τούτῳ καὶ τοῖσι ἄλλοισι
Θηραίοισι συνεφέρετο παλιγκότως· ἀγνοεῦντες δὲ
τὰς συμφορὰς οἱ Θηραῖοι ἔπεμπον ἐς Δελφοὺς
περὶ τῶν παρεόντων κακῶν. ἡ δὲ Πυθίη σφι
ἔχρησε συγκτίζουσι Βάττῳ Κυρήνην τῆς Λιβύης
ἄμεινον πρήξειν. ἀπέστελλον μετὰ ταῦτα τὸν
Βάττον οἱ Θηραῖοι δύο πεντηκοντέροισι. πλώ-
σαντες δὲ ἐς τὴν Λιβύην οὗτοι, οὐ γὰρ εἶχον ὅ τι

to Battus on his coming to Libya, taking this new name by reason of the oracle given to him at Delphi and the honourable office which he received. For the Libyan word for king is "battus," and this (methinks) is why the Pythian priestess called him so in her prophecy, using a Libyan name because she knew that he was to be king in Libya. For when he came to man's estate, he went to Delphi to enquire concerning his voice; and the priestess in answer gave him this oracle:

"Battus, thou askest a voice; but the King, ev'n
    Phoebus Apollo,
  Sends thee to found thee a home in Libya, the
    country of sheepfolds,"

even as though she said to him, using our word, "O King, thou askest a voice." But he made answer: "Lord, I came to thee to enquire concerning my speech; but thy answer is of other matters, things impossible of performance; thou biddest me plant a colony in Libya; where shall I get me the power or might of hand for it?" Thus spoke Battus, but the god not being won to give him another oracle and ever answering as before, he departed while the priestess yet spake, and went away to Thera.

156. But afterwards matters went untowardly with Battus and the rest of the Theraeans; and when, knowing not the cause of their misfortunes, they sent to Delphi to enquire concerning their present ills, the priestess declared that they would fare better if they aided Battus to plant a colony at Cyrene in Libya. Then the Theraeans sent Battus with two fifty-oared ships; these sailed to Libya, but presently

ποιέωσι ἄλλο, ὀπίσω ἀπαλλάσσοντο ἐς τὴν Θή-
ρην. οἱ δὲ Θηραῖοι καταγομένους ἔβαλλον καὶ
οὐκ ἔων τῇ γῇ προσίσχειν, ἀλλ᾽ ὀπίσω πλώειν
ἐκέλευον. οἳ δὲ ἀναγκαζόμενοι ὀπίσω ἀπέπλεον
καὶ ἔκτισαν νῆσον ἐπὶ Λιβύῃ κειμένην, τῇ οὔνομα,
ὡς καὶ πρότερον εἰρέθη, ἐστὶ Πλατέα. λέγεται δὲ
ἴση εἶναι ἡ νῆσος τῇ νῦν Κυρηναίων πόλι.

157. Ταύτην οἰκέοντες δύο ἔτεα, οὐδὲν γάρ σφι
χρηστὸν συνεφέρετο, ἕνα αὐτῶν καταλιπόντες οἱ
λοιποὶ πάντες ἀπέπλεον ἐς Δελφούς, ἀπικόμενοι
δὲ ἐπὶ τὸ χρηστήριον ἐχρέωντο, φάμενοι οἰκέειν
τε τὴν Λιβύην καὶ οὐδὲν ἄμεινον πρήσσειν
οἰκεῦντες. ἡ δὲ Πυθίη σφι πρὸς ταῦτα χρᾷ
τάδε.

αἰ τὺ ἐμεῦ Λιβύην μηλοτρόφον οἶδας ἄμεινον,
μὴ ἐλθὼν ἐλθόντος, ἄγαν ἄγαμαι σοφίην σεῦ.

ἀκούσαντες δὲ τούτων οἱ ἀμφὶ τὸν Βάττον ἀπέ-
πλωον ὀπίσω· οὐ γὰρ δή σφεας ἀπίει ὁ θεὸς τῆς
ἀποικίης, πρὶν δὴ ἀπίκωνται ἐς αὐτὴν Λιβύην.
ἀπικόμενοι δὲ ἐς τὴν νῆσον καὶ ἀναλαβόντες τὸν
ἔλιπον, ἔκτισαν αὐτῆς τῆς Λιβύης χῶρον ἀντίον
τῆς νήσου τῷ οὔνομα ἦν Ἄζιρις· τὸν νάπαι τε
κάλλισται ἐπ᾽ ἀμφότερα συγκληίουσι καὶ ποτα-
μὸς τὰ ἐπὶ θάτερα παραρρέει.

158. Τοῦτον οἴκεον τὸν χῶρον ἓξ ἔτεα, ἑβδόμῳ
δὲ σφέας ἔτεϊ παραιτησάμενοι οἱ Λίβυες ὡς ἐς
ἀμείνονα χῶρον ἄξουσι, ἀνέγνωσαν ἐκλιπεῖν.
ἦγον δὲ σφέας ἐνθεῦτεν οἱ Λίβυες ἀναστήσαντες
πρὸς ἑσπέρην, καὶ τὸν κάλλιστον τῶν χώρων ἵνα
διεξιόντες οἱ Ἕλληνες μὴ ἴδοιεν, συμμετρησά-
μενοι τὴν ὥρην τῆς ἡμέρης νυκτὸς παρῆγον. ἔστι

not knowing what else to do returned back to Thera. There the Theraeans shot at them as they came to land and would not suffer the ship to put in, bidding them sail back; which under stress of necessity they did, and planted a colony in an island off the Libyan coast called (as I have said already) Platea. This island is said to be as big as the city of Cyrene is now.

157. Here they dwelt for two years; but as all went wrong with them, leaving there one of themselves the rest voyaged to Delphi, and on their coming enquired of the oracle, and said that they were dwelling in Libya, but that they were none the better off for that. Then the priestess gave them this reply:

" I have seen Libya's pastures: thine eyes have
    never beheld them.
 Knowest them better than I? then wondrous
    indeed is thy wisdom."

Hearing this, Battus and his men sailed back again; for the god would not suffer them to do aught short of colonising Libya itself; and having come to the island and taken again him whom they had left there, they made a settlement at a place in Libya itself, over against the island which was called Aziris This is a place enclosed on both sides by the fairest of groves, and a river flows by one side of it.

158. Here they dwelt for six years; but in the seventh the Libyans persuaded them by entreaty to leave the place, saying that they would lead them to a better; and they brought the Greeks from Aziris and led them westwards, so reckoning the hours of daylight that they led the Greeks by night past the fairest place in their country, called Irasa,

361

δὲ τῷ χώρῳ τούτῳ οὔνομα Ἴρασα. ἀγαγόντες δὲ
σφέας ἐπὶ κρήνην λεγομένην εἶναι Ἀπόλλωνος
εἶπαν "Ἄνδρες Ἕλληνες, ἐνθαῦτα ὑμῖν ἐπιτήδεον
οἰκέειν· ἐνθαῦτα γὰρ ὁ οὐρανὸς τέτρηται."

159. Ἐπὶ μέν νυν Βάττου τε τοῦ οἰκιστέω τῆς
ζόης, ἄρξαντος ἐπὶ τεσσεράκοντα ἔτεα, καὶ τοῦ
παιδὸς αὐτοῦ Ἀρκεσίλεω ἄρξαντος ἑκκαίδεκα
ἔτεα, οἴκεον οἱ Κυρηναῖοι ἐόντες τοσοῦτοι ὅσοι
ἀρχὴν ἐς τὴν ἀποικίην ἐστάλησαν. ἐπὶ δὲ τοῦ
τρίτου, Βάττου τοῦ εὐδαίμονος καλεομένου, Ἕλ-
ληνας πάντας ὥρμησε χρήσασα ἡ Πυθίη πλέειν
συνοικήσοντας Κυρηναίοισι Λιβύην· ἐπεκαλέοντο
γὰρ οἱ Κυρηναῖοι ἐπὶ γῆς ἀναδασμῷ· ἔχρησε δὲ
ὧδε ἔχοντα.

ὃς δέ κεν ἐς Λιβύην πολυήρατον ὕστερον ἔλθῃ
γᾶς ἀναδαιομένας, μετά οἷ ποκα φαμὶ μελήσειν.

συλλεχθέντος δὲ ὁμίλου πολλοῦ ἐς τὴν Κυρήνην,
περιταμνόμενοι γῆν πολλὴν οἱ περίοικοι Λίβυες
καὶ ὁ βασιλεὺς αὐτῶν τῷ οὔνομα ἦν Ἀδικράν, οἷα
τῆς τε χώρης στερισκόμενοι καὶ περιυβριζόμενοι
ὑπὸ τῶν Κυρηναίων, πέμψαντες ἐς Αἴγυπτον ἔδο-
σαν σφέας αὐτοὺς Ἀπρίῃ τῷ Αἰγύπτου βασιλέι. ὁ
δὲ συλλέξας στρατὸν Αἰγυπτίων πολλὸν ἔπεμψε
ἐπὶ τὴν Κυρήνην. οἱ δὲ Κυρηναῖοι ἐκστρατευσά-
μενοι ἐς Ἴρασα χῶρον καὶ ἐπὶ κρήνην Θέστην
συνέβαλόν τε τοῖσι Αἰγυπτίοισι καὶ ἐνίκησαν τῇ
συμβολῇ. ἅτε γὰρ οὐ πεπειρημένοι πρότερον οἱ
Αἰγύπτιοι Ἑλλήνων καὶ παραχρεώμενοι διεφθάρ-

lest the Greeks should see it in their passage. Then they brought the Greeks to what is called the Fountain of Apollo, and said to them : " Here, ye Greeks, it befits you to dwell ; for here is a hole in the sky." [1]

159. Now in the time of Battus the founder of the colony, who ruled for forty years, and of his son Arcesilaus who ruled for sixteen, the dwellers in Cyrene were no more in number than when they had first gone forth to the colony. But in the time of the third ruler, that Battus who was called the Fortunate, the Pythian priestess admonished all Greeks by an oracle to cross the sea and dwell in Libya with the Cyrenaeans ; for the Cyrenaeans invited them, promising a distribution of land ; and this was the oracle :

" Whoso delayeth to go till the fields be fully divided
  To the fair Libyan land, that man shall surely repent it."

So a great multitude gathered together at Cyrene, and cut off great tracts of land from the territory of the neighbouring Libyans. Then these with their king, whose name was Adicran, being robbed of their lands and violently entreated by the Cyrenaeans, sent to Egypt and put themselves in the hands of Apries, the king of that country. Apries mustered a great host of Egyptians and sent it against Cyrene ; the Cyrenaeans marched out to the place Irasa and the spring Thestes, and there battled with the Egyptians and overcame them ; for the Egyptians had as yet had no experience of Greeks, and

---

[1] That is, there is abundance of rain.

ησαν οὕτω ὥστε ὀλίγοι τινὲς αὐτῶν ἀπενόστησαν
ἐς Αἴγυπτον. ἀντὶ τούτων Αἰγύπτιοι καὶ ταῦτα
ἐπιμεμφόμενοι Ἀπρίη ἀπέστησαν ἀπ' αὐτοῦ.

160. Τούτου δὲ τοῦ Βάττου παῖς γίνεται Ἀρκε-
σίλεως· ὃς βασιλεύσας πρῶτα τοῖσι ἑωυτοῦ ἀδελ-
φεοῖσι ἐστασίασε, ἐς ὅ μιν οὗτοι ἀπολιπόντες
οἴχοντο ἐς ἄλλον χῶρον τῆς Λιβύης καὶ ἐπ' ἑωυ-
τῶν βαλόμενοι ἔκτισαν πόλιν ταύτην ἣ τότε καὶ
νῦν Βάρκη καλέεται· κτίζοντες δὲ ἅμα αὐτὴν ἀπι-
στᾶσι ἀπὸ τῶν Κυρηναίων τοὺς Λίβυας. μετὰ δὲ
Ἀρκεσίλεως ἐς τοὺς ὑποδεξαμένους τε τῶν Λιβύων
καὶ ἀποστάντας τοὺς αὐτοὺς τούτους ἐστρατεύετο·
οἱ δὲ Λίβυες δείσαντες αὐτὸν οἴχοντο φεύγοντες
πρὸς τοὺς ἠοίους τῶν Λιβύων. ὁ δὲ Ἀρκεσίλεως
εἵπετο φεύγουσι, ἐς οὗ ἐν Λεύκωνί τε τῆς Λιβύης
ἐγίνετο ἐπιδιώκων καὶ ἔδοξε τοῖσι Λίβυσι ἐπιθέ-
σθαι οἱ. συμβαλόντες δὲ ἐνίκησαν τοὺς Κυρη-
ναίους τοσοῦτο ὥστε ἑπτακισχιλίους ὁπλίτας
Κυρηναίων ἐνθαῦτα πεσεῖν. μετὰ δὲ τὸ τρῶμα
τοῦτο Ἀρκεσίλεων μὲν κάμνοντά τε καὶ φάρμακον
πεπωκότα ὁ ἀδελφεὸς Ἁλίαρχος ἀποπνίγει, Ἁλί-
αρχον δὲ ἡ γυνὴ ἡ Ἀρκεσίλεω δόλῳ κτείνει, τῇ
οὔνομα ἦν Ἐρυξώ.

161. Διεδέξατο δὲ τὴν βασιληίην τοῦ Ἀρκεσί-
λεω ὁ παῖς Βάττος, χωλός τε ἐὼν καὶ οὐκ ἀρτί-
πους. οἱ δὲ Κυρηναῖοι πρὸς τὴν καταλαβοῦσαν
συμφορὴν ἔπεμπον ἐς Δελφοὺς ἐπειρησομένους
ὅντινα τρόπον καταστησάμενοι κάλλιστα ἂν οἰ-
κέοιεν. ἡ δὲ Πυθίη ἐκέλευε ἐκ Μαντινέης τῆς
Ἀρκάδων καταρτιστῆρα ἀγαγέσθαι. αἴτεον ὦν
οἱ Κυρηναῖοι, καὶ οἱ Μαντινέες ἔδοσαν ἄνδρα τῶν
ἀστῶν δοκιμώτατον, τῷ οὔνομα ἦν Δημῶναξ.

despised their enemy; whereby they were so utterly destroyed that few of them returned to Egypt. For this mishap, and because they blamed Apries for it, the Egyptians revolted from him.[1]

160. This Battus had a son Arcesilaus; he at his first coming to reign quarrelled with his own brothers, till they left him and went away to another place in Libya, where they founded a city for themselves, which was then and is now called Barce; and while they were founding it, they persuaded the Libyans to revolt from the Cyrenaeans. Then Arcesilaus came with an army into the country of the Libyans who had received his brothers and had also revolted; and these fled in fear of him to the eastern Libyans. Arcesilaus followed their flight until he came in his pursuit to Leucon in Libya, where the Libyans resolved to attack him; they joined battle and so wholly overcame the Cyrenaeans that seven thousand Cyrenaean men-at-arms were there slain. After this disaster Arcesilaus, being sick and having drunk medicine, was strangled by his brother Haliarchus; Haliarchus was craftily slain by Arcesilaus' wife Eryxo.

161. Arcesilaus' kingship passed to his son Battus, who was lame and infirm on his feet. The Cyrenaeans, in the affliction that had befallen them, sent to Delphi to enquire what ordering of their state should best give them prosperity; the priestess bade them bring a peacemaker from Mantinea in Arcadia. The Cyrenaeans then sending their request, the Mantineans gave them their most esteemed townsman, whose

---

[1] In 570 B.C. ; *cp.* ii. 161.

HERODOTUS

οὗτος ὢν ὠνὴρ ἀπικόμενος ἐς τὴν Κυρήνην καὶ
μαθὼν ἕκαστα τοῦτο μὲν τριφύλους ἐποίησε σφέας,
τῇδε διαθείς· Θηραίων μὲν καὶ τῶν περιοίκων μίαν
μοῖραν ἐποίησε, ἄλλην δὲ Πελοποννησίων καὶ
Κρητῶν, τρίτην δὲ νησιωτέων πάντων. τοῦτο δὲ
τῷ βασιλέι Βάττῳ τεμένεα ἐξελὼν καὶ ἱρωσύνας,
τὰ ἄλλα πάντα τὰ πρότερον εἶχον οἱ βασιλέες ἐς
μέσον τῷ δήμῳ ἔθηκε.

162. Ἐπὶ μὲν δὴ τούτου τοῦ Βάττου οὕτω διε-
τέλεε ἐόντα, ἐπὶ δὲ τοῦ τούτου παιδὸς Ἀρκεσίλεω
πολλὴ ταραχὴ περὶ τῶν τιμέων ἐγένετο. Ἀρκε-
σίλεως γὰρ ὁ Βάττου τε τοῦ χωλοῦ καὶ Φερετίμης
οὐκ ἔφη ἀνέξεσθαι κατὰ τὰ ὁ Μαντινεὺς Δημῶναξ
ἔταξε, ἀλλὰ ἀπαίτεε τὰ τῶν προγόνων γέρεα.
ἐνθεῦτεν στασιάζων ἑσσώθη καὶ ἔφυγε ἐς Σάμον,
ἡ δὲ μήτηρ οἱ ἐς Σαλαμῖνα τῆς Κύπρου ἔφυγε.
τῆς δὲ Σαλαμῖνος τοῦτον τὸν χρόνον ἐπεκράτεε
Εὐέλθων, ὃς τὸ ἐν Δελφοῖσι θυμιητήριον ἐὸν
ἀξιοθέητον ἀνέθηκε, τὸ ἐν τῷ Κορινθίων θησαυρῷ
κέεται. ἀπικομένη δὲ παρὰ τοῦτον ἡ Φερετίμη
ἐδέετο στρατιῆς ἥ κατάξει σφέας ἐς τὴν Κυρήνην.
ὁ δὲ Εὐέλθων πᾶν μᾶλλον ἢ στρατιήν οἱ ἐδίδου·
ἡ δὲ λαμβάνουσα τὸ διδόμενον καλὸν μὲν ἔφη καὶ
τοῦτο εἶναι, κάλλιον δὲ ἐκεῖνο, τὸ δοῦναί οἱ δεο-
μένῃ στρατιήν. τοῦτο ἐπὶ παντὶ γὰρ τῷ διδομένῳ
ἔλεγε, τελευταῖόν οἱ ἐξέπεμψε δῶρον ὁ Εὐέλθων
ἄτρακτον χρύσεον καὶ ἠλακάτην, προσῆν δὲ καὶ
εἴριον· ἐπειπάσης δὲ αὖτις τῆς Φερετίμης τωὐτὸ
ἔπος, ὁ Εὐέλθων ἔφη τοιούτοισι γυναῖκας δωρέ-
εσθαι ἀλλ᾽ οὐ στρατιῇ.

163. Ὁ δὲ Ἀρκεσίλεως τοῦτον τὸν χρόνον ἐὼν

name was Demonax. When this man came to Cyrene
and learnt all, he divided the people into three
tribes;[1] of which divisions the Theraeans and dis-
possessed Libyans were one, the Peloponnesians and
Cretans the second, and all the islanders the third;
moreover he set apart certain domains and priest-
hoods for their king Battus, but gave all the rest,
which had belonged to the kings, to be now held by
the people in common.

162. During the life of this Battus aforesaid these
ordinances held good, but in the time of his son
Arcesilaus there arose much contention concerning
the king's rights. Arcesilaus, son of the lame Battus
and Pheretime, would not abide by the ordinances
of Demonax, but demanded back the prerogative of
his forefathers, and made himself head of a faction;
but he was worsted and banished to Samos, and his
mother fled to Salamis in Cyprus. Now Salamis at
this time was ruled by Evelthon, who dedicated that
marvellous censer at Delphi which stands in the
treasury of the Corinthians. To him Pheretime came,
asking him for an army which should bring her and
her son back to Cyrene; but Evelthon being willing
to give her all else, only not an army, when she took
what he gave her she said that this was well, but it
were better to give her an army at her request.
This she would still say, whatever was the gift; at
the last Evelthon sent her a golden spindle and
distaff, and wool therewith; and Pheretime uttering
the same words as before, he answered that these,
and not armies, were gifts for women.

163. Meanwhile Arcesilaus was in Samos, gather-

---

[1] According to the principle of division customary in a
Dorian city state.

ἐν Σάμῳ συνήγειρε πάντα ἄνδρα ἐπὶ γῆς ἀναδα-
σμῷ· συλλεγομένου δὲ στρατοῦ πολλοῦ, ἐστάλη
ἐς Δελφοὺς Ἀρκεσίλεως χρησόμενος τῷ χρη-
στηρίῳ περὶ κατόδου. ἡ δὲ Πυθίη οἱ χρᾷ τάδε.
"Ἐπὶ μὲν τέσσερας Βάττους καὶ Ἀρκεσίλεως
τέσσερας, ὀκτὼ ἀνδρῶν γενεάς, διδοῖ ὑμῖν Λοξίης
βασιλεύειν Κυρήνης, πλέον μέντοι τούτου οὐδὲ
πειρᾶσθαι παραινέει. σὺ μέντοι ἥσυχος εἶναι
κατελθὼν ἐς τὴν σεωυτοῦ. ἢν δὲ τὴν κάμινον
εὕρῃς πλέην ἀμφορέων, μὴ ἐξοπτήσῃς τοὺς ἀμ-
φορέας ἀλλ' ἀπόπεμπε κατ' οὖρον· εἰ δὲ ἐξοπτή-
σῃς τὴν κάμινον,[1] μὴ ἐσέλθῃς ἐς τὴν ἀμφίρρυτον·
εἰ δὲ μὴ ἀποθανέαι καὶ αὐτὸς καὶ ταῦρος ὁ
καλλιστεύων." ταῦτα ἡ Πυθίη Ἀρκεσίλεῳ χρᾷ.

164. Ὁ δὲ παραλαβὼν τοὺς ἐκ τῆς Σάμου
κατῆλθε ἐς τὴν Κυρήνην, καὶ ἐπικρατήσας τῶν
πρηγμάτων τοῦ μαντηίου οὐκ ἐμέμνητο, ἀλλὰ
δίκας τοὺς ἀντιστασιώτας αἴτεε τῆς ἑωυτοῦ φυγῆς.
τῶν δὲ οἱ μὲν τὸ παράπαν ἐκ τῆς χώρης ἀπαλλάσ-
σοντο, τοὺς δὲ τινὰς χειρωσάμενος ὁ Ἀρκεσίλεως
ἐς Κύπρον ἀπέστειλε ἐπὶ διαφθορῇ. τούτους μέν
νυν Κνίδιοι ἀπενειχθέντας πρὸς τὴν σφετέρην
ἐρρύσαντο καὶ ἐς Θήρην ἀπέστειλαν· ἑτέρους δὲ
τινὰς τῶν Κυρηναίων ἐς πύργον μέγαν Ἀγλωμά-
χου καταφυγόντας ἰδιωτικὸν ὕλην περινήσας ὁ
Ἀρκεσίλεως ἐνέπρησε. μαθὼν δὲ ἐπ' ἐξεργασμέ-
νοισι τὸ μαντήιον ἐὸν τοῦτο, ὅτι μιν ἡ Πυθίη οὐκ
ἔα εὑρόντα ἐν τῇ καμίνῳ τοὺς ἀμφορέας ἐξοπτῆ-
σαι, ἔργετο ἑκὼν τῆς τῶν Κυρηναίων πόλιος,
δειμαίνων τε τὸν κεχρησμένον θάνατον καὶ δοκέων
ἀμφίρρυτον τὴν Κυρήνην εἶναι. εἶχε δὲ γυναῖκα

[1] Omit τὴν κάμινον as gloss : M. J. E. Powell.

ing all men that he could and promising them a
new division of land; and while a great army was
thus mustering, he made a journey to Delphi, to
enquire of the oracle concerning his return. The
priestess gave him this answer: "For the lives of
four named Battus and four named Arcesilaus, to wit,
for eight generations of men, Loxias grants to your
house the kingship of Cyrene; more than this he
counsels you not so much as to essay. But thou,
return to thy country and dwell there in peace. But
if thou findest the oven full of earthen pots, bake
not the pots, but let them go unscathed. And if
thou bakest them in the oven, go not into the sea-
girt place; for if thou dost, then shalt thou thyself
be slain, and the bull too that is fairest of the herd."
This was the oracle given by the priestess to
Arcesilaus.

164. But he with the men from Samos returned to
Cyrene, whereof having made himself master he
forgot the oracle, and demanded justice upon his
enemies for his banishment. Some of these departed
altogether out of the country; others Arcesilaus
seized and sent away to Cyprus to be there slain.
These were carried out of their course to Cnidus,
where the Cnidians saved them and sent them to
Thera. Others of the Cyrenaeans fled for refuge
into a great tower that belonged to one Aglomachus,
a private man, and Arcesilaus piled wood round it
and burnt them there. Then, perceiving too late
that this was the purport of the Delphic oracle which
forbade him to bake the pots if he found them in
the oven, he refrained of set purpose from going
into the city of the Cyrenaeans, fearing the death
prophesied and supposing the sea-girt place to be

συγγενέα ἑωυτοῦ, θυγατέρα δὲ τῶν Βαρκαίων τοῦ
βασιλέος, τῷ οὔνομα ἦν Ἀλάζειρ· παρὰ τοῦτον
ἀπικνέεται, καί μιν Βαρκαῖοί τε ἄνδρες καὶ τῶν
ἐκ Κυρήνης φυγάδων τινὲς καταμαθόντες ἀγορά-
ζοντα κτείνουσι, πρὸς δὲ καὶ τὸν πενθερὸν αὐτοῦ
Ἀλάζειρα. Ἀρκεσίλεως μέν νυν εἴτε ἑκὼν εἴτε
ἀέκων ἁμαρτὼν τοῦ χρησμοῦ ἐξέπλησε μοῖραν
τὴν ἑωυτοῦ.

165. Ἡ δὲ μήτηρ Φερετίμη, ἕως μὲν ὁ Ἀρκεσί-
λεως ἐν τῇ Βάρκῃ διαιτᾶτο ἐξεργασμένος ἑωυτῷ
κακόν, ἣ δὲ εἶχε αὐτὴ τοῦ παιδὸς τὰ γέρεα ἐν
Κυρήνῃ καὶ τἆλλα νεμομένη καὶ ἐν βουλῇ παρί-
ζουσα· ἐπείτε δὲ ἔμαθε ἐν τῇ Βάρκῃ ἀποθανόντα
οἱ τὸν παῖδα, φεύγουσα οἰχώκεε ἐς Αἴγυπτον.
ἦσαν γὰρ οἱ ἐκ τοῦ Ἀρκεσίλεω εὐεργεσίαι ἐς
Καμβύσεα τὸν Κύρου πεποιημέναι· οὗτος γὰρ ἦν
ὁ Ἀρκεσίλεως ὃς Κυρήνην Καμβύσῃ ἔδωκε καὶ
φόρον ἐτάξατο. ἀπικομένη δὲ ἐς τὴν Αἴγυπτον
ἡ Φερετίμη Ἀρυάνδεω ἱκέτις ἵζετο, τιμωρῆσαι
ἑωυτῇ κελεύουσα, προϊσχομένη πρόφασιν ὡς διὰ
τὸν μηδισμὸν ὁ παῖς οἱ τέθνηκε.

166. Ὁ δὲ Ἀρυάνδης ἦν οὗτος τῆς Αἰγύπτου
ὕπαρχος ὑπὸ Καμβύσεω κατεστεώς, ὃς ὑστέρῳ
χρόνῳ τούτων παρισούμενος Δαρείῳ διεφθάρη.
πυθόμενος γὰρ καὶ ἰδὼν Δαρεῖον ἐπιθυμέοντα
μνημόσυνον ἑωυτοῦ λιπέσθαι τοῦτο τὸ μὴ ἄλλῳ
εἴη βασιλέι κατεργασμένον, ἐμιμέετο τοῦτον, ἐς
οὗ ἔλαβε τὸν μισθόν. Δαρεῖος μὲν γὰρ χρυσίον
καθαρώτατον ἀπεψήσας ἐς τὸ δυνατώτατον νό-
μισμα ἐκόψατο, Ἀρυάνδης δὲ ἄρχων Αἰγύπτου
ἀργύριον τὠυτὸ τοῦτο ἐποίεε, καὶ νῦν ἐστὶ ἀργύ-
ριον καθαρώτατον τὸ Ἀρυανδικόν. μαθὼν δέ μιν

Cyrene. Now his wife was his own kinswoman, daughter of Alazir king of the Barcaeans, and Arcesilaus betook himself to Alazir; but men of Barce and certain of the exiles from Cyrene were aware of him and slew him as he walked in the town, and Alazir his father-in-law likewise. So Arcesilaus whether with or without intent missed the meaning of the oracle and fulfilled his destiny.

165. As long as Arcesilaus, after working his own destruction, was living at Barce, his mother Pheretime held her son's prerogative at Cyrene, where she administered all his business and sat with others in council. But when she learnt of her son's death at Barce, she made her escape away to Egypt, trusting to the good service which Arcesilaus had done Cambyses the son of Cyrus; for this was the Arcesilaus who gave Cyrene to Cambyses and agreed to pay tribute. So on her coming to Egypt Pheretime made supplication to Aryandes, demanding that he should avenge her, on the plea that her son had been killed for allying himself with the Medes.

166. This Aryandes had been appointed by Cambyses viceroy of Egypt; at a later day he was put to death for making himself equal to Darius. For learning and seeing that Darius desired to leave such a memorial of himself as no king had ever wrought, Aryandes imitated him, till he got his reward; for Darius had coined money out of gold refined to an extreme purity,[1] and Aryandes, then ruling Egypt, made a like silver coinage; and now there is no silver money so pure as is the Aryandic. But when

[1] The gold coins called δαρεικοί are said to contain only 3 per cent. of alloy.

Δαρεῖος ταῦτα ποιεῦντα, αἰτίην οἱ ἄλλην ἐπενείκας ὥς οἱ ἐπανίσταιτο, ἀπέκτεινε.

167. Τότε δὲ οὗτος ὁ Ἀρυάνδης κατοικτείρας Φερετίμην διδοῖ αὐτῇ στρατὸν τὸν ἐξ Αἰγύπτου ἅπαντα καὶ τὸν πεζὸν καὶ τὸν ναυτικόν· στρατηγὸν δὲ τοῦ μὲν πεζοῦ Ἄμασιν ἀπέδεξε ἄνδρα Μαράφιον, τοῦ δὲ ναυτικοῦ Βάδρην ἐόντα Πασαργάδην γένος. πρὶν δὲ ἢ ἀποστεῖλαι τὴν στρατιήν, ὁ Ἀρυάνδης πέμψας ἐς τὴν Βάρκην κήρυκα ἐπυνθάνετο τίς εἴη ὁ Ἀρκεσίλεων ἀποκτείνας. οἱ δὲ Βαρκαῖοι αὐτοὶ ὑπεδέκοντο πάντες· πολλά τε γὰρ καὶ κακὰ πάσχειν ὑπ᾽ αὐτοῦ. πυθόμενος δὲ ταῦτα ὁ Ἀρυάνδης οὕτω δὴ τὴν στρατιὴν ἀπέστειλε ἅμα τῇ Φερετίμῃ. αὕτη μέν νυν αἰτίη πρόσχημα τοῦ στόλου ἐγίνετο, ἀπεπέμπετο δὲ ἡ στρατιή, ὡς ἐμοὶ δοκέειν, ἐπὶ Λιβύης καταστροφῇ. Λιβύων γὰρ δὴ ἔθνεα πολλὰ καὶ παντοῖα ἐστί, καὶ τὰ μὲν αὐτῶν ὀλίγα βασιλέος ἦν ὑπήκοα, τὰ δὲ πλέω ἐφρόντιζε Δαρείου[1] οὐδέν.

168. Οἰκέουσι δὲ κατὰ τάδε Λίβυες. ἀπ᾽ Αἰγύπτου ἀρξάμενοι πρῶτοι Ἀδυρμαχίδαι Λιβύων κατοίκηνται, οἳ νόμοισι μὲν τὰ πλέω Αἰγυπτίοισι χρέωνται, ἐσθῆτα δὲ φορέουσι οἵην περ οἱ ἄλλοι Λίβυες. αἱ δὲ γυναῖκες αὐτῶν ψέλιον περὶ ἑκατέρῃ τῶν κνημέων φορέουσι χάλκεον· τὰς κεφαλὰς δὲ κομῶσαι, τοὺς φθεῖρας ἐπεὰν λάβωσι τοὺς ἑωυτῆς ἑκάστη ἀντιδάκνει καὶ οὕτω ῥίπτει. οὗτοι δὲ μοῦνοι Λιβύων τοῦτο ἐργάζονται, καὶ τῷ βασιλέι μοῦνοι τὰς παρθένους μελλούσας συνοικέειν ἐπιδεικνύουσι· ἣ δὲ ἂν τῷ βασιλέι ἀρεστὴ γένηται, ὑπὸ τούτου διαπαρθενεύεται. παρήκουσι

[1] [Δαρείου] Stein.

Darius heard that Aryandes was so doing, he put him to death, not on this plea but as a rebel.

167. At this time Aryandes, of whom I speak, took pity on Pheretime and gave her all the Egyptian land and sea forces, appointing Amasis, a Maraphian, general of the army, and Badres of the tribe of the Pasargadae admiral of the fleet. But before despatching the host Aryandes sent a herald to Barce to enquire who it was who had killed Arcesilaus. The Barcaeans answered that it was the deed of the whole city, for the many wrongs that Arcesilaus had done them; which when he heard, Aryandes then sent his armament with Pheretime. This was the alleged pretext; but, as I myself think, the armament was sent to subdue Libya. For the Libyan tribes are many and of divers kinds, and though a few of them were the king's subjects the greater part cared nothing for Darius.

168. Now as concerning the lands inhabited by Libyans, the Adyrmachidae are the people that dwell nearest to Egypt; they follow Egyptian usages for the most part, but wear a dress like that of other Libyans. Their women wear bronze torques on both legs; their hair is long; they catch each her own lice, then bite and throw them away. They are the only Libyans that do this, and that show the king all virgins that are to be wedded; the king takes the virginity of whichever of these pleases

HERODOTUS

δὲ οὗτοι οἱ Ἀδυρμαχίδαι ἀπ᾿ Αἰγύπτου μέχρι
λιμένος τῷ οὔνομα Πλυνός ἐστι.

169. Τούτων δὲ ἔχονται Γιλιγάμαι, νεμόμενοι
τὸ πρὸς ἑσπέρην χώρην[1] μέχρι Ἀφροδισιάδος
νήσου. ἐν δὲ τῷ μεταξὺ τούτου χώρῳ[2] ἥ τε
Πλατέα νῆσος ἐπικέεται, τὴν ἔκτισαν οἱ Κυρη-
ναῖοι, καὶ ἐν τῇ ἠπείρῳ Μενέλαος λιμήν ἐστι καὶ
Ἄζιρις, τὴν οἱ Κυρηναῖοι οἴκεον, καὶ τὸ σίλφιον
ἄρχεται ἀπὸ τούτου· παρήκει δὲ ἀπὸ Πλατέης
νήσου μέχρι τοῦ στόματος τῆς Σύρτιος τὸ σίλφιον.
νόμοισι δὲ χρέωνται οὗτοι παραπλησίοισι τοῖσι
ἑτέροισι.

170. Γιλιγαμέων δὲ ἔχονται τὸ πρὸς ἑσπέρης
Ἀσβύσται· οὗτοι ὑπὲρ Κυρήνης οἰκέουσι. ἐπὶ
θάλασσαν δὲ οὐ κατήκουσι Ἀσβύσται· τὸ γὰρ
παρὰ θάλασσαν Κυρηναῖοι νέμονται. τεθριπ-
ποβάται δὲ οὐκ ἥκιστα ἀλλὰ μάλιστα Λιβύων
εἰσί, νόμους δὲ τοὺς πλεῦνας μιμέεσθαι ἐπιτηδεύ-
ουσι τοὺς Κυρηναίων.

171. Ἀσβυστέων δὲ ἔχονται τὸ πρὸς ἑσπέρης
Αὐσχίσαι· οὗτοι ὑπὲρ Βάρκης οἰκέουσι, κατή-
κοντες ἐπὶ θάλασσαν κατ᾿ Εὐεσπερίδας. Αὐσχι-
σέων δὲ κατὰ μέσον τῆς χώρης οἰκέουσι Βάκαλες,
ὀλίγον ἔθνος, κατήκοντες ἐπὶ θάλασσαν κατὰ
Ταύχειρα πόλιν τῆς Βαρκαίης· νόμοισι δὲ τοῖσι
αὐτοῖσι χρέωνται τοῖσι καὶ οἱ ὑπὲρ Κυρήνης.

172. Αὐσχισέων δὲ τούτων τὸ πρὸς ἑσπέρης
ἔχονται Νασαμῶνες, ἔθνος ἐὸν πολλόν, οἳ τὸ
θέρος καταλείποντες ἐπὶ τῇ θαλάσσῃ τὰ πρόβατα
ἀναβαίνουσι ἐς Αὔγιλα χῶρον ὀπωριεῦντες τοὺς
φοίνικας· οἱ δὲ πολλοὶ καὶ ἀμφιλαφέες πεφύκασι,
πάντες ἐόντες καρποφόροι. τοὺς δὲ ἀττελέβους

374

him. These Adyrmachidae reach from Egypt to the
harbour called Plynus.

169. Next to them are the Giligamae, who in-
habit the country to the west as far as the island
Aphrodisias ; ere this is reached the island Platea,
which the Cyrenaeans colonised, lies off the coast, and
on the mainland is the haven called Menelaus, and
that Aziris which was a settlement of the Cyrenaeans.
Here begins the country of silphium, which reaches
from the island Platea to the entrance of the Syrtis.
This people is like the others in its usages.

170. The next people westward of the Giligamae
are the Asbystae, who dwell inland of Cyrene, not
coming down to the sea-coast ; for that is Cyrenaean
territory. These are drivers of four-horse chariots to
a greater extent than any other Libyans ; it is their
practice to imitate most of the Cyrenaean usages.

171. Next westward of the Asbystae are the
Auschisae, dwelling inland of Barce, and touching
the sea-coast at Euhesperidae. About the middle
of the land of the Auschisae dwells the little tribe
of the Bacales, whose territory comes down to the
sea at Tauchira, a town in the Barcaean country ;
their usages are the same as those of the dwellers
inland of Cyrene.

172. Next westward of these Auschisae is the
populous country of the Nasamones, who in summer
leave their flocks by the sea and go up to the land
called Augila to gather dates from the palm-trees
which grow there in great abundance, and all bear
fruit. They hunt locusts, which when taken they

---

¹ [χώρην] Stein.
² [χώρῳ] Stein.

HERODOTUS

ἐπεὰν θηρεύσωσι, αὐήναντες πρὸς τὸν ἥλιον κατα-
λέουσι καὶ ἔπειτα ἐπὶ γάλα ἐπιπάσσοντες πί-
νουσι. γυναῖκας δὲ νομίζοντες πολλὰς ἔχειν
ἕκαστος ἐπίκοινον αὐτέων τὴν μῖξιν ποιεῦνται
τρόπῳ παραπλησίῳ τῷ καὶ Μασσαγέται· ἐπεὰν
σκίπωνα προστήσωνται, μίσγονται. πρῶτον δὲ
γαμέοντος Νασαμῶνος ἀνδρὸς νόμος ἐστὶ τὴν
νύμφην νυκτὶ τῇ πρώτῃ διὰ πάντων διεξελθεῖν
τῶν δαιτυμόνων μισγομένην· τῶν δὲ ὡς ἕκαστός
οἱ μιχθῇ, διδοῖ δῶρον τὸ ἂν ἔχῃ φερόμενος ἐξ
οἴκου. ὁρκίοισι δὲ καὶ μαντικῇ χρέωνται τοιῇδε·
ὀμνύουσι μὲν τοὺς παρὰ σφίσι ἄνδρας δικαιοτά-
τους καὶ ἀρίστους λεγομένους γενέσθαι, τούτους,
τῶν τύμβων ἁπτόμενοι· μαντεύονται δὲ ἐπὶ τῶν
προγόνων φοιτέοντες τὰ σήματα, καὶ κατευξά-
μενοι ἐπικατακοιμῶνται· τὸ δ᾽ ἂν ἴδῃ ἐν τῇ ὄψι
ἐνύπνιον, τούτῳ χρᾶται. πίστισι δὲ τοιῇσιδε
χρέωνται· ἐκ τῆς χειρὸς διδοῖ πιεῖν καὶ αὐτὸς ἐκ
τῆς τοῦ ἑτέρου πίνει· ἢν δὲ μὴ ἔχωσι ὑγρὸν μηδέν,
οἱ δὲ τῆς χαμᾶθεν σποδοῦ λαβόντες λείχουσι.

173. Νασαμῶσι δὲ προσόμουροι εἰσὶ Ψύλλοι.
οὗτοι ἐξαπολώλασι τρόπῳ τοιῷδε· ὁ νότος σφι
πνέων ἄνεμος τὰ ἔλυτρα τῶν ὑδάτων ἐξήυνε, ἡ
δὲ χώρη σφι ἅπασα ἐντὸς ἐοῦσα τῆς Σύρτιος ἦν
ἄνυδρος· οἱ δὲ βουλευσάμενοι κοινῷ λόγῳ ἐστρα-
τεύοντο ἐπὶ τὸν νότον (λέγω δὲ ταῦτα τὰ λέγουσι
Λίβυες), καὶ ἐπείτε ἐγίνοντο ἐν τῇ ψάμμῳ, πνεύ-
σας ὁ νότος κατέχωσε σφέας. ἐξαπολομένων δὲ
τούτων ἔχουσι τὴν χώρην οἱ Νασαμῶνες.

174. Τούτων δὲ κατύπερθε πρὸς νότον ἄνεμον
ἐν τῇ θηριώδεϊ οἰκέουσι Γαράμαντες, οἳ πάντα
ἄνθρωπον φεύγουσι καὶ παντὸς ὁμιλίην, καὶ οὔτε
376

dry in the sun, and after grinding sprinkle them into milk and so drink it. It is their custom for every man to have many wives; their intercourse with women is promiscuous, in like manner as among the Massagetae; a staff is planted before the dwelling and then they have intercourse. When a man of the Nasamones first weds, on the first night the bride must by custom lie with each of the whole company in turn; and each man after intercourse gives her whatever gift he has brought from his house. As for their manner of swearing and divination, they lay their hands on the graves of the men reputed to have been the most just and good among them, and by these men they swear; their practice of divination is to go to the tombs of their ancestors, where after making prayers they lie down to sleep, and take whatever dreams come to them for oracles. They give and receive pledges by drinking each from the hand of the other party; and if they have nothing liquid they take of the dust of the earth and lick it up.

173. On the borders of the Nasamones is the country of the Psylli, who perished in this wise: the force of the south wind dried up their water-tanks, and all their country, lying within the region of the Syrtis, was waterless. Taking counsel together they marched southward (I tell the story as it is told by the Libyans), and when they came into the sandy desert a strong south wind buried them. So they perished utterly, and the Nasamones have their country.

174. Inland of these to the southward the Garamantes dwell in the wild beasts' country. They shun the sight and fellowship of men, and have no

ὅπλον ἐκτέαται ἀρήιον οὐδὲν οὔτε ἀμύνεσθαι
ἐπιστέαται.

175. Οὗτοι μὲν δὴ κατύπερθε οἰκέουσι Νασα-
μώνων· τὸ δὲ παρὰ τὴν θάλασσαν ἔχονται τὸ
πρὸς ἑσπέρης Μάκαι, οἳ λόφους κείρονται, τὸ μὲν
μέσον τῶν τριχῶν ἀνιέντες αὔξεσθαι, τὰ δὲ ἔνθεν
καὶ ἔνθεν κείροντες ἐν χροΐ, ἐς δὲ τὸν πόλεμον
στρουθῶν καταγαίων δορὰς φορέουσι προβλή-
ματα. διὰ δὲ αὐτῶν Κῖνυψ ποταμὸς ῥέων ἐκ
λόφου καλευμένου Χαρίτων ἐς θάλασσαν ἐκδιδοῖ.
ὁ δὲ λόφος οὗτος ὁ Χαρίτων δασὺς ἴδῃσι ἐστί,
ἐούσης τῆς ἄλλης τῆς προκαταλεχθείσης Λιβύης
ψιλῆς· ἀπὸ θαλάσσης δὲ ἐς αὐτὸν στάδιοι διηκό-
σιοί εἰσί.

176. Μακέων δὲ τούτων ἐχόμενοι Γινδᾶνες εἰσί,
τῶν αἱ γυναῖκες περισφύρια δερμάτων πολλὰ
ἑκάστη φορέει κατὰ τοιόνδε τι, ὡς λέγεται· κατ᾽
ἄνδρα ἕκαστον μιχθέντα περισφύριον περιδέεται·
ἡ δὲ ἂν πλεῖστα ἔχῃ, αὕτη ἀρίστη δέδοκται εἶναι
ὡς ὑπὸ πλείστων ἀνδρῶν φιληθεῖσα.

177. Ἀκτὴν δὲ προέχουσαν ἐς τὸν πόντον
τούτων τῶν Γινδάνων νέμονται Λωτοφάγοι, οἳ
τὸν καρπὸν μοῦνον τοῦ λωτοῦ τρώγοντες ζώουσι.
ὁ δὲ τοῦ λωτοῦ καρπός ἐστι μέγαθος ὅσον τε τῆς
σχίνου, γλυκύτητα δὲ τοῦ φοίνικος τῷ καρπῷ
προσείκελος. ποιεῦνται δὲ ἐκ τοῦ καρποῦ τούτου
οἱ Λωτοφάγοι καὶ οἶνον.

178. Λωτοφάγων δὲ τὸ παρὰ θάλασσαν ἔχονται
Μάχλυες, τῷ λωτῷ μὲν καὶ οὗτοι χρεώμενοι,
ἀτὰρ ἧσσόν γε τῶν πρότερον λεχθέντων, κατή-
κουσι δὲ ἐπὶ ποταμὸν μέγαν τῷ οὔνομα Τρίτων

weapons of war, nor know how to defend themselves.

175. These dwell inland of the Nasamones; the neighbouring seaboard to the west is the country of the Macae, who shave their hair to a crest, leaving that on the top of their heads to grow and shaving clean off what is on either side; they carry in war bucklers made of ostrich skins. The river Cinyps flows into their sea through their country from a hill called the Hill of the Graces. This hill is thickly wooded, while the rest of Libya whereof I have spoken is bare of trees; it is two hundred furlongs distant from the sea.

176. Next to these Macae are the Gindanes, where every woman wears many leathern anklets, because (so it is said) she puts on an anklet for every man with whom she has had intercourse; and she who wears most is reputed the best, because she has been loved by most men.

177. There is a headland jutting out to sea from the land of the Gindanes; on it dwell the Lotus-eaters, whose only fare is the lotus.[1] The lotus fruit is of the bigness of a mastich-berry: it has a sweet taste like the fruit of a date-palm; the lotus-eaters not only eat it but make wine of it.

178. Next to these along the coast are the Machlyes, who also use the lotus, but less than the people aforesaid. Their country reaches to a great river

[1] The fruit of the Rhamnus Lotus, which grows in this part of Africa, is said to be eatable, but not so delicious as to justify its Homeric epithet "honey-sweet."

ἐστί· ἐκδιδοῖ δὲ οὗτος ἐς λίμνην μεγάλην Τρι-
τωνίδα· ἐν δὲ αὐτῇ νῆσος ἔνι τῇ οὔνομα Φλά.
ταύτην δὲ τὴν νῆσον Λακεδαιμονίοισι φασὶ λόγιον
εἶναι κτίσαι.

179. Ἔστι δὲ καὶ ὅδε λόγος λεγόμενος. Ἰήσονα,
ἐπείτε οἱ ἐξεργάσθη ὑπὸ τῷ Πηλίῳ ἡ Ἀργώ,
ἐσθέμενον ἐς αὐτὴν ἄλλην τε ἑκατόμβην καὶ δὴ
καὶ τρίποδα χάλκεον περιπλώειν Πελοπόννησον,
βουλόμενον ἐς Δελφοὺς ἀπικέσθαι. καί μιν, ὡς
πλέοντα γενέσθαι κατὰ Μαλέην, ὑπολαβεῖν ἄνεμον
βορέην καὶ ἀποφέρειν πρὸς τὴν Λιβύην· πρὶν δὲ
κατιδέσθαι γῆν, ἐν τοῖσι βράχεσι γενέσθαι λίμνης
τῆς Τριτωνίδος. καί οἱ ἀπορέοντι τὴν ἐξαγωγὴν
λόγος ἐστὶ φανῆναι Τρίτωνα καὶ κελεύειν τὸν
Ἰήσονα ἑωυτῷ δοῦναι τὸν τρίποδα, φάμενόν σφι
καὶ τὸν πόρον δέξειν καὶ ἀπήμονας ἀποστελέειν.
πειθομένου δὲ τοῦ Ἰήσονος, οὕτω δὴ τόν τε διέκ-
πλοον τῶν βραχέων δεικνύαι τὸν Τρίτωνά σφι
καὶ τὸν τρίποδα θεῖναι ἐν τῷ ἑωυτοῦ ἱρῷ, ἐπιθεσ-
πίσαντά τε τῷ τρίποδι καὶ τοῖσι σὺν Ἰήσονι
σημήναντα τὸν πάντα λόγον, ὡς ἐπεὰν τὸν τρί-
ποδα κομίσηται τῶν ἐκγόνων τις τῶν ἐν τῇ Ἀργοῖ
συμπλεόντων, τότε ἑκατὸν πόλιας οἰκῆσαι περὶ
τὴν Τριτωνίδα λίμνην Ἑλληνίδας πᾶσαν εἶναι
ἀνάγκην. ταῦτα ἀκούσαντας τοὺς ἐπιχωρίους
τῶν Λιβύων κρύψαι τὸν τρίποδα.

180. Τούτων δὲ ἔχονται τῶν Μαχλύων Αὐσέες·
οὗτοι δὲ καὶ οἱ Μάχλυες πέριξ τὴν Τριτωνίδα
λίμνην οἰκέουσι, τὸ μέσον δέ σφι οὐρίζει ὁ
Τρίτων. καὶ οἱ μὲν Μάχλυες τὰ ὀπίσω κομῶσι
τῆς κεφαλῆς, οἱ δὲ Αὐσέες τὰ ἔμπροσθε. ὁρτῇ
δὲ ἐνιαυσίῃ Ἀθηναίης αἱ παρθένοι αὐτῶν δίχα

called Triton,[1] which issues into the great Tritonian lake, wherein is an island called Phla. It is said that the Lacedaemonians were bidden by an oracle to plant a settlement on this island.

179. The following story is also told :—Jason (it is said) when the Argo had been built at the foot of Pelion, put therein besides a hecatomb a bronze tripod, and set forth to sail round Peloponnesus, that he might come to Delphi. But when in his course he was off Malea, a north wind caught and carried him away to Libya ; and before he could spy land he came into the shallows of the Tritonian lake. There, while yet he could find no way out, Triton (so goes the story) appeared to him and bade Jason give him the tripod, promising so to show the shipmen the channel and send them on their way unharmed. Jason did his bidding, and Triton then showed them the passage out of the shallows and set the tripod in his own temple ; but first he prophesied over it, declaring the whole matter to Jason's comrades : to wit, that when any descendant of the Argo's crew should take away the tripod, then needs must a hundred Greek cities be founded on the shores of the Tritonian lake. Hearing this (it is said) the Libyan people of the country hid the tripod.

180. Next to these Machlyes are the Auseans ; these and the Machlyes, divided by the Triton, dwell on the shores of the Tritonian lake. The Machlyes wear the hair of their heads long behind, the Auseans in front. They make a yearly

[1] The "Triton" legend may arise from the Argonauts' finding a river which reminded them of their own river Triton in Boeotia, and at the same time identifying the local goddess (cp. 180) with Athene, one of whose epithets was Τριτογένεια (whatever that means).

διαστᾶσαι μάχονται πρὸς ἀλλήλας λίθοισί τε καὶ
ξύλοισι, τῷ αὐθιγενέι θεῷ λέγουσι τὰ πάτρια
ἀποτελέειν, τὴν Ἀθηναίην καλέομεν. τὰς δὲ
ἀποθνησκούσας τῶν παρθένων ἐκ τῶν τρωμάτων
ψευδοπαρθένους καλέουσι. πρὶν δὲ ἀνεῖναι αὐτὰς
μάχεσθαι, τάδε ποιεῦσι κοινῇ· παρθένον τὴν
καλλιστεύουσαν ἑκάστοτε κοσμήσαντες κυνέῃ τε
Κορινθίῃ καὶ πανοπλίῃ Ἑλληνικῇ καὶ ἐπ' ἄρμα
ἀναβιβάσαντες περιάγουσι τὴν λίμνην κύκλῳ.
ὁτέοισι δὲ τὸ πάλαι ἐκόσμεον τὰς παρθένους πρὶν
ἤ σφι Ἕλληνας παροικισθῆναι, οὐκ ἔχω εἰπεῖν,
δοκέω δ' ὦν Αἰγυπτίοισι ὅπλοισι κοσμέεσθαι
αὐτάς· ἀπὸ γὰρ Αἰγύπτου καὶ τὴν ἀσπίδα καὶ τὸ
κράνος φημὶ ἀπῖχθαι ἐς τοὺς Ἕλληνας. τὴν δὲ
Ἀθηναίην φασὶ Ποσειδέωνος εἶναι θυγατέρα καὶ
τῆς Τριτωνίδος λίμνης, καί μιν μεμφθεῖσάν τι
τῷ πατρὶ δοῦναι ἑωυτὴν τῷ Διί, τὸν δὲ Δία ἑωυτοῦ
μιν ποιήσασθαι θυγατέρα. ταῦτα μὲν λέγουσι,
μῖξιν δὲ ἐπίκοινον τῶν γυναικῶν ποιέονται, οὔτε
συνοικέοντες κτηνηδόν τε μισγόμενοι. ἐπεὰν δὲ
γυναικὶ τὸ παιδίον ἁδρὸν γένηται, συμφοιτῶσι
ἐς τὠυτὸ οἱ ἄνδρες τρίτου μηνός, καὶ τῷ ἂν οἴκῃ
τῶν ἀνδρῶν τὸ παιδίον, τούτου παῖς νομίζεται.

181. Οὗτοι μὲν οἱ παραθαλάσσιοι τῶν νομάδων
Λιβύων εἰρέαται, ὑπὲρ δὲ τούτων ἐς μεσόγαιαν ἡ
θηριώδης ἐστὶ Λιβύη, ὑπὲρ δὲ τῆς θηριώδεος
ὀφρύη ψάμμης κατήκει παρατείνουσα ἀπὸ Θη-
βέων τῶν Αἰγυπτιέων ἐπ' Ἡρακλέας στήλας. ἐν

---

[1] Herodotus' description is true in so far as it points to the
undoubted fact of a caravan route from Egypt to N.W.
Africa; the starting-point of which, however, should be
Memphis and not Thebes. But his distances between identi-

festival to Athene, whereat their maidens are parted
into two bands and fight each other with stones
and staves, thus (as they say) honouring after
the manner of their ancestors that native goddess
whom we call Athene. Maidens that die of their
wounds are called false virgins. Before the girls are
set fighting, the whole people choose ever the fairest
maiden, and equip her with a Corinthian helmet and
Greek panoply, to be then mounted on a chariot and
drawn all along the lake shore. With what armour
they equipped their maidens before Greeks came to
dwell near them, I cannot say; but I suppose the
armour to have been Egyptian; for I hold that the
Greeks got their shield and helmet from Egypt.
As for Athene, they say that she was daughter of
Poseidon and the Tritonian lake, and that, being for
some cause wroth with her father, she gave herself
to Zeus, who made her his own daughter. Such is
their tale. The intercourse of men and women there
is promiscuous; they do not cohabit but have inter-
course like cattle. When a woman's child is well
grown, within three months thereafter the men as-
semble, and the child is adjudged to be that man's
to whom it is most like.

181. I have now told of all the nomad Libyans that
dwell on the sea-coast. Farther inland than these is
that Libyan country which is haunted by wild beasts,
and beyond this wild beasts' land there runs a ridge
of sand that stretches from Thebes of Egypt to the
Pillars of Heracles.[1] At intervals of about ten

fiable places are nearly always incorrect; the whole descrip-
tion will not bear criticism. The reader is referred to the
editions of Rawlinson, Macan, and How and Wells for
detailed discussion of difficulties.

δὲ τῇ ὀφρύῃ ταύτῃ μάλιστα διὰ δέκα ἡμερέων
ὁδοῦ ἁλός ἐστι τρύφεα κατὰ χόνδρους μεγάλους
ἐν κολωνοῖσι, καὶ ἐν κορυφῇσι ἑκάστου τοῦ
κολωνοῦ ἀνακοντίζει ἐκ μέσου τοῦ ἁλὸς ὕδωρ
ψυχρὸν καὶ γλυκύ, περὶ δὲ αὐτὸν ἄνθρωποι
οἰκέουσι ἔσχατοι πρὸς τῆς ἐρήμου καὶ ὑπὲρ τῆς
θηριώδεος, πρῶτοι μὲν ἀπὸ Θηβέων διὰ δέκα
ἡμερέων ὁδοῦ Ἀμμώνιοι, ἔχοντες τὸ ἱρὸν ἀπὸ τοῦ
Θηβαιέος Διός· καὶ γὰρ τὸ [1] ἐν Θήβῃσι, ὡς καὶ
πρότερον εἴρηταί μοι, κριοπρόσωπον τοῦ Διὸς
τὥγαλμα ἐστί. τυγχάνει δὲ καὶ ἄλλο σφι ὕδωρ
κρηναῖον ἐόν, τὸ τὸν μὲν ὄρθρον γίνεται χλιαρόν,
ἀγορῆς δὲ πληθυούσης ψυχρότερον, μεσαμβρίη τε
ἐστὶ καὶ τὸ κάρτα γίνεται ψυχρόν· τηνικαῦτα δὲ
ἄρδουσι τοὺς κήπους· ἀποκλινομένης δὲ τῆς
ἡμέρης ὑπίεται τοῦ ψυχροῦ, ἐς οὗ δύεταί τε ὁ
ἥλιος καὶ τὸ ὕδωρ γίνεται χλιαρόν· ἐπὶ δὲ μᾶλλον
ἰὸν ἐς τὸ θερμὸν ἐς μέσας νύκτας πελάζει, τηνι-
καῦτα δὲ ζέει ἀμβολάδην· παρέρχονταί τε μέσαι
νύκτες καὶ ψύχεται μέχρι ἐς ἠῶ. ἐπίκλησιν δὲ
αὕτη ἡ κρήνη καλέεται ἡλίου.

182. Μετὰ δὲ Ἀμμωνίους διὰ τῆς ὀφρύης τῆς
ψάμμου δι' ἀλλέων δέκα ἡμερέων ὁδοῦ κολωνός τε
ἁλός ἐστι ὅμοιος τῷ Ἀμμωνίῳ καὶ ὕδωρ, καὶ ἄν-
θρωποι περὶ αὐτὸν οἰκέουσι· τῷ δὲ χώρῳ τούτῳ
οὔνομα Αὔγιλα ἐστί. ἐς τοῦτον τὸν χῶρον οἱ
Νασαμῶνες ὀπωριεῦντες τοὺς φοίνικας φοιτῶσι.

183. Ἀπὸ δὲ Αὐγίλων διὰ δέκα ἡμερέων
ἀλλέων ὁδοῦ ἕτερος ἁλὸς κολωνὸς καὶ ὕδωρ καὶ
φοίνικες καρποφόροι πολλοί, κατά περ καὶ ἐν
τοῖσι ἑτέροισι· καὶ ἄνθρωποι οἰκέουσι ἐν αὐτῷ

---

[1] [τὸ] Stein; and the article certainly makes the grammar
difficult.

days' journey along this ridge there are masses of great lumps of salt in hillocks; on the top of every hillock a fountain of cold sweet water shoots up from the midst of the salt; men dwell round it who are farthest away towards the desert and inland from the wild beasts' country. The first on the journey from Thebes, ten days distant from that place, are the Ammonians, who follow the worship of the Zeus of Thebes; for, as I have before said, the image of Zeus at Thebes has the head of a ram. They have another spring of water besides, which is warm at dawn, and colder at market-time, and very cold at noon; and it is then that they water their gardens; as the day declines the coldness abates, till at sunset the water grows warm. It becomes ever hotter and hotter till midnight, and then it boils and bubbles; after midnight it becomes ever cooler till dawn. This spring is called the spring of the sun.

182. At a distance of ten days' journey again from the Ammonians along the sandy ridge, there is a hillock of salt like that of the Ammonians, and springs of water, where men dwell; this place is called Augila; it is to this that the Nasamones are wont to come to gather palm-fruit.

183. After ten days' journey again from Augila there is yet another hillock of salt and springs of water and many fruit-bearing palms, as at the other places;

τοῖσι οὔνομα Γαράμαντες ἐστί, ἔθνος μέγα ἰσ-
χυρῶς, οἳ ἐπὶ τὸν ἅλα γῆν ἐπιφορέοντες οὕτω
σπείρουσι. συντομώτατον δ' ἐστὶ ἐς τοὺς Λωτο-
φάγους, ἐκ τῶν τριήκοντα ἡμερέων ἐς αὐτοὺς ὁδός
ἐστι· ἐν τοῖσι καὶ οἱ ὀπισθονόμοι βόες γίνονται·
ὀπισθονόμοι δὲ διὰ τόδε εἰσί. τὰ κέρεα ἔχουσι
κεκυφότα ἐς τὸ ἔμπροσθε· διὰ τοῦτο ὀπίσω ἀναχω-
ρέοντες νέμονται· ἐς γὰρ τὸ ἔμπροσθε οὐκ οἷοί τε
εἰσὶ προεμβαλλόντων ἐς τὴν γῆν τῶν κερέων.
ἄλλο δὲ οὐδὲν διαφέρουσι τῶν ἄλλων βοῶν ὅτι μὴ
τοῦτο καὶ τὸ δέρμα ἐς παχύτητά τε καὶ τρῖψιν.
οἱ Γαράμαντες δὴ οὗτοι τοὺς τρωγλοδύτας Αἰθίο-
πας θηρεύουσι τοῖσι τεθρίπποισι· οἱ γὰρ τρω-
γλοδύται Αἰθίοπες πόδας τάχιστοι ἀνθρώπων
πάντων εἰσὶ τῶν ἡμεῖς πέρι λόγους ἀποφερομένους
ἀκούομεν. σιτέονται δὲ οἱ τρωγλοδύται ὄφις καὶ
σαύρους καὶ τὰ τοιαῦτα τῶν ἑρπετῶν· γλῶσσαν
δὲ οὐδεμιῇ ἄλλῃ παρομοίην νενομίκασι, ἀλλὰ
τετρίγασι κατά περ αἱ νυκτερίδες.

184. Ἀπὸ δὲ Γαραμάντων δι' ἀλλέων δέκα
ἡμερέων ὁδοῦ ἄλλος ἁλός τε κολωνὸς καὶ ὕδωρ,
καὶ ἄνθρωποι περὶ αὐτὸν οἰκέουσι τοῖσι οὔνομα
ἐστὶ Ἀτάραντες, οἳ ἀνώνυμοι εἰσὶ μοῦνοι ἀν-
θρώπων τῶν ἡμεῖς ἴδμεν· ἁλέσι μὲν γάρ σφι ἐστὶ
Ἀτάραντες οὔνομα, ἑνὶ δὲ ἑκάστῳ αὐτῶν οὔνομα
οὐδὲν κέεται. οὗτοι τῷ ἡλίῳ ὑπερβάλλοντι κατα-
ρῶνται καὶ πρὸς τούτοισι πάντα τὰ αἰσχρὰ
λοιδορέονται, ὅτι σφέας καίων ἐπιτρίβει, αὐτούς
τε τοὺς ἀνθρώπους καὶ τὴν χώρην αὐτῶν. μετὰ
δὲ δι' ἀλλέων δέκα ἡμερέων ἄλλος κολωνὸς ἁλός
καὶ ὕδωρ, καὶ ἄνθρωποι περὶ αὐτὸν οἰκέουσι.
ἔχεται δὲ τοῦ ἁλὸς τούτου ὄρος τῷ οὔνομα ἐστὶ

men dwell there called Garamantes, an exceeding great nation, who sow in earth which they have laid on the salt. Hence is the shortest way to the Lotus-eaters' country, thirty days' journey distant. Among the Garamantes are the oxen that go backward as they graze; whereof the reason is that their horns curve forward; therefore they walk backward in their grazing, not being able to go forward, seeing that the horns would project into the ground. In all else they are like other oxen, save that their hide is thicker, and harder to the touch. These Garamantes go in their four-horse chariots chasing the cave-dwelling Ethiopians: for the Ethiopian cave-dwellers are swifter of foot than any men of whom tales are brought to us. They live on snakes, and lizards, and such-like creeping things. Their speech is like none other in the world; it is like the squeaking of bats.

184. After another ten days' journey from the Garamantes there is again a salt hillock and water; men dwell there called Atarantes. These are the only men known to us who have no names; for the whole people are called Atarantes, but no man has a name of his own. These when the sun is exceeding high curse and most foully revile him, for that his burning heat afflicts their people and their land. After another ten days' journey there is again a hillock of salt, and water, and men dwelling there. Near to this salt is a mountain called Atlas, the shape

Ἄτλας, ἔστι δὲ στεινὸν καὶ κυκλοτερὲς πάντη,
ὑψηλὸν δὲ οὕτω δή τι λέγεται ὡς τὰς κορυφὰς
αὐτοῦ οὐκ οἷά τε εἶναι ἰδέσθαι· οὐδέκοτε γὰρ
αὐτὰς ἀπολείπειν νέφεα οὔτε θέρεος οὔτε χει-
μῶνος. τοῦτο τὸν κίονα τοῦ οὐρανοῦ λέγουσι
οἱ ἐπιχώριοι εἶναι. ἐπὶ τούτου τοῦ ὄρεος οἱ ἄν-
θρωποι οὗτοι ἐπώνυμοι ἐγένοντο· καλέονται γὰρ
δὴ Ἄτλαντες. λέγονται δὲ οὔτε ἔμψυχον οὐδὲν
σιτέεσθαι οὔτε ἐνύπνια ὁρᾶν.

185. Μέχρι μὲν δὴ τῶν Ἀτλάντων τούτων ἔχω
τὰ οὐνόματα τῶν ἐν τῇ ὀφρύῃ κατοικημένων
καταλέξαι, τὸ δ' ἀπὸ τούτων οὐκέτι. διήκει δ'
ὦν ἡ ὀφρύη μέχρι Ἡρακλέων στηλέων καὶ τὸ
ἔξω τουτέων. ἔστι δὲ ἁλός τε μέταλλον ἐν αὐτῇ
διὰ δέκα ἡμερέων ὁδοῦ καὶ ἄνθρωποι οἰκέοντες.
τὰ δὲ οἰκία τούτοισι πᾶσι ἐκ τῶν ἁλίνων χόνδρων
οἰκοδόμεαται. ταῦτα γὰρ ἤδη τῆς Λιβύης
ἄνομβρα ἐστί· οὐ γὰρ ἂν ἠδυνέατο μένειν οἱ
τοῖχοι ἐόντες ἅλινοι, εἰ ὗε. ὁ δὲ ἅλς αὐτόθι καὶ
λευκὸς καὶ πορφύρεος τὸ εἶδος ὀρύσσεται. ὑπὲρ
δὲ τῆς ὀφρύης τὸ πρὸς νότου καὶ ἐς μεσόγαιαν
τῆς Λιβύης ἔρημος καὶ ἄνυδρος καὶ ἄθηρος καὶ
ἄνομβρος καὶ ἄξυλός ἐστι ἡ χώρη, καὶ ἰκμάδος
ἐστὶ ἐν αὐτῇ οὐδέν.

186. Οὕτω μὲν μέχρι τῆς Τριτωνίδος λίμνης
ἀπ' Αἰγύπτου νομάδες εἰσὶ κρεοφάγοι τε καὶ
γαλακτοπόται Λίβυες, καὶ θηλέων τε βοῶν οὔτι
γευόμενοι, διότι περ οὐδὲ Αἰγύπτιοι, καὶ ὗς οὐ
τρέφοντες. βοῶν μέν νυν θηλέων οὐδ' αἱ Κυρη-
ναίων γυναῖκες δικαιεῦσι πατέεσθαι διὰ τὴν ἐν
Αἰγύπτῳ Ἶσιν, ἀλλὰ καὶ νηστηίας αὐτῇ καὶ

whereof is slender and a complete circle; and it is
said to be so high that its summits cannot be seen,
for cloud is ever upon them winter and summer.
The people of the country call it the pillar of
heaven. These men have got their name, which is
Atlantes, from this mountain. It is said that they
eat no living creature, and see no dreams in their
sleep.

185. I know and can tell the names of all the
peoples that dwell on the ridge as far as the Atlantes,
but no farther than that. But this I know, that the
ridge reaches as far as the Pillars of Heracles and
beyond them. There is a mine of salt on it every
ten days' journey, and men dwell there. Their
houses are all built of the blocks of salt; for even
these are parts of Libya where no rain falls; for the
walls, being of salt, could not stand firm if there
were rain. The salt there is both white and purple.
Beyond this ridge the southern and inland parts of
Libya are desert and waterless; no wild beasts are
there, nor rain, nor forests; this region is wholly
without moisture.

186. Thus from Egypt to the Tritonian lake, the
Libyans are nomads that eat meat and drink milk;
for the same reason as the Egyptians too pro-
fess, they will not touch the flesh of cows; and they
rear no swine. The women of Cyrene too deem it
wrong to eat cows' flesh, because of the Isis of
Egypt; nay, they even honour her with fasts and

ὁρτὰς ἐπιτελέουσι· αἱ δὲ τῶν Βαρκαίων γυναῖκες
οὐδὲ ὑῶν πρὸς τῇσι βουσὶ γεύονται.

187. Ταῦτα μὲν δὴ οὕτω ἔχει. τὸ δὲ πρὸς
ἑσπέρης τῆς Τριτωνίδος λίμνης οὐκέτι νομάδες
εἰσὶ Λίβυες οὐδὲ νόμοισι τοῖσι αὐτοῖσι χρεώμενοι,
οὐδὲ κατὰ τὰ παιδία ποιεῦντες οἷόν τι καὶ οἱ
νομάδες ἐώθασι ποιέειν. οἱ γὰρ δὴ τῶν Λιβύων
νομάδες, εἰ μὲν πάντες, οὐκ ἔχω ἀτρεκέως τοῦτο
εἰπεῖν, ποιεῦσι δὲ αὐτῶν συχνοὶ τοιάδε· τῶν
παιδίων τῶν σφετέρων, ἐπεὰν τετραέτεα γένηται,
οἴσπῃ προβάτων καίουσι τὰς ἐν τῇσι κορυφῇσι
φλέβας, μετεξέτεροι δὲ αὐτῶν τὰς ἐν τοῖσι κροτά-
φοισι, τοῦδε εἵνεκα ὡς μή σφεας ἐς τὸν πάντα
χρόνον καταρρέον φλέγμα ἐκ τῆς κεφαλῆς δηλέ-
ηται. καὶ διὰ τοῦτο σφέας λέγουσι εἶναι ὑγιηρο-
τάτους· εἰσὶ γὰρ ὡς ἀληθέως οἱ Λίβυες ἀνθρώπων
πάντων ὑγιηρότατοι τῶν ἡμεῖς ἴδμεν, εἰ μὲν διὰ
τοῦτο, οὐκ ἔχω ἀτρεκέως εἰπεῖν, ὑγιηρότατοι δ᾿
ὦν εἰσί. ἢν δὲ καίουσι τὰ παιδία σπασμὸς ἐπι-
γένηται, ἐξεύρηταί σφι ἄκος· τράγου γὰρ οὖρον
σπείσαντες ῥύονται σφέα. λέγω δὲ τὰ λέγουσι
αὐτοὶ Λίβυες.

188. Θυσίαι δὲ τοῖσι νομάσι εἰσὶ αἵδε· ἐπεὰν
τοῦ ὠτὸς ἀπάρξωνται τοῦ κτήνεος, ῥιπτέουσι
ὑπὲρ τὸν δόμον, τοῦτο δὲ ποιήσαντες ἀποστρέ-
φουσι τὸν αὐχένα αὐτοῦ· θύουσι δὲ ἡλίῳ καὶ
σελήνῃ μούνοισι. τούτοισι μέν νυν πάντες Λί-
βυες θύουσι, ἀτὰρ οἱ περὶ τὴν Τριτωνίδα λίμνην
νέμοντες τῇ Ἀθηναίῃ μάλιστα, μετὰ δὲ τῷ Τρί-
τωνι καὶ τῷ Ποσειδέωνι.

189. Τὴν δὲ ἄρα ἐσθῆτα καὶ τὰς αἰγίδας τῶν
ἀγαλμάτων τῆς Ἀθηναίης ἐκ τῶν Λιβυσσέων

festivals; and the Barcaean women refuse to eat swine too as well as cows.

187. Thus it is with this region. But westward of the Tritonian lake the Libyans are not nomads; they follow not the same usages, nor treat their children as the nomads are wont to do. For the practice of many Libyan nomads (I cannot with exactness say whether it be the practice of all) is to take their children when four years old, and with grease of sheep's wool to burn the veins of their scalps or sometimes of their temples, that so the children may be never afterwards afflicted by phlegm running down from the head. They say that this makes their children most healthy. In truth no men known to us are so healthy as the Libyans; whether it be by reason of this practice, I cannot with exactness say; but most healthy they certainly are. When the children smart from the pain of the burning the Libyans have found a remedy, which is, to heal them by moistening with goats' urine. This is what the Libyans themselves say.

188. The nomads' manner of sacrificing is to cut a piece from the victim's ear for first-fruits and throw it over the house; which done they turn back the victim's neck. They sacrifice to no gods save the sun and moon; that is, this is the practice of the whole nation; but the dwellers by the Tritonian lake sacrifice to Athene chiefly, and next to Triton and Poseidon.

189. It would seem that the robe and aegis of the images of Athene were copied by the Greeks from the Libyan women; for save that the dress of Libyan

391

ἐποιήσαντο οἱ Ἕλληνες· πλὴν γὰρ ἢ ὅτι σκυτίνη
ἡ ἐσθὴς τῶν Λιβυσσέων ἐστὶ καὶ οἱ θύσανοι οἱ ἐκ
τῶν αἰγίδων αὐτῇσι οὐκ ὄφιες εἰσὶ ἀλλὰ ἱμάντινοι,
τά γε ἄλλα πάντα κατὰ τὠυτὸ ἔσταλται. καὶ δὴ
καὶ τὸ οὔνομα κατηγορέει ὅτι ἐκ Λιβύης ἥκει ἡ
στολὴ τῶν Παλλαδίων· αἰγέας γὰρ περιβάλ-
λονται ψιλὰς περὶ τὴν ἐσθῆτα θυσανωτὰς αἱ
Λίβυσσαι κεχριμένας ἐρευθεδάνῳ, ἐκ δὲ τῶν
αἰγέων τουτέων αἰγίδας οἱ Ἕλληνες μετωνόμασαν.
δοκέει δ' ἔμοιγε καὶ ὀλολυγὴ ἐν ἱροῖσι ἐνθαῦτα
πρῶτον γενέσθαι· κάρτα γὰρ ταύτῃ χρέωνται
καλῶς αἱ Λίβυσσαι. καὶ τέσσερας ἵππους συζευ-
γνύναι παρὰ Λιβύων οἱ Ἕλληνες μεμαθήκασι.

190. Θάπτουσι δὲ τοὺς ἀποθνήσκοντας οἱ νο-
μάδες κατά περ οἱ Ἕλληνες, πλὴν Νασαμώνων·
οὗτοι δὲ κατημένους θάπτουσι, φυλάσσοντες,
ἐπεὰν ἀπιῇ τὴν ψυχήν, ὅκως μιν κατίσουσι μηδὲ
ὕπτιος ἀποθανέεται. οἰκήματα δὲ σύμπηκτα ἐξ
ἀνθερίκων ἐνειρμένων περὶ σχοίνους ἐστί, καὶ
ταῦτα περιφορητά. νόμοισι μὲν τοιούτοισι οὗτοι
χρέωνται.

191. Τὸ δὲ πρὸς ἑσπέρης τοῦ Τρίτωνος ποταμοῦ
Αὐσέων ἔχονται ἀροτῆρες ἤδη Λίβυες καὶ οἰκίας
νομίζοντες ἐκτῆσθαι, τοῖσι οὔνομα κέεται Μάξυες·
οἳ τὰ ἐπὶ δεξιὰ τῶν κεφαλέων κομόωσι, τὰ δ' ἐπ'
ἀριστερὰ κείρουσι, τὸ δὲ σῶμα χρίονται μίλτῳ.
φασὶ δὲ οὗτοι εἶναι τῶν ἐκ Τροίης ἀνδρῶν. ἡ δὲ

---

[1] The aegis is the conventional buckler of Pallas, which
later was represented as a breast-plate. Probably the con-
servatism of religious art retained for the warrior goddess
the goatskin buckler which was one of the earliest forms of
human armour.

women is leathern, and that the tassels of their
goatskin corselets are not snakes but made of thongs
of hide, in all else their equipment is the same.
Nay, the very name bewrays that the raiment of the
statues of Pallas has come from Libya ; for Libyan
women wear hairless tasselled goatskins over their
dress, coloured with madder, and the Greeks have
changed the name of these goatskins into their
" aegis." [1] Further, to my thinking the ceremonial
chant [2] first took its rise in Libya : for the women
of that country chant very tunefully. And it is
from the Libyans that the Greeks have learnt to
drive four-horse chariots.

190. The dead are buried by the nomads in Greek
fashion, save by the Nasamones. These bury their
dead sitting, being careful to make the dying man
sit when he gives up the ghost, and not die lying
supine. Their dwellings are compact of asphodel-
stalks [3] twined about reeds ; they can be carried
hither and thither. Such are the Libyan usages.

191. Westward of the river Triton and next to
the Aseans begins the country of Libyans who till
the soil and possess houses ; they are called Maxyes ;
they wear their hair long on the right side of their
heads and shave the left, and they paint their bodies
with vermilion. These claim descent from the men
who came from Troy. Their country, and the rest

---

[2] The ὀλολυγή (says Dr. Macan) was proper to the worship
of Athene ; a cry of triumph or exultation, perhaps of
Eastern origin and connected with the Semitic Hallelu
(which survives in Hallelu-jah).

[3] Asphodel is a long-stalked plant. The name has acquired
picturesque associations ; but Homer's " asphodel meadow "
is in the unhappy realm of the dead, and is intended clearly
to indicate a place of rank weeds.

χώρη αὕτη τε καὶ ἡ λοιπὴ τῆς Λιβύης ἡ πρὸς
ἑσπέρην πολλῷ θηριωδεστέρη τε καὶ δασυτέρη
ἐστὶ τῆς τῶν νομάδων χώρης. ἡ μὲν γὰρ δὴ
πρὸς τὴν ἠῶ τῆς Λιβύης, τὴν οἱ νομάδες νέμουσι,
ἐστὶ ταπεινή τε καὶ ψαμμώδης μέχρι τοῦ Τρί-
τωνος ποταμοῦ, ἡ δὲ ἀπὸ τούτου τὸ πρὸς ἑσπέρην
ἡ τῶν ἀροτήρων ὀρεινή τε κάρτα καὶ δασέα καὶ
θηριώδης· καὶ γὰρ οἱ ὄφιες οἱ ὑπερμεγάθεες καὶ οἱ
λέοντες κατὰ τούτους εἰσὶ καὶ οἱ ἐλέφαντές τε καὶ
ἄρκτοι καὶ ἀσπίδες τε καὶ ὄνοι οἱ τὰ κέρεα ἔχον-
τες καὶ οἱ κυνοκέφαλοι καὶ οἱ ἀκέφαλοι οἱ ἐν
τοῖσι στήθεσι τοὺς ὀφθαλμοὺς ἔχοντες, ὡς δὴ
λέγονταί γε ὑπὸ Λιβύων, καὶ οἱ ἄγριοι ἄνδρες καὶ
γυναῖκες ἄγριαι, καὶ ἄλλα πλήθεϊ πολλὰ θηρία
ἀκατάψευστα.

192. Κατὰ τοὺς νομάδας δὲ ἐστὶ τούτων οὐδέν,
ἀλλ᾽ ἄλλα τοιάδε, πύγαργοι καὶ ζορκάδες καὶ
βουβάλιες καὶ ὄνοι, οὐκ οἱ τὰ κέρεα ἔχοντες ἀλλ᾽
ἄλλοι ἄποτοι (οὐ γὰρ δὴ πίνουσι), καὶ ὄρυες, τῶν
τὰ κέρεα τοῖσι φοίνιξι οἱ πήχεες ποιεῦνται (μέγα-
θος δὲ τὸ θηρίον τοῦτο κατὰ βοῦν ἐστι), καὶ βασ-
σάρια καὶ ὕαιναι καὶ ὕστριχες καὶ κριοὶ ἄγριοι
καὶ δίκτυες καὶ θῶες καὶ πάνθηρες καὶ βόρυες,
καὶ κροκόδειλοι ὅσον τε τριπήχεες χερσαῖοι, τῇσι
σαύρῃσι ἐμφερέστατοι, καὶ στρουθοὶ κατάγαιοι,
καὶ ὄφιες μικροί, κέρας ἓν ἕκαστος ἔχοντες· ταῦτά
τε δὴ αὐτόθι ἐστὶ θηρία καὶ τά περ τῇ ἄλλῃ,
πλὴν ἐλάφου τε καὶ ὑὸς ἀγρίου· ἔλαφος δὲ καὶ ὗς
ἄγριος ἐν Λιβύῃ πάμπαν οὐκ ἔστι. μυῶν δὲ
γένεα τριξὰ αὐτόθι ἐστί· οἱ μὲν δίποδες καλέον-
ται, οἱ δὲ ζεγέριες (τὸ δὲ οὔνομα τοῦτο ἐστὶ μὲν
Λιβυστικόν, δύναται δὲ κατ᾽ Ἑλλάδα γλῶσσαν

of the western part of Libya is much fuller of wild
beasts and more wooded than the country of the
nomads. For the eastern region of Libya, which
the nomads inhabit, is low-lying and sandy as far
as the river Triton; but the land westward of this,
where dwell the tillers of the soil, is exceeding
mountainous and wooded and full of wild beasts.
In that country are the huge snakes and the lions,
and the elephants and bears and asps, the horned
asses, the dog-headed men and the headless that
have their eyes in their breasts, as the Libyans say,
and the wild men and women, besides many other
creatures not fabulous.

192. But in the nomads' country there are none
of these; yet there are others, white-rumped ante-
lopes, gazelles, hartebeest, asses, not the horned
asses, but those that are called "undrinking" (for
indeed they never drink), the oryx, the horns
whereof are made into the sides of a lyre, foxes,
hyenas, porcupines, wild rams, the dictys, jackals,
panthers, the borys, land crocodiles three cubits
long, most like to lizards, and ostriches and little
one-horned serpents; all these beasts are there
besides those that are elsewhere too, save only
deer and wild boar; of these two kinds there are
none at all in Libya. There are in this country three
kinds of mice, the two-footed,[2] the "zegeriës" (this
is a Libyan word, signifying in our language hills),

---

[1] The dictys and borys are not identifiable. (But there is
a small African deer called the Dik-dik.)

[2] Clearly, the jerboa.

βουνοί), οἱ δὲ ἐχινέες. εἰσὶ δὲ καὶ γαλαῖ ἐν τῷ
σιλφίῳ γινόμεναι τῇσι Ταρτησσίῃσι ὁμοιόταται.
τοσαῦτα μέν νυν θηρία ἡ τῶν νομάδων Λιβύων γῆ
ἔχει, ὅσον ἡμεῖς ἱστορέοντες ἐπὶ μακρότατον οἷοί
τε ἐγενόμεθα ἐξικέσθαι.

193. Μαξύων δὲ Λιβύων Ζαύηκες ἔχονται,
τοῖσι αἱ γυναῖκες ἡνιοχεῦσι τὰ ἅρματα ἐς τὸν
πόλεμον.

194. Τούτων δὲ Γύζαντες ἔχονται, ἐν τοῖσι μέλι
πολλὸν μὲν μέλισσαι κατεργάζονται, πολλῷ δ᾽
ἔτι πλέον λέγεται δημιοεργοὺς ἄνδρας ποιέειν.
μιλτοῦνται δ᾽ ὦν πάντες οὗτοι καὶ πιθηκο-
φαγέουσι· οἱ δέ σφι ἄφθονοι ὅσοι ἐν τοῖσι ὄρεσι
γίνονται.

195. Κατὰ τούτους δὲ λέγουσι Καρχηδόνιοι
κεῖσθαι νῆσον τῇ οὔνομα εἶναι Κύραυιν, μῆκος
μὲν διηκοσίων σταδίων, πλάτος δὲ στεινήν, δια-
βατὸν ἐκ τῆς ἠπείρου, ἐλαιέων τε μεστὴν καὶ
ἀμπέλων. λίμνην δὲ ἐν αὐτῇ εἶναι, ἐκ τῆς αἱ
παρθένοι τῶν ἐπιχωρίων πτεροῖσι ὀρνίθων κεχρι-
μένοισι πίσσῃ ἐκ τῆς ἰλύος ψῆγμα ἀναφέρουσι
χρυσοῦ. ταῦτα εἰ μὲν ἔστι ἀληθέως οὐκ οἶδα, τὰ
δὲ λέγεται γράφω· εἴη δ᾽ ἂν πᾶν, ὅκου καὶ ἐν
Ζακύνθῳ ἐκ λίμνης καὶ ὕδατος πίσσαν ἀναφερο-
μένην αὐτὸς ἐγὼ ὥρων. εἰσὶ μὲν καὶ πλεῦνες αἱ
λίμναι αὐτόθι, ἡ δ᾽ ὦν μεγίστη αὐτέων ἑβδομή-
κοντα ποδῶν πάντῃ, βάθος δὲ διόργυιος ἐστί· ἐς
ταύτην κοντὸν κατιεῖσι ἐπ᾽ ἄκρῳ μυρσίνην προσ-
δήσαντες καὶ ἔπειτα ἀναφέρουσι τῇ μυρσίνῃ πίσ-
σαν, ὀδμὴν μὲν ἔχουσαν ἀσφάλτου, τὰ δ᾽ ἄλλα
τῆς Πιερικῆς πίσσης ἀμείνω. ἐσχέουσι δὲ ἐς
λάκκον ὀρωρυγμένον ἀγχοῦ τῆς λίμνης· ἐπεὰν δὲ

and the bristly-haired, as they are called. There are also weasels found in the silphium, very like to the weasels of Tartessus. So many are the wild creatures of the nomads' country, as far as by our utmost enquiry we have been able to learn.

193. Next to the Maxyes of Libya are the Zauekes, whose women drive their chariots to war.

194. Next to these are the Gyzantes, where much honey is made by bees, and much more yet (so it is said) by craftsmen.[1] It is certain that they all paint themselves with vermilion and eat apes, which do greatly abound in their mountains.

195. Off their coast (say the Carchedonians) there lies an island called Cyrauis, two hundred furlongs long and narrow across; there is a passage to it from the mainland; it is full of olives and vines. It is said that there is a lake in this island wherefrom the maidens of the country draw up gold-dust out of the mud with feathers smeared with pitch. I know not if this be truly so; I write but what is said. Yet all things are possible; for I myself saw pitch drawn from the water of a pool in Zacynthus. The pools there are many; the greatest of them is seventy feet long and broad, and two fathoms deep. Into this they drop a pole with a myrtle branch made fast to its end, and bring up pitch on the myrtle, smelling like asphalt, and for the rest better than the pitch of Pieria. Then they pour it into a pit that they have dug near the pool; and when

[1] cp. vii. 31, where men are said to make honey out of wheat and tamarisk.

ἀθροίσωσι συχνήν, οὕτω ἐς τοὺς ἀμφορέας ἐκ τοῦ
λάκκου καταχέουσι. ὅ τι δ' ἂν ἐσπέσῃ ἐς τὴν
λίμνην, ὑπὸ γῆν ἰὸν ἀναφαίνεται ἐν τῇ θαλάσσῃ·
ἡ δὲ ἀπέχει ὡς τέσσερα στάδια ἀπὸ τῆς λίμνης.
οὕτω ὦν καὶ τὰ ἀπὸ τῆς νήσου τῆς ἐπὶ Λιβύῃ
κειμένης οἰκότα ἐστὶ ἀληθείῃ.

196. Λέγουσι δὲ καὶ τάδε Καρχηδόνιοι. εἶναι τῆς
Λιβύης χῶρόν τε καὶ ἀνθρώπους ἔξω Ἡρακλέων
στηλέων κατοικημένους· ἐς τοὺς ἐπεὰν ἀπίκωνται
καὶ ἐξέλωνται τὰ φορτία, θέντες αὐτὰ ἐπεξῆς
παρὰ τὴν κυματωγήν, ἐσβάντες ἐς τὰ πλοῖα
τύφειν καπνόν. τοὺς δ' ἐπιχωρίους ἰδομένους τὸν
καπνὸν ἰέναι ἐπὶ τὴν θάλασσαν καὶ ἔπειτα ἀντὶ
τῶν φορτίων χρυσὸν τιθέναι καὶ ἐξαναχωρέειν
πρόσω ἀπὸ τῶν φορτίων. τοὺς δὲ Καρχηδονίους
ἐκβάντας σκέπτεσθαι, καὶ ἢν μὲν φαίνηταί σφι
ἄξιος ὁ χρυσὸς τῶν φορτίων, ἀνελόμενοι ἀπαλ-
λάσσονται, ἢν δὲ μὴ ἄξιος, ἐσβάντες ὀπίσω ἐς τὰ
πλοῖα κατέαται· οἱ δὲ προσελθόντες ἄλλον πρὸς
ὧν ἔθηκαν χρυσόν, ἐς οὗ ἂν πείθωσι. ἀδικέειν δὲ
οὐδετέρους· οὔτε γὰρ αὐτοὺς τοῦ χρυσοῦ ἅπτε-
σθαι πρὶν ἄν σφι ἀπισωθῇ τῇ ἀξίῃ τῶν φορτίων,
οὔτ' ἐκείνους τῶν φορτίων ἅπτεσθαι πρότερον ἢ
αὐτοὶ τὸ χρυσίον λάβωσι.

197. Οὗτοι μὲν εἰσὶ τοὺς ἡμεῖς ἔχομεν Λιβυων
ὀνομάσαι, καὶ τούτων οἱ πολλοὶ βασιλέος τοῦ
Μήδων οὔτε τι νῦν οὔτε τότε ἐφρο·τιζον οὐδέν.
τοσόνδε δὲ ἔτι ἔχω εἰπεῖν περὶ τῆς χώρης ταύτης,
ὅτι τέσσερα ἔθνεα νέμεται αὐτὴν καὶ οὐ πλέω
τούτων, ὅσον ἡμεῖς ἴδμεν, καὶ τὰ μὲν δύο αὐτό-
χθονα τῶν ἐθνέων τὰ δὲ δύο οὔ, Λίβυες μὲν καὶ
Αἰθίοπες αὐτόχθονες, οἱ μὲν τὰ πρὸς βορέω οἱ δὲ

much is collected there, they fill their vessels from the pit. Whatever thing falls into the pool is carried under ground and appears again in the sea, which is about four furlongs distant from the pool. Thus, then, the story coming from the island off the Libyan coast is like the truth.

196. Another story too is told by the Carchedonians. There is a place in Libya, they say, where men dwell beyond the Pillars of Heracles; to this they come and unload their cargo; then having laid it orderly along the beach they go aboard their ships and light a smoking fire. The people of the country see the smoke, and coming to the sea they lay down gold to pay for the cargo and withdraw away from the wares. Then the Carchedonians disembark and examine the gold; if it seems to them a fair price for their cargo, they take it and go their ways; but if not, they go aboard again and wait, and the people come back and add more gold till the shipmen are satisfied. Herein neither party (it is said) defrauds the other; the Carchedonians do not lay hands on the gold till it matches the value of their cargo, nor do the people touch the cargo till the shipmen have taken the gold.

197. These are all the Libyans whom we can name, and of their kings the most part cared nothing for the king of the Medes at the time of which I write, nor do they care for him now. I have thus much further to say of this country: four nations and no more, as far as our knowledge serves, inhabit it, whereof two are aboriginal and two are not; the Libyans in the north and the Ethiopians in the

τὰ πρὸς νότου τῆς Λιβύης οἰκέοντες, Φοίνικες δὲ
καὶ Ἕλληνες ἐπήλυδες.

198. Δοκέει δέ μοι οὐδ' ἀρετὴν εἶναί τις ἡ
Λιβύη σπουδαίη ὥστε ἢ Ἀσίη ἢ Εὐρώπη παρα-
βληθῆναι, πλὴν Κίνυπος μούνης· τὸ γὰρ δὴ αὐτὸ
οὔνομα ἡ γῆ τῷ ποταμῷ ἔχει. αὕτη δὲ ὁμοίη τῇ
ἀρίστῃ γέων Δήμητρος καρπὸν ἐκφέρειν οὐδὲ
ἔοικε οὐδὲν τῇ ἄλλῃ Λιβύῃ. μελάγγαιός τε γὰρ
ἐστὶ καὶ ἔπυδρος πίδαξι, καὶ οὔτε αὐχμοῦ φροντί-
ζουσα οὐδὲν οὔτε ὄμβρον πλέω πιοῦσα δεδήληται·
ὕεται γὰρ δὴ ταῦτα τῆς Λιβύης. τῶν δὲ ἐκφορίων
τοῦ καρποῦ ταὐτὰ μέτρα τῇ Βαβυλωνίῃ γῇ κατί-
σταται. ἀγαθὴ δὲ γῆ καὶ τὴν Εὐεσπερῖται νέ-
μονται· ἐπ' ἑκατοστὰ γάρ, ἐπεὰν αὐτὴ ἑωυτῆς
ἄριστα ἐνείκῃ, ἐκφέρει, ἡ δὲ ἐν τῇ Κίνυπι ἐπὶ
τριηκόσια.

199. Ἔχει δὲ καὶ ἡ Κυρηναίη χώρη, ἐοῦσα
ὑψηλοτάτη ταύτης τῆς Λιβύης τὴν οἱ νομάδες
νέμονται, τρεῖς ὥρας ἐν ἑωυτῇ ἀξίας θώματος.
πρῶτα μὲν γὰρ τὰ παραθαλάσσια τῶν καρπῶν
ὀργᾷ ἀμᾶσθαί τε καὶ τρυγᾶσθαι· τούτων τε δὴ
συγκεκομισμένων τὰ ὑπὲρ τῶν θαλασσιδίων
χώρων τὰ μέσα ὀργᾷ συγκομίζεσθαι, τὰ βουνοὶς
καλέουσι· συγκεκόμισταί τε οὗτος ὁ μέσος καρπὸς
καὶ ὁ ἐν τῇ κατυπερτάτῃ τῆς γῆς πεπαίνεταί τε
καὶ ὀργᾷ, ὥστε ἐκπέποταί τε καὶ καταβέβρωται
ὁ πρῶτος καρπὸς καὶ ὁ τελευταῖος συμπαραγί-
νεται. οὕτω ἐπ' ὀκτὼ μῆνας Κυρηναίους ὀπώρη
ἐπέχει. ταῦτα μέν νυν ἐπὶ τοσοῦτον εἰρήσθω.

200. Οἱ δὲ Φερετίμης τιμωροὶ Πέρσαι ἐπείτε
ἐκ τῆς Αἰγύπτου σταλέντες ὑπὸ Ἀρυάνδεω ἀπί-
κατο ἐς τὴν Βάρκην, ἐπολιόρκεον τὴν πόλιν

south of Libya are aboriginal, the Phoenicians and Greeks are later settlers.

198. To my thinking, there is in no part of Libya any great excellence whereby it should be compared to Asia or Europe, save only in the region which is called by the same name as its river, Cinyps. But this region is a match for the most fertile cornlands in the world, nor is it at all like to the rest of Libya. For the soil is black and well watered by springs, and has no fear of drought, nor is it harmed by drinking excessive showers (there is rain in this part of Libya). Its yield of corn is of the same measure as in the land of Babylon. The land inhabited by the Euhesperitae is also good; it yields at the most an hundred-fold; but the land of the Cinyps region yields three hundredfold.

199. The country of Cyrene, which is the highest part of that Libya which the nomads inhabit, has the marvellous boon of three harvest seasons. First on the sea-coast the fruits of the earth are ripe for reaping and plucking: when these are gathered, the middle region above the coast, that which they call the Hills, is ripe for gathering: and no sooner is this yield of the middle country gathered than the highest-lying crops are mellow and ripe, so that the latest fruits of the earth are coming in when the earliest are already spent by way of food and drink. Thus the Cyrenaeans have a harvest lasting eight months. Of these matters, then, enough.

200. Now when the Persians sent by Aryandes from Egypt to avenge Pheretime came to Barce,[1] they laid siege to the city, demanding the surrender of

---

[1] The story broken off in ch. 167 is resumed.

ἐπαγγελλόμενοι ἐκδιδόναι τοὺς αἰτίους τοῦ φόνου
τοῦ Ἀρκεσίλεω· τῶν δὲ πᾶν γὰρ ἦν τὸ πλῆθος
μεταίτιον, οὐκ ἐδέκοντο τοὺς λόγους. ἐνθαῦτα
δὴ ἐπολιόρκεον τὴν Βάρκην ἐπὶ μῆνας ἐννέα, ὀρύσ-
σοντές τε ὀρύγματα ὑπόγαια φέροντα ἐς τὸ τεῖχος
καὶ προσβολὰς καρτερὰς ποιεύμενοι. τὰ μέν νυν
ὀρύγματα ἀνὴρ χαλκεὺς ἀνεῦρε ἐπιχάλκῳ ἀσπίδι,
ὧδε ἐπιφρασθείς· περιφέρων αὐτὴν ἐντὸς τοῦ
τείχεος προσῖσχε πρὸς τὸ δάπεδον τῆς πόλιος.
τὰ μὲν δὴ ἄλλα ἔσκε κωφὰ πρὸς τὰ προσῖσχε,
κατὰ δὲ τὰ ὀρυσσόμενα ἠχέεσκε ὁ χαλκὸς τῆς
ἀσπίδος. ἀντορύσσοντες δ᾽ ἂν ταύτῃ οἱ Βαρκαῖοι
ἔκτεινον τῶν Περσέων τοὺς γεωρυχέοντας. τοῦτο
μὲν δὴ οὕτω ἐξευρέθη, τὰς δὲ προσβολὰς ἀπε-
κρούοντο οἱ Βαρκαῖοι.

201. Χρόνον δὲ δὴ πολλὸν τριβομένων καὶ
πιπτόντων ἀμφοτέρων πολλῶν καὶ οὐκ ἧσσον
τῶν Περσέων, Ἄμασις ὁ στρατηγὸς τοῦ πεζοῦ
μηχανᾶται τοιάδε. μαθὼν τοὺς Βαρκαίους ὡς
κατὰ μὲν τὸ ἰσχυρὸν οὐκ αἱρετοὶ εἶεν, δόλῳ δὲ
αἱρετοί, ποιέει τοιάδε· νυκτὸς τάφρην ὀρύξας
εὐρέαν ἐπέτεινε ξύλα ἀσθενέα ὑπὲρ αὐτῆς, κατύ-
περθε δὲ ἐπιπολῆς τῶν ξύλων χοῦν γῆς ἐπεφόρησε
ποιέων τῇ ἄλλῃ γῇ ἰσόπεδον. ἅμα ἡμέρῃ δὲ ἐς
λόγους προεκαλέετο τοὺς Βαρκαίους· οἱ δὲ ἀσπα-
στῶς ὑπήκουσαν, ἐς ὅ σφι ἕαδε ὁμολογίῃ χρή-
σασθαι. τὴν δὲ ὁμολογίην ἐποιεῦντο τοιήνδε
τινά, ἐπὶ τῆς κρυπτῆς τάφρου τάμνοντες ὅρκια,
ἔστ᾽ ἂν ἡ γῆ αὕτη οὕτω ἔχῃ, μένειν τὸ ὅρκιον
κατὰ χώρην, καὶ Βαρκαίους τε ὑποτελέειν φάναι
ἀξίην βασιλέι καὶ Πέρσας μηδὲν ἄλλο νεοχμοῦν
κατὰ Βαρκαίους. μετὰ δὲ τὸ ὅρκιον Βαρκαῖοι

those who were guilty of the slaying of Arcesilaus:
but the Barcaeans, whose whole people were accessory
to the deed, would not consent. Then the Persians
besieged Barce for nine months, digging under
ground passages leading to the walls, and making
violent assaults. As for the mines, a smith dis-
covered them by the means of a brazen shield, and
this is how he found them : carrying the shield round
the inner side of the walls he smote it against the
ground of the city ; all other places where he smote
it returned but a dull sound, but where the mines
were the bronze of the shield rang clear. Here
the Barcaeans made a countermine and slew those
Persians who were digging the earth. Thus the
mines were discovered, and the assaults were beaten
off by the townsmen.

201. When much time was spent and ever many
on both sides (not less of the Persians than of their
foes) were slain, Amasis the general of the land
army devised a plot, as knowing that Barce could
not be taken by force but might be taken by guile :
he dug by night a wide trench and laid frail planks
across it, which he then covered over with a layer
of earth level with the ground about it. Then when
day came he invited the Barcaeans to confer with
him, and they readily consented ; at last all agreed
to conditions of peace. This was done thus : stand-
ing on the hidden trench, they gave and took a sworn
assurance that their treaty should hold good while
the ground where they stood was unchanged ; the
Barcaeans should promise to pay a due sum to
the king, and the Persians should do the Barcaeans
no hurt. When the sworn agreement was made,
the townsmen, trusting in it and opening all their

μὲν πιστεύσαντες τούτοισι αὐτοί τε ἐξήισαν ἐκ
τοῦ ἄστεος καὶ τῶν πολεμίων ἔων παριέναι ἐς
τὸ τεῖχος τὸν βουλόμενον, τὰς πάσας πύλας
ἀνοίξαντες· οἱ δὲ Πέρσαι καταρρήξαντες τὴν κρυπ-
τὴν γέφυραν ἔθεον ἔσω ἐς τὸ τεῖχος. κατέρρηξαν
δὲ τοῦδε εἵνεκα τὴν ἐποίησαν γέφυραν, ἵνα ἐμπε-
δορκέοιεν, ταμόντες τοῖσι Βαρκαίοισι χρόνον
μένειν αἰεὶ τὸ ὅρκιον ὅσον ἂν ἡ γῆ μένῃ κατὰ
τότε εἶχε· καταρρήξασι δὲ οὐκέτι ἔμενε τὸ ὅρκιον
κατὰ χώρην.

202. Τοὺς μέν νυν αἰτιωτάτους τῶν Βαρκαίων
ἡ Φερετίμη, ἐπείτε οἱ ἐκ τῶν Περσέων παρεδόθη-
σαν, ἀνεσκολόπισε κύκλῳ τοῦ τείχεος, τῶν δέ σφι
γυναικῶν τοὺς μαζοὺς ἀποταμοῦσα περιέστιξε
καὶ τούτοισι τὸ τεῖχος· τοὺς δὲ λοιποὺς τῶν
Βαρκαίων ληίην ἐκέλευε θέσθαι τοὺς Πέρσας,
πλὴν ὅσοι αὐτῶν ἦσαν Βαττιάδαι τε καὶ τοῦ
φόνου οὐ μεταίτιοι· τούτοισι δὲ τὴν πόλιν ἐπέ-
τρεψε ἡ Φερετίμη.

203. Τοὺς ὦν δὴ λοιποὺς τῶν Βαρκαίων οἱ
Πέρσαι ἀνδραποδισάμενοι ἀπήισαν ὀπίσω· καὶ
ἐπείτε ἐπὶ τῇ Κυρηναίων πόλι ἐπέστησαν, οἱ
Κυρηναῖοι λόγιόν τι ἀποσιεύμενοι διεξῆκαν αὐτοὺς
διὰ τοῦ ἄστεος. διεξιούσης δὲ τῆς στρατιῆς
Βάδρης μὲν ὁ τοῦ ναυτικοῦ στρατοῦ στρατηγὸς
ἐκέλευε αἱρέειν τὴν πόλιν, Ἄμασις δὲ ὁ τοῦ πεζοῦ
οὐκ ἔα· ἐπὶ Βάρκην γὰρ ἀποσταλῆναι μούνην
Ἑλληνίδα πόλιν· ἐς ὃ διεξελθοῦσι καὶ ἱζομένοισι
ἐπὶ Διὸς Λυκαίου ὄχθον μετεμέλησέ σφι οὐ
σχοῦσι τὴν Κυρήνην. καὶ ἐπειρῶντο τὸ δεύτερον
παριέναι ἐς αὐτήν· οἱ δὲ Κυρηναῖοι οὐ περιώρων.
τοῖσι δὲ Πέρσῃσι οὐδενὸς μαχομένου φόβος ἐνέ-

gates, themselves came out of the city, and suffered all their enemies who so desired to enter within the walls : but the Persians broke down the hidden bridge and ran into the city. They broke down the bridge that they had made, that so they might keep the oath which they had sworn to the Barcaeans, namely, that this treaty should hold good for as long as the ground remained as it was; but if they broke the bridge the treaty held good no longer.

202. Pheretime took the most guilty of the Barcaeans, when they were delivered to her by the Persians, and set them impaled round the top of the wall ; she cut off the breasts of their women and planted them round the wall in like manner. As for the remnant of the Barcaeans, she bade the Persians take them as their booty, save as many as were of the house of Battus and not accessory to the murder ; to these she committed the governance of the city.

203. The Persians thus enslaved the rest of the Barcaeans, and departed homewards. When they appeared before the city of Cyrene, the Cyrenaeans suffered them to pass through their city, that a certain oracle might be fulfilled. As the army was passing through, Badres the admiral of the fleet was for taking the city, but Amasis the general of the land army would not consent, saying that he had been sent against Barce and no other Greek city ; at last they passed through Cyrene and encamped on the hill of Lycaean Zeus ; there they repented of not having taken the city, and essayed to enter it again, but the Cyrenaeans would not suffer them. Then, though none attacked them, fear fell upon the Persians, and they

πεσε, ἀποδραμόντες τε ὅσον τε ἑξήκοντα σταδια
ἵζοντο· ἱδρυθέντι δὲ τῷ στρατοπέδῳ ταύτῃ ἦλθε
παρὰ Ἀρυάνδεω ἄγγελος ἀποκαλέων αὐτούς. οἱ
δὲ Πέρσαι Κυρηναίων δεηθέντες ἐπόδιά σφι δοῦναι
ἔτυχον, λαβόντες δὲ ταῦτα ἀπαλλάσσοντο ἐς τὴν
Αἴγυπτον. παραλαβόντες δὲ τὸ ἐνθεῦτεν αὐτοὺς
Λίβυες τῆς τε ἐσθῆτος εἵνεκα καὶ τῆς σκευῆς τοὺς
ὑπολειπομένους αὐτῶν καὶ ἐπελκομένους ἐφόνευον,
ἐς ὃ ἐς τὴν Αἴγυπτον ἀπίκοντο.
204. Οὗτος ὁ Περσέων στρατὸς τῆς Λιβύης
ἑκαστάτω ἐς Εὐεσπερίδας ἦλθε. τοὺς δὲ ἠνδρα-
ποδίσαντο τῶν Βαρκαίων, τούτους δὲ ἐκ τῆς
Αἰγύπτου ἀνασπάστους ἐποίησαν παρὰ βασιλέα,
βασιλεὺς δέ σφι Δαρεῖος ἔδωκε τῆς Βακτρίης
χώρης κώμην ἐγκατοικῆσαι. οἱ δὲ τῇ κώμῃ ταύτῃ
οὔνομα ἔθεντο Βάρκην, ἥ περ ἔτι καὶ ἐς ἐμὲ ἦν
οἰκεομένη ἐν γῇ τῇ Βακτρίῃ.
205. Οὐ μὲν οὐδὲ ἡ Φερετίμη εὖ τὴν ζόην κατέ-
πλεξε. ὡς γὰρ δὴ τάχιστα ἐκ τῆς Λιβύης τισα-
μένη τοὺς Βαρκαίους ἀπενόστησε ἐς τὴν Αἴγυπτον,
ἀπέθανε κακῶς· ζῶσα γὰρ εὐλέων ἐξέζεσε, ὡς
ἄρα ἀνθρώποισι αἱ λίην ἰσχυραὶ τιμωρίαι πρὸς
θεῶν ἐπίφθονοι γίνονται· ἐκ μὲν δὴ Φερετίμης
τῆς Βάττου τοιαύτη τε καὶ τοσαύτη τιμωρίη
ἐγένετο ἐς Βαρκαίους.

fled to a place sixty furlongs distant and there en
camped; and presently while they were there a
messenger from Aryandes came to the camp bidding
them return. The Persians asked and obtained of
the Cyrenaeans provisions for their march, having
received which they departed, to go to Egypt; but
after that they fell into the hands of the Libyans,
who slew the laggards and stragglers of the host for
the sake of their garments and possessions; till at
last they came to Egypt.

204. This Persian armament advanced as far as
Euhesperidae in Libya and no farther. As for the
Barcaeans whom they had taken for slaves, they
carried them from Egypt into banishment and
brought them to the king, and Darius gave them
a town of Bactria to dwell in. They gave this town
the name Barce, and it remained an inhabited place
in Bactria till my own lifetime.

205. But Pheretime fared ill too, and made no
good ending of her life. For immediately after she
had revenged herself on the Barcaeans and returned
to Egypt, she died a foul death; her living body
festered and bred worms: so wroth, it would seem,
are the gods with over-violent human vengeance.
Such, and so great, was the vengeance which
Pheretime daughter of Battus wrought upon the
people of Barce.

INDEX OF PROPER NAMES

INDEX OF PROPER NAMES

INDEX OF PROPER NAMES

INDEX OF PROPER NAMES

INDEX OF PROPER NAMES

INDEX OF PROPER NAMES

INDEX OF PROPER NAMES

MAPS

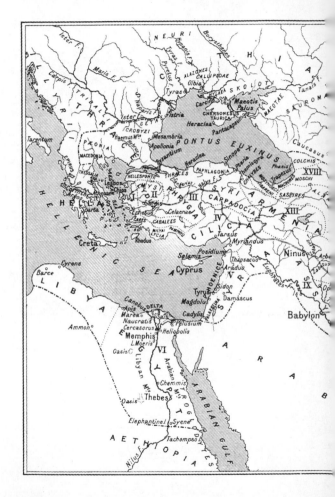

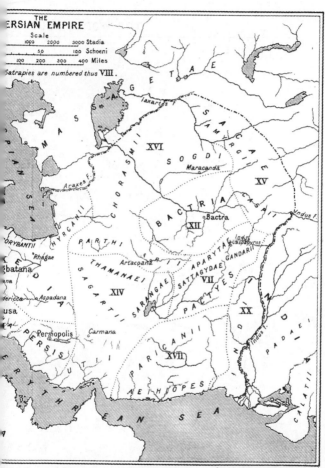

THE PERSIAN EMPIRE

Scale

1000	2000	3000 Stadia
50	100	150 Schoeni
100	200	300	400 Miles

Satrapies are numbered thus VIII.

MASSAGETAE

S A C A E

CASPIAN SEA

CORYBANTII

HYRCANII

CHORASMII

XVI

SOGDI

Maracanda

SARANGAE

MARGIANAE

XV

CASII

BACTRIA

Bactra

XII

PARTHI

Araxes F.

Iaxartes F.

Rhagae

bataná

na

dericca Aspadana

usa

THAMANAEI

Artacoana

APARYTAE

Indus F.

India

Caspatyros

GANDARII

SATTAGYDAE

VII

PACTYES

XX

PADAEI

SAGARTII

XIV

Persiopolis

Carmana

PERSIS

UTII

PARICANII

XVII

AETHIOPES

INDI

Indus F.

ERYTHREAN   SEA

CALATII

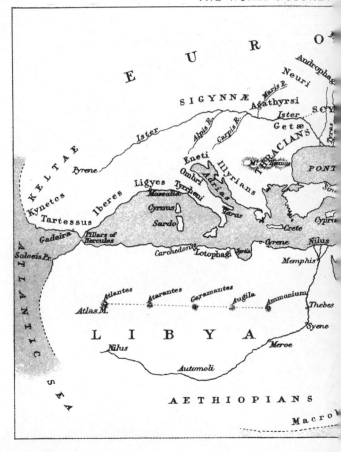

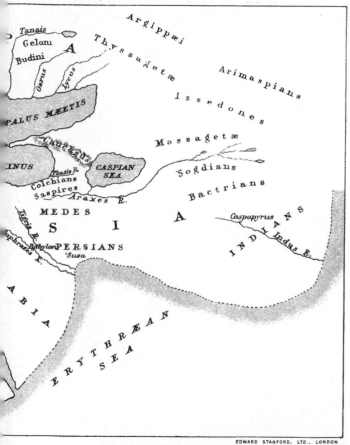

Tanais
Geloni
A
Budini
Oarus
Lycus
Thyssugetæ
Argippæi
Arimaspians
I s s e d o n e s
PALUS MÆTIS
Caucasus
Massagetæ
INUS
Phasis R.
CASPIAN
SEA
Sogdians
Colchians
Saspires
Araxes R.
Bactrians
MEDES
Caspapyrus
S   I   A
Tigris R.
Euphrates R.
Babylon
PERSIANS
Susa
INDIANS
Indus R.
ABIA
ERYTHRÆAN
SEA

EDWARD STANFORD. LTD., LONDON